고졸채용
한국전력공사

최신기출 + NCS + 모의고사 4회

SD에듀
㈜시대고시기획

2024 최신판 SD에듀 한국전력공사 고졸채용
최신기출 + NCS + 모의고사 4회 + 무료한전특강

Always with you

사람의 인연은 길에서 우연하게 만나거나 함께 살아가는 것만을 의미하지는 않습니다.
책을 펴내는 출판사와 그 책을 읽는 독자의 만남도 소중한 인연입니다.
SD에듀는 항상 독자의 마음을 헤아리기 위해 노력하고 있습니다. 늘 독자와 함께하겠습니다.

머리말

깨끗하고 안전한 에너지를 만들어가는 한국전력공사는 2024년에 고졸 신입사원을 채용한다. 한국전력공사의 채용절차는 「입사지원서 접수 ➡ 필기시험 ➡ 직무면접 ➡ 종합면접 ➡ 건강검진 및 신원조사 ➡ 최종 합격자 발표」 순서로 진행된다. 필기시험인 직무능력검사는 공통으로 의사소통능력, 수리능력, 문제해결능력을 평가하고, 직렬에 따라 자원관리능력, 정보능력, 기술능력을 평가한다. 2024년 상반기에는 피듈형으로 출제되었으며, 필기시험에서 고득점 취득을 위해서 다양한 유형에 대해 연습을 하는 등 철저한 준비가 필요하다.

한국전력공사 고졸채용 필기시험 합격을 위해 SD에듀에서는 한국전력공사 고졸채용 판매량 1위의 출간 경험을 토대로 다음과 같은 특징을 가진 도서를 출간하였다.

도서의 특징

❶ 기출복원문제를 통한 출제 유형 확인!
- 2023년 주요 공기업 기출복원문제를 수록하여 공기업별 필기 유형을 확인할 수 있도록 하였다.
- 한국전력공사 3개년 기출복원문제를 수록하여 한국전력공사 필기시험의 전반적인 유형과 경향을 파악할 수 있도록 하였다.

❷ 출제 영역 맞춤 문제를 통한 실력 상승!
- 직무능력검사 대표유형 및 기출예상문제를 수록하여 유형별로 꼼꼼히 대비할 수 있도록 하였다.

❸ 최종점검 모의고사를 통한 완벽한 실전 대비!
- 철저한 분석을 통해 실제 유형과 유사한 최종점검 모의고사를 수록하여 자신의 실력을 점검할 수 있도록 하였다.

❹ 다양한 콘텐츠로 최종 합격까지!
- 한국전력공사 고졸채용 가이드와 면접 기출질문을 수록하여 채용 전반에 대비할 수 있도록 하였다.
- 온라인 모의고사를 무료로 제공하여 필기시험을 준비하는 데 부족함이 없도록 하였다.

끝으로 본 도서를 통해 한국전력공사 고졸채용을 준비하는 모든 수험생 여러분이 합격의 기쁨을 누리기를 진심으로 기원한다.

SDC(Sidae Data Center) 씀

⟳ 미션

전력수급 안정으로 국민경제 발전에 이바지

⟳ 비전

KEPCO - A Smart Energy Creator
사람 중심의 깨끗하고 따뜻한 에너지

⬡ 핵심가치

변화혁신	우리는 먼저 변화와 혁신을 실행한다.
고객존중	우리는 먼저 고객을 위한 가치를 실현한다.
미래성장	우리는 먼저 미래를 준비하고 성장을 추구한다.
기술선도	우리는 먼저 기술을 확보하고 산업 생태계를 주도한다.
상생소통	우리는 먼저 소통을 통한 상생을 추구한다.

중장기(2024~2028년) 경영목표

전략방향	전략과제
전방위 경영혁신 추진을 통한 재무위기 조기 정상화	1. 고강도 자구대책의 속도감 있는 이행 2. 합리적인 전력시장 및 요금체계 마련 3. 내부역량 강화를 위한 조직·인력 효율화 4. 디지털·모바일 기반 경영시스템 혁신
국민에 대한 기본책무인 전력공급 안정성 강화	5. 전원믹스에 최적화된 미래전력망 구축 6. 계통환경 변화에 따른 설비운영 고도화 7. 고객서비스 혁신 및 에너지복지 강화 8. 수요관리 혁신으로 에너지소비효율 향상
전기요금 의존도 축소를 위한 미래 신성장동력 창출	9. 제2원전 수주 등 전력산업 수출 동력화 10. 에너지플랫폼 기반 신사업 활성화 주도 11. 핵심 에너지신기술 집중 육성 12. 질서 있는 재생에너지 확산 선도
에너지산업 생태계 전반의 지속가능경영 기반 확보	13. 동반성장을 통한 지역상생 발전 견인 14. 안전 최우선의 경영 패러다임 정착 15. 국민이 신뢰하는 청렴·윤리문화 확립 16. ESG경영 고도화 및 확산 지원

인재상

통섭형 인재
융합적 사고를 바탕으로 Multi-specialist를 넘어 오케스트라 지휘자 같이 조직 역량의 시너지를 극대화하는 인재

기업가형 인재
회사에 대한 무한한 책임과 주인의식을 가지고 개인의 이익보다는 회사를 먼저 생각하는 인재

Global Pioneer

가치창조형 인재
현재 가치에 안주하지 않고, 글로벌 마인드에 기반한 날카로운 통찰력과 혁신적인 아이디어로 새로운 미래가치를 충족해 내는 인재

도전적 인재
뜨거운 열정과 창의적 사고를 바탕으로 실패와 좌절을 두려워하지 않고 지속적으로 새로운 도전과 모험을 감행하는 역동적 인재

신입 채용 안내 INFORMATION

⟳ 지원자격

❶ 연령 : 제한 없음[단, 공사 정년(만 60세) 미만의 최종학력이 '고등학교 졸업'인 자]
  - 24년 상반기 내 고교 졸업(예정)자 지원 가능
  - 전문대, 대학 재학 중인 경우 지원 가능하나, 졸업예정자는 지원 불가
    - 졸업예정자 : 최종학기를 이수(등록)한 자
    - 인턴근무 시작일 전 최종학기를 이수(등록)하는 자는 합격 제외

❷ 학력 · 전공(자격증)
  - 사무 : 제한 없음
  - 배전/송변전 : 아래 두 가지 중 한 가지 이상 조건 충족 시 지원 가능
    - 전기기능사 + 해당분야 2년 이상 경력 보유자 또는 산업기사(전기, 전기공사) 이상 자격증 보유자
    - 24년 상반기 내 졸업(예정)자 중 '전기 기능사' 자격 보유자

❸ 병역 : 병역법 제76조에서 정한 병역의무 불이행 사실이 없는 자

❹ 공사 인사관리규정 제11조 신규채용자의 결격사유가 없는 자

❺ 인턴근무 시작일로부터 즉시 근무 가능한 자

⟳ 필기 & 면접전형

구분	사무	배전 · 송변전
직무능력검사	(공통) 의사소통능력, 수리능력, 문제해결능력	
	자원관리능력, 정보능력	자원관리능력, 기술능력
인성 · 인재상 · 조직적합도 검사	한전 인재상 및 핵심가치, 태도, 직업윤리, 대인관계능력 등 인성 전반	
직무면접	전공지식 등 직무수행능력 평가	
종합면접	인성, 조직적합도, 청렴수준, 안전역량 등 종합평가	

❖ 위 채용 안내는 2024년 상반기 채용공고를 기준으로 작성하였으나 세부내용은 반드시 확정된 채용공고를 확인하기 바랍니다.

2024년 기출분석 ANALYSIS

총평

한국전력공사 고졸채용 필기시험은 피듈형으로 출제되었으며, 채용대행사는 '휴노'였다. 의사소통능력의 난이도는 중상 정도였으며, 수리능력은 응용 수리의 난이도가 높았다는 후기가 많았다. 또한, 사무·배전·송변전 모두 자원관리능력의 난이도가 높았다는 의견이 많았다. 영역별로 난이도 차이가 있었지만 전체적인 난이도가 어려웠다는 평이 주를 이뤘으며, 전체적으로 시간이 부족했다는 반응이 다수 있었으므로 평소 시간 관리에 대한 연습이 필요하다.

의사소통능력

출제 특징	• 내용 일치, 추론하기, 문장 나열 등의 유형이 출제됨

수리능력

출제 특징	• 응용 수리 문제가 다수 출제됨

문제해결능력

출제 특징	• 조건을 제시하는 명제 문제가 다수 출제됨

자원관리능력

출제 특징	• 주어진 자료를 해석하는 문제가 출제됨

정보능력

출제 특징	• 엑셀 문제가 출제됨

기술능력

출제 특징	• 모듈형 문제가 주로 출제됨

PSAT형

※ 다음은 K공단의 국내 출장비 지급 기준에 대한 자료이다. 이어지는 질문에 답하시오. **[15~16]**

〈국내 출장비 지급 기준〉

① 근무지로부터 편도 100km 미만의 출장은 공단 차량 이용을 원칙으로 하며, 다음 각호에 따라 "별표 1"에 해당하는 여비를 지급한다.
　㉠ 일비
　　ⓐ 근무시간 4시간 이상 : 전액
　　ⓑ 근무시간 4시간 미만 : 1일분의 2분의 1
　㉡ 식비 : 명령권자가 근무시간이 모두 소요되는 1일 출장으로 인정한 경우에는 1일분의 3분의 1 범위 내에서 지급
　㉢ 숙박비 : 편도 50km 이상의 출장 중 출장일수가 2일 이상으로 숙박이 필요할 경우, 증빙자료 제출 시 숙박비 지급
② 제1항에도 불구하고 공단 차량을 이용할 수 없어 개인 소유 차량으로 업무를 수행한 경우에는 일비를 지급하지 않고 이사장이 따로 정하는 바에 따라 교통비를 지급한다.
③ 근무지로부터 100km 이상의 출장은 "별표 1"에 따라 교통비 및 일비는 전액을, 식비는 1일분의 3분의 2 해당액을 지급한다. 다만, 업무 형편상 숙박이 필요하다고 인정할 경우에는 출장기간에 대하여 숙박비, 일비, 식비 전액을 지급할 수 있다.

〈별표 1〉

구분	교통비				일비 (1일)	숙박비 (1박)	식비 (1일)
	철도임	선임	항공임	자동차임			
임원 및 본부장	1등급	1등급	실비	실비	30,000원	실비	45,000원
1, 2급 부서장	1등급	2등급	실비	실비	25,000원	실비	35,000원
2, 3, 4급 부장	1등급	2등급	실비	실비	20,000원	실비	30,000원
4급 이하 팀원	2등급	2등급	실비	실비	20,000원	실비	30,000원

1. 교통비는 실비를 기준으로 하되, 실비 정산은 국토해양부장관 또는 특별시장·광역시장·도지사·특별자치도지사 등이 인허한 요금을 기준으로 한다.
2. 선임 구분표 중 1등급 해당자는 특등, 2등급 해당자는 1등을 적용한다.
3. 철도임 구분표 중 1등급은 고속철도 특실, 2등급은 고속철도 일반실을 적용한다.
4. 임원 및 본부장의 식비가 위 정액을 초과하였을 경우 실비를 지급할 수 있다.
5. 운임 및 숙박비의 할인이 가능한 경우에는 할인 요금으로 지급한다.
6. 자동차임 실비 지급은 연료비와 실제 통행료를 지급한다.
　(연료비)=[여행거리(km)]×(유가)÷(연비)
7. 임원 및 본부장을 제외한 직원의 숙박비는 70,000원을 한도로 실비를 정산할 수 있다.

특징　▶ 대부분 의사소통능력, 수리능력, 문제해결능력을 중심으로 출제(일부 기업의 경우 자원관리능력, 조직이해능력을 출제)
　　　▶ 자료에 대한 추론 및 해석 능력을 요구

대행사　▶ 엑스퍼트컨설팅, 커리어넷, 태드솔루션, 한국행동과학연구소(행과연), 휴노 등

모듈형

| 대인관계능력

60 다음 자료는 갈등해결을 위한 6단계 프로세스이다. 3단계에 해당하는 대화의 예로 가장 적절한 것은?

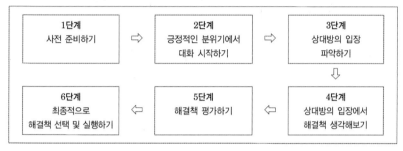

1단계	2단계	3단계
사전 준비하기	긍정적인 분위기에서 대화 시작하기	상대방의 입장 파악하기

6단계	5단계	4단계
최종적으로 해결책 선택 및 실행하기	해결책 평가하기	상대방의 입장에서 해결책 생각해보기

① 그럼 A씨의 생각대로 진행해 보시죠.

특징
- 이론 및 개념을 활용하여 푸는 유형
- 채용 기업 및 직무에 따라 NCS 직업기초능력평가 10개 영역 중 선발하여 출제
- 기업의 특성을 고려한 직무 관련 문제를 출제
- 주어진 상황에 대한 판단 및 이론 적용을 요구

대행사
- 인트로맨, 휴스테이션, ORP연구소 등

피듈형(PSAT형 + 모듈형)

| 문제해결능력

60 P회사는 직원 20명에게 나눠 줄 추석 선물 품목을 조사하였다. 다음은 유통업체별 품목 가격과 직원들의 품목 선호도를 나타낸 자료이다. 이를 참고하여 P회사에서 구매하는 물품과 업체를 바르게 연결한 것은?

〈업체별 품목 금액〉

구분		1세트당 가격	혜택
A업체	돼지고기	37,000원	10세트 이상 주문 시 배송 무료
	건어물	25,000원	
B업체	소고기	62,000원	20세트 주문 시 10% 할인
	참치	31,000원	
C업체	스팸	47,000원	50만 원 이상 주문 시 배송 무료
	김	15,000원	

〈구성원 품목 선호도〉

특징
- 기초 및 응용 모듈을 구분하여 푸는 유형
- 기초인지모듈과 응용업무모듈로 구분하여 출제
- PSAT형보다 난도가 낮은 편
- 유형이 정형화되어 있고, 유사한 유형의 문제를 세트로 출제

대행사
- 사람인, 스카우트, 인크루트, 커리어케어, 트리피, 한국사회능력개발원 등

한국전력공사

증감률 ▶ 유형

19 다음은 양파와 마늘의 재배에 관한 자료의 일부이다. 이에 대한 설명으로 적절하지 않은 것은?

〈연도별 양파 재배면적 조사 결과〉

(단위: ha, %)

구분	2019년	2020년(A)	2021년(B)	증감(C=B−A)	증감률(C/A)	비중
양파	18,015	19,896	19,538	−358	−1.8	100.0
조생종	2,013	2,990	2,796	−194	−6.5	14.3
중만생종	16,002	16,906	16,742	−164	−1.0	85.7

〈연도별 마늘 재배면적 및 가격 추이〉

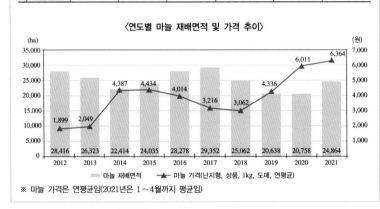

※ 마늘 가격은 연평균임(2021년은 1 ~ 4월까지 평균임)

① 2021년 양파 재배면적의 증감률은 조생종이 중만생종보다 크다.
② 마늘 가격은 마늘 재배면적에 반비례한다.
③ 마늘의 재배면적은 2017년이 가장 넓다.
④ 2021년 재배면적은 작년보다 양파는 감소하였고, 마늘은 증가하였다.
⑤ 마늘 가격은 2018년 이래로 계속 증가하였다.

할인 금액 ▶ 유형

13 S회사는 18주년을 맞이해 기념행사를 하려고 한다. 이에 걸맞은 단체 티셔츠를 구매하려고 하는데, A회사는 60장 이상 구매 시 20% 할인이 되고 B회사는 할인이 안 된다고 한다. A회사에서 50장을 구매하고 B회사에서 90장을 구매했을 때 가격은 약 399,500원이고, A회사에서 100장을 구매하고 B회사에서 40장을 구매했을 때 가격은 약 400,000원이다. A회사와 B회사의 할인 전 티셔츠 가격은?

	A회사	B회사
①	3,950원	2,100원
②	3,900원	2,200원
③	3,850원	2,300원
④	3,800원	2,400원
⑤	3,750원	2,500원

한국가스기술공사

브레인스토밍 ▶ 키워드

10 발산적 사고를 개발하기 위한 방법으로는 자유연상법, 강제연상법, 비교발상법이 있다. 다음 제시문의 보고회에서 사용된 사고 개발 방법으로 가장 적절한 것은?

> 충남 보령시는 2022년에 열리는 보령해양머드박람회와 연계할 사업을 발굴하기 위한 보고회를 개최하였다. 경제적·사회적 파급 효과의 극대화를 통한 성공적인 박람회 개최를 도모하기 위해 마련된 보고회는 각 부서의 업무에 국한하지 않은 채 가능한 많은 양의 아이디어를 자유롭게 제출하는 방식으로 진행됐다.
> 홍보미디어실에서는 박람회 기간 가상현실(VR)·증강현실(AR) 체험을 통해 사계절 머드 체험을 할 수 있도록 사계절 머드체험센터 조성을, 자치행정과에서는 박람회 임시주차장 조성 및 박람회장 전선 지중화 사업을, 교육체육과에서는 세계 태권도 대회 유치를 제안했다. 또 문화새마을과에서는 KBS 열린음악회 및 전국노래자랑 유치를, 세무과에서는 e-스포츠 전용경기장 조성을, 회계과에서는 해상케이블카 조성 및 폐광지구 자립형 농어촌 숙박단지 조성 등을 제안했다. 사회복지과에서는 여성 친화 플리마켓을, 교통과에서는 장항선 복선전철 조기 준공 및 열차 증편을, 관광과는 체험·놀이·전시 등 보령머드 테마파크 조성 등의 다양한 아이디어를 내놓았다.
> 보령시는 이번에 제안된 아이디어를 토대로 실현 가능성 등을 검토하고, 박람회 추진에 참고자료로 적극 활용할 계획이다.

① 브레인스토밍   ② SCAMPER 기법
③ NM법   ④ Synectics법
⑤ 육색사고모자 기법

확률 계산 ▶ 유형

12 매일의 날씨 자료를 수집 및 분석한 결과, 전날의 날씨를 기준으로 그 다음 날의 날씨가 변할 확률은 다음과 같았다. 만약 내일 날씨가 화창하다면, 사흘 뒤에 비가 올 확률은?

전날 날씨	다음 날 날씨	확률
화창	화창	25%
화창	비	30%
비	화창	40%
비	비	15%

※ 날씨는 '화창'과 '비'로만 구분하여 분석함

① 12%   ② 13%
③ 14%   ④ 15%
⑤ 16%

주요 공기업 적중 문제 TEST CHECK

글의 제목 ▶ 유형

05 다음 기사의 제목으로 가장 적절한 것은?

> K공사는 7~8월 두 달간 주택용 전기요금 누진제를 한시적으로 완화하기로 했다. 금액으로 치면 모두 2,761억 원가량으로, 가구당 평균 19.5%의 인하 효과가 기대된다. 이를 위해 K공사는 현행 3단계인 누진 구간 중 1단계와 2단계 구간을 확대하는 내용이 담긴 누진제 완화 방안을 발표했다. 사상 유례 없는 폭염 상황에서 7월과 8월 두 달간 누진제를 한시적으로 완화하기로 한 것이다. 누진제 완화는 현재 3단계인 누진 구간 중 1단계와 2단계 구간을 확대하는 방식으로 진행된다. 각 구간별 상한선을 높이게 되면 평소보다 시간당 100kW 정도씩 전기를 더 사용해도 상급 구간으로 이동하지 않기 때문에 누진제로 인해 높은 전기요금이 적용되는 걸 피할 수 있다.
>
> K공사는 누진제 완화와는 별도로 사회적 배려계층을 위한 여름철 냉방 지원 대책도 마련했다. 기초 생활수급자와 장애인, 사회복지시설 등에 적용되는 K공사의 전기요금 복지할인 규모를 7~8월 두 달간 추가로 30% 확대하기로 한 것이다. 또한, 냉방 복지 지원 대상을 출생 1년 이하 영아에서 3년 이하 영·유아 가구로 늘려 모두 46만 가구에 매년 250억 원을 추가 지원하기로 했다.
>
> K공사는 "폭염이 장기간 지속되면서 사회적 배려계층이 가장 큰 영향을 받기 때문에 특별히 기존 복지할인제도에 더해 추가 보완대책을 마련했다."고 설명했다. 누진제 한시 완화와 사회적 배려계층 지원 대책에 소요되는 재원에 대해서는 재난안전법 개정과 함께 재해대책 예비비 등을 활용해 정부 재정으로 지원하는 방안을 적극 강구하기로 했다.

① 사상 유례없이 장기간 지속되는 폭염
② 1단계와 2단계의 누진 구간 확대
③ 폭염에 대비한 전기요금 대책
④ 주택용 전기요금 누진제 한시적 완화

암호 ▶ 키워드

01 귀하는 최근 회사 내 업무용 개인 컴퓨터의 보안을 강화하기 위하여 다음과 같은 메일을 받았다. 메일 내용을 토대로 귀하가 취해야 할 행동으로 옳지 않은 것은?

발신 : 전산보안팀
수신 : 전 임직원
제목 : 업무용 개인 컴퓨터 보안대책 공유
내용 : 안녕하십니까. 전산팀 ○○○ 팀장입니다. 최근 개인정보 유출 등 전산보안 사고가 자주 발생하고 있어 각별한 주의가 필요한 상황입니다. 이에 따라 자사에서도 업무상 주요 정보가 유출되지 않도록 보안프로그램을 업그레이드하는 등 전산보안을 더욱 강화하고 있습니다. 무엇보다 업무용 개인 컴퓨터를 사용하는 분들이 특히 신경을 많이 써주셔야 철저한 보안이 실천됩니다. 번거로우시더라도 아래와 같은 사항을 따라주시길 바랍니다. • 인터넷 익스플로러를 종료할 때마다 검색기록이 삭제되도록 설정해주세요. • 외출 또는 외근으로 장시간 컴퓨터를 켜두어야 하는 경우에는 인터넷 검색기록을 직접 삭제해주세요. • 인터넷 검색기록 삭제 시, 기본 설정되어 있는 항목 외에도 '다운로드 기록', '양식 데이터', '암호', '추적방지, ActiveX 필터링 및 Do Not Track 데이터'를 모두 체크하여 삭제해주세요(단, 즐겨찾기 웹 사이트 데이터 보존 부분은 체크 해제할 것).

한국동서발전

신재생 ▶ 키워드

17 다음 중 스마트미터에 대한 내용으로 올바르지 않은 것은?

스마트미터는 소비자가 사용한 전력량을 일방적으로 보고하는 것이 아니라, 발전사로부터 전력 공급 현황을 받을 수 있는 양방향 통신, AMI(AMbient Intelligence)로 나아간다. 때문에 부가적인 설비를 더하지 않고 소프트웨어 설치만으로 집안의 통신이 가능한 각종 전자기기를 제어하는 기능까지 더할 수 있어 에너지를 더욱 효율적으로 관리하게 해주는 전력 시스템이다.

스마트미터는 신재생에너지가 보급되기 위해 필요한 스마트그리드의 기초가 되는 부분으로 그 시작은 자원 고갈에 대한 걱정과 환경 보호 협약 때문이었다. 하지만 스마트미터가 촉구되었던 더 큰 이유는 안정적으로 전기를 이용할 수 있느냐 하는 두려움 때문이었다. 사회는 끊임없는 발전을 이뤄왔지만 천재지변으로 인한 시설 훼손이나 전력 과부하로 인한 블랙아웃 앞에서는 어쩔 도리가 없었다. 태풍과 홍수, 산사태 등으로 막대한 피해를 보았던 2000년 대 초반 미국을 기점으로, 전력 정보의 신뢰도를 위해 스마트미터 산업은 크게 주목받기 시작했다. 대중은 비상시 전력 보급 현황을 알기 원했고, 미 정부는 전력 사용 현황을 파악함은 물론, 소비자가 전력 사용량을 확인할 수 있도록 제공하여 소비자 스스로 전력 사용을 줄이길 바랬다.

한편, 스마트미터는 기존의 전력 계량기를 교체해야 하는 수고와 비용이 들지만, 실시간으로 에너지 사용량을 알 수 있기 때문에 이용하는 순간부터 공급자인 발전사와 소비자 모두가 전력 정보를 편이하게 접할 수 있을 뿐만 아니라 효율적으로 관리가 가능해진다. 앞으로는 소비처로부터 멀리 떨어진 대규모 발전 시설에서 생산하는 전기뿐만 아니라, 스마트 그린시티에 설치된 발전설비를 통한 소량의 전기들까지 전기 가격을 하나의 정보로 규합하여 소비자가 필요에 맞게 전기를 소비할 수 있게 하였다. 또한, 소형 설비로 생산하거나 에너지 저장 시스템에 사용하다 남은 소량의 전기는 전력 시장에 역으로 제공해 보상을 받을 수도 있게 된다.

미래 에너지는 신재생에너지로의 완전한 전환이 중요하지만, 산업체는 물론 개개인이 에너지를 절약하는 것 역시

한국중부발전

글의 수정 ▶ 유형

11 다음 ㉠ ~ ㉣의 수정사항으로 적절하지 않은 것은?

오늘날 인류가 왼손보다 오른손을 ㉠ 더 선호하는 경향은 어디서 비롯되었을까? 오른손을 귀하게 여기고 왼손을 천대하는 현상은 어쩌면 산업화 이전 사회에서 배변 후 사용할 휴지가 없었다는 사실과 관련이 있을 법하다. 맨손으로 배변 뒤처리를 하는 것은 ㉡ 불쾌할 뿐더러 병균을 옮길 위험을 수반하는 일이었다. 이런 위험의 가능성을 낮추는 간단한 방법은 음식을 먹거나 인사할 때 다른 손을 사용하는 것이었다. 기술 발달 이전의 사회는 대개 왼손을 배변 뒤처리에, 오른손을 먹고 인사하는 일에 사용했다.

나는 이런 배경이 인간 사회에 널리 나타나는 '오른쪽'에 대한 긍정과 '왼쪽'에 대한 ㉢ 반감을 어느 정도 설명해 줄 수 있으리라고 생각한다. 그러나 이 설명은 왜 애초에 오른손이 먹는 일에, 그리고 왼손이 배변 처리에 사용되었는지 설명해주지 못한다. 동서양을 막론하고, 왼손잡이 사회는 확인된 바가 없기 때문이다. ㉣ 하지만 왼손잡이 사회가 존재할 가능성도 있으므로 만약 왼손잡이를 선호하는 사회가 발견된다면 이러한 논란은 종결되고 왼손잡이와 오른손잡이에 대한 새로운 이론이 등장할 것이다. 그러므로 근본적인 설명은 다른 곳에서 찾아야 할 것 같다.

한쪽 손을 주로 쓰는 경향은 뇌의 좌우반구의 기능 분화와 관련되어 있는 것으로 보인다. 보고된 증거에 따르면, 왼손잡이는 읽기와 쓰기, 개념적・논리적 사고 같은 좌반구 기능에서 오른손잡이보다 상대적으로 미약한 대신 상상력, 패턴 인식, 창의력 등 전형적인 우반구 기능에서는 상대적으로 기민한 경우가 많다.

나는 이성 대 직관의 힘겨루기, 뇌의 두 반구 사이의 힘겨루기가 오른손과 왼손의 힘겨루기로 표면화된 것이 아닐까 생각한다. 즉, 오른손이 원래 왼손보다 더 능숙했기 때문이 아니라 뇌의 좌반구가

도서 200% 활용하기 STRUCTURES

1 기출복원문제로 출제경향 파악

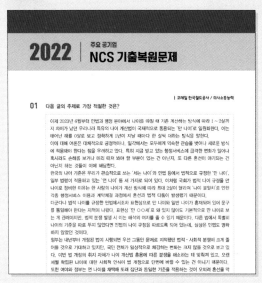

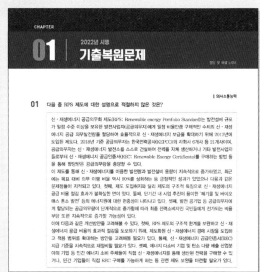

▸ 2023년 주요 공기업 NCS 기출문제와 2022~2020년 시행된 한국전력공사의 기출문제를 복원하여 출제 경향을 파악할 수 있도록 하였다.

2 대표유형 + 기출예상문제로 필기시험 완벽 대비

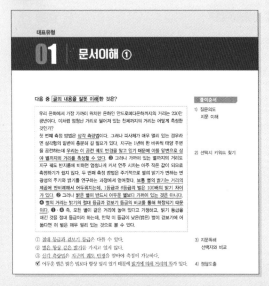

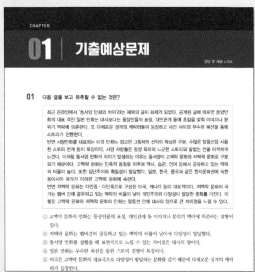

▸ 한국전력공사 직무능력검사 출제영역에 대한 대표유형을 수록하여 NCS 문제에 대한 접근 전략을 학습할 수 있도록 하였다.

▸ 기출예상문제를 통해 학습한 내용을 스스로 점검할 수 있도록 하였다.

3 최종점검 모의고사 + OMR을 활용한 실전 연습

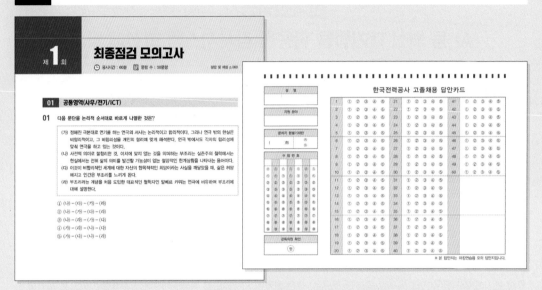

▸ 최종점검 모의고사와 OMR 답안카드를 수록하여 실제로 시험을 보는 것처럼 최종 마무리 연습을 할 수 있도록 하였다.
▸ 모바일 OMR 답안채점 / 성적분석 서비스를 통해 필기시험에 대비할 수 있도록 하였다.

4 인성검사부터 면접까지 한 권으로 최종 마무리

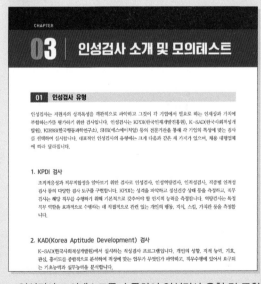

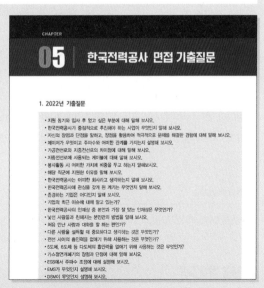

▸ 인성검사 모의테스트를 수록하여 인성검사 유형 및 문항을 확인할 수 있도록 하였다.
▸ 한국전력공사 면접 기출질문을 수록하여 면접에서 나오는 질문을 미리 파악하고 연습할 수 있도록 하였다.

2024.03.26.(화)

한국전력공사,
AI 등 최신 IT기법을 활용한 감사시스템 혁신에 박차

한국전력공사(이하 한전)가 최신 IT기술을 적용한 감사시스템의 구축을 추진하고, 디지털 시대에 걸맞은 감사 패러다임의 혁신에 더욱 박차를 가한다. 한전 감사실은 최근 머신러닝, 텍스트 마이닝 등을 접목한 8개 IT기반 감사시스템을 구축하고 시범운영을 거쳐 본격적인 활용에 돌입했다고 밝혔다.

머신러닝, 텍스트 마이닝 등 최신 AI기법을 적용해 개발된 IT기반 감사시스템은 업무자료의 자동분석을 통해 이상 징후를 조기에 확인할 수 있도록 시스템화한 것으로, 사전 설정된 시나리오를 통해 부패 이상 징후를 자동으로 파악할 수 있는 '부패방지 통합 모니터링 시스템', 일상감사 누락 여부의 자동 점검이 가능한 '일상감사 이행실태 점검 시스템' 등 총 8개의 시스템으로 구성되어 감사업무뿐 아니라 실무부서의 업무 현장에서도 활용될 수 있을 것으로 기대된다.

한전 상임감사위원은 기업의 일하는 방식이 이미 디지털로 변화된 상황에서, IT기법을 활용하지 못하는 감사는 결코 제 기능을 발휘할 수 없다는 점을 강조했다. 한국전력 감사실은 상임감사위원의 제안으로 업무분야별 법령, 기준 등을 원클릭으로 조회할 수 있는 '법치행정을 위한 업무효율화시스템'을 개발 중이며, 앞으로도 머신러닝 등 AI 기술을 활용한 새로운 IT 감사시스템 개발을 추진하여 디지털 감사역량을 더욱 높여나갈 예정이다.

또한, 감사실뿐 아니라 사업소 관리자 등 현장에서도 리스크 예방 시스템을 활용할 수 있도록 사용범위를 확대해 나갈 계획이다. 한전 상임감사위원은 "자체 IT역량의 확보와 시스템 고도화를 통해 과학적인 사전감사 시스템을 구축할 것"이라며 "시스템을 더욱 확대 발전시켜 공공분야 감사업무의 선진화에 기여해 나가겠다."는 의지를 밝혔다.

Keyword

▶ 텍스트 마이닝(text mining) : 비정형 데이터에 대한 마이닝 과정으로, 마이닝이란 데이터로부터 통계적인 의미가 있는 개념이나 특성을 추출하고 이것들 간의 패턴이나 추세 등 고품질의 정보를 끌어내는 과정이다.

예상 면접 질문

▶ 머신러닝과 텍스트 마이닝에 대해 아는 대로 설명해 보시오.
▶ 공기업의 감사업무 선진화가 가져올 수 있는 긍정적인 효과에 대해 말해 보시오.

한국전력공사,
청년 학업지원과 우수인재 육성을 위해 전기공학 장학생 선발

한국전력공사(이하 한전)는 2월 27일 서울 한전아트센터에서 '전기공학 장학생 장학증서 수여식'을 개최하고 장학금을 전달했다.

'전기공학 장학생'은 전국 대학에서 전기공학을 전공하는 학생을 대상으로 선발하고 있으며, 장애인, 학생가장, 다자녀 등의 가정형편과 학업성적, 수상실적 등을 종합적으로 평가하여 성적우수자뿐 아니라 저소득층 자녀도 장학생으로 혜택을 받을 수 있도록 장학금 제도를 운영하고 있다. 24년도에는 전국 76개 대학교의 전기공학 전공 학생 98명을 선발하였다.

한전은 2005년부터 올해까지 1,472명에게 장학금을 지원하고 있으며, 경영위기 상황에서도 전력산업의 미래를 책임질 전기공학 대학생의 등록금과 학습보조금 지원을 통해 우수인재 육성이라는 사회적 책임을 다하고 있다.

또한, 한전은 신규채용 확대 및 지역인재 채용을 통해 지역 일자리 문제개선을 위해 노력하고 있으며, 신규채용 시 전기공학장학생에 대해 선발일로부터 3년 이내 기간 동안 서류전형 면제 1회 혜택을 부여하는 등 청년 일자리 창출에도 앞장서고 있다. 한전 사장은 장학생들에게 "에너지 대전환 시대, 전력 산업을 핵심으로 하는 에너지 산업에 있어 전기공학은 매우 중요한 학문이며, 미래전력산업의 중추적인 역할 수행을 위해 전기공학의 전문성 강화와 더불어 창의적 마인드와 책임감을 가질 것"을 당부하였다.

Keyword

▶ 사회적 책임 : 기업의 이해 당사자들이 기업에 기대하고 요구하는 사회적 의무들을 충족시키기 위해 수행하는 활동으로, 기업이 자발적으로 사업 영역에서 이해관계자들의 사회적 그리고 환경적 관심사들을 분석하고 수용하여 기업의 경영 활동에 적극적으로 적용하는 과정을 통해 이해 당사자들과 지속적인 상호작용을 이루는 것이다.

예상 면접 질문

▶ ESG 경영의 정의와 필요성에 대해 말해 보시오.
▶ 한전이 사회적 책임을 다하고자 할 때, 가장 주의해야 할 점이 무엇인지 말해 보시오.

뉴스&이슈 NEWS&ISSUE

한전–정부,
전력산업계 안전의식 강화나서 "다함께 만드는 안전"

한국전력공사(이하 한전)와 고용노동부는 한전 경인 건설본부 종합상황실에서 15개 전력그룹사 및 전기공사협회, 안전기술원, 전기기술인 협회 안전보건관계자 등 30여 명이 참여한 가운데 '전력산업 산재예방 결의대회'를 2월 7일 개최하였다.

이날 행사는 전력산업의 주요 주체인 전력 그룹사와 협력사가 중대재해처벌법 확대에 따른 중대재해 감축 정책에 부응하여 안전한 현장을 만들고, 전력산업 안전문화 확산에 기여하고자 마련되었다.

고용노동부 산업안전보건본부장은 "오늘 자리는 전력산업 최초로 전력그룹사와 협력사들이 중대재해 없는 안전한 사업장 구축을 위해 자발적으로 참여한 뜻깊은 행사"라며 한전이 전력 산업의 리더로서 안전관리 문화 정착 및 확산에 선도적인 역할을 해주기를 당부하였다.

이날 행사에서 고용노동부는 영세한 전기공사업체의 산재예방지원방안을 포함한 24년 정부의 산재예방정책을 설명하고 참석자들과 함께 안전문화 정착 방안을 모색하는 시간을 가졌다. 이어 한전 안전보건처장이 협력사의 중대재해처벌법 준수를 위해 다양한 지원을 실시하는 '전력산업 리더로서의 산재예방대책 발표'를 진행했다.

한전 안전&영업배전부사장은 "최근 중대재해처벌법 적용 확대에 따라 약 2만 개 이상의 전기공사업체도 대상에 포함되었으므로 해당 업체의 안전보건관리체계 구축을 위한 가능한 모든 지원을 아끼지 않겠다."고 말했다.

▌Keyword

▶ 중대재해처벌법 : 중대재해 처벌 등에 관한 법률의 약칭으로 사업 또는 사업장, 공중이용시설 및 공중교통수단을 운영하거나 인체에 해로운 원료나 제조물을 취급하면서 안전·조치의무를 위반하여 인명피해를 발생하게 한 사업주, 경영책임자, 공무원 및 법인의 처벌 등을 규정한 법이다. 2021년 1월 8일 국회를 통과해 2022년 1월 27일부터 시행에 들어갔다.

▌예상 면접 질문

▶ 중대재해처벌법이 무엇이고, 어떤 사고가 발생했을 때 적용되는지 말해 보시오.
▶ 중대재해 없는 안전한 사업장 구축을 위해 한전이 기울여야 할 노력에 대해 말해 보시오.

2023.12.20.(수)

한국전력공사,
UAE원전 4호기 연료장전 완료

한국전력공사(이하 한전)는 UAE바라카원전 4호기 연료 장전을 완료하여 본격적인 운영단계에 진입했다고 밝혔 다. UAE원자력공사(ENEC)와 한전의 합작투자로 설립된 UAE원전운영사(Nawah Energy)는 지난 11월 16일 원자 력규제기관(FANR)으로부터 4호기 운영허가를 취득하였다.

UAE바라카원전 4호기는 UAE원전사업의 최종호기로, 연료장전과 더불어 단계적인 시운전 공정을 거쳐 2024 년 가동을 개시할 예정이다. UAE원전은 한국형 원전인 1,400MW급 APR1400 노형으로서, 향후 4개 호기가 모두 가동되면 UAE 내 5,600MW 규모의 청정전력을 공급하게 된다. 또한, 연간 2,240만 톤 이상의 탄소배출량 저감효과가 예상되어, UAE 정부가 추진 중인 'Net Zero 2050' 탄소 저감 정책 목표 구현에도 크게 기여할 것으로 기대되고 있다.

1~3호기의 안정적인 운영과 더불어 이번 4호기 연료장전을 통해 UAE원전이 글로벌 원전시장에서 성공적인 프로젝 트로 자리매김함은 물론, 한전은 단일 프로젝트로서 세계 최대 규모의 UAE원전 건설사업 수행 역량을 인정받아 추가 적인 해외 원전 수출에도 긍정적인 효과가 있을 것으로 기대된다.

한전 사장은 "1~3호기에 이어 4호기까지 성공적으로 가동되면 이는 탄소중립 달성을 위해 원전도입을 추진하는 많 은 국가들에게 모범사례가 될 것"이라며, "앞으로 남은 4호기 시운전 공정도 순조롭게 마무리될 수 있도록 최선을 다할 것"이라고 밝혔다.

Keyword

▶ 원전 수출 : 우리나라는 2009년 12월 아랍에미리트(UAE)바라카원전 4기 건설을 수주하며 세계 6번째 원전 수출국으로 자리매김 했다. 이에 기세를 몰아 2030년까지 원전 수출 10기를 목표로 적극적 행보에 나서고 있다.

예상 면접 질문

▶ UAE 시장에서 '심장'에 비유되는 바라카원전의 중요성에 대해 말해 보시오.
▶ 4호기 연료장전 완료로 인해 무엇을 기대할 수 있는지 말해 보시오

이 책의 차례 CONTENTS

Add+

합격의 공식 SD에듀 www.sdedu.co.kr

2023년 주요 공기업
NCS 기출복원문제

※ 기출복원문제는 수험생들의 후기를 통해 SD에듀에서 복원한 문제로 실제 문제와 다소 차이가
있을 수 있으며, 본 저작물의 무단전재 및 복제를 금합니다.

▌코레일 한국철도공사 / 의사소통능력

01 다음 글의 내용으로 가장 적절한 것은?

> 한국철도공사는 철도시설물 점검 자동화에 '스마트 글라스'를 활용하겠다고 밝혔다. 스마트 글라스란 안경처럼 착용하는 스마트 기기로, 검사와 판독, 데이터 송수신과 보고서 작성까지 모든 동작이 음성인식을 바탕으로 작동한다. 이를 활용하여 작업자는 스마트 글라스 액정에 표시된 내용에 따라 철도시설물을 점검하고, 음성 명령을 통해 시설물의 사진을 촬영한 후 해당 정보와 검사 결과를 전송해 보고서로 작성한다.
>
> 작업자들은 스마트 글라스의 사용을 통해 직접 자료를 조사하고 측정한 내용을 바탕으로 시스템 속에서 여러 단계를 거쳐 수기 입력하던 기존 방식으로부터 벗어날 수 있게 되었고, 이 일련의 과정들을 중앙 서버를 통해 한 번에 처리할 수 있게 되었다.
>
> 이와 같은 스마트 기기의 도입은 중앙 서버의 효율적 종합 관리를 가능하게 할 뿐만 아니라 작업자의 안전성 향상에도 크게 기여하였다. 이는 작업자들이 음성인식이 가능한 스마트 글라스를 사용함으로써 두 손이 자유로워져 추락 사고를 방지할 수 있게 되었기 때문이며, 스마트 글라스 내부 센서가 충격과 기울기를 감지할 수 있어 작업자에게 위험한 상황이 발생하면 지정된 컴퓨터에 위험 상황을 바로 통보하는 시스템을 갖추었기 때문이다.
>
> 한국철도공사는 주요 거점 현장을 시작으로 스마트 글라스를 보급하여 성과 분석을 거치고 내년부터는 보급 현장을 확대하겠다고 밝혔으며, 국내 철도 환경에 맞춰 스마트 글라스 시스템을 개선하기 위해 현장 검증을 진행하고 스마트 글라스를 통해 측정된 데이터를 총괄 제어할 수 있도록 안전점검 플랫폼망도 마련할 예정이다.
>
> 이와 더불어 스마트 글라스를 통해 기존의 인력 중심 시설점검을 간소화하여 효율성과 안전성을 향상시키고, 나아가 철도 맞춤형 스마트 기술을 도입하여 시설물 점검뿐만 아니라 유지보수 작업도 가능하도록 철도기술 고도화에 힘쓰겠다고 전했다.

① 작업자의 음성인식을 통해 철도시설물의 점검 및 보수 작업이 가능해졌다.

② 스마트 글라스의 도입으로 철도시설물 점검의 무인작업이 가능해졌다.

③ 스마트 글라스의 도입으로 철도시설물 점검 작업 시 안전사고 발생 횟수가 감소하였다.

④ 스마트 글라스의 도입으로 철도시설물 작업 시간 및 인력이 감소하고 있다.

⑤ 스마트 글라스의 도입으로 작업자의 안전사고 발생을 바로 파악할 수 있게 되었다.

02 다음 글에 대한 설명으로 적절하지 않은 것은?

2016년 4월 27일 오전 7시 20분경 임실역에서 익산역으로 향하던 열차가 전기 공급 중단으로 멈추는 사고가 발생해 약 50분간 열차 운행이 중단되었다. 바로 전차선에 지어진 까치집 때문이었는데, 까치가 집을 지을 때 사용하는 젖은 나뭇가지나 철사 등이 전선과 닿거나 차로에 떨어져 합선과 단전을 일으킨 것이다.

비록 이번 사고는 단전에서 끝났지만, 고압 전류가 흐르는 전차선인 만큼 철사와 젖은 나뭇가지만으로도 자칫하면 폭발사고로 이어질 우려가 있다. 지난 5년간 까치집으로 인한 단전사고는 한 해 평균 3 ~ 4건 발생해 왔으며, 한국철도공사는 사고방지를 위해 까치집 방지 설비를 설치하고 설비가 없는 구간은 작업자가 육안으로 까치집 생성 여부를 확인해 제거하고 있는데, 이렇게 제거해 온 까치집 수가 연평균 8,000개에 달한다. 하지만 까치집은 빠르면 불과 4시간 만에 완성되어 작업자들에게 큰 곤욕을 주고 있다.

이에 한국철도공사는 전차선로 주변 까치집 제거의 효율성과 신속성을 높이기 위해 인공지능(AI)과 사물인터넷(IoT) 등 첨단 기술을 활용하기에 이르렀다. 열차 운전실에 영상 장비를 설치해 달리는 열차에서 전차선을 촬영한 화상 정보를 인공지능으로 분석함으로써 까치집 등의 위험 요인을 찾아 해당 위치와 현장 이미지를 작업자에게 실시간으로 전송하는 '실시간 까치집 자동 검출 시스템'을 개발한 것이다. 하지만 시속 150km로 빠르게 달리는 열차에서 까치집 등의 위험 요인을 실시간으로 판단해 전송하는 것이다 보니 그 정확도는 65%에 불과했다.

이에 한국철도공사는 전차선과 까치집을 정확하게 식별하기 위해 인공지능이 스스로 학습하는 '딥러닝' 방식을 도입했고, 전차선을 구성하는 복잡한 구조 및 까치집과 유사한 형태를 빅데이터로 분석해 이미지를 구분하는 학습을 실시한 결과 까치집 검출 정확도는 95%까지 상승했다. 또한 해당 이미지를 실시간 문자메시지로 작업자에게 전송해 위험 요소와 위치를 인지시켜 현장에 적용할 수 있다는 사실도 확인했다. 현재는 이와 더불어 정기열차가 운행하지 않거나 작업자가 접근하기 쉽지 않은 차량 정비 시설 등에 드론을 띄워 전차선의 까치집을 발견 및 제거하는 기술도 시범 운영하고 있다.

① 인공지능도 학습을 통해 그 정확도를 향상시킬 수 있다.
② 빠른 속도에서 인공지능의 사물 식별 정확도는 낮아진다.
③ 사람의 접근이 불가능한 곳에 위치한 까치집의 제거도 가능해졌다.
④ 까치집 자동 검출 시스템을 통해 실시간으로 까치집 제거가 가능해졌다.
⑤ 인공지능 등의 스마트 기술 도입으로 까치집 생성의 감소를 기대할 수 있다.

03 다음 글을 이해한 내용으로 적절하지 않은 것은?

> 열차 내에서의 범죄가 급격하게 증가함에 따라 한국철도공사는 열차 내 범죄 예방과 안전 확보를 위해 2023년까지 현재 운행하고 있는 열차의 모든 객실에 CCTV를 설치하고, 모든 열차 승무원에게 바디캠을 지급하겠다고 밝혔다.
> CCTV는 열차 종류에 따라 운전실에서 비상시 실시간으로 상황을 파악할 수 있는 '네트워크 방식'과 각 객실에서의 영상을 저장하는 '개별 독립 방식'이라는 2가지 방식으로 사용 및 설치가 진행될 예정이며, 객실에는 사각지대를 없애기 위해 4대가량의 CCTV가 설치된다. 이 중 2대는 휴대 물품 도난 방지 등을 위해 휴대 물품 보관대 주변에 위치하게 된다.
> 이에 따라 한국철도공사는 CCTV 제품 품평회를 가져 제품의 형태와 색상, 재질 등에 대한 의견을 나누고 각 제품이 실제로 열차 운행 시 진동과 충격 등에 적합한지 시험을 거친 후 도입할 예정이다.

① 현재는 모든 열차의 객실 전부에 CCTV가 설치되어 있진 않을 것이다.
② 과거에 비해 승무원에 대한 승객의 범죄행위 증거 취득이 유리해질 것이다.
③ CCTV 설치를 통해 인적 피해와 물적 피해 모두 예방할 수 있을 것이다.
④ CCTV 설치를 통해 실시간으로 모든 객실을 모니터링할 수 있을 것이다.
⑤ CCTV의 내구성뿐만 아니라 외적인 디자인도 제품 선택에 영향을 줄 수 있을 것이다.

04 작년 K대학교에 재학 중인 학생 수는 6,800명이었고 남학생과 여학생의 비는 8 : 9였다. 올해 남학생 수와 여학생 수의 비가 12 : 13만큼 줄어들어 7 : 8이 되었다고 할 때, 올해 K대학교의 전체 재학생 수는?

① 4,440명
② 4,560명
③ 4,680명
④ 4,800명
⑤ 4,920명

05 다음 자료에 대한 설명으로 가장 적절한 것은?

- KTX 마일리지 적립
  - KTX 이용 시 결제금액의 5%가 기본 마일리지로 적립됩니다.
  - 더블적립(×2) 열차로 지정된 열차는 추가로 5%가 적립됩니다(결제금액의 총 10%).
    ※ 더블적립 열차는 홈페이지 및 코레일톡 애플리케이션에서만 승차권 구매 가능
  - 선불형 교통카드 Rail+(레일플러스)로 승차권을 결제하는 경우 1% 보너스 적립도 제공되어 최대 11% 적립이 가능합니다.
  - 마일리지를 적립받고자 하는 회원은 승차권을 발급받기 전에 코레일 멤버십카드 제시 또는 회원번호 및 비밀번호 등을 입력해야 합니다.
  - 해당 열차 출발 후에는 마일리지를 적립받을 수 없습니다.
- 회원 등급 구분

구분	등급 조건	제공 혜택
VVIP	• 반기별 승차권 구입 시 적립하는 마일리지가 8만 점 이상인 고객 또는 기준일부터 1년간 16만 점 이상 고객 중 매년 반기 익월 선정	• 비즈니스 회원 혜택 기본 제공 • KTX 특실 무료 업그레이드 쿠폰 6매 제공 • 승차권 나중에 결제하기 서비스 (열차 출발 3시간 전까지)
VIP	• 반기별 승차권 구입 시 적립하는 마일리지가 4만 점 이상인 고객 또는 기준일부터 1년간 8만 점 이상인 고객 중 매년 반기 익월 선정	• 비즈니스 회원 혜택 기본 제공 • KTX 특실 무료 업그레이드 쿠폰 2매 제공
비즈니스	• 철도 회원으로 가입한 고객 중 최근 1년간 온라인에서 로그인한 기록이 있거나, 회원으로 구매실적이 있는 고객	• 마일리지 적립 및 사용 가능 • 회원 전용 프로모션 참가 가능 • 열차 할인상품 이용 등 기본서비스와 멤버십 제휴서비스 등 부가서비스 이용
패밀리	• 철도 회원으로 가입한 고객 중 최근 1년간 온라인에서 로그인한 기록이 없거나, 회원으로 구매실적이 없는 고객	• 멤버십 제휴서비스 및 코레일 멤버십 라운지 이용 등의 부가서비스 이용 제한 • 휴면 회원으로 분류 시 별도 관리하며, 본인 인증 절차로 비즈니스 회원으로 전환 가능

  - 마일리지는 열차 승차 다음 날 적립되며, 지연료를 마일리지로 적립하신 실적은 등급 산정에 포함되지 않습니다.
  - KTX 특실 무료 업그레이드 쿠폰 유효기간은 6개월이며, 반기별 익월 10일 이내에 지급됩니다.
  - 실적의 연간 적립 기준일은 7월 지급의 경우 전년도 7월 1일부터 당해 연도 6월 30일까지 실적이며, 1월 지급은 전년도 1월 1일부터 전년도 12월 31일까지의 실적입니다.
  - 코레일에서 지정한 추석 및 설 명절 특별수송기간의 승차권은 실적 적립 대상에서 제외됩니다.
  - 회원 등급 조건 및 제공 혜택은 사전 공지 없이 변경될 수 있습니다.
  - 승차권 나중에 결제하기 서비스는 총 편도 2건 이내에서 제공되며, 3회 자동 취소 발생(열차 출발 전 3시간 내 미결제) 시 서비스가 중지됩니다. 리무진+승차권 결합 발권은 2건으로 간주되며, 정기권, 특가상품 등은 나중에 결제하기 서비스 대상에서 제외됩니다.

① 코레일에서 운행하는 모든 열차는 이용 때마다 결제금액의 최소 5%가 KTX 마일리지로 적립된다.
② 회원 등급이 높아져도 열차 탑승 시 적립되는 마일리지는 동일하다.
③ 비즈니스 등급은 기업회원을 구분하는 명칭이다.
④ 6개월간 마일리지 4만 점을 적립하더라도 VIP 등급을 부여받지 못할 수 있다.
⑤ 회원 등급이 높아도 승차권을 정가보다 저렴하게 구매할 수 있는 방법은 없다.

※ 다음 자료를 보고 이어지는 질문에 답하시오. [6~8]

〈2023년 한국의 국립공원 기념주화 예약 접수〉

- 우리나라 자연환경의 아름다움과 생태 보전의 중요성을 널리 알리기 위해 K공사는 한국의 국립공원 기념주화 3종(설악산, 치악산, 월출산)을 발행할 예정임
- 예약 접수일 : 3월 2일(목) ~ 3월 17일(금)
- 배부 시기 : 2023년 4월 28일(금)부터 예약자가 신청한 방법으로 배부
- 기념주화 상세

화종	앞면	뒷면
은화Ⅰ – 설악산		
은화Ⅱ – 치악산		
은화Ⅲ – 월출산		

- 발행량 : 화종별 10,000장씩 총 30,000장
- 신청 수량 : 단품 및 3종 세트로 구분되며 단품과 세트에 중복신청 가능
  - 단품 : 1인당 화종별 최대 3장
  - 3종 세트 : 1인당 최대 3세트
- 판매 가격 : 액면금액에 판매 부대비용(케이스, 포장비, 위탁판매수수료 등)을 부가한 가격
  - 단품 : 각 63,000원(액면가 50,000원 + 케이스 등 부대비용 13,000원)
  - 3종 세트 : 186,000원(액면가 150,000원 + 케이스 등 부대비용 36,000원)
- 접수 기관 : 우리은행, 농협은행, K공사
- 예약 방법 : 창구 및 인터넷 접수
  - 창구 접수
    신분증[주민등록증, 운전면허증, 여권(내국인), 외국인등록증(외국인)]을 지참하고 우리 · 농협은행 영업점을 방문하여 신청
  - 인터넷 접수
    ① 우리 · 농협은행의 계좌를 보유한 고객은 개시일 9시부터 마감일 23시까지 홈페이지에서 신청
    ② K공사 온라인 쇼핑몰에서는 가상계좌 방식으로 개시일 9시부터 마감일 23시까지 신청
- 구입 시 유의사항
  - 수령자 및 수령지 등 접수 정보가 중복될 경우 단품별 10장, 3종 세트 10세트만 추첨 명단에 등록
  - 비정상적인 경로나 방법으로 접수할 경우 당첨을 취소하거나 배송을 제한

06 다음 중 한국의 국립공원 기념주화 발행 사업의 내용으로 옳은 것은?

① 국민들을 대상으로 예약 판매를 실시하며, 외국인에게는 판매하지 않는다.

② 1인당 구매 가능한 최대 주화 수는 10장이다.

③ 기념주화를 구입하기 위해서는 우리 · 농협은행 계좌를 사전에 개설해 두어야 한다.

④ 사전예약을 받은 뒤, 예약 주문량에 맞추어 제한된 수량만 생산한다.

⑤ K공사를 통한 예약 접수는 온라인에서만 가능하다.

07 외국인 A씨는 이번에 발행되는 기념주화를 예약 주문하려고 한다. 다음 상황을 참고했을 때 A씨가 기념주화 구매 예약을 할 수 있는 방법으로 옳은 것은?

〈외국인 A씨의 상황〉

- A씨는 국내 거주 외국인으로 등록된 사람이다.
- A씨의 명의로 국내은행에 개설된 계좌는 총 2개로, 신한은행, 한국씨티은행에 1개씩이다.
- A씨는 우리은행이나 농협은행과는 거래이력이 없다.

① 여권을 지참하고 우리은행이나 농협은행 지점을 방문한다.

② K공사 온라인 쇼핑몰에서 신용카드를 사용한다.

③ 계좌를 보유한 신한은행이나 한국씨티은행의 홈페이지를 통해 신청한다.

④ 외국인등록증을 지참하고 우리은행이나 농협은행 지점을 방문한다.

⑤ 우리은행이나 농협은행의 홈페이지에서 신청한다.

08 다음은 기념주화를 예약한 5명의 신청내역이다. 이 중 가장 많은 금액을 지불한 사람의 구매 금액은?

(단위 : 세트, 장)

구매자	3종 세트	단품		
		은화Ⅰ - 설악산	은화Ⅱ - 치악산	은화Ⅲ - 월출산
A	2	1	-	-
B	-	2	3	3
C	2	1	1	-
D	3	-	-	-
E	1	-	2	2

① 558,000원   ② 561,000원

③ 563,000원   ④ 564,000원

⑤ 567,000원

※ 다음 글을 읽고 이어지는 질문에 답하시오. [9~10]

척추는 신체를 지탱하고, 뇌로부터 이어지는 중추신경인 척수를 보호하는 중요한 뼈 구조물이다. 보통 사람들은 허리에 심한 통증이 느껴지면 허리디스크(추간판탈출증)를 떠올리는데, 디스크 이외에도 통증을 유발하는 척추 질환은 다양하나. 특히 노인 인구가 증가하면서 척추관협착증(요추관협착증)의 발병 또한 늘어나고 있다. 허리디스크와 척추관협착증은 사람들이 혼동하기 쉬운 척추 질환으로, 발병 원인과 치료법이 다르기 때문에 두 질환의 차이를 이해하고 통증 발생 시 질환에 맞춰 적절하게 대응할 필요가 있다.

허리디스크는 척추 뼈 사이에 쿠션처럼 완충 역할을 해주는 디스크(추간판)에 문제가 생겨 발생한다. 디스크는 찐득찐득한 수핵과 이를 둘러싸는 섬유륜으로 구성되는데, 나이가 들어 탄력이 떨어지거나, 젊은 나이에도 급격한 충격에 의해서 섬유륜에 균열이 생기면 속의 수핵이 빠져나오면서 주변 신경을 압박하거나 염증을 유발한다. 허리디스크가 발병하면 초기에는 허리 통증으로 시작되어 점차 허벅지에서 발까지 찌릿하게 저리는 방사통을 유발하고, 디스크에서 수핵이 흘러나오는 상황이기 때문에 허리를 굽히거나 앉아 있으면 디스크에 가해지는 압력이 높아져 통증이 더욱 심해진다. 허리디스크는 통증이 심한 질환이지만, 흘러나온 수핵은 대부분 대식세포에 의해 제거되고, 자연치유가 가능하기 때문에 병원에서는 주로 통증을 줄이고, 안정을 취하는 방법으로 보존치료를 진행한다. 하지만 염증이 심해져 중앙 척수를 건드리게 되면 하반신 마비 등의 증세가 나타날 수 있는데, 이러한 경우에는 탈출된 디스크 조각을 물리적으로 제거하는 수술이 필요하다.

반면, 척추관협착증은 대표적인 척추 퇴행성 질환으로 주변 인대(황색 인대)가 척추관을 압박하여 발생한다. 척추관은 척추 가운데 신경 다발이 지나갈 수 있도록 속이 빈 공간인데, 나이가 들면서 척추가 흔들리게 되면 흔들리는 척추를 붙들기 위해 인대가 점차 두꺼워지고, 척추 뼈에 변형이 생겨 결과적으로 척추관이 좁아지게 된다. 이렇게 오랜 기간 동안 변형된 척추 뼈와 인대가 척추관 속의 신경을 눌러 발생하는 것이 척추관협착증이다. 척추관 속의 신경이 눌리게 되면 통증과 함께 저리거나 당기게 되어 보행이 힘들어지며, 지속적으로 압박받을 경우 척추 신경이 경색되어 하반신 마비 증세로 악화될 수 있다. 일반적으로 서 있을 경우보다 허리를 구부렸을 때 척추관이 더 넓어지므로 허리디스크 환자와 달리 앉아 있을 때 통증이 완화된다. 척추관협착증은 자연치유가 되지 않고 척추관이 다시 넓어지지 않으므로 발병 초기를 제외하면 일반적으로 변형된 부분을 제거하는 수술을 하게 된다.

이와 같이 허리디스크와 척추관협착증은 똑같이 허리 통증을 유발하지만 원인과 증상, 치료법이 상이하다. 비교적 고령인 60대 이상의 사람이 만성적으로 서 있을 때 통증이 나타난다면 ___㉠___ 을/를 의심해야 하며, 비교적 젊은 20 ~ 50대의 사람이 앉아 있을 때 통증이 급작스럽게 나타날 때는 ___㉡___ 을/를 의심해야 한다. 척추는 우리의 몸을 지탱하는 중요한 골격이며, 신경계와 밀접한 관련이 있으므로 통증이 발생한다면 자신의 몸 상태를 잘 파악하고, 초기에 치료를 받는 것이 중요하다.

┃ 국민건강보험공단 / 의사소통능력

09 다음 중 윗글의 내용으로 적절하지 않은 것은?

① 일반적으로 허리디스크는 척추관협착증에 비해 급작스럽게 증상이 나타난다.
② 허리디스크는 서 있을 때 통증이 더 심해진다.
③ 허리디스크에 비해 척추관협착증은 외과적 수술 빈도가 높다.
④ 허리디스크와 척추관협착증 모두 증세가 심해지면 하반신 마비의 가능성이 있다.

10 다음 중 빈칸 ㉠과 ㉡에 들어갈 단어가 바르게 연결된 것은?

	㉠	㉡
①	허리디스크	추간판탈출증
②	허리디스크	척추관협착증
③	척추관협착증	요추관협착증
④	척추관협착증	허리디스크

11 다음 문단을 논리적 순서대로 바르게 나열한 것은?

(가) 주장애관리는 장애정도가 심한 장애인이 의원뿐만 아니라 병원 및 종합병원급에서 장애 유형별 전문의에게 전문적인 장애관리를 받을 수 있는 서비스이다. 이전에는 대상 관리 유형이 지체장애, 시각장애, 뇌병변장애로 제한되어 있었으나, 3단계부터는 지적장애, 정신장애, 자폐성장애까지 확대되어 더 많은 중증장애인들이 장애관리를 받을 수 있게 되었다.

(나) 이와 같이 3단계 장애인 건강주치의 시범사업은 기존 1·2단계 시범사업보다 더욱 확대되어 많은 중증장애인들의 참여를 예상하고 있다. 장애인 건강주치의 시범사업에 신청하기 위해서는 국민건강보험공단 홈페이지의 건강IN에서 장애인 건강주치의 의료기관을 찾은 후 해당 의료기관에 방문하여 장애인 건강주치의 이용 신청사실 통지서를 작성하면 신청할 수 있다.

(다) 장애인 건강주치의 제도가 제공하는 서비스는 일반건강관리, 주(主)장애관리, 통합관리로 나누어진다. 일반건강관리 서비스는 모든 유형의 중증장애인이 만성질환 등 전반적인 건강관리를 받을 수 있는 서비스로, 의원급에서 원하는 의사를 선택하여 참여할 수 있다. 1·2단계까지의 사업에서는 만성질환관리를 위해 장애인 본인이 검사비용의 30%를 부담해야 했지만, 3단계부터는 본인부담금 없이 질환별 검사바우처로 제공한다.

(라) 마지막으로 통합관리는 일반건강관리와 주장애관리를 동시에 받을 수 있는 서비스로, 동네에 있는 의원급 의료기관에 속한 지체·뇌병변·시각·지적·정신·자폐성 장애를 진단하는 전문의가 주장애관리와 만성질환관리를 모두 제공한다. 이 3가지 서비스들은 거동이 불편한 환자를 위해 의사나 간호사가 직접 집으로 방문하는 방문 서비스를 제공하고 있으며 기존까지는 연 12회였으나, 3단계 시범사업부터 연 18회로 증대되었다.

(마) 보건복지부와 국민건강보험공단은 2021년 9월부터 3단계 장애인 건강주치의 시범사업을 진행하였다. 장애인 건강주치의 제도는 중증장애인이 인근 지역에서 주치의로 등록 신청한 의사 중 원하는 의사를 선택하여 장애로 인한 건강문제, 만성질환 등 건강상태를 포괄적이고 지속적으로 관리받을 수 있는 제도로, 2018년 5월 1단계 시범사업을 시작으로 2단계 시범사업까지 완료되었다.

① (다) - (마) - (가) - (나) - (라)
② (다) - (가) - (라) - (마) - (나)
③ (마) - (가) - (라) - (나) - (다)
④ (마) - (다) - (가) - (라) - (나)

12 다음은 K지역의 연도별 건강보험금 부과액 및 징수액에 대한 자료이다. 직장가입자 건강보험금 징수율이 가장 높은 해와 지역가입자의 건강보험금 징수율이 가장 높은 해를 바르게 짝지은 것은?

〈건강보험금 부과액 및 징수액〉

(단위 : 백만 원)

구분		2019년	2020년	2021년	2022년
직장가입자	부과액	6,706,712	5,087,163	7,763,135	8,376,138
	징수액	6,698,187	4,898,775	7,536,187	8,368,972
지역가입자	부과액	923,663	1,003,637	1,256,137	1,178,572
	징수액	886,396	973,681	1,138,763	1,058,943

※ [징수율(%)] = $\dfrac{(징수액)}{(부과액)} \times 100$

	직장가입자	지역가입자
①	2022년	2020년
②	2022년	2019년
③	2021년	2020년
④	2021년	2019년

13 다음은 K병원의 하루 평균 이뇨제, 지사제, 진통제 사용량에 대한 자료이다. 이에 대한 설명으로 옳지 않은 것은?

〈하루 평균 이뇨제, 지사제, 진통제 사용량〉

구분	2018년	2019년	2020년	2021년	2022년	1인 1일 투여량
이뇨제	3,000mL	3,480mL	3,360mL	4,200mL	3,720mL	60mL/일
지사제	30정	42정	48정	40정	44정	2정/일
진통제	6,720mg	6,960mg	6,840mg	7,200mg	7,080mg	60mg/일

※ 모든 의약품은 1인 1일 투여량을 준수하여 투여했다.

① 전년 대비 2022년 사용량 감소율이 가장 큰 의약품은 이뇨제이다.

② 5년 동안 지사제를 투여한 환자 수의 평균은 18명 이상이다.

③ 이뇨제 사용량은 증가와 감소를 반복하였다.

④ 매년 진통제를 투여한 환자 수는 이뇨제를 투여한 환자 수의 2배 이하이다.

14 다음은 분기별 상급병원, 종합병원, 요양병원의 보건인력 현황에 대한 자료이다. 분기별 전체 보건 인력 중 전체 사회복지사 인력의 비율로 옳지 않은 것은?

〈상급병원, 종합병원, 요양병원의 보건인력 현황〉

(단위 : 명)

구분		2022년 3분기	2022년 4분기	2023년 1분기	2023년 2분기
상급병원	의사	20,002	21,073	22,735	24,871
	약사	2,351	2,468	2,526	2,280
	사회복지사	391	385	370	375
종합병원	의사	32,765	33,084	34,778	33,071
	약사	1,941	1,988	2,001	2,006
	사회복지사	670	695	700	720
요양병원	의사	19,382	19,503	19,761	19,982
	약사	1,439	1,484	1,501	1,540
	사회복지사	1,887	1,902	1,864	1,862
계		80,828	82,582	86,236	86,707

※ 보건인력은 의사, 약사, 사회복지사 인력 모두를 포함한다.

① 2022년 3분기 : 약 3.65%

② 2022년 4분기 : 약 3.61%

③ 2023년 1분기 : 약 3.88%

④ 2023년 2분기 : 약 3.41%

15 다음은 건강생활실천지원금제에 대한 자료이다. 〈보기〉의 신청자 중 예방형과 관리형에 해당하는 사람을 바르게 분류한 것은?

〈건강생활실천지원금제〉

- 사업설명 : 참여자 스스로 실천한 건강생활 노력 및 건강개선 결과에 따라 지원금을 지급하는 제도
- 시범지역

지역	예방형	관리형
서울	노원구	중랑구
경기・인천	안산시, 부천시	인천 부평구, 남양주시, 고양일산(동구, 서구)
충청권	대전 대덕구, 충주시, 충남 청양군(부여군)	대전 동구
전라권	광주 광산구, 전남 완도군, 전주시(완주군)	광주 서구, 순천시
경상권	부산 중구, 대구 남구, 김해시, 대구 달성군	대구 동구, 부산 북구
강원・제주권	원주시, 제주시	원주시

- 참여대상 : 주민등록상 주소지가 시범지역에 해당되는 사람 중 아래에 해당하는 사람

구분	조건
예방형	만 20 ～ 64세인 건강보험 가입자(피부양자 포함) 중 국민건강보험공단에서 주관하는 일반건강검진 결과 건강관리가 필요한 사람*
관리형	고혈압・당뇨병 환자

*건강관리가 필요한 사람 : 다음에 모두 해당하거나 ①, ② 또는 ①, ③에 해당하는 사람
  ① 체질량지수(BMI) 25kg/m^2 이상
  ② 수축기 혈압 120mmHg 이상 또는 이완기 혈압 80mmHg 이상
  ③ 공복혈당 100mg/dL 이상

보기

신청자	주민등록상 주소지	체질량지수	수축기 혈압 / 이완기 혈압	공복혈당	기저질환
A	서울 강북구	22kg/m^2	117mmHg / 78mmHg	128mg/dL	−
B	서울 중랑구	28kg/m^2	125mmHg / 85mmHg	95mg/dL	−
C	경기 안산시	26kg/m^2	142mmHg / 92mmHg	99mg/dL	고혈압
D	인천 부평구	23kg/m^2	145mmHg / 95mmHg	107mg/dL	고혈압
E	광주 광산구	28kg/m^2	119mmHg / 78mmHg	135mg/dL	당뇨병
F	광주 북구	26kg/m^2	116mmHg / 89mmHg	144mg/dL	당뇨병
G	부산 북구	27kg/m^2	118mmHg / 75mmHg	132mg/dL	당뇨병
H	강원 철원군	28kg/m^2	143mmHg / 96mmHg	115mg/dL	고혈압
I	제주 제주시	24kg/m^2	129mmHg / 83mmHg	108mg/dL	−

※ 단, 모든 신청자는 만 20 ～ 64세이며, 건강보험에 가입하였다.

	예방형	관리형		예방형	관리형
①	A, E	C, D	②	B, E	F, I
③	C, E	D, G	④	F, I	C, H

16 K동에서는 임신한 주민에게 출산장려금을 지원하고자 한다. 출산장려금 지급 기준 및 K동에 거주하는 임산부에 대한 정보가 다음과 같을 때, 출산장려금을 가장 먼저 받을 수 있는 사람은?

〈K동 출산장려금 지급 기준〉

- 출산장려금 지급액은 모두 같으나, 지급 시기는 모두 다르다.
- 지급 순서 기준은 임신일, 자녀 수, 소득 수준 순서이다.
- 임신일이 길수록, 자녀가 많을수록, 소득 수준이 낮을수록 먼저 받는다(단, 자녀는 만 19세 미만의 아동 및 청소년으로 제한한다).
- 임신일, 자녀 수, 소득 수준이 모두 같으면 같은 날에 지급한다.

〈K동 거주 임산부 정보〉

임산부	임신일	자녀	소득 수준
A	150일	만 1세	하
B	200일	만 3세	상
C	200일	만 7세, 만 5세, 만 3세	중
D	200일	만 20세, 만 16세, 만 14세, 만 10세	상

① A임산부
② B임산부
③ C임산부
④ D임산부

17 다음 글의 주제로 가장 적절한 것은?

> 현재 우리나라의 진료비 지불제도 중 가장 주도적으로 시행되는 지불제도는 행위별수가제이다. 행위별수가제는 의료기관에서 의료인이 제공한 의료서비스(행위, 약제, 치료 재료 등)에 대해 서비스별로 가격(수가)을 정하여 사용량과 가격에 의해 진료비를 지불하는 제도로, 의료보험 도입 당시부터 채택하고 있는 지불제도이다. 그러나 최근 관련 전문가들로부터 이러한 지불제도를 개선해야 한다는 목소리가 많이 나오고 있다.
>
> 조사에 의하면 우리나라의 국민의료비를 증대시키는 주요 원인은 고령화로 인한 진료비 증가와 행위별수가제로 인한 비용의 무한 증식이다. 현재 우리나라의 국민의료비는 OECD 회원국 중 최상위를 기록하고 있으며 앞으로 더욱 심화될 것으로 예측된다. 특히 행위별수가제는 의료행위를 할수록 지불되는 진료비가 증가하므로 CT, MRI 등 영상검사를 중심으로 의료 남용이나 과다 이용 문제가 발생하고 있고, 병원의 이익 증대를 위하여 환자에게는 의료비 부담을, 의사에게는 업무 부담을, 건강보험에는 재정 부담을 증대시키고 있다.
>
> 이러한 행위별수가제의 문제점을 개선하기 위해 일부 질병군에서는 환자가 입원해서 퇴원할 때까지 발생하는 진료에 대하여 질병마다 미리 정해진 금액을 내는 제도인 포괄수가제를 시행 중이며, 요양병원, 보건기관에서는 입원 환자의 질병, 기능 상태에 따라 입원 1일당 정액수가를 적용하는 정액수가제를 병행하여 실시하고 있지만 비용 산정의 경직성, 의사 비용과 병원 비용의 비분리 등 여러 가지 문제점이 있어 현실적으로 효과를 내지 못하고 있다는 지적이 나오고 있다.
>
> 기획재정부와 보건복지부는 시간이 지날수록 건강보험 적자가 계속 증대되어 머지않아 고갈될 위기에 있다고 발표하였다. 당장 행위별수가제를 전면적으로 폐지할 수는 없으므로 기존의 다른 수가제의 문제점을 개선하여 확대하는 등 의료비 지불방식의 다변화가 구조적으로 진행되어야 할 것이다.

① 신포괄수가제의 정의
② 행위별수가제의 한계점
③ 의료비 지불제도의 역할
④ 건강보험의 재정 상황
⑤ 다양한 의료비 지불제도 소개

18 다음 중 제시된 단어와 그 뜻이 바르게 연결되지 않은 것은?

① 당위(當爲) : 마땅히 그렇게 하거나 되어야 하는 것

② 구상(求償) : 자연적인 재해나 사회적인 피해를 당하여 어려운 처지에 있는 사람을 도와줌

③ 명문(明文) : 글로 명백히 기록된 문구 또는 그런 조문

④ 유기(遺棄) : 어떤 사람이 종래의 보호를 거부하여 그를 보호받지 못하는 상태에 두는 일

⑤ 추계(推計) : 일부를 가지고 전체를 미루어 계산함

19 질량이 2kg인 공을 지표면으로부터 높이가 50cm인 지점에서 지표면을 향해 수직으로 4m/s의 속력으로 던져 공이 튀어 올랐다. 다음 〈조건〉을 보고 가장 높은 지점에서 공의 위치에너지를 구하면?(단, 에너지 손실은 없으며, 중력가속도는 $10m/s^2$으로 가정한다)

조건

- (운동에너지)$= \left[\dfrac{1}{2} \times (질량) \times (속력)^2 \right]$ J
- (위치에너지)$=[(질량) \times (중력가속도) \times (높이)]$J
- (역학적 에너지)$=[(운동에너지)+(위치에너지)]$J
- 에너지 손실이 없다면 역학적 에너지는 어떠한 경우에도 변하지 않는다.
- 공이 지표면에 도달할 때 위치에너지는 0이고, 운동에너지는 역학적 에너지와 같다.
- 공이 튀어 오른 후 가장 높은 지점에서 운동에너지는 0이고, 위치에너지는 역학적 에너지와 같다.
- 운동에너지와 위치에너지를 구하는 식에 대입하는 질량의 단위는 kg, 속력의 단위는 m/s, 중력가속도의 단위는 m/s^2, 높이의 단위는 m이다.

① 26J   ② 28J

③ 30J   ④ 32J

⑤ 34J

20 A부장이 시속 200km의 속력으로 달리는 기차로 1시간 30분 걸리는 출장지에 자가용을 타고 출장을 갔다. 시속 60km의 속력으로 가고 있는데, 속력을 유지한 채 가면 약속시간보다 1시간 늦게 도착할 수 있어 도중에 시속 90km의 속력으로 달려 약속시간보다 30분 일찍 도착하였다. A부장이 시속 90km의 속력으로 달린 거리는?(단, 달리는 동안 속력은 시속 60km로 달리는 도중에 시속 90km로 바뀌는 경우를 제외하고는 그 속력을 유지하는 것으로 가정한다)

① 180km

② 210km

③ 240km

④ 270km

⑤ 300km

21 S공장은 어떤 상품을 원가에 23%의 이익을 남겨 판매하였으나, 잘 팔리지 않아 판매가에서 1,300원 할인하여 판매하였다. 이때 얻은 이익이 원가의 10%일 때, 상품의 원가는?

① 10,000원

② 11,500원

③ 13,000원

④ 14,500원

⑤ 16,000원

22 A ~ G 7명은 일렬로 배치된 의자에 다음 〈조건〉과 같이 앉는다. 이때 가능한 경우의 수는?

> **조건**
> • A는 양 끝에 앉지 않는다.
> • G는 가운데에 앉는다.
> • B는 G의 바로 옆에 앉는다.

① 60가지

② 72가지

③ 144가지

④ 288가지

⑤ 366가지

23 S유치원에 다니는 아이 11명의 평균 키는 113cm이다. 키가 107cm인 원생이 유치원을 나가게 되어 원생이 10명이 되었을 때, 남은 유치원생 10명의 평균 키는?

① 113cm

② 113.6cm

③ 114.2cm

④ 114.8cm

⑤ 115.4cm

24 다음 글과 같이 한자어 및 외래어를 순화한 내용으로 적절하지 않은 것은?

> 열차를 타다 보면 한 번쯤은 다음과 같은 안내방송을 들어 봤을 것이다.
> "○○역 인근 '공중사상사고' 발생으로 KTX 열차가 지연되고 있습니다."
> 이때 들리는 안내방송 중 한자어인 '공중사상사고'를 한 번에 알아듣기란 일반적으로 쉽지 않다. 실제로 S교통공사 관계자는 승객들로부터 안내방송 문구가 적절하지 않다는 지적을 받아 왔다고 밝혔으며, 이에 S교통공사는 국토교통부와 협의를 거쳐 보다 이해하기 쉬운 안내방송을 전달하기 위해 문구를 바꾸는 작업에 착수하기로 결정하였다고 전했다.
> 우선 가장 먼저 수정하기로 한 것은 한자어 및 외래어로 표기된 철도 용어이다. 그중 대표적인 것이 '공중사상사고'이다. S교통공사 관계자는 이를 '일반인의 사상사고'나 '열차 운행 중 인명사고' 등과 같이 이해하기 쉬운 말로 바꿀 예정이라고 밝혔다. 이 외에도 열차 지연 예상 시간, 사고복구 현황 등 열차 내 안내방송을 승객에게 좀 더 알기 쉽고 상세하게 전달할 것이라고 전했다.

① 열차시격 → 배차간격

② 전차선 단전 → 선로 전기 공급 중단

③ 우회수송 → 우측 선로로 변경

④ 핸드레일(Handrail) → 안전손잡이

⑤ 키스 앤 라이드(Kiss and Ride) → 환승정차구역

25 다음 글에서 언급되지 않은 내용은?

> 전 세계적인 과제로 탄소중립이 대두되자 친환경적 운송 수단인 철도가 주목받고 있다. 특히 국제에 너지기구는 철도를 에너지 효율이 가장 높은 운송 수단으로 꼽으며, 철도 수송을 확대하면 세계 수송 부문에서 온실가스 배출량이 그렇지 않을 때보다 약 6억 톤이 줄어들 수 있다고 하였다.
>
> 특히 철도의 에너지 소비량은 도로의 22분의 1이고, 온실가스 배출량은 9분의 1에 불과해, 탄소 배출이 높은 도로 운행의 수요를 친환경 수단인 철도로 전환한다면 수송 부문 총배출량이 획기적으로 감소될 것이라 전망하고 있다.
>
> 이에 발맞춰 우리나라의 S철도공단도 '녹색교통'인 철도 중심 교통체계를 구축하기 위해 박차를 가하고 있으며, 정부 역시 '2050 탄소중립 실현' 목표에 발맞춰 저탄소 철도 인프라 건설·관리로 탄소를 지속적으로 감축하고자 노력하고 있다.
>
> S철도공단은 철도 인프라 생애주기 관점에서 탄소를 감축하기 위해 먼저 철도 건설 단계에서부터 친환경·저탄소 자재를 적용해 탄소 배출을 줄이고 있다. 실제로 중앙선 안동~영천 간 궤도 설계 당시 철근 대신에 저탄소 자재인 유리섬유 보강근을 콘크리트 궤도에 적용했으며, 이를 통한 탄소 감축효과는 약 6,000톤으로 추정된다. 이 밖에도 저탄소 철도 건축물 구축을 위해 2025년부터 모든 철도건축물을 에너지 자립률 60% 이상(3등급)으로 설계하기로 결정했으며, 도심의 철도 용지는 지자체와 협업을 통해 도심 속 철길 숲 등 탄소 흡수원이자 지역민의 휴식처로 철도부지 특성에 맞게 조성되고 있다.
>
> S철도공단은 이와 같은 철도로의 수송 전환으로 약 20%의 탄소 감축 목표를 내세웠으며, 이를 위해서는 정부의 노력도 필요하다고 강조하였다. 특히 수송 수단 간 공정한 가격 경쟁이 이루어질 수 있도록 도로 차량에 집중된 보조금 제도를 화물차의 탄소배출을 줄이기 위한 철도 전환교통 보조금으로 확대하는 등 실질적인 방안의 필요성을 제기하고 있다.

① 녹색교통으로 철도 수송이 대두된 배경
② 철도 수송 확대를 통해 기대할 수 있는 효과
③ 국내의 탄소 감축 방안이 적용된 설계 사례
④ 정부의 철도 중심 교통체계 구축을 위해 시행된 조치
⑤ S철도공단의 철도 중심 교통체계 구축을 위한 방안

18 · NCS 한국전력공사 고졸채용

26 다음 글의 주제로 가장 적절한 것은?

> 지난 5월 아이슬란드에 각종 파이프와 열교환기, 화학물질 저장탱크, 압축기로 이루어져 있는 '조지올라 재생가능 메탄올 공장'이 등장했다. 이곳은 이산화탄소로 메탄올을 만드는 첨단 시설로, 과거 2011년 아이슬란드 기업 '카본리사이클링인터내셔널(CRI)'이 탄소 포집·활용(CCU) 기술의 실험을 위해서 지은 곳이다.
>
> 이곳에서는 인근 지열발전소에서 발생하는 적은 양의 이산화탄소(CO_2)를 포집한 뒤 물을 분해해 조달한 수소(H_2)와 결합시켜 재생 메탄올(CH_3OH)을 제조하였으며, 이때 필요한 열과 냉각수 역시 지열발전소의 부산물을 이용했다. 이렇게 만들어진 메탄올은 자동차, 선박, 항공 연료는 물론 플라스틱 제조 원료로 활용되는 등 여러 곳에서 활용되었다.
>
> 하지만 이렇게 메탄올을 만드는 것이 미래 원료 문제의 근본적인 해결책이 될 수는 없었다. 왜냐하면 메탄올이 만드는 에너지보다 메탄올을 만드는 데 들어가는 에너지가 더 필요하다는 문제점에 더하여 액화천연가스(LNG)를 메탄올로 변환할 경우 이전보다 오히려 탄소배출량이 증가하고, 탄소배출량을 감소시키기 위해서는 태양광과 에너지 저장장치를 활용해 메탄올 제조에 필요한 에너지를 모두 조달해야만 하기 때문이다.
>
> 또한 탄소를 포집해 지하에 영구 저장하는 탄소포집 저장방식과 달리, 탄소를 포집해 만든 연료나 제품은 사용 중에 탄소를 다시 배출할 가능성이 있어 이에 대한 논의가 분분한 상황이다.

① 탄소 재활용의 득과 실
② 재생 에너지 메탄올의 다양한 활용
③ 지열발전소에서 탄생한 재활용 원료
④ 탄소 재활용을 통한 미래 원료의 개발
⑤ 미래의 에너지 원료로 주목받는 재활용 원료, 메탄올

27 다음은 A ~ C철도사의 연도별 차량 수 및 승차인원에 대한 자료이다. 이에 대한 설명으로 옳지 않은 것은?

<표 제목: 철도사별 차량 수 및 승차인원>

구분	2020년			2021년			2022년		
	A	B	C	A	B	C	A	B	C
차량 수(량)	2,751	103	185	2,731	111	185	2,710	113	185
승차인원 (천 명/년)	775,386	26,350	35,650	768,776	24,746	33,130	755,376	23,686	34,179

① C철도사가 운영하는 차량 수는 변동이 없다.

② 3년간 전체 승차인원 중 A철도사 철도를 이용하는 승차인원의 비율이 가장 높다.

③ A ~ C철도사의 철도를 이용하는 연간 전체 승차인원 수는 매년 감소하였다.

④ 3년간 차량 1량당 연간 평균 승차인원 수는 B철도사가 가장 적다.

⑤ C철도사의 차량 1량당 연간 승차인원 수는 200천 명 미만이다.

28 다음은 A ~ H국의 연도별 석유 생산량에 대한 자료이다. 이에 대한 설명으로 옳은 것은?

<표 제목: 연도별 석유 생산량>

(단위 : bbl/day)

국가	2018년	2019년	2020년	2021년	2022년
A	10,356,185	10,387,665	10,430,235	10,487,336	10,556,259
B	8,251,052	8,297,702	8,310,856	8,356,337	8,567,173
C	4,102,396	4,123,963	4,137,857	4,156,121	4,025,936
D	5,321,753	5,370,256	5,393,104	5,386,239	5,422,103
E	258,963	273,819	298,351	303,875	335,371
F	2,874,632	2,633,087	2,601,813	2,538,776	2,480,221
G	1,312,561	1,335,089	1,305,176	1,325,182	1,336,597
H	100,731	101,586	102,856	103,756	104,902

① 석유 생산량이 매년 증가한 국가의 수는 6개이다.

② 2018년 대비 2022년에 석유 생산량 증가량이 가장 많은 국가는 A이다.

③ 매년 E국가의 석유 생산량은 H국가 석유 생산량의 3배 미만이다.

④ 연도별 석유 생산량 상위 2개 국가의 생산량 차이는 매년 감소한다.

⑤ 2018년 대비 2022년에 석유 생산량 감소율이 가장 큰 국가는 F이다.

29 A씨는 최근 승진한 공무원 친구에게 선물로 개당 12만 원인 수석을 보내고자 한다. 다음 부정청탁 및 금품 등 수수의 금지에 관한 법률에 따라 선물을 보낼 때, 최대한 많이 보낼 수 있는 수석의 수는?(단, A씨는 공무원인 친구와 직무 연관성이 없는 일반인이며, 선물은 한 번만 보낸다)

> **금품 등의 수수 금지(부정청탁 및 금품 등 수수의 금지에 관한 법률 제8조 제1항)**
> 공직자 등은 직무 관련 여부 및 기부·후원·증여 등 그 명목에 관계없이 동일인으로부터 1회에 100만 원 또는 매 회계연도에 300만 원을 초과하는 금품 등을 받거나 요구 또는 약속해서는 아니 된다.

① 7개   ② 8개
③ 9개   ④ 10개
⑤ 11개

30 S대리는 업무 진행을 위해 본사에서 거래처로 외근을 가고자 한다. 본사에서 거래처까지 가는 길이 다음과 같을 때, 본사에서 출발하여 C와 G를 거쳐 거래처로 간다면 S대리의 최소 이동거리는?(단, 어떤 곳을 먼저 가도 무관하다)

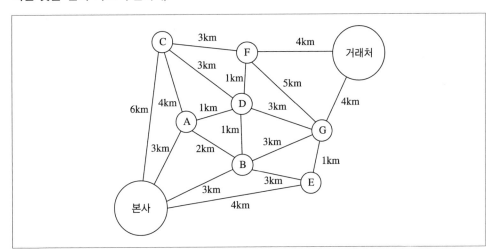

① 8km   ② 9km
③ 13km   ④ 16km
⑤ 18km

31 총무부에 근무하는 A사원은 각 부서에 필요한 사무용품을 조사한 결과, 볼펜 30자루, 수정테이프 8개, 연필 20자루, 지우개 5개가 필요하다고 한다. 다음 〈조건〉에 따라 비품을 구매할 때, 지불할 수 있는 가장 저렴한 금액은?(단, 필요한 비품 수를 초과하여 구매할 수 있고, 지불하는 금액은 배송료를 포함한다)

조건

• 볼펜, 수정테이프, 연필, 지우개의 판매 금액은 다음과 같다(단, 모든 품목은 낱개로 판매한다).

품목	가격(원/1EA)	비고
볼펜	1,000	20자루 이상 구매 시 개당 200원 할인
수정테이프	2,500	10개 이상 구매 시 개당 1,000원 할인
연필	400	12자루 이상 구매 시 연필 전체 가격의 25% 할인
지우개	300	10개 이상 구매 시 개당 100원 할인

• 품목당 할인을 적용한 금액의 합이 3만 원을 초과할 경우, 전체 금액의 10% 할인이 추가로 적용된다.
• 전체 금액의 10% 할인 적용 전 금액이 5만 원 초과 시 배송료는 무료이다.
• 전체 금액의 10% 할인 적용 전 금액이 5만 원 이하 시 배송료 5,000원이 별도로 적용된다.

---

① 51,500원
② 51,350원
③ 46,350원
④ 45,090원
⑤ 42,370원

32 S사는 개발 상품 매출 순이익에 기여한 직원에게 성과급을 지급하고자 한다. 기여도에 따른 성과급 지급 기준과 〈보기〉를 참고하여 성과급을 차등지급할 때, 가장 많은 성과급을 지급받는 직원은? (단, 팀장에게 지급하는 성과급은 기준 금액의 1.2배이다)

〈기여도에 따른 성과급 지급 기준〉

매출 순이익	개발 기여도			
	1% 이상 5% 미만	5% 이상 10% 미만	10% 이상 20% 미만	20% 이상
1천만 원 미만	–	–	매출 순이익의 1%	매출 순이익의 2%
1천만 원 이상 3천만 원 미만	5만 원	매출 순이익의 1%	매출 순이익의 2%	매출 순이익의 5%
3천만 원 이상 5천만 원 미만	매출 순이익의 1%	매출 순이익의 2%	매출 순이익의 3%	매출 순이익의 5%
5천만 원 이상 1억 원 미만	매출 순이익의 1%	매출 순이익의 3%	매출 순이익의 5%	매출 순이익의 7.5%
1억 원 이상	매출 순이익의 1%	매출 순이익의 3%	매출 순이익의 5%	매출 순이익의 10%

보기

직원	직책	매출 순이익	개발 기여도
A	팀장	4,000만 원	25%
B	팀장	2,500만 원	12%
C	팀원	1억 2,500만 원	3%
D	팀원	7,500만 원	7%
E	팀원	800만 원	6%

① A

② B

③ C

④ D

⑤ E

33 다음은 S시의 학교폭력 상담 및 신고 건수에 대한 자료이다. 이에 대한 설명으로 옳지 않은 것은?

〈학교폭력 상담 및 신고 건수〉

(단위 : 건)

구분	2022년 7월	2022년 8월	2022년 9월	2022년 10월	2022년 11월	2022년 12월
상담	977	805	3,009	2,526	1,007	871
상담 누계	977	1,782	4,791	7,317	8,324	9,195
신고	486	443	1,501	804	506	496
신고 누계	486	929	2,430	3,234	3,740	4,236
구분	2023년 1월	2023년 2월	2023년 3월	2023년 4월	2023년 5월	2023년 6월
상담	( )	( )	4,370	3,620	1,004	905
상담 누계	9,652	10,109	14,479	18,099	19,103	20,008
신고	305	208	2,781	1,183	557	601
신고 누계	4,541	4,749	7,530	( )	( )	( )

① 2023년 1월과 2023년 2월의 학교폭력 상담 건수는 같다.

② 학교폭력 상담 건수와 신고 건수 모두 2023년 3월에 가장 많다.

③ 전월 대비 학교폭력 상담 건수가 가장 크게 감소한 월과 학교폭력 신고 건수가 가장 크게 감소한 월은 다르다.

④ 전월 대비 학교폭력 상담 건수가 증가한 월은 학교폭력 신고 건수도 같이 증가하였다.

⑤ 2023년 6월까지의 학교폭력 신고 누계 건수는 10,000건 이상이다.

34 다음은 5년 동안 발전원별 발전량 추이에 대한 자료이다. 이에 대한 설명으로 옳지 않은 것은?

<2018 ~ 2022년 발전원별 발전량 추이>

(단위 : GWh)

발전원	2018년	2019년	2020년	2021년	2022년
원자력	127,004	138,795	140,806	155,360	179,216
석탄	247,670	226,571	221,730	200,165	198,367
가스	135,072	126,789	138,387	144,976	160,787
신재생	36,905	38,774	44,031	47,831	50,356
유류·양수	6,605	6,371	5,872	5,568	5,232
계	553,256	537,300	550,826	553,900	593,958

① 매년 원자력 자원 발전량과 신재생 자원 발전량의 증감 추이는 같다.
② 석탄 자원 발전량의 전년 대비 감소폭이 가장 큰 해는 2021년이다.
③ 신재생 자원 발전량 대비 가스 자원 발전량이 가장 큰 해는 2018년이다.
④ 매년 유류·양수 자원 발전량은 전체 발전량의 1% 이상을 차지한다.
⑤ 전체 발전량의 전년 대비 증가폭이 가장 큰 해는 2022년이다.

35 다음 중 〈보기〉에 해당하는 문제해결방법이 바르게 연결된 것은?

> **보기**
>
> ㉠ 중립적인 위치에서 그룹이 나아갈 방향과 주제에 대한 공감을 이룰 수 있도록 도와주어 깊이 있는 커뮤니케이션을 통해 문제점을 이해하고 창조적으로 해결하도록 지원하는 방법이다.
> ㉡ 상이한 문화적 토양을 가진 구성원이 사실과 원칙에 근거한 토론을 바탕으로 서로의 생각을 직설적인 논쟁이나 협상을 통해 의견을 조정하는 방법이다.
> ㉢ 구성원이 같은 문화적 토양을 가지고 서로를 이해하는 상황에서 권위나 공감에 의지하여 의견을 중재하고, 타협과 조정을 통해 해결을 도모하는 방법이다.

	㉠	㉡	㉢
①	하드 어프로치	퍼실리테이션	소프트 어프로치
②	퍼실리테이션	하드 어프로치	소프트 어프로치
③	소프트 어프로치	하드 어프로치	퍼실리테이션
④	퍼실리테이션	소프트 어프로치	하드 어프로치
⑤	하드 어프로치	소프트 어프로치	퍼실리테이션

36 A ~ G 7명은 주말 여행지를 고르기 위해 투표를 진행하였다. 다음 〈조건〉과 같이 투표를 진행하였을 때, 투표를 하지 않은 사람을 모두 고르면?

> **조건**
>
> • D나 G 중 적어도 한 명이 투표하지 않으면, F는 투표한다.
> • F가 투표하면, E는 투표하지 않는다.
> • B나 E 중 적어도 한 명이 투표하지 않으면, A는 투표하지 않는다.
> • A를 포함하여 투표한 사람은 모두 5명이다.

① B, E
② B, F
③ C, D
④ C, F
⑤ F, G

37 다음과 같이 G마트에서 파는 물건을 상품코드와 크기에 따라 엑셀 프로그램으로 정리하였다. 상품코드가 S3310897이고, 크기가 '중'인 물건의 가격을 구하는 함수로 옳은 것은?

	A	B	C	D	E	F
1						
2		상품코드	소	중	대	
3		S3001287	18,000	20,000	25,000	
4		S3001289	15,000	18,000	20,000	
5		S3001320	20,000	22,000	25,000	
6		S3310887	12,000	16,000	20,000	
7		S3310897	20,000	23,000	25,000	
8		S3311097	10,000	15,000	20,000	
9						

① = HLOOKUP(S3310897,$B$2:$E$8,6,0)

② = HLOOKUP("S3310897",$B$2:$E$8,6,0)

③ = VLOOKUP("S3310897",$B$2:$E$8,2,0)

④ = VLOOKUP("S3310897",$B$2:$E$8,6,0)

⑤ = VLOOKUP("S3310897",$B$2:$E$8,3,0)

38 다음 중 Windows Game Bar 녹화 기능에 대한 설명으로 옳지 않은 것은?

① 〈Windows 로고 키〉+〈Alt〉+〈G〉를 통해 백그라운드 녹화 기능을 사용할 수 있다.

② 백그라운드 녹화 시간은 변경할 수 있다.

③ 녹화한 영상의 저장 위치는 변경할 수 없다.

④ 각 메뉴의 단축키는 본인이 원하는 키 조합에 맞추어 변경할 수 있다.

⑤ 게임 성능에 영향을 줄 수 있다.

※ 다음 글을 읽고 이어지는 질문에 답하시오. [39~41]

우리나라에서 500MW 규모 이상의 발전설비를 보유한 발전사업자(공급의무자)는 신재생에너지 공급의무화 제도(RPS; Renewable Portfolio Standard)에 의해 의무적으로 일정 비율 이상을 기존의 화석연료를 변환시켜 이용하거나 햇빛·물·지열·강수·생물유기체 등 재생 가능한 에너지를 변환시켜 이용하는 에너지인 신재생에너지로 발전해야 한다. 이에 따라 공급의무자는 매년 정해진 의무공급비율에 따라 신재생에너지를 사용하여 전기를 공급해야 하는데 의무공급비율은 매년 확대되고 있으므로 여기에 맞춰 태양광, 풍력 등 신재생에너지 발전설비를 추가로 건설하기에는 여러 가지 한계점이 있다. ㉠ 공급의무자는 의무공급비율을 외부 조달을 통해 충당하게 되는데 이를 인증하는 것이 신재생에너지 공급인증서(REC; Renewable Energy Certificates)이다. 공급의무자는 신재생에너지 발전사에서 판매하는 REC를 구매하는 것으로 의무공급비율을 달성하게 되며, 이를 이행하지 못할 경우 미이행 의무량만큼 해당 연도 평균 REC 거래가격의 1.5배 이내에서 과징금이 부과된다.

신재생에너지 공급자가 공급의무자에게 REC를 판매하기 위해서는 먼저 「신에너지 및 재생에너지 개발·이용·보급 촉진법(신재생에너지법)」 제12조의7에 따라 공급인증기관(에너지관리공단 신재생에너지센터, 한국전력거래소 등)으로부터 공급 사실을 증명하는 공급인증서를 신청해야 한다. 인증 신청을 받은 공급인증기관은 신재생에너지 공급자, 신재생에너지 종류별 공급량 및 공급기간, 인증서 유효기간을 명시한 공급인증서를 발급해 주는데, 여기서 공급인증서의 유효기간은 발급받은 날로부터 3년이며, 공급량은 발전방식에 따라 실제 공급량에 가중치를 곱해 표기한다. 이렇게 발급받은 REC는 공급인증기관이 개설한 거래시장인 한국전력거래소에서 거래할 수 있으며, 거래시장에서 공급의무자가 구매하여 의무공급량에 충당한 공급인증서는 효력을 상실하여 폐기하게 된다.

RPS 제도를 통한 REC 거래는 최근 더욱 확대되고 있다. 시행 초기에는 전력거래소에서 신재생에너지 공급자와 공급의무자 간 REC를 거래하였으나, 2021년 8월 이후 에너지관리공단에서 운영하는 REC 거래시장을 통해 한국형 RE100에 동참하는 일반기업들도 신재생에너지 공급자로부터 REC를 구매할 수 있게 되었고 여기서 구매한 REC는 기업의 온실가스 감축실적으로 인정되어 인센티브 등 다양한 혜택을 받을 수 있게 된다.

| 한국남동발전 / 의사소통능력

39 다음 중 윗글의 내용으로 적절하지 않은 것은?

① 공급의무자는 의무공급비율 달성을 위해 반드시 신재생에너지 발전설비를 건설해야 한다.

② REC 거래를 위해서는 먼저 공급인증기관으로부터 인증서를 받아야 한다.

③ 일반기업도 REC 구매를 통해 온실가스 감축실적을 인정받을 수 있다.

④ REC에 명시된 공급량은 실제 공급량과 다를 수 있다.

40 다음 중 빈칸 ㉠에 들어갈 접속부사로 가장 적절한 것은?

① 한편   ② 그러나
③ 그러므로   ④ 예컨대

41 다음 자료를 토대로 신재생에너지법상 바르게 거래된 것은?

〈REC 거래내역〉

(거래일 : 2023년 10월 12일)

설비명	에너지원	인증서 발급일	판매처	거래시장 운영소
A발전소	풍력	2020.10.06	E기업	에너지관리공단
B발전소	천연가스	2022.10.12	F발전	한국전력거래소
C발전소	태양광	2020.10.24	G발전	한국전력거래소
D발전소	수력	2021.04.20	H기업	한국전력거래소

① A발전소   ② B발전소
③ C발전소   ④ D발전소

※ 다음 기사를 읽고 이어지는 질문에 답하시오. [42~43]

N전력공사가 밝힌 에너지 공급비중을 살펴보면 2022년 우리나라의 발전비중 중 가장 높은 것은 석탄(32.51%)이고, 두 번째는 액화천연가스(27.52%) 즉 LNG 발전이다. LNG의 경우 석탄에 비해 탄소 배출량이 적어 화석연료와 신재생에너지의 전환단계인 교량 에너지로서 최근 크게 비중이 늘었지만, 여전히 많은 양의 탄소를 배출한다는 문제점이 있다. 지구 온난화 완화를 위해 어떻게든 탄소 배출량을 줄여야 하는 상황에서 이에 대한 현실적인 대안으로 수소혼소 발전이 주목받고 있다. _____ (가) _____

수소혼소 발전이란 기존의 화석연료인 LNG와 친환경에너지인 수소를 혼합 연소하여 발전하는 방식이다. 수소는 지구에서 9번째로 풍부하여 고갈될 염려가 없고, 연소 시 탄소를 배출하지 않는 친환경에너지이다. 발열량 또한 1kg당 142MJ로, 다른 에너지원에 비해 월등히 높아 같은 양으로 훨씬 많은 에너지를 생산할 수 있다. _____ (나) _____

그러나 수소를 발전 연료로서 그대로 사용하기에는 여러 가지 문제점이 있다. 수소는 LNG에 비해 7 ~ 8배 빠르게 연소되므로 제어에 실패하면 가스 터빈에서 급격하게 발생한 화염이 역화하여 폭발할 가능성이 있다. 또한 높은 온도로 연소되므로 그만큼 공기 중의 질소와 반응하여 많은 질소산화물(NOx)을 발생시키는데, 이는 미세먼지와 함께 대기오염의 주요 원인이 된다. 마지막으로 연료로 사용할 만큼 정제된 수소를 얻기 위해서는 물을 전기분해해야 하는데, 여기에는 많은 전력이 들어가므로 수소 생산 단가가 높아진다는 단점이 있다. _____ (다) _____

이러한 수소의 문제점을 해결하기 위한 대안이 바로 수소혼소 발전이다. 인프라적인 측면에서 기존의 LNG 발전설비를 활용할 수 있기 때문에 수소혼소 발전은 친환경에너지로 전환하는 사회적·경제적 충격을 완화할 수 있다. 또한 수소를 혼입하는 비율이 많아질수록 그만큼 LNG를 대체하게 되므로 기술발전으로 인해 혼입하는 수소의 비중이 높아질수록 발전으로 인한 탄소의 발생을 줄일 수 있다. 아직 많은 기술적·경제적 문제점이 남아있지만, 세계의 많은 나라들은 탄소 배출량 저감을 위해 수소혼소 발전 기술에 적극적으로 뛰어들고 있다. 우리나라 또한 2024년 세종시에 수소혼소 발전이 가능한 열병합발전소가 들어설 예정이며, 한화, 포스코 등 많은 기업들이 수소혼소 발전 실현을 위해 사업을 추진하고 있다. _____ (라) _____

┃ 한국남동발전 / 의사소통능력

42 다음 중 윗글의 내용으로 적절하지 않은 것은?

① 수소혼소 발전은 기존 LNG 발전설비를 활용할 수 있다.
② 수소를 연소할 때에도 공해물질은 발생한다.
③ 수소혼소 발전은 탄소를 배출하지 않는 발전 기술이다.
④ 수소혼소 발전에서 수소를 더 많이 혼입할수록 탄소 배출량은 줄어든다.

┃ 한국남동발전 / 의사소통능력

43 다음 중 〈보기〉의 문장이 들어갈 위치로 가장 적절한 곳은?

> **보기**
> 따라서 수소는 우리나라의 2050 탄소중립을 실현하기 위한 최적의 에너지원이라 할 수 있다.

① (가)   ② (나)
③ (다)   ④ (라)

44 다음은 N사의 비품 구매 신청 기준이다. 부서별로 비품 수량 현황과 기준을 참고하여 비품을 신청해야 할 때, 비품 신청 수량이 바르게 연결되지 않은 부서는?

〈비품 구매 신청 기준〉

비품	연필	지우개	볼펜	수정액	테이프
최소 수량	30자루	45개	60자루	30개	20개

• 팀별 비품 보유 수량이 비품 구매 신청 기준 이하일 때, 해당 비품을 신청할 수 있다.
• 각 비품의 신청 가능한 개수는 최소 수량에서 부족한 수량 이상 최소 보유 수량의 2배 이하이다.

예 연필 20자루, 지우개 50개, 볼펜 50자루, 수정액 40개, 테이프 30개가 있다면 지우개, 수정액, 테이프는 신청할 수 없고, 연필은 10자루 이상 60자루 이하, 볼펜은 10자루 이상 120자루 이하를 신청할 수 있다.

〈N사 부서별 비품 수량 현황〉

팀＼비품	연필	지우개	볼펜	수정액	테이프
총무팀	15자루	30개	20자루	15개	40개
연구개발팀	45자루	60개	50자루	20개	30개
마케팅홍보팀	40자루	40개	15자루	5개	10개
인사팀	25자루	50개	80자루	50개	5개

	팀	연필	지우개	볼펜	수정액	테이프
①	총무팀	15자루	15개	40자루	15개	0개
②	연구개발팀	0자루	0개	100자루	20개	0개
③	마케팅홍보팀	20자루	10개	50자루	50개	40개
④	인사팀	45자루	0개	0자루	0개	30개

※ 다음은 N사 인근의 지하철 노선도 및 관련 정보이다. 이어지는 질문에 답하시오. [45~47]

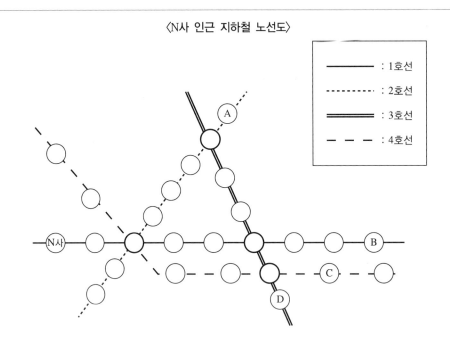

〈N사 인근 지하철 노선도〉

〈N사 인근 지하철 관련 정보〉

• 역 간 거리 및 부과요금은 다음과 같다.

지하철 노선	역 간 거리	기본요금	거리비례 추가요금
1호선	900m	1,200원	5km 초과 시 500m마다 50원 추가
2호선	950m	1,500원	5km 초과 시 1km마다 100원 추가
3호선	1,000m	1,800원	5km 초과 시 500m마다 100원 추가
4호선	1,300m	2,000원	5km 초과 시 1.5km마다 150원 추가

• 모든 노선에서 다음 역으로 이동하는 데 걸리는 시간은 2분이다.
• 모든 노선에서 환승하는 데 걸리는 시간은 3분이다.
• 기본요금이 더 비싼 열차로 환승할 때에는 부족한 기본요금을 추가로 부과하며, 기본요금이 더 저렴한 열차로 환승할 때에는 요금을 추가로 부과하거나 공제하지 않는다.
• 1회 이상 환승할 때의 거리비례 추가요금은 이용한 열차 중 기본요금이 가장 비싼 열차를 기준으로 적용한다.
　예 1호선으로 3,600m 이동 후 3호선으로 환승하여 3,000m 더 이동했다면, 기본요금 및 거리비례 추가요금은 3호선 기준이 적용되어 1,800+300=2,100원이다.

45 다음 중 N사와 A지점을 왕복하는 데 걸리는 최소 이동시간은?

① 28분   ② 34분

③ 40분   ④ 46분

46 다음 중 N사로부터 이동거리가 가장 짧은 지점은?

① A지점   ② B지점

③ C지점   ④ D지점

47 다음 중 N사에서 이동하는 데 드는 비용이 가장 적은 지점은?

① A지점   ② B지점

③ C지점   ④ D지점

SF 영화나 드라마에서만 나오던 3D 푸드 프린터를 통해 음식을 인쇄하여 소비하는 모습은 더 이상 먼 미래의 모습이 아니게 되었다. 2023년 3월 21일 미국의 컬럼비아 대학교에서는 3D 푸드 프린터와 땅콩버터, 누텔라, 딸기잼 등 7가지의 반죽형 식용 카트리지로 7겹 치즈케이크를 만들었다고 국제학술지 'NPJ 식품과학'에 소개하였다. (가) 특히 이 치즈케이크는 베이킹 기능이 있는 레이저와 식물성 원료를 사용한 비건식 식용 카트리지를 통해 만들어졌다. ㉠ 그래서 이번 발표는 대체육과 같은 다른 관련 산업에서도 많은 주목을 받게 되었다.

3D 푸드 프린터는 산업 현장에서 사용되는 일반적인 3D 프린터가 사용자가 원하는 대로 3차원의 물체를 만드는 것처럼 사람이 섭취가 가능한 페이스트, 반죽, 분말 등을 카트리지로 사용하여 사용자가 원하는 디자인으로 압출·성형하여 음식을 만들어 내는 것이다. (나) 현재 3D 푸드 프린터는 산업용 3D 프린터처럼 페이스트를 층층이 쌓아서 만드는 FDM(Fused Deposition Modeling) 방식, 분말형태로 된 재료를 접착제로 굳혀 찍어내는 PBF(Powder Bed Fusion), 레이저로 굳혀 찍어내는 SLS(Selective Laser Sintering) 방식이 주로 사용된다.

(다) 3D 푸드 프린터는 아직 대중화되지 않았지만, 많은 장점을 가지고 있어 미래에 활용가치가 아주 높을 것으로 예상되고 있다. ㉡ 예를 들어 증가하는 노령인구에 맞춰 씹고 삼키는 것이 어려운 사람을 위해 질감과 맛을 조정하거나, 개인별로 필요한 영양소를 첨가하는 등 사용자의 건강관리를 수월하게 해 준다. ㉢ 또한 우주 등 음식을 조리하기 어려운 곳에서 평소 먹던 음식을 섭취할 수 있게 하는 등 활용도는 무궁무진하다. 특히 대체육 부분에서 주목받고 있는데, 3D 푸드 프린터로 육류를 제작하게 된다면 동물을 키우고 도살하여 고기를 얻는 것보다 환경오염을 줄일 수 있다. (라) 대체육은 식물성 원료를 소재로 하는 것이므로 일반적인 고기보다는 맛은 떨어지게 된다. 실제로 대체육 전문 기업인 리디파인 미트(Redefine Meat)에서는 대체육이 축산업에서 발생하는 일반 고기보다 환경오염을 95% 줄일 수 있다고 밝히고 있다.

㉣ 따라서 3D 푸드 프린터는 개발 초기 단계이므로 아직 개선해야 할 점이 많다. 가장 중요한 것은 맛이다. 3D 푸드 프린터에 들어가는 식용 카트리지의 주원료는 식물성 재료이므로 실제 음식의 맛을 내기까지는 아직 많은 노력이 필요하다. (마) 디자인의 영역도 간과할 수 없는데, 길쭉한 필라멘트(3D 프린터에 사용되는 플라스틱 줄) 모양으로 성형된 음식이 '인쇄'라는 인식과 함께 음식을 섭취하는 데 심리적인 거부감을 주는 것도 해결해야 하는 문제이다. ㉤ 게다가 현재 주로 사용하는 방식은 페이스트, 분말을 레이저나 압출로 성형하는 것이므로 만들 수 있는 요리의 종류가 매우 제한적이며, 전력 소모 또한 많다는 것도 해결해야 하는 문제이다.

48 윗글의 내용에 대한 추론으로 적절하지 않은 것은?

① 설탕케이크 장식 제작은 SLS 방식의 3D 푸드 프린터가 적절하다.

② 3D 푸드 프린터는 식감 등으로 발생하는 편식을 줄일 수 있다.

③ 3D 푸드 프린터는 사용자 맞춤 식단을 제공할 수 있다.

④ 현재 3D 푸드 프린터로 제작된 음식은 거부감을 일으킬 수 있다.

⑤ 컬럼비아 대학교에서 만들어 낸 치즈케이크는 PBF 방식으로 제작되었다.

49 윗글의 (가) ~ (마) 중 삭제해야 할 문장으로 가장 적절한 것은?

① (가)　　　　　　　　② (나)

③ (다)　　　　　　　　④ (라)

⑤ (마)

50 윗글의 접속부사 ㉠ ~ ㉤ 중 문맥상 적절하지 않은 것은?

① ㉠　　　　　　　　② ㉡

③ ㉢　　　　　　　　④ ㉣

⑤ ㉤

아이들이 답이 있는 질문을 하기 시작하면 그들이 성장하고 있음을 알 수 있다.

- 존 J. 플롬프 -

PART 1

한국전력공사
3개년 기출복원문제

| 의사소통능력

01 다음 중 RPS 제도에 대한 설명으로 적절하지 않은 것은?

> 신·재생에너지 공급의무화 제도(RPS; Renewable energy Portfolio Standard)는 발전설비 규모가 일정 수준 이상을 보유한 발전사업자(공급의무자)에게 일정 비율만큼 구체적인 수치의 신·재생에너지 공급 의무발전량을 할당하여 효율적으로 신·재생에너지 보급을 확대하기 위해 2012년에 도입된 제도다. 2018년 기준 공급의무자는 한국전력공사(KEPCO)의 자회사 6개사 등 21개사이며, 공급의무자는 신·재생에너지 발전소를 스스로 건설하여 전력을 자체 생산하거나 기타 발전사업자들로부터 신·재생에너지 공급인증서(REC; Renewable Energy Certificate)를 구매하는 방법 등을 통해 할당받은 공급의무량을 충당할 수 있다.
>
> 이 제도를 통해 신·재생에너지를 이용한 발전량과 발전설비 용량이 지속적으로 증가하였고, 최근에는 목표 대비 의무 이행 비율 역시 90%를 상회하는 등 긍정적인 성과가 있었으나 다음과 같은 문제점들이 지적되고 있다. 첫째, 제도 도입취지와 달리 제도의 구조적 특징으로 신·재생에너지 공급 비용 절감 효과가 불확실한 면이 있다. 둘째, 단기간 내 사업 추진이 용이한 '폐기물 및 바이오매스 혼소 발전' 등의 에너지원에 대한 편중성이 나타나고 있다. 셋째, 발전 공기업 등 공급의무자에게 할당되는 공급의무량이 단계적으로 증가함에 따라 최종 전력소비자인 국민들에게 전가되는 비용 부담 또한 지속적으로 증가할 가능성이 있다.
>
> 이에 다음과 같은 개선방안을 고려해볼 수 있다. 첫째, RPS 제도의 구조적 한계를 보완하고 신·재생에너지 공급 비용의 효과적 절감을 도모하기 위해, 제도화된 신·재생에너지 경매 시장을 도입하고 적용 범위를 확대하는 방안을 고려해볼 필요가 있다. 둘째, 신·재생에너지 공급인증서(REC) 지급 기준을 지속적으로 재정비할 필요가 있다. 셋째, 에너지 다소비 기업 및 탄소 다량 배출 산업분야의 기업 등 민간 에너지 소비 주체들이 직접 신·재생에너지를 통해 생산된 전력을 구매할 수 있거나, 민간 기업들이 직접 REC 구매를 가능하게 하는 등 관련 제도 보완을 마련할 필요가 있다.

① 자체 설비만으로 RPS 비율을 채울 수 없을 경우 신·재생에너지 투자 등의 방법으로 대신할 수 있다.
② 발전 비용 증가로 전기료가 인상될 가능성이 있다.
③ 민간 기업은 직접 REC를 구매할 수 없다.
④ 다양한 종류의 신·재생에너지원 사업이 추진되었다.
⑤ 신·재생에너지 발전량이 증가하였다.

02 다음 중 제시된 글의 문단을 논리적 순서대로 바르게 나열한 것은?

> (가) 최초 전등 점화에 성공하기는 하였지만, 전등 사업은 예상처럼 순조롭게 진행되지는 못하였다. 설비비용, 발전 시설 운전에 소요되는 석탄 등 연료비용, 외국 기술자 초빙에 따른 비용이 너무 높았기 때문에 전기 점등에 반대하는 상소를 올리는 사람들도 등장하였다. 게다가 점등된 전등들이 얼마 지나지 않아 툭하면 고장이 나서 전기가 들어오지 않기 일쑤거나 소음도 심해서 사람들은 당시 전등을 '건달불'이라고 부르기도 했다. 더군다나 경복궁에 설치된 발전 설비를 담당하던 유일한 전기 기사 맥케이(William Mckay)가 갑작스럽게 죽으면서 전기 점등이 몇 개월이나 지연되는 사태도 일어났다.
>
> (나) 기록에 의하면 우리나라에 처음 전기가 도입된 때는 개항기였던 1884년쯤이다. 최초의 전기 소비자는 조선의 황실이었으며, 도입국은 미국이었다. 황실의 전기 도입은 '조미 수호 통상 조약' 체결에 대한 감사의 표시로 미국이 조선의 사절단을 맞아들인 것이 직접적인 계기가 되었다. 1883년 미국에 파견된 '보빙사절단'은 발전소와 전신국을 방문하면서 전기의 위력에 감탄해 마지않았고, 특히 에디슨(Edison, Thomas Alva)의 백열등이 발하는 밝은 빛에 매료되고 말았다. 밀초나 쇠기름의 희미한 촛불에 익숙해 있던 그들에게 백열등의 빛은 개화의 빛으로 보였던가 보다. 그들은 미국 방문 중에 에디슨 전기 회사로 찾아가 전기등에 대한 주문 상담까지 벌였고, 귀국 후에는 고종에게 자신들이 받은 강렬한 인상을 전달하였다. 외국 사신들과 서적을 통해 전기에 관해서는 이미 알고 있던 고종은 이들의 귀국 보고를 받고는 바로 전등 설치를 허가하였다. 그리고 3개월 후 공식적으로 에디슨 사에 전등 설비 도입을 발주하였다.
>
> (다) 이런 우여곡절에도 불구하고 고종의 계속적인 지원으로 전등 사업은 계속되어, 1903년에는 경운궁에 자가 발전소가 설치되어 궁내에 약 900개의 백열등이 밝혀지게 되었다. 그 후 순종 황제의 거처가 된 창덕궁에는 45마력의 석유 발전기와 25kW 직류 발전기가 도입되어, 1908년 9월부터 발전에 들어가기도 했다. 전등은 이렇게 항시적으로 구중궁궐(九重宮闕)을 밝히는 조명 설비로 자리를 잡아 갔다.
>
> (라) 갑신정변에 의해 잠시 중단되었던 이 전등 사업은 다시 속개되어, 마침내 1887년 3월 경복궁 내 건천궁에 처음으로 100촉짜리 전구 두 개가 점등될 수 있었다. 프레이자(Everett Frazar)가 총책임을 맡은 이 일은, 경복궁 전체에 750개의 16촉짜리 전등을 설치하고 이에 필요한 발전 설비를 갖추는 당시로서는 대형 사업이었다. 40마력의 전동기 한 대와 이 엔진에 연결할 25kW 직류 발전기가 발전 설비로 도입되었고, 경복궁 내에 있는 향원정의 물이 발전기를 돌리는 데 이용되었다.

① (가) - (나) - (다) - (라)
② (나) - (다) - (가) - (라)
③ (나) - (라) - (가) - (다)
④ (다) - (라) - (가) - (나)
⑤ (다) - (라) - (나) - (가)

03 다음 중 글의 전개방식으로 적절한 것은?

> 4차 산업혁명이라는 새로운 산업혁신 담론이 제시되면서 각각 분리되어 있던 기존 산업이 IT기술을 통해 서로 융복합하여 새로운 혁신을 이루어 내고 있다. 이러한 산업의 융복합은 부동산서비스업계에서도 함께 진행되어 부동산(Property)과 기술(Technology)이 결합한 프롭테크(Proptech)라는 혁신을 이루어내고 있다.
>
> 프롭테크는 단순히 부동산 매물을 스마트폰으로 확인하는 것 이외에도 다양한 기술을 가지고 있다. 대면계약 대신 모바일로 부동산 계약을 진행하거나, 인공지능 기술을 활용하여 부동산 자산 컨설팅을 받을 수 있으며, 블록체인 기술을 통해 부동산 거래정보를 공유할 수도 있다. 또한 빅데이터 기술을 통해 집값을 실시간으로 산출 및 예측해 주거나, 2차원의 건축도면도 3차원의 입체화면으로 변환하여 보여주는 등 부동산에 관련된 다양하고 편리한 기능들을 사용자에게 제공하고 있다. 특히 코로나19 사태 이후로 메타버스 등의 가상현실 기술을 활용하여 오프라인 견본주택 대신에 모바일 등의 환경에서 가상 모델하우스를 선보이는 등 대형 건설사도 프롭테크 기업들과 협업을 하는 사례가 증가하고 있다.
>
> 이처럼 프롭테크 기술을 통해 굳이 발로 뛰어다니며 발품을 팔지 않아도 스마트폰으로 편리하게 다양한 정보를 손쉽게 얻을 수 있고 거래 사실이 확실한 정보로 남기 때문에 정부에서도 LH 토지주택공사와 SH 서울주택공사가 공급하는 모든 공공분양에 프롭테크 기술을 활용한 전자계약을 의무화하는 등 프롭테크 기술을 적극적으로 활용하고 있다.
>
> 그러나 프롭테크 기술이 성장하면서 기존 산업과의 마찰도 심해지고 있다. 특히 부동산 중개수수료에 대한 기존 공인중개사 업체와 프롭테크 업체 간 갈등이 심하게 진행되고 있다. 그러므로 기존의 업계들과 공존할 수 있도록 정부차원에서 제도적 장치를 마련하는 것이 시급하다.

① 전문가의 말을 인용하여 기술을 소개하고 있다.
② 예상되는 반론을 논파하여 기술의 장점을 강조하고 있다.
③ 비유와 상징을 통해 기술을 설명하고 있다.
④ 다양한 예시를 통해 산업의 융합을 소개하고 있다.
⑤ 기존과 달리 새로운 시각으로 기술을 바라보고 있다.

04 한국전력공사 직원 A와 B는 해외사업 보고를 위한 프레젠테이션 준비를 하고 있다. A가 혼자 준비할 때 7일, B가 혼자 준비할 때 10일이 걸린다면, 두 명이 같이 준비할 때 최소 며칠이 걸리는가? (단, 소수점 첫째 자리에서 올림한다)

① 2일   ② 3일

③ 4일   ④ 5일

⑤ 6일

05 A마켓에서는 4,000원의 물건이 한 달에 1,000개 팔린다. 물가상승으로 인해 가격을 x원 올렸을 때, 판매량은 $0.2x$ 감소하였지만 한 달 매출액이 동일하였다면, 인상한 가격은 얼마인가?

① 1,000원   ② 1,100원

③ 1,200원   ④ 1,300원

⑤ 1,400원

06 어떤 물건에 원가의 50% 이익을 붙여 판매했지만 잘 팔리지 않아서 다시 20% 할인해서 판매했더니 물건 1개당 1,000원의 이익을 얻었다. 이 물건의 원가는 얼마인가?

① 5,000원   ② 5,500원

③ 6,000원   ④ 6,500원

⑤ 7,000원

PART 1

※ 다음은 K공사 S팀 직원의 월급 정보이다. 이어지는 질문에 답하시오. [7~8]

〈기본급 외 임금수당〉

구분	금액	비고
식비	10만 원	전 직원 공통지급
교통비	10만 원	전 직원 공통지급
근속수당	10만 원	근속연수 1년부터 지급, 3년마다 10만 원씩 증가
자녀수당	10만 원	자녀 1명 당
자격증수당	전기기사 : 50만 원 전기산업기사 : 25만 원 전기기능사 : 15만 원	–

〈사원 정보〉

구분	근속연수	자녀 수	보유 자격증
A부장	7년	2명	–
B과장	2년	1명	전기기사
C과장	6년	3명	–
D대리	4년	1명	전기기능사
E사원	1년	0명	전기산업기사

〈사원별 기본급〉

구분	기본급
A부장	4,260,000원
B과장	3,280,000원
C과장	3,520,000원
D대리	2,910,000원
E사원	2,420,000원

※ (월급)=(기본급)+(기본급 외 임금수당)

07 다음 중 제시된 자료에 대한 설명으로 옳지 않은 것은?

① 근속연수가 높을수록 기본급 또한 높다.

② S팀의 자녀수당의 합보다 근속수당의 합이 더 높다.

③ A부장의 월급은 E사원의 기본급의 2배 이상이다.

④ C과장이 전기기능사에 합격하면 S팀 직원 중 가장 많은 기본급 외 임금수당을 받게 된다.

⑤ 자녀의 수가 가장 많은 직원은 근속연수가 가장 높은 직원보다 기본급 외 임금수당을 더 받는다.

08 제시된 자료를 바탕으로 월급이 높은 순서대로 바르게 나열한 것은?

① A부장 → B과장 → C과장 → D대리 → E사원

② A부장 → B과장 → C과장 → E사원 → D대리

③ A부장 → C과장 → B과장 → D대리 → E사원

④ C과장 → A부장 → B과장 → D대리 → E사원

⑤ C과장 → A부장 → B과장 → E사원 → D대리

09 다음은 K공사의 비품신청서이다. 각 열의 2행에서 〈Ctrl〉＋채우기 핸들로 7행까지 드래그 할 때, 표시되는 값이 바르게 연결된 것은?

◢	A	B	C	D	E
1	순서	신청일	부서	품명	금액
2	1	2022-12-20	영업1팀	A	₩10,000
3					
4					
5					
6					
7					

	순서	신청일	부서	품명	금액
①	1	2022-12-25	영업1팀	F	₩10,000
②	1	2022-12-25	영업2팀	A	₩10,005
③	1	2022-12-20	영업1팀	F	₩10,005
④	6	2022-12-20	영업1팀	A	₩10,005
⑤	6	2022-12-20	영업2팀	F	₩10,000

10 다음은 K헬스장의 회원별 기록표이다. 전체 회원의 개인별 합산 기록과 최대 기록을 입력하기 위해 [B7] 셀과 [B8] 셀에 함수를 입력 후 채우기 핸들 기능을 사용할 때, 입력할 함수가 바르게 연결된 것은?

	A	B	C	D	E	F
1		A	B	C	D	E
2	1일 차	20	38	37	58	44
3	2일 차	23	44	40	55	45
4	3일 차	21	45	45	61	47
5	4일 차	24	47	44	62	50
6	5일 차	25	50	52	65	51
7	합산 기록					
8	최대 기록					

	[B7]	[B8]
①	=COUNT(B2:B6)	=MAX(B2:B6)
②	=COUNT(B2:B6)	=LARGE(B2:B6)
③	=SUM(B2:B6)	=MAX(B2:B6)
④	=SUM(B2:B6)	=LARGE(B2:B6)
⑤	=SUM(B2:B6)	=COUNT(B2:B6)

※ 다음은 K도서관의 도서 분류번호에 대한 자료이다. 이어지는 질문에 답하시오. [11~12]

도서 분류는 8자리로 이루어진다.

A	BB	C	D	E	FF
도서 구분	작가 국적	도서 분류	출판연도	시리즈 유무	판매처

도서 구분	작가 국적	도서 분류
N : 국내도서 F : 해외도서	01 : 한국 02 : 영미 03 : 독일 04 : 프랑스 05 : 중국 06 : 일본	A : 경제 B : 인물 C : 예술 D : 자기계발 E : 에세이 F : 소설 G : 교육 H : 육아

출판연도	시리즈 유무	판매처
a : 1980년대 b : 1990년대 c : 2000년대 d : 2010년대 e : 2020년대	1 : 시리즈 있음 0 : 시리즈 없음	01 : 온라인 단독 10 : 오프라인 단독 11 : 온·오프라인

❚ 정보능력

11 한국에서 유명한 프랑스 소설가인 J씨가 그동안 연재했던 소설 '이상한 나라'의 마지막 편인 '이상한 나라 5'가 2022년 출판되어 큰 화제가 되었다. 이 소설이 오프라인 서점인 S서점에서 단독판매를 하기로 결정되었을 때, 해당 도서의 K도서관 분류번호로 옳은 것은?

① F04Fe001
② F04Fe010
③ F04Fe101
④ F04Fe110
⑤ F04Fe111

❚ 정보능력

12 다음 중 갑이 K도서관에서 대여한 도서의 분류번호로 옳은 것은?

곧 출산예정인 갑은 육아에 대한 정보를 얻기 위해 온·오프라인 베스트셀러인 국내 유명 육아전문가 을이 쓴 도서를 읽기로 결심했다. 단행본이지만 을은 매년 개정판을 냈는데 이 도서관에는 2018년과 2017년 개정판밖에 없어 갑은 그 중 가장 최신판을 대여하였다.

① N01Hd011
② N01Hd111
③ N01He011
④ N01He101
⑤ N01He111

13 다음 중 풍력발전기에 사용되는 유도형 발전기의 특징으로 옳지 않은 것은?

① 동기발전기와 유사하게 고정자와 회전자로 구성되어 있다.

② 유도형 발전기는 동기 발전기처럼 단독 발전이 가능하다.

③ 유도형 발전기는 외부로부터 상용전원을 공급받아야 하는 특성 때문에 독립전원으로 사용하기에는 부적합하다.

④ 유도형 발전기는 회전자의 구조에 따라서 권선형 유도발전기와 농형 유도발전기 2종류가 있다.

⑤ 유도형 발전기는 고정자에 상용전원이 공급된 상태에서 회전자의 회전속도가 동기속도 이상이 되어야 발전이 가능하다.

14 다음 중 KEC 규정에 따른 상별 전선 색상이 옳지 않은 것은?

① 상선(L1) : 갈색   ② 상선(L2) : 흑색

③ 상선(L3) : 적색   ④ 중성선(N) : 청색

⑤ 보호도체(PE) : 녹색 – 노란색

15 다음 중 '제2차 접근상태'에 대한 설명으로 옳은 것은?

① 가공 전선이 다른 시설물과 접근하는 경우에 그 가공 전선이 다른 시설물의 위쪽 또는 옆쪽에서 수평 거리로 5m 미만인 곳에 시설되는 상태

② 가공 전선이 다른 시설물과 접근하는 경우에 그 가공 전선이 다른 시설물의 위쪽 또는 옆쪽에서 수평 거리로 3m 이상인 곳에 시설되는 상태

③ 가공 전선이 다른 시설물과 접근하는 경우에 그 가공 전선이 다른 시설물의 위쪽 또는 옆쪽에서 수평 거리로 5m 이상인 곳에 시설되는 상태

④ 가공 전선이 다른 시설물과 접근하는 경우에 그 가공 전선이 다른 시설물의 위쪽 또는 옆쪽에서 수평 거리로 3m 미만인 곳에 시설되는 상태

⑤ 가공 전선이 다른 시설물과 접근하는 경우에 그 가공 전선이 다른 시설물의 위쪽 또는 옆쪽에서 수평 거리로 3m 이하인 곳에 시설되는 상태

16 다음 중 나트륨(Na)의 물성으로 옳지 않은 것은?

① 나트륨은 물에 넣으면 격렬하게 반응한다.   ② 나트륨의 불꽃 색상은 노란색이다.

③ 나트륨의 원자량은 32이다.   ④ 나트륨의 원자번호는 11번이다.

⑤ 나트륨의 밀도는 0.968g/cm^3이다.

17 다음 중 제시된 기호가 나타내는 수전설비로 옳은 것은?

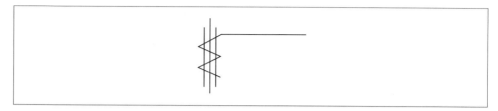

① CT(계기용 변류기)　　　　　② PT(계기용 변압기)
③ OCR(과전류 계전기)　　　　④ OVR(과전압 계전기)
⑤ ZCT(영상 변류기)

18 다음 중 단락비가 큰 경우의 특징으로 옳지 않은 것은?

① 계자 기자력과 전기자 반작용이 크다.　　② 안정도가 높다.
③ 선로의 충전용량이 크다.　　　　　　　　④ 돌극형 철기계이다.
⑤ 철손이 커서 효율이 떨어진다.

19 다음 중 선로 임피던스 Z 송수전단 양쪽에 어드미턴스가 Y인 T형 회로의 4단자 정수에서 B와 D의 값이 바르게 연결된 것은?

	B	D
①	$1+\dfrac{ZY}{2}$	$Z\left(1+\dfrac{ZY}{4}\right)$
②	$1+\dfrac{ZY}{2}$	$Z\left(1+\dfrac{ZY}{2}\right)$
③	$Z\left(1+\dfrac{ZY}{4}\right)$	Z
④	$Z\left(1+\dfrac{ZY}{4}\right)$	$1+\dfrac{ZY}{2}$
⑤	$Z\left(1+\dfrac{ZY}{4}\right)$	$1+\dfrac{ZY}{4}$

20 비투자율(μ_s)이 400인 환상 철심 내의 평균 자계의 세기(H)가 2,000AT/m일 때, 철심 주의 자화의 세기는?

① 0.3Wb/m^2

② 0.7Wb/m^2

③ 1.0Wb/m^2

④ 1.5Wb/m^2

⑤ 1.8Wb/m^2

21 다음 중 EMS에 대한 설명으로 옳지 않은 것은?

① EMS는 적용 대상에 따라 빌딩전용, 공장전용, 주택전용 등으로 구분된다.

② EMS는 전력 등 에너지 흐름에 대한 모니터링이 가능하다.

③ EMS는 일반적으로 에너지 정보시스템, 에너지 제어시스템, 에너지관리 공통기반시스템 등 3종류의 서브시스템으로 구성된다.

④ EMS는 신재생에너지나 ESS를 제어할 수 있다.

⑤ EMS는 초기 설치비용이 적다.

22 점전하에 의한 전위가 함수 $V = \dfrac{10}{x^2 + y^2}$ 일 때 점(2, 1)에서의 전위 경도는?(단, V의 단위는 V, (x, y)의 단위는 m이다)

① $\dfrac{5}{4}(i + 2k)\text{V/m}$

② $\dfrac{4}{5}(2i + j)\text{V/m}$

③ $\dfrac{5}{4}(i + 2j)\text{V/m}$

④ $-\dfrac{4}{5}(2i + j)\text{V/m}$

⑤ $-\dfrac{5}{4}(2i + j)\text{V/m}$

23 자유공간 내에서 전장이 $E = (\sin x a_x + \cos x a_y)e^{-y}$ 로 주어졌을 때, 전하밀도 ρ는?

① e^y

② e^{-y}

③ 0

④ $\cos x e^{-y}$

⑤ $\sin x e^y$

24 전파의 속도가 300,000km/s일 때, 파장이 10cm인 전파의 주파수는?

① 30MHz

② 300MHz

③ 3GHz

④ 30GHz

⑤ 300GHz

25 다음 중 무선랜(WLAN)에 대한 설명으로 옳지 않은 것은?

① IEEE 802.11 규격으로 a, b, g, n이 있으며, 물리계층과 MAC계층에 대해서 규격을 정하고 있다.

② IEEE 802.11과 802.11b를 제외하고 직교 주파수 분할 다중화(OFDM) 기술을 적용하고 있다.

③ 사용 주파수 대역은 2.4GHz대이며, 점유 대역폭은 20MHz로 모든 규격이 동일하다.

④ 직교 주파수 분할 다중화(OFDM)에 적용되는 변조 방식으로 BPSK, QPSK, 16QAM, 64QAM을 지원한다.

⑤ 쉽게 접근이 가능하여 해킹에 대한 보안 대책이 필요하다.

26 무선 네트워크는 공기 중 전송매체이므로 충돌 감지가 거의 불가능하다. 이를 해결하기 위해 데이터 전송 전에 캐리어 감지를 하여 사전에 충돌을 회피하는 무선전송 다원접속 방식은?

① CDMA / CD

② CDMA / CA

③ CSMA / CD

④ CSMA / CA

⑤ CSMA / FD

※ 다음은 K공사의 당직 규정이다. 이어지는 질문에 답하시오. **[1~2]**

〈당직 규정〉

목적(제1조)
이 규정은 당직에 관한 사항을 규정함으로써 회사의 자산을 안전하게 관리하고자 하는 데 목적이 있다.

정의(제2조)
당직은 정상적인 업무를 수행하기 위해 근무시간 이외의 시간에 근무하는 것으로서 일직과 숙직으로 구분한다.

준수사항(제3조)
1. 당직자는 담당구역을 수시 순찰하여 회사 자산관리, 보존에 안전을 기하여야 하며 이상이 있을 때에는 적절히 조치하고 조치 결과를 사무처장에게 보고하여야 한다.
2. 외부로부터 오는 전화는 상대방의 성명, 연락처, 용건 등을 묻고 별지에 적어 관계자에게 연락하도록 하며 긴급사항은 즉시 사무처장과 담당 부서장에게 연락하여 즉시 처리한다.
3. 전보, 우편물은 전부 접수하여 내용을 확인, 긴급한 것은 즉시 사무처장과 해당 부서장에게 연락하여 지시를 받아야한다.
4. 사무처장의 특별지시가 없는 경우를 제외하고는 근무시간 외에 물품의 반출을 허용해서는 아니 된다.
5. 긴급한 사태가 발생하였을 때에는 당직 책임자가 즉시 응급처치를 취함과 동시에 담당 부서장에게 지체 없이 보고하여야 한다.
6. 근무 종료 시 총무부에 있는 당직 근무일지에 당직 근무 종료를 기록한 후 퇴근한다.
7. 근무 전 총무부에서 당직 시 사용할 물품을 빌린 후 대여일지에 작성하고, 근무 종료 시 총무부에 당직 시 사용했던 물품을 반납하고 반납일지에 작성한다(단, 공휴일인 경우 다음 당직자에게 직접 전해준다).
8. 당직일지는 소속 부서장이 관리하며, 매월 말에 총무부에 제출, 확인 받도록 한다.
9. 처음 당직 근무를 하는 경우, 당직 근무 1일 전까지 회사 웹 사이트에 있는 당직 규정 교육을 들어야 한다.

당직 명령 및 변경(제4조)
1. 당직 명령은 주무 부서의 장 또는 사무처장이 근무예정일 5일 전까지 하여야한다.
2. 당직 명령을 받은 자가 출장, 휴가, 기타 부득이한 사유로 당직 근무를 할 수 없을 때에는 지체 없이 당직변경신청서(별지서식 제1호)에 의거 당직 명령자로부터 당직 근무일지 변경승인을 받아야 한다.

당직비 규정(제5조)
1. 당직자에게는 당직비 지급 규정에 따른 당직비를 지급한다.

견책(제6조)
1. 총무부장은 당직근무자가 정당한 사유 없이 근무를 불참하거나 근무 중 금지행위를 할 때에는 시말서를 청구할 수 있다.

---

01 다음 중 K공사 당직 규정으로 적절하지 않은 것은?

① 총무부장은 당직 근무자가 정당한 사유 없이 근무를 불참하거나 근무 중 금지행위를 할 때에는 시말서를 청구할 수 있다.

② 당직 명령은 주무 부서의 장 또는 사무처장이 근무예정일 5일 전까지 하여야한다.

③ 긴급한 사태가 발생하였을 때에는 당직 책임자가 즉시 담당 부서장에게 보고해야 한다.

④ 긴급한 전보, 우편물은 즉시 사무처장과 담당 부서장에게 연락하여 지시를 받아야 한다.

⑤ 당직 근무자는 근무 전 당직 근무일지에 당직 근무 시작을 기록해야 한다.

02 K공사에서 처음 당직 근무를 하는 신입사원 A씨는 다음과 같이 당직 근무를 했다. ㉠ ~ ㉤ 중 A씨가 잘못한 것은?

> ㉠ A씨는 이번 주 토요일 근무를 할 당직 근무를 위해 목요일에 회사 웹 사이트에 접속하여 당직 규정 교육을 들었다. ㉡ 당직 근무를 하기 전 총무부에 물품을 빌린 후 대여일지에 작성했다. ㉢ 근무 중 외부로부터 걸려온 긴급한 전화는 즉시 사무처장과 담당 부서장에게 연락하여 즉시 처리하였다. ㉣ 사무처장의 특별지시가 없어 물품의 반출을 허용하지 않았다. ㉤ 근무 종료 시 총무부에 당직 시 사용했던 물품을 반납하고 반납일지에 작성했다.

① ㉠   ② ㉡

③ ㉢   ④ ㉣

⑤ ㉤

03 A와 B는 코인 세탁소를 오픈할 지역을 찾고 있다. 아래의 점수 기준표와 〈보기〉에 나온 두 사람의 대화를 보고 각각 선택할 지역으로 옳은 것은?(단, A와 B는 조건 만족 시 총점이 가장 높은 지역을 선택한다)

〈점수 기준표〉

※ 접근성, 인지도 점수 : ★(10점), ☆(5점) (예) ★★☆=25점)
※ 최종 점수가 같은 곳이 2개 이상인 경우 인지도가 높은 곳을 선택한다(A, B 둘 다 해당).

• 위치 점수

등급	최상	상	중	하
점수	100	95	90	85

• 유동인구 점수

유동인구(일)	6,000명 초과	5,000명 초과 6,000명 이하	4,000명 초과 5,000명 이하	4,000명 이하
점수	50	40	30	20

• 지역별 점수

구분	지역 1	지역 2	지역 3	지역 4	지역 5
접근성	★★★	★★★★	★★★	★★★☆	★★★★☆
인지도	★★★★	★★★	★★★☆	★★★★☆	★★☆
위치	상	중	중	최상	하
유동인구(일)	4,000명	5,200명	6,200명	5,500명	4,500명

보기

A : 저는 코인 세탁소 입지를 정할 때 위치와 인지도가 중요하다고 생각합니다. 위치 점수가 하인 곳은 선택하지 않을 예정입니다. 또한 인지도 점수가 35점 미만인 곳도 선택하지 않을 예정입니다.
B : 저는 접근성이 좋다면 위치랑 인지도는 상관없다고 생각합니다. 그렇기 때문에 접근성 점수가 40점 이상인 곳을 선택할 예정입니다. 또한 유동인구가 적어도 4,500명 이상인 곳을 선택할 예정입니다.

	A	B
①	지역 1	지역 5
②	지역 1	지역 4
③	지역 2	지역 3
④	지역 3	지역 2
⑤	지역 4	지역 2

04 다음은 K공사의 9월 전기설비 점검일지이다. 항목별 점검 일자를 볼 때, 9월 30일에 점검하지 않는 항목으로 짝지어진 것은?

<9월 전기설비 점검일지>

항목	점검 일자																			
	1	2	3	4	5	6	7	8	9	10	11	12	13	14	15	16	17	18	19	20
케이블 점검																				
변압기 유량 상태																				
변압기 동작 상태																				
고압기기 이상 유무																				
발전기 기동 상태																				
비상용 발전장치 이상 유무																				
보호장치 변색 유무																				
모선 접속부 이상 상태																				
개폐기 균열 상태																				

※ 특정 주기에 맞춰 점검한다.
※ 검은색으로 표시한 날이 점검한 날이다.

① 케이블 점검, 변압기 동작 상태
② 변압기 동작 상태, 고압기기 이상 유무
③ 발전기 기동 상태, 비상용 발전장치 이상 유무
④ 고압기기 이상 유무, 보호장치 변색 유무
⑤ 모선 접속부의 이상 상태, 개폐기 균열 상태

※ 다음 자료를 바탕으로 이어지는 질문에 답하시오. [5~6]

〈지역별 폐기물 현황〉

지역	1일 폐기물 배출량	인구수
용산구	305.2톤/일	132,259명
중구	413.7톤/일	394,679명
종로구	339.9톤/일	240,665명
서대문구	240.1톤/일	155,106명
마포구	477.5톤/일	295,767명

〈지역별 폐기물 집하장 위치 및 이동시간〉

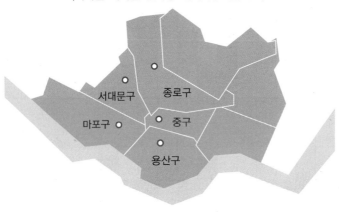

다음은 지역별 폐기물 집하장 간 이동에 걸리는 시간을 표시한 것이다.

지역	용산구	중구	종로구	서대문구	마포구
용산구		50분	200분	150분	100분
중구	50분		60분	70분	100분
종로구	200분	60분		50분	100분
서대문구	150분	70분	50분		80분
마포구	100분	100분	100분	80분	

| 수리능력(하반기)

05 자료에 표시된 지역 중 1인당 1일 폐기물 배출량이 가장 많은 곳에 폐기물 처리장을 만든다고 할 때, 다음 중 어느 구에 설치해야 하는가?(단, 1인당 1일 폐기물 배출량은 소수점 셋째 자리에서 반올림한다)

① 용산구   ② 중구
③ 종로구   ④ 서대문구
⑤ 마포구

06 05번의 결과를 참고하여 폐기물 처리장이 설치된 구에서 폐기물 수집 차량이 출발하여 1인당 1일 폐기물 배출량이 많은 순서대로 수거하고 다시 돌아올 때, 걸리는 최소 시간은?

① 3시간 10분   ② 4시간 20분

③ 5시간 40분   ④ 6시간 00분

⑤ 7시간 10분

07 K팀은 정기행사를 진행하기 위해 공연장을 대여하려 한다. K팀의 상황을 고려하여 공연장을 대여한다고 할 때, 총비용은 얼마인가?

〈공연장 대여비용〉

구분	공연 준비비	공연장 대여비	소품 대여비	보조진행요원 고용비
단가	50만 원	20만 원(1시간)	5만 원(1세트)	5만 원(1인, 1시간)
할인	총비용 150만 원 이상 : 10%	2시간 이상 : 3% 5시간 이상 : 10% 12시간 이상 : 20%	3세트 : 4% 6세트 : 10% 10세트 : 25%	2시간 이상 : 5% 4시간 이상 : 12% 8시간 이상 : 25%

※ 할인은 품목마다 개별적으로 적용된다.

〈K팀 상황〉

A : 저희 총예산은 수입보다 많으면 안 됩니다. 티켓은 4만 원이고, 50명 정도 관람할 것으로 예상됩니다.

B : 공연은 2시간이고, 리허설 시간으로 2시간이 필요하며, 공연 준비 및 정리를 하려면 공연 앞뒤로 1시간씩은 필요합니다.

C : 소품은 공연 때 2세트 필요한데, 예비로 1세트 더 준비하도록 하죠.

D : 진행은 저희끼리 다 못하니까 주차장을 관리할 인원 1명을 고용해서 공연 시간 동안과 공연 앞뒤 1시간씩 공연장 주변을 정리하도록 합시다. 총예산이 모자라면 예비 소품 1세트 취소, 보조진행요원 미고용, 리허설 시간 1시간 축소 순서로 줄이도록 하죠.

① 1,800,000원   ② 1,850,000원

③ 1,900,000원   ④ 2,050,000원

⑤ 2,100,000원

08 다음 주 당직 근무에 대한 일정표를 작성하고 있다. 작성하고 봤더니 잘못된 점이 보여 수정을 하려 한다. 한 사람만 옮겨 일정표를 완성하려고 할 때, 일정을 변경해야 하는 사람은?

〈당직 근무 규칙〉

• 낮에 2명, 야간에 2명은 항상 당직을 서야 하고, 더 많은 사람이 당직을 설 수도 있다.
• 낮과 야간을 합하여 하루에 최대 6명까지 당직을 설 수 있다.
• 같은 날에 낮과 야간 당직 근무는 함께 설 수 없다.
• 낮과 야간 당직을 합하여 주에 세 번 이상 다섯 번 미만으로 당직을 서야 한다.
• 월요일부터 일요일까지 모두 당직을 선다.

〈당직 근무 일정〉

직원	낮	야간	직원	낮	야간
가	월요일	수요일, 목요일	바	금요일, 일요일	화요일, 수요일
나	월요일, 화요일	수요일, 금요일	사	토요일	수요일, 목요일
다	화요일, 수요일	금요일, 일요일	아	목요일	화요일, 금요일
라	토요일	월요일, 수요일	자	목요일, 금요일	화요일, 토요일
마	월요일, 수요일	화요일, 토요일	차	토요일	목요일, 일요일

① 나
② 라
③ 마
④ 바
⑤ 사

09 다음 사례에 나타난 논리적 오류는?

〈사례〉

A : 내가 어제 귀신과 싸워서 이겼다.
B : 귀신이 있어야 귀신과 싸우지.
A : 내가 봤다니까. 귀신 없는 거 증명할 수 있어?

① 성급한 일반화의 오류
② 무지에 호소하는 오류
③ 거짓 딜레마의 오류
④ 대중에 호소하는 오류
⑤ 인신공격의 오류

10 한국전력공사의 가대리, 나사원, 다사원, 라사원, 마대리 중 1명이 어제 출근하지 않았다. 이와 관련하여 5명의 직원이 다음과 같이 말했고, 이들 중 2명이 거짓말을 한다고 할 때, 다음 중 출근하지 않은 사람은 누구인가?(단, 출근을 하였어도, 결근 사유를 듣지 못할 수도 있다)

> 가대리 : 나는 출근했고, 마대리도 출근했다. 누가 출근하지 않았는지는 알지 못한다.
> 나사원 : 다사원은 출근하였다. 가대리님의 말은 모두 사실이다.
> 다사원 : 라사원은 출근하지 않았다.
> 라사원 : 나사원의 말은 모두 사실이다.
> 마대리 : 출근하지 않은 사람은 라사원이다. 라사원이 개인 사정으로 인해 출석하지 못한다고 가대리에게 전했다.

① 가대리 　　　　　　　　　　　② 나사원
③ 다사원 　　　　　　　　　　　④ 라사원
⑤ 마대리

11 신종 감염병을 해결하기 위해 한 제약사에서 신약 A ~ E를 연구 중에 있다. 최종 임상실험에 가 ~ 마 5명이 지원하였고, 그 결과가 다음과 같을 때, 개발에 성공한 신약은?(단, 성공한 신약을 먹으면 반드시 병이 치료된다)

> 〈투약 결과〉
> 가 : A와 B를 먹었고 C는 먹지 않았다. 나머지는 먹었을 수도, 안 먹었을 수도 있다.
> 나 : C와 D를 먹었다. 나머지는 먹었을 수도, 안 먹었을 수도 있다.
> 다 : A와 B를 먹었고 E는 먹지 않았다. 나머지는 먹었을 수도, 안 먹었을 수도 있다.
> 라 : B를 먹었고 A와 D는 먹지 않았다. 나머지는 먹었을 수도, 안 먹었을 수도 있다.
> 마 : A와 D를 먹었고 B, E는 먹지 않았다. 나머지는 먹었을 수도, 안 먹었을 수도 있다.
> ※ 두 명만 병이 치료되었다.
> ※ '나'는 병이 치료되지 않았다.

① A 　　　　　　　　　　　② B
③ C 　　　　　　　　　　　④ D
⑤ E

12 다음은 K오디션의 1, 2차 결과를 나타낸 표이다. [E2:E7]에 아래 그림과 같이 최종 점수를 구하고 자 할 때, 필요한 함수는?

	A	B	C	D	E
1	이름	1차	2차	평균 점수	최종 점수
2	유재석	96.45	45.67	71.06	71.1
3	전현무	89.67	34.77	62.22	62.2
4	강호동	88.76	45.63	67.195	67.2
5	신동엽	93.67	43.56	68.615	68.6
6	김성주	92.56	38.45	65.505	65.5
7	송해	95.78	43.65	69.715	69.7

① ROUND
② INT
③ TRUNC
④ COUNTIF
⑤ ABS

13 학교에서 자연어처리(NLP)에 대해 배우고 있는 희영은 간단한 실습과제를 수행하는 중이다. 다음 〈보기〉의 희영은 자연어처리 과정 중 어떤 단계를 수행한 것인가?

> **보기**
>
> 희영은 프로그램이 잘 돌아가는지 확인하기 위해 시험 삼아 '나는 밥을 먹는다.'를 입력해보았다. 그 결과 '나/NP 는/JXS 밥/NNG 을/JKO 먹/VV 는다/EFN ./SF'가 출력되었다.

① 형태소 분석
② 구문 분석
③ 의미 분석
④ 특성 추출
⑤ 단어 분석

14 다음은 Python으로 구현된 프로그램이다. 실행 결과로 옳은 것은?

```
kks = ['두', '바', '퀴', '로', '가', '는', '자', '동', '차']

kks.insert(1, '다')
del kks[3]
print(kks[4], kks[6])
```

① 가 자
② 로 는
③ 로 자
④ 는 동
⑤ 퀴 가

15 다음 중 클라우드 컴퓨팅(Cloud Computing)에 대한 설명으로 옳지 않은 것은?

① 가상화와 분산처리 기술을 기반으로 한다.
② 최근에는 컨테이너(Container)방식으로 서버를 가상화하고 있다.
③ 서비스 유형에 따라 IaaS, PaaS, SaaS로 분류할 수 있다.
④ 공개 범위에 따라 퍼블릭 클라우드, 프라이빗 클라우드, 하이브리드 클라우드로 분류할 수 있다.
⑤ 주로 과학·기술적 계산 같은 대규모 연산의 용도로 사용된다.

리튬은 원자번호 3번으로 알칼리 금속이다. 리튬은 아르헨티나와 칠레 등 남미와 호주에서 대부분 생산된다. 소금호수로 불리는 염호에서 리튬을 채굴하는 것이다. 리튬을 비롯한 알칼리 금속은 쉽게 전자를 잃어버리고 양이온이 되는 특성이 있으며 전자를 잃은 리튬은 리튬이온(Li+) 상태로 존재한다.

리튬의 가장 큰 장점은 가볍다는 점이다. 스마트폰이나 노트북 등 이동형 기기가 등장할 수 있었던 이유다. 이동형 기기에 전원을 공급하는 전지가 무겁다면 들고 다니기 쉽지 않다. 경량화를 통해 에너지 효율을 추구하는 전기차도 마찬가지다. 또 양이온 중 수소를 제외하면 이동 속도가 가장 빠르다. 리튬이온의 이동 속도가 빠르면 더 큰 전기에너지를 내는 전지로 만들 수 있기 때문에 리튬이온전지 같은 성능을 내는 2차 전지는 현재로서는 없다고 할 수 있다.

리튬이온전지는 양극과 음극, 그리고 전지 내부를 채우는 전해질로 구성된다. 액체로 구성된 전해질은 리튬이온이 이동하는 경로 역할을 한다. 일반적으로 리튬이온전지의 음극에는 흑연을, 양극에는 금속산화물을 쓴다.

충전은 외부에서 전기에너지를 가해 리튬이온을 음극재인 흑연으로 이동시키는 과정이며, 방전은 음극에 모인 리튬이온이 양극으로 이동하는 과정을 말한다. 양극재로 쓰이는 금속산화물에는 보통 리튬코발트산화물이 쓰인다. 충전 과정을 통해 음극에 삽입돼 있던 리튬이온이 빠져나와 전해질을 통해 양극으로 이동한다. 이때 리튬이온이 잃은 전자가 외부 도선을 통해 양극으로 이동하게 되는데, 이 과정에서 전기에너지가 만들어진다. 리튬이온이 전부 양극으로 이동하면 방전상태가 된다. 다시 외부에서 전기에너지를 가하면 리튬이온이 음극으로 모이면서 충전된다. 이 같은 충·방전 과정을 반복하며 전기차나 스마트폰, 노트북 등에 전원을 공급하는 역할을 하는 것이다.

리튬이온전지와 같은 2차 전지 기술의 발달로 전기차는 대중화를 바라보고 있다. 하지만 전기차에 집어넣을 수 있는 2차 전지의 양을 무작정 늘리기는 어렵다. 전지의 양이 많아지면 무게가 그만큼 무거워져 에너지 효율이 낮아지기 때문이다. 무거운 일반 내연기관차가 경차보다 단위 연료(가솔린, 디젤)당 주행거리를 의미하는 연비가 떨어지는 것과 같은 이치다.

전기차를 움직이는 리튬이온전지의 용량 단위는 보통 킬로와트시(kWh)를 쓴다. 이때 와트는 전기에너지 양을 나타내는 일반적인 단위로 1볼트(V)의 전압을 가해 1암페어(A)의 전류를 내는 양을 말한다. 와트시(Wh)는 1시간 동안 소모할 수 있는 에너지의 양을 의미한다. 1시간 동안 1W의 전력량을 소모하면 1Wh가 된다. 전지의 용량은 전기차를 선택하는 핵심 요소인 완전 충전 시 주행거리와 연결된다. 테슬라 모델3 스탠더드 버전의 경우 공개된 자료에 따르면 1kWh당 6.1km를 주행할 수 있다. 이를 기준으로 50kWh의 전지 용량을 곱하게 되면 약 300km를 주행하는 것으로 계산된다. 물론 운전자의 주행 습관이나 기온, 도로 등 주행 환경에 따라 주행거리는 달라진다.

보편적으로 쓰이는 2차 전지인 리튬이온전지의 성능을 개선하려는 연구 노력도 이어지고 있다. 대표적인 것이 양극에 쓰이는 금속산화물을 개선하는 것이다. 현재 리튬이온전지 양극재는 리튬에 니켈, 코발트, 망간, 알루미늄을 섞은 금속산화물이 쓰인다. 리튬이온전지 제조사마다 쓰이는 성분이 조금씩 다른데 각 재료의 함유량에 따라 성능이 달라지기 때문이다. 특히 충·방전을 많이 하면 전지 용량이 감소하는 현상과 리튬이온을 양극에 잘 붙들 수 있는 소재 조성과 구조를 개선하는 연구가 이뤄지고 있다.

16 다음 중 윗글의 내용을 바르게 파악한 사람을 〈보기〉에서 모두 고르면?

> **보기**
>
> A : 리튬의 장점은 가볍다는 것이며, 양이온 중에서도 이동속도가 가장 빠르다.
> B : 리튬이온은 충전 과정을 통해 전지의 양극에 모이게 된다.
> C : 내연기관차는 무게가 무겁기 때문에 에너지 효율이 그만큼 떨어진다.
> D : 테슬라 모델3 스탠더드 버전의 배터리 용량이 20kWh일 때 달리면 약 20km를 주행하게 된다.
> E : 전지의 충전과 방전이 계속되면 전지 용량이 줄어들게 된다.

① A, B
② B, C
③ C, D
④ D, E
⑤ C, E

17 다음 중 윗글의 주된 서술 방식으로 옳은 것은?

① 대상이 지난 문제점을 파악하고 이를 해결하기 위한 방안을 제시하고 있다.
② 대상과 관련된 논쟁을 비유적인 표현을 통해 묘사하고 있다.
③ 구체적인 예시를 통해 대상의 특징을 설명하고 있다.
④ 시간의 흐름에 따른 대상의 변화를 설명하고 있다.
⑤ 대상을 여러 측면에서 분석하고 현황을 소개하고 있다.

※ 유통업체인 K사는 유통대상의 정보에 따라 12자리로 구성된 분류코드를 부여하여 관리하고 있다. 다음 자료를 읽고 이어지는 질문에 답하시오. [18~19]

〈분류코드 생성 방법〉

- 분류코드는 상품 한 개당 하나가 부과된다.
- 분류코드는 '발송코드 – 배송코드 – 보관코드 – 운송코드 – 서비스코드'가 순서대로 연속된 12자리 숫자로 구성되어 있다.
- 발송지역

발송지역	발송코드	발송지역	발송코드	발송지역	발송코드
수도권	a1	강원	a2	경상	b1
전라	b2	충청	c4	제주	t1
기타	k9	–	–	–	–

- 배송지역

배송지역	배송코드	배송지역	배송코드	배송지역	배송코드
서울	011	인천	012	강원	021
경기	103	충남	022	충북	203
경남	240	경북	304	전남	350
전북	038	제주	040	광주	042
대구	051	부산	053	울산	062
대전	071	세종	708	기타	009

- 보관구분

보관구분	보관코드	보관구분	보관코드	보관구분	보관코드
냉동	FZ	냉장	RF	파손주의	FG
고가품	HP	일반	GN	–	–

- 운송수단

운송수단	운송코드	운송수단	운송코드	운송수단	운송코드
5톤 트럭	105	15톤 트럭	115	30톤 트럭	130
항공운송	247	열차수송	383	기타	473

- 서비스 종류

배송서비스	서비스코드	배송서비스	서비스코드	배송서비스	서비스코드
당일 배송	01	지정일 배송	02	일반 배송	10

※ 수도권은 서울, 경기, 인천 지역이다.

18 다음 분류코드로 확인할 수 있는 정보로 옳지 않은 것은?

c4304HP11501

① 해당 제품은 충청지역에서 발송되어 경북지역으로 배송되는 제품이다.
② 냉장보관이 필요한 제품이다.
③ 15톤 트럭에 의해 배송될 제품이다.
④ 당일 배송 서비스가 적용된 제품이다.
⑤ 해당 제품은 고가품이다.

19 다음 〈조건〉에 따라 제품 A에 부여될 분류코드로 옳은 것은?

> **조건**
> • A는 Q업체가 7월 5일에 경기도에서 울산지역에 위치한 구매자에게 발송한 제품이다.
> • 수산품인 만큼, 냉동 보관이 필요하며, 발송자는 택배 도착일을 7월 7일로 지정하였다.
> • A는 5톤 트럭을 이용해 배송된다.

① k9062RF10510
② a1062FZ10502
③ a1062FZ11502
④ a1103FZ10501
⑤ a1102FZ10502

20 다음은 농수산물 식품수거검사에 대한 자료이다. 다음 중 옳지 않은 것을 〈보기〉에서 모두 고르면?

〈식품수거검사〉

- 검사
  - 월별 정기 및 수시 수거검사
- 대상
  - 다년간 부적합 비율 및 유통점유율이 높은 품목대상
  - 신규 생산품목 및 문제식품의 신속 수거·검사 실시
  - 언론이나 소비자단체 등 사회문제화 된 식품
  - 재래시장, 연쇄점, 소형슈퍼마켓 주변의 유통식품
  - 학교주변 어린이 기호식품류
  - 김밥, 도시락, 햄버거 등 유통식품
  - 유통 중인 농·수·축산물(엽경채류, 콩나물, 어류, 패류, 돼지고기, 닭고기 등)
- 식품종류별 주요 검사항목
  - 농산물 : 잔류농약
  - 수산물 : 총수은, 납, 항생물질, 장염비브리오 등 식중독균 오염여부
  - 축산물 : 항생물질, 합성항균제, 성장홀몬제, 대장균O-157:H7, 리스테리아균, 살모넬라균, 클로스트리디움균
  - 식품제조·가공품 : 과산화물가, 대장균, 대장균군, 보존료, 타르색소 등
- 부적합에 따른 조치
  - 제조업체 해당 시·군에 통보(시정명령, 영업정지, 품목정지, 폐기처분 등 행정조치)
  - 식품의약안전청 홈페이지 식품긴급회수창에 위해정보 공개
  - 부적합 유통식품 수거검사 및 폐기

보기

ㄱ. 유통 중에 있는 식품은 식품수거검사 대상에 해당되지 않는다.
ㄴ. 항생물질 함유 여부를 검사하는 항목은 축산물뿐이다.
ㄷ. 식품수거검사는 월별 정기검사와 수시검사 모두 진행된다.
ㄹ. 식품수거검사 결과 적발한 위해정보는 제조업체 해당 시·군 홈페이지에서 확인할 수 있다.

① ㄱ, ㄷ   ② ㄴ, ㄹ
③ ㄱ, ㄴ, ㄹ   ④ ㄱ, ㄷ, ㄹ
⑤ ㄴ, ㄷ, ㄹ

03 | 2020년 시행
기출복원문제

정답 및 해설 p.026

PART 1

│ 의사소통능력(하반기)

01 다음 글을 읽고 알 수 있는 내용으로 적절하지 않은 것은?

> 스마트시티란 크게는 첨단 정보통신기술을 이용해 도시 생활 속에서 유발되는 교통 문제, 환경 문제, 주거 문제, 시설 비효율 등을 해결하여 시민들이 편리하고 쾌적한 삶을 누릴 수 있도록 한 '똑똑한 도시'를 뜻한다. 하지만, 각국 경제 및 발전 수준, 도시 상황과 여건에 따라 매우 다양하게 정의 및 활용되고, 접근 전략에도 차이가 있다.
>
> 스페인의 경우, 2013년 초부터 노후된 바르셀로나 도시 중심지 본 지구를 재개발하면서 곳곳에 사물인터넷 기술을 기반으로 한 '스마트시티' 솔루션을 시범 운영했다. 이 경험을 바탕으로 바르셀로나 곳곳이 스마트 환경으로 변화하고 있다. 가장 성공적인 프로젝트 중 하나는 센서가 움직임을 감지하여 에너지를 절약하는 스마트 LED 조명을 광범위하게 설치한 것이다. 이 스마트 가로등은 무선 인터넷의 공유기 역할을 하는 동시에 소음 수준과 공기 오염도를 분석하여 인구 밀집도까지 파악할 수 있다. 아울러 바르셀로나는 원격 관개 제어를 설치해 분수를 원격으로 제어하고, 빌딩을 스마트화해 에너지 모니터링을 시행하고 있다. 또 주차 공간에 차가 있는지 여부를 감지하는 센서를 설치한 '스마트 주차'를 도입하기도 했다.
>
> 또한, 항저우를 비롯한 중국의 여러 도시들은 블록체인 기술을 사물인터넷과 디지털 월렛 등에 적용하여 페이퍼리스 사회를 구현하고 있다. 알리바바의 알리페이를 통해 항저우 택시의 98%, 편의점의 95% 정도에서 모바일 결제가 가능하며, 정부 업무, 차량, 의료 등 60여 종에 달하는 서비스를 이용할 수 있다.
>
> 우리나라도 2021년 입주를 목표로 세종과 부산에 스마트시티 국가 시범도시를 조성하고 있다. 세종에서는 인공지능, 블록체인 기술을 기반으로 한 도시를 조성해 모빌리티, 헬스케어, 교육, 에너지환경, 거버넌스, 문화쇼핑, 일자리 등 7대 서비스를 구현한다. 이곳에서는 자율주행 셔틀버스, 전기공유차 등을 이용할 수 있고 개인 맞춤형 의료 서비스 등을 받을 수 있다. 또 부산에서는 고령화, 일자리 감소 등의 도시문제에 대응하기 위해 로봇, 물관리 관련 신사업을 육성한다. 로봇이 주차를 하거나 물류를 나르는 등 일상생활에서 로봇 서비스를 이용할 수 있고 첨단 스마트 물 관리 기술을 적용해 한국형 물 특화 도시모델을 구축한다.

① 각국에 따라 스마트시티에서 활용되는 기능을 다를 수 있다.

② 스페인의 스마트시티에서는 직접 인구조사를 하지 않더라도 인구 밀집도를 파악할 수 있다.

③ 스페인의 스마트시티에서는 '스마트 주차' 기능을 통해 대리주차가 가능하다.

④ 중국의 스마트시티에서는 지갑을 가지고 다니지 않더라도 일부 서비스를 이용할 수 있다.

⑤ 맞춤형 의료 서비스가 필요한 환자의 경우 부산보다는 세종 스마트시티가 더 적절하다.

02 다음 글을 읽고 추론한 것으로 적절한 것은?

우리는 물놀이를 할 때는 구명조끼, 오토바이를 탈 때는 보호대를 착용한다. 이외에도 각종 작업 및 스포츠 활동을 할 때 안전을 위해 보호 장치를 착용하는데, 위험성이 높을수록 이러한 안전장치의 필요성이 높아진다. 특히 자칫 잘못하면 생명을 위협할 수 있는 송배전 계통에선 감전 등의 전기사고를 방지하기 위한 안전장치가 필요한데 그중에 하나가 '접지'이다. 접지란, 감전 등의 전기사고 예방 목적으로 전기회로 또는 전기기기, 전기설비의 어느 한쪽을 대지에 연결하여 기기와 대지와의 전위차가 0V가 되도록 하는 것이다. 전류는 전위차가 있을 때에만 흐르므로 접지가 되어 있는 전기회로 및 설비에는 사람의 몸이 닿아도 감전되지 않게 된다.

접지를 하는 가장 큰 목적은 사람과 가축의 감전을 방지하기 위해서이다. 전기설비의 전선 피복이 벗겨지거나 노출된 상태에서 사람이나 가축이 전선이나 설비의 케이스를 만지면 감전사고로 인한 부상 및 사망 등의 위험이 높아지기 때문이다. 접지의 또 다른 목적 중 하나는 폭발 및 화재방지이다. 마찰 등에 의한 정전기 발생 위험이 있는 장치 및 물질을 취급하는 전기설비들은 자칫하면 정전기 발생이 화재 및 폭발로 이어질 수 있기 때문에 정전기 발생을 사전에 예방하기 위해 접지를 해줘야 한다. 그 외에도 송전선으로부터 인근 통신선의 유도장애 방지, 전기설비의 절연파괴 방지에 따른 신뢰도 향상 등을 위해 접지를 사용하기도 한다.

접지방식에는 비접지방식, 직접 접지방식, 저항 접지방식, 리액터 접지방식이 있다. 비접지방식의 경우 접지를 위해 중성점에 따로 금속선을 연결할 필요는 없으나, 송배전 계통의 전압이 높고 선로의 전압이 높으면 송전선로, 배전선로의 일부가 대지와 전기적으로 연결되는 지락사고를 발생시킬 수 있는 것이 단점이다. 반대로 우리나라에서 가장 많이 사용하는 직접 접지방식은 중성점에 금속선을 연결한 것으로 절연비를 절감할 수 있지만, 금속선을 타고 지락 전류가 많이 흐르므로 계통의 안정도가 나쁘다.

그 밖에도 저항 접지방식은 중성점에 연결하는 선의 저항 크기에 따라 고저항 접지방식과 저저항 접지방식이 있다. 접지 저항이 작을수록 송배전선 인근 통신선에 유도장애가 커지고, 반대로 커질수록 평상시 대지전압이 높아진다.

리액터 접지방식도 저항 접지방식과 같이 임피던스의 크기에 따라 저임피던스 접지방식과 고임피던스 접지방식이 있다. 임피던스가 작을수록 인근 통신선에 유도장애가 커지고, 커질수록 평상시 대지전압이 높아진다.

이처럼 접지 종류별로 장단점이 있어 모든 전기사고를 완벽히 방지할 수는 없기에, 더 안전하고 완벽한 접지에 대한 연구의 필요성이 높아지고 있다.

① 위험성이 낮을 경우 안전장치는 필요하지 않다.
② 전기사고를 방지하는 안전장치는 접지 외에도 다양한 방법들이 있다.
③ 전위차가 없더라도 전류가 흐를 수 있다.
④ 접지를 하지 않으면 정전기가 발생한다.
⑤ 중성점에 연결하는 선의 저항 크기와 임피던스의 크기는 상관관계가 있다.

03 다음 중 (가) ~ (라)를 논리적 순서에 따라 바르게 나열한 것은?

> 서울에 사는 주부 김씨는 세탁기나 청소기 등의 가전기기를 사용하기 전에 집안에 설치된 원격검침을 꼭 확인한다. 하루 중 전기료가 가장 저렴한 시간에 가전기기를 사용해 비용을 조금이라도 줄이고자 함이다.
>
> (가) 이를 활용하여 전력 공급자는 전력 사용 현황을 실시간으로 파악하여 공급량을 탄력적으로 조절할 수 있고, 전력 소비자는 전력 사용 현황을 실시간으로 파악함으로써 이에 맞게 요금이 비싼 시간대를 피하여 사용 시간과 사용량을 조절할 수 있게 되는 것이다.
>
> (나) 비현실적으로 들리는 이 사례들은 이제 우리의 일상이 될 수 있다. 이미 스마트폰을 이용해 외부에서 원격으로 집 안의 가전기기를 조작하고, 사물인터넷을 이용해 어떤 가전기기가 언제 전기를 가장 많이 쓰는지도 스마트폰 하나로 파악할 수 있는 시대이기 때문이다.
>
> (다) 비슷한 사례로 직업상 컴퓨터 사용이 많은 웹디자이너 강씨 역시 전기료가 가장 저렴한 심야 시간을 활용해 작업을 하다 보니 어느새 낮과 밤이 바뀌는 지경에 이르렀다.
>
> (라) 이러한 사물인터넷과 스마트그리드가 정착이 되면 미래의 전기 사용 패턴은 지금과 완전히 달라질 것이다. 기존에 발전 – 송전 – 배전 – 판매의 단계로 이루어지던 단방향 전력망이 전력 공급자와 소비자의 양방향 실시간 정보교환이 가능해지는 지능형 전력망으로 변화되기 때문이다.

① (가) – (나) – (다) – (라) ② (가) – (다) – (나) – (라)
③ (나) – (다) – (가) – (라) ④ (다) – (나) – (가) – (라)
⑤ (다) – (나) – (라) – (가)

04 다음 중 폼재킹에 대한 설명으로 옳지 않은 것은?

① 사용자의 결제 정보 양식(Form)을 중간에서 납치(Hijacking)한다는 의미의 합성어이다.
② 사용자가 이용하는 웹사이트에 악성코드를 심어 신용카드 등의 금융정보를 탈취한다.
③ 온라인 쇼핑의 증가로 인해 피해 사례가 증가하고 있다.
④ 온라인 구매 및 결제 서비스를 제공하는 다양한 산업에서 피해가 일어나고 있다.
⑤ 카드 결제 시스템에 특수 장치를 불법으로 설치하여 카드 정보를 복사한다.

※ 다음은 바이오에너지에 대한 자료이다. 이어지는 질문에 답하시오. [5~6]

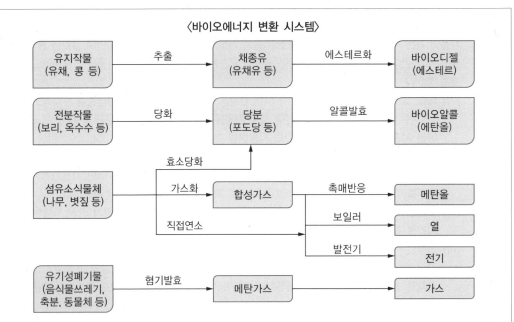

〈바이오에너지 변환 시스템〉

• 바이오에너지란?

생물체로부터 발생하는 에너지를 이용하는 것으로 나무를 사용해 땔감으로 사용하기도 하고 식물에서 기름을 추출해 액체 연료로 만드는 방법 등 동·식물의 에너지를 이용하여 자연환경을 깨끗하게 유지할 수 있다.

쓰레기 매립지에서 발생하는 매립지 가스(LFG; Landfill Gas)를 원료로 발전 설비를 가동하고 전력을 생산하는 과정을 통하여 매립지 주변의 대기 중 메탄가스 방출을 줄이고, 폐기물을 자원으로 재활용하여 환경오염을 줄일 수 있다.

〈바이오에너지 원리 및 구조〉

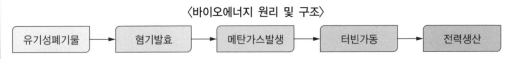

• 매립가스를 포집
  - 보일러에서 메탄(CH_4)을 연소하여 과열 증기를 생산한다.
• 메탄(CH_4)을 보일러로 공급하여 보일러에서 연소
  - 쓰레기 매립지에서 발생하는 매립지 가스(Landfill Gas) 중 가연성 기체인 메탄(CH_4)을 포집하여 발전의 열원으로 사용한다.
• 과열증기로 터빈과 발전기 가동 및 전력생산
  - 보일러에서 공급되는 과열 증기로 터빈 발전기를 가동시켜 전력을 생산하고 송전계통을 통해 이를 한전으로 공급한다.
• 잔열의 재사용
  - 터빈과 발전기 가동 시 증기의 일부가 급수의 가열에 재사용되고 나머지 폐열은 복수기를 통해 순환수 계통으로 방출되어 한전으로 공급한다.

05 다음 중 바이오에너지에 대한 내용으로 옳지 않은 것은?

① 바이오에너지 사용은 환경오염을 줄일 수 있다.

② '열에너지 → 운동에너지 → 전기에너지'의 단계로 바뀌어 한전으로 전기를 공급한다.

③ 섬유소식물체인 나무, 볏짚 등에서 3가지 이상의 연료를 얻을 수 있다.

④ 보리를 이용하여 얻을 수 있는 연료는 에탄올과 메탄올이다.

⑤ 발전기를 가동할 때 일부 증기는 급수 가열에 재사용된다.

06 바이오에너지를 만들기 위해서는 다양한 공정이 필요하다. 공정마다 소요되는 비용을 점수로 매겼을 때, 최종 공정이 끝난 후 공정가격으로 옳지 않은 것은?(단, 공정별 점수표에 제시된 공정만 시행한다)

〈공정별 점수표〉

공정	추출	에스테르화	당화	알콜발효	효소당화	가스화	보일러	혐기발효
점수	4점	5점	9점	3점	7점	8점	2점	6점

※ 공정 단계별 비용은 다음과 같다.
 • 1점 이상 4점 미만 : 1점당 3만 원
 • 4점 이상 8점 미만 : 1점당 4만 원
 • 8점 이상 11점 미만 : 1점당 5만 원

	에너지원	연료	공정가격
①	옥수수	에탄올	54만 원
②	유채	에스테르	36만 원
③	나무	열	44만 원
④	음식물쓰레기	가스	24만 원
⑤	볏짚	바이오알콜	37만 원

07 다음 중 제로 트러스트 모델에 대한 설명으로 옳은 것을 〈보기〉에서 모두 고르면?

> **보기**
> ㉠ 0(Zero)과 신뢰하다(Trust)의 합성어로 아무도 신뢰하지 않는다는 뜻이다.
> ㉡ 네트워크 설계의 방향은 외부에서 내부로 설정한다.
> ㉢ IT 보안 문제가 내부에서 발생함에 따라 새롭게 만들어진 IT 보안 모델이다.
> ㉣ MFA(Multi Factor Authentication), IAM(Identity and Access Management) 등의 기술을 통해 제로 트러스트를 구현할 수 있다.

① ㉠, ㉣   ② ㉡, ㉢

③ ㉠, ㉡, ㉢   ④ ㉠, ㉢, ㉣

⑤ ㉡, ㉢, ㉣

08 하경이는 생일을 맞이하여 같은 반 친구들인 민지, 슬기, 경서, 성준, 민준이를 생일 파티에 초대하였다. 하경이와 친구들이 함께 축하 파티를 하기 위해 간격이 일정한 원형 테이블에 다음과 같이 앉았을 때, 항상 참이 되는 것은?

> • 하경이의 바로 옆 자리에는 성준이나 민준이가 앉지 않았다.
> • 슬기는 성준이 또는 경서의 바로 옆 자리에 앉았다.
> • 민지의 바로 왼쪽 자리에는 경서가 앉았다.
> • 슬기와 민준이 사이에 한 명이 앉아 있다.

① 하경이는 민준이와 서로 마주 보고 앉아 있다.

② 민지는 민준이 바로 옆 자리에 앉아 있다.

③ 경서는 하경이 바로 옆 자리에 앉아 있다.

④ 민지는 슬기와 서로 마주 보고 앉아 있다.

⑤ 경서와 성준이는 서로 마주 보고 앉아 있다.

09 다음은 상수도 구역에 따라 수질 오염정도를 나타낸 자료이다. 이에 대한 해석으로 옳은 것은?

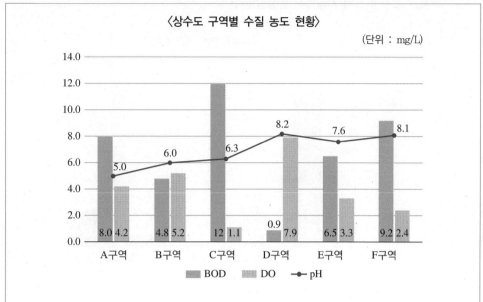

〈상수도 구역별 수질 농도 현황〉

(단위 : mg/L)

〈수질 등급 기준〉

등급	매우 좋음	좋음	약간 좋음	보통	약간 나쁨	나쁨	매우 나쁨
	1a	1b	2	3	4	5	6
DO(mg/L)	7.5 이상	5.0 이상			2.0 이상		2.0 미만
BOD(mg/L)	1 이하	2 이하	3 이하	5 이하	8 이하	10 이하	10 초과
pH	6.5 ~ 8.5				6.0 ~ 8.5		

※ DO, BOD, pH 수치를 모두 충족하는 등급으로 결정된다.
※ DO는 용존산소량, BOD는 생화학적 산소요구량을 말한다.

① BOD농도가 5mg/L 이하인 상수도 구역 중 3등급은 하나이다.
② pH 수치가 가장 높은 구역의 등급은 '매우 좋음'이다.
③ 상수도 구역에서 등급이 '약간 나쁨' 또는 '나쁨'인 구역은 두 곳이다.
④ 수질 기준은 DO와 BOD의 농도가 높을수록 좋은 등급을 받는다.
⑤ 수소이온농도가 낮을수록 수질 등급은 '매우 좋음'에 가까워진다.

10 다음은 2019년 데이트 폭력 신고건수에 대한 그래프이다. 이에 대한 해석으로 옳지 않은 것은?(단, 비율은 소수점 둘째 자리에서 반올림한다)

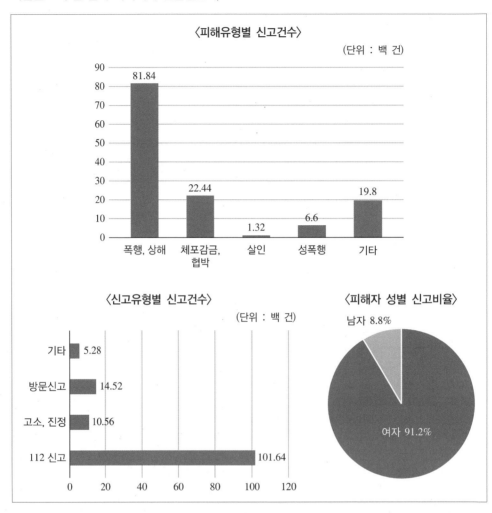

① 2019년 데이트 폭력 신고건수는 총 13,200건이다.

② 112신고로 접수된 건수는 체포감금, 협박 피해자로 신고한 건수의 4배 이상이다.

③ 남성 피해자의 50%가 폭행, 상해로 신고했을 때, 폭행, 상해 전체 신고건수에서 남성의 비율은 약 7.1%이다.

④ 방문신고의 25%가 성폭행 피해자일 때, 이들은 전체 신고건수에서 약 2.8%를 차지한다.

⑤ 살인 신고건수에서 여성피해자가 남성피해자의 2배일 때, 전체 남성피해자 신고건수 중 살인 신고건수는 3% 미만이다.

11 다음은 K회사의 2018 ~ 2019년 손익계산서를 나타낸 표이다. 이에 대한 해석으로 옳지 않은 것은?(단, 증감률은 소수점 둘째 자리에서 반올림한다)

〈손익계산서〉

(단위 : 억 원, %)

항목	2018. 12.	2019. 12.	전년 대비 증감률
매출액	9,730.5	10,324.6	6.1
매출원가	5,108.1	4,959.4	A
매출총이익	4,622.4	5,365.2	16.1
판매비와 관리비	2,174.7	2,891.6	33.0
영업이익	2,447.7	2,473.6	1.1
영업외수익	482.6	485.1	0.5
영업외비용	542.3	380.2	−29.9
법인세비용 차감 전 순손익	2,388.0	2,578.5	8.0
법인세비용	577.6	510.9	−11.5
당기순이익	1,810.4	2,067.6	B

※ 전년 대비 증감률은 2018년 대비 2019년에 대한 증감률이다.

① 매출액은 매출원가와 매출총이익의 합과 같다.

② 매출총이익에서 판매비와 관리비를 제외한 값은 영업이익이다.

③ A, B에 들어갈 알맞은 수치는 각각 '−3.1, 13.2'이다.

④ 영업이익과 영업외수익 합에서 영업외비용을 뺀 값은 당기순이익과 법인세비용의 합이다.

⑤ 매출액 대비 당기순이익 비율은 2018년도보다 2019년도가 더 높다.

12 자사의 마스코트가 '소'인 A은행이 캐릭터를 활용한 상품 프로모션을 진행하고자 할 때, 다음 중 가장 적절한 의견을 제시하고 있는 사원은?

> 홍보팀장 : 우리 회사에 대해 고객들이 친밀감을 가질 수 있도록 인지도가 높으면서도 자사와 연관될 수 있는 캐릭터를 활용하여 홍보 방안을 세웠으면 좋겠어요.

① A사원 : 남녀노소 누구나 좋아하는 연예인을 캐릭터화하여 상품의 홍보 모델로 사용하는 것은 어떨까요?

② B사원 : 요즘 인기 있는 펭귄 캐릭터와 협업하여 우리 회사의 인지도를 높이는 방법은 어떨까요?

③ C사원 : 우리 은행의 마스코트인 소를 캐릭터로 활용하여 인형이나 디자인 소품으로 상품화하는 것은 어떨까요?

④ D사원 : 우리 은행의 마스코트인 소의 울음소리를 녹음하여 상담 전화 연결 시 활용하는 것은 어떨까요?

⑤ E사원 : 저금통을 상징하는 돼지 캐릭터와 우리 은행의 특징을 드러내는 소 캐릭터를 함께 사용하여 '~소'를 활용한 홍보문구를 작성해보는 건 어떨까요?

13 다음은 의류 생산공장의 생산 코드 부여 방식이다. 자료를 참고할 때, 〈보기〉에 해당하지 않는 생산 코드는 무엇인가?

〈의류 생산 코드〉

• 생산 코드 부여 방식

[종류] – [색상] – [제조일] – [공장지역] – [수량] 순으로 16자리이다.

• 종류

티셔츠	스커트	청바지	원피스
OT	OH	OJ	OP

• 색상

검정색	붉은색	푸른색	노란색	흰색	회색
BK	RD	BL	YL	WH	GR

• 제조일

해당연도	월	일
마지막 두 자리 숫자 예 2019 → 19	01 ~ 12	01 ~ 31

• 공장지역

서울	수원	전주	창원
475	869	935	753

• 수량

100벌 이상 150벌 미만	150장 이상 200벌 미만	200장 이상 250벌 미만	250장 이상	50벌 추가 생산
aaa	aab	aba	baa	ccc

〈예시〉

– 2020년 5월 16일에 수원 공장에서 검정 청바지 170벌을 생산하였다.

– 청바지 생산 코드 : OJBK – 200516 – 869aab

보기

ㄱ. 2019년 12월 4일에 붉은색 스커트를 창원 공장에서 120벌 생산하였다.

ㄴ. 회색 티셔츠를 추가로 50벌을 서울 공장에서 2020년 1월 24일에 생산하였다.

ㄷ. 흰색 청바지를 전주 공장에서 265벌을 납품일(2020년 7월 23일) 전날에 생산하였다.

ㄹ. 티셔츠와 스커트를 노란색으로 178벌씩 수원 공장에서 2020년 4월 30일에 생산했다.

ㅁ. 생산날짜가 2019년 7월 5일인 푸른색 원피스는 창원 공장에서 227벌 생산되었다.

① OPGR – 200124 – 475ccc

② OJWH – 200722 – 935baa

③ OHRD – 191204 – 753aaa

④ OHYL – 200430 – 869aab

⑤ OPBL – 190705 – 753aba

14 다음 글의 내용으로 적절한 것은?

> 특허출원이란 발명자가 자신의 발명을 개인 또는 변리사를 통해 특허출원 명세서에 기재한 후 특허청에 등록 여부 판단을 받기 위해 신청하는 행위의 전반을 의미한다. 특허출원은 주로 경쟁자로부터 자신의 제품이나 서비스를 지키기 위해 이루어진다. 그러나 선두업체로 기술적 우위를 표시하기 위해 또는 벤처기업 등의 인증을 받기 위해 이루어지기도 한다. 단순하게 발명의 보호를 받아 타인의 도용을 막는 것뿐만 아니라 다양한 이유로 진행되고 있는 것이다.
>
> 특허출원 시에는 특허출원서와 특허명세서를 제출해야 한다. 특허출원서는 출원인 정보, 발명자 정보 등의 서지사항을 기재하는 문서이며, 특허명세서는 발명의 구체적인 내용을 기재하는 문서이다. 특허명세서에는 발명의 명칭, 발명의 효과, 발명의 실시를 위한 구체적인 내용, 청구범위, 도면 등의 항목들을 작성하는데, 이때 권리로 보호받고자 하는 사항을 기재하는 청구범위가 명세서의 가장 핵심적인 부분이 된다. 청구범위를 별도로 구분하는 이유는 특허등록 후 권리 범위가 어디까지인지 명확히 구분하기 위한 것이다. 청구범위가 존재하지 않는다면 상세한 설명으로 권리 범위를 판단해야 하는데, 권리 범위가 다양하게 해석된다면 분쟁의 원인이 될 수 있다.
>
> 특허를 출원할 때 많은 부분을 보호받고 싶은 마음에 청구범위를 넓게 설정하는 경우가 있다. 그러나 이는 다른 선행기술들과 저촉되는 일이 발생하게 되므로 특허가 거절될 가능성이 매우 높아진다. 그렇다고 특허등록 가능성을 높이기 위해 청구범위를 너무 좁게 설정해서도 안 된다. 청구범위가 좁을 경우 특허등록 가능성은 높아지지만, 보호 범위가 좁아져 제3자가 특허 범위를 회피할 가능성이 높아지게 된다. 따라서 기존에 존재하는 선행기술에 저촉되지 않는 범위 내에서 청구범위를 설정하는 것이 중요하다.

① 자신의 발명을 특허청에 등록하기 위해서는 반드시 본인이 특허출원 명세서를 기재해야 한다.

② 기업체의 특허출원은 타사로부터의 기술 도용을 방지하기 위한 것일 뿐 이를 통해 기술적 우위를 나타낼 순 없다.

③ 특허출원서는 발명의 명칭, 발명의 효과, 청구범위 등의 항목을 모두 작성하여야 한다.

④ 청구범위가 넓으면 특허 등록의 가능성이 줄어들고, 좁으면 특허등록 가능성이 커진다.

⑤ 청구범위가 넓을 경우 제3자가 특허 범위를 회피할 가능성이 높아지게 된다.

15 다음 글의 내용으로 적절하지 않은 것은?

> 코로나19 확진자가 늘어남에 따라 배출되는 의료폐기물의 양도 빠르게 늘어나고 있다. 코로나19와 관련된 폐기물은 격리의료폐기물, 일반의료폐기물, 자가격리자폐기물, 확진자 방문지·다중이용시설 폐기물로 구분된다.
>
> 우선 격리의료폐기물의 경우 의료기관에서 발생하는 감염성 폐기물은 배출 장소에서 바로 합성수지 전용 용기에 투입하여 밀폐 처리한다. 특히 폐기물 투입 전과 밀폐 후에는 반드시 전용 용기를 소독 처리해야 한다. 병원 전체의 격리로 음식물 폐기물을 전용 용기에 투입하지 못할 경우에는 소독 후 지자체 공공소각장 또는 사업장폐기물 소각장에서 일괄 소각 처리한다. 이때, 격리의료폐기물은 당일 반출이 원칙이므로 병원 내 보관을 최소화해야 한다. 의료기관 외 생활치료센터에 입소한 무증상·경증 환자에게서 발생하는 모든 폐기물 역시 격리의료폐기물로 처리한다.
>
> 확진자와의 접촉 없이 생활치료센터 운영·지원 과정에서 발생하는 생활폐기물은 일반의료폐기물로 강화해 소각 처리한다. 센터 내 격리의료폐기물과 마찬가지로 소독·밀폐 처리하여 전량을 일일 소각하지만, 합성수지 전용 용기가 아닌 골판지 전용 용기를 사용한다. 생활치료센터에서 나오는 격리·일반의료폐기물은 지정한 전담 수거 처리 업체가 관리한다.
>
> 자가격리자에게는 유역·지방환경청이 시·군·구 보건소를 통해 봉투형 전용 용기와 소독약품 등을 무상으로 제공하고, 확진 이후 병실 부족 등으로 자가격리된 경우에는 합성수지 전용 용기를 추가 제공한다. 증상이 없을 경우에는 폐기물 배출 자제를 원칙으로 하되, 극히 예외적인 상황에만 배출한다. 폐기물을 배출할 때는 폐기물을 소독한 후 의료폐기물 전용 봉투에 담아 밀봉한 후 다시 종량제 봉투에 넣고 보건소에 연락해야 한다. 전용 봉투가 없을 경우에는 종량제 봉투를 활용해 이중 밀폐한다.
>
> 마지막으로 확진자가 다녀간 이용 시설에서 나온 폐기물은 종량제 봉투에 담아 밀폐 처리하고 소독 후에 공공소각장 등에서 소각 처리한다.

① 코로나19 확진 판정을 받고 병원에 입원한 A씨의 폐기물은 병원 내 전용 용기에 담아 밀폐 처리한다.

② 코로나19 확진 판정을 받고 생활치료센터에서 생활 중인 B씨의 폐기물은 골판지 전용 용기에 담아 밀폐 처리한다.

③ 코로나19 확진자와 접촉하였지만 별다른 증상이 없어 자가격리 중인 C씨의 폐기물은 보건소에서 따로 처리한다.

④ 코로나19 음성 판정을 받고 자가격리 중인 유학생 D씨의 폐기물은 전용 봉투에 담아야 하지만, 불가피할 경우 종량제 봉투에 담아 밀폐 처리한다.

⑤ 코로나19 확진자가 다녀간 백화점에서 나온 폐기물은 종량제 봉투에 담아 밀폐 처리한다.

16 다음 중 시각 장애인 유도 블록 설치에 대한 설명으로 적절하지 않은 것은?

점자 블록으로도 불리는 시각 장애인 유도 블록은 블록 표면에 돌기를 양각하여 시각 장애인이 발바닥이나 지팡이의 촉감으로 위치나 방향을 알 수 있도록 유도한다. 횡단보도나 버스정류장 등의 공공 장소에 설치되며, 블록의 형태는 발바닥의 촉감, 일반 보행자와의 관계 등 다양한 요인에 따라 결정된다.

점자 블록은 크게 위치 표시용의 점형 블록과 방향 표시용의 선형 블록 두 종류로 나뉜다. 먼저 점형 블록은 횡단지점, 대기지점, 목적지점, 보행 동선의 분기점 등의 위치를 표시하거나 위험 지점을 알리는 역할을 한다. 보통 30cm(가로)×30cm(세로)×6cm(높이)의 콘크리트제 사각 형태가 많이 쓰이며, 양각된 돌기의 수는 외부용 콘크리트 블록의 경우 36개, 내부용의 경우 64개가 적절하다. 일반적인 위치 감지용으로 점형 블록을 설치할 경우 가로 폭은 대상 시설의 폭만큼 설치하며, 세로 폭은 보도의 폭을 고려하여 30 ~ 90cm 범위 안에서 설치한다.

다음으로 선형 블록은 방향 유도용으로 보행 동선의 분기점, 대기지점, 횡단지점에 설치된 점형 블록과 연계하여 목적 방향으로 일정한 거리까지 설치한다. 정확한 방향을 알 수 있도록 하는 데 목적이 있으며, 보행 동선을 확보·유지하는 역할을 한다. 양각된 돌출선은 윗면은 평면이 주로 쓰이고, 돌출선의 양 끝은 둥글게 처리한 것이 많다. 선형 블록은 시각 장애인이 안전하고 장애물이 없는 도로를 따라 이동할 수 있도록 설치하는데, 이때 블록의 돌출선은 유도 대상 시설의 방향과 평행해야 한다.

① 선형 블록은 보행 동선의 분기점에 설치한다.
② 횡단지점의 위치를 표시하기 위해서는 점형 블록을 설치한다.
③ 외부에는 양각된 돌기의 수가 36개인 점형 블록을 설치한다.
④ 선형 블록은 돌출선의 방향이 유도 대상 시설과 평행하도록 설치한다.
⑤ 점형 블록을 횡단보도 앞에 설치하는 경우 세로 방향으로 4개 이상 설치하지 않는다.

17 다음 중 파이썬 프로그램의 실행 결과로 옳은 것은?

```
a = 0
for i in range(1, 11, 2):
    a += i
print (a)
```

① 1   ② 2
③ 11   ④ 25
⑤ 30

18 다음 중국의 인스턴트 커피 시장에 대한 분석 내용을 바탕으로 제품을 출시할 경우 고려해야 할 내용으로 적절하지 않은 것은?

중국의 인스턴트 커피 시장 규모는 574억 위안으로 전년보다 1.8% 성장한 것으로 보이며, 2024년까지 매년 평균 1.7%의 성장세를 이어갈 것으로 예측된다.

• 4P 분석

4P 분석	분석 내용
판매가격 (Price)	중국 스타벅스의 아메리카노 한 잔 가격은 22위안으로 중국의 최저임금을 상회한다. 이에 비해 S사의 캡슐 커피는 24개에 약 190위안으로 한 잔당 8위안에 불과하다. 스틱형 커피의 경우 그 격차는 훨씬 커진다.
유통경로 (Place)	로스팅 커피는 카페에서 구매가 이루어지나, 인스턴트 커피는 슈퍼, 편의점, 대형마트 등 다양한 장소에서 구매가 가능하다. 최근에는 중국 내 온라인 플랫폼 마켓의 발전으로 스마트폰이나 컴퓨터로 간편하게 구입이 가능하다.
판매촉진 (Promotion)	최근 인스턴트 커피 브랜드는 SNS를 이용하여 고객과 소통하고, 할인 쿠폰 및 행사 관련 정보를 제공하는 등 시장을 적극적으로 공략하고 있다.
제품 (Product)	공간과 시간에 구애받지 않고 언제든 편하게 마실 수 있다는 '편의성'을 통해 소비자들에게 꾸준한 관심을 받고 있다. 스타벅스, 코카콜라 등의 기업들은 자사의 장점을 살린 RTD 인스턴트 커피 및 캡슐 커피 등을 출시해 인스턴트 커피 시장에 진입하고 있다.

• 중국 인스턴트 커피 제품 현황 및 특징
  1) 스틱형 커피 : 가장 초기의 인스턴트 커피 형태로 출시 역사가 길고, 브랜드가 다양하다. 초기에는 단맛이 나는 믹스 형태의 제품이 대부분이었지만, 최근 콜드브루, 블랙커피 등 다양한 유형의 스틱 커피가 출시되고 있다.
  2) RTD(Ready To Drink) 커피 : 주로 편의점과 온라인 쇼핑몰에 보급되어 있는 제품으로 병이나 종이 용기 등의 형태로 유통된다. 제조과정이 없어 마시기 간편하고 콜드브루, 라떼 등 다양한 맛을 즐길 수 있다. 기존의 인스턴트 커피 제조업체뿐만 아니라 커피숍 브랜드도 RTD 커피 시장에 진출하고 있다.
  3) 소포장 형식 : 휴대하기 용이하고 제품의 품질이 좋아 소비자들에게 좋은 반응을 얻고 있다. 제품 유형에 따라 캡슐 커피와 작은 용기에 담겨 있는 인스턴트 커피로 나눌 수 있다.
  4) 드립백 커피 : 커피 가루가 담긴 티백을 커피잔에 걸쳐 뜨거운 물을 부어서 우려내 마시는 커피이다. 핸드드립 커피를 보다 간편하게 즐기고 싶은 소비자의 수요에 맞춰 출시한 제품으로 신선하고 고급스러운 풍미를 맛볼 수 있다는 장점이 있다. 그러나 다른 인스턴트 커피 종류에 비해 커피의 맛이 비교적 제한적이다.

① 스틱형 커피는 다른 인스턴트 커피에 비해 종류가 다양하지 못하므로 차별화된 프리미엄 상품을 스틱형으로 출시한다.
② 스마트폰으로 간편하게 구입할 수 있도록 캡슐 커피를 출시하고, 중국 내 이용자가 가장 많은 SNS를 통해 이벤트를 진행한다.
③ 현지 소비자들의 입맛에 맞으면서도 다양한 맛을 선택할 수 있도록 여러 종류의 드립백 커피 상품을 출시한다.
④ 현지 로스팅 커피 브랜드와 협력하여 RTD 커피를 출시하고, 온라인 쇼핑몰을 통해 쉽게 구매할 수 있다는 점을 홍보 전략으로 세운다.

⑤ 휴대가 편리한 소포장 형식의 인스턴트 커피를 출시하고, 언제 어디서든 쉽게 마실 수 있다는 점을 홍보 전략으로 세운다.

19 다음은 생애주기와 2018 ~ 2019년도에 종이책, 전자책 및 오디오북을 통한 독서량을 연령별로 조사한 자료이다. 이에 대해 바르게 이해한 것은?(단, 인원은 소수점 첫째 자리에서 버림한다)

〈생애주기〉

영아기	유아기	아동기	청소년기	성년기	중년기	노년기
생후 24개월	만 3 ~ 5세	초등학생	중학생, 고등학생	20 ~ 39세	40 ~ 59세	60세 이상
언어 습득	언어 습득	사회성 발달	신체발달	심리적 성숙	지각능력 감소	신체능력 쇠퇴

〈연령별 독서형태(학생)〉

(단위 : %)

학교급별	사례 수(건)	종이책		전자책		오디오북
		2018년	2019년	2018년	2019년	2019년
전체	3,126	91.7	90.7	29.8	37.2	18.7
초등학교	1,005	96.8	94.8	34.1	40.8	30.9
중학교	985	92.5	91.6	30.0	30.6	11.6
고등학교	1,136	87.2	86.3	26.5	39.8	13.9

〈연령별 독서형태(성인)〉

(단위 : %)

연령별(세)	사례 수(건)	종이책		전자책		오디오북
		2018년	2019년	2018년	2019년	2019년
전체	6,000	59.9	52.1	14.1	16.5	3.5
20 ~ 29	1,057	73.5	70.4	34.7	39.0	6.5
30 ~ 39	1,022	68.9	68.7	22.7	31.3	6.2
40 ~ 49	1,158	61.9	57.6	13.8	14.4	4.2
50 ~ 59	1,192	52.2	43.5	3.5	4.9	1.6
60세 이상	1,571	47.8	31.5	1.3	2.0	0.6

※ 사례 수 1건당 인원은 1명이다.

① 성인 중 오디오북을 본 사람은 학생 중 오디오북을 본 사람보다 많다.
② 모든 연령대에서 전년 대비 2019년도 독서량 중 종이책은 줄어들고, 전자책은 늘어났다.
③ 중년기의 오디오북 독서량은 성년기의 오디오북 독서량보다 많다.
④ 노년기는 2018년 대비 2019년에 종이책 및 전자책 독서량이 줄어들었다.
⑤ 2018년도 종이책을 본 아동기 학생은 종이책을 본 청소년기 학생보다 많다.

20 다음 시트에서 상품이 '하모니카'인 악기의 평균매출액을 구하려고 할 때, [E11] 셀에 입력할 수식으로 옳은 것은?

◢	A	B	C	D	E
1	모델명	상품	판매금액	판매수량	매출액
2	D7S	통기타	₩189,000	7	₩1,323,000
3	LC25	우쿨렐레	₩105,000	11	₩1,155,000
4	N1120	하모니카	₩60,000	16	₩960,000
5	MS083	기타	₩210,000	3	₩630,000
6	H904	하모니카	₩63,000	25	₩1,575,000
7	C954	통기타	₩135,000	15	₩2,025,000
8	P655	기타	₩193,000	8	₩1,544,000
9	N1198	하모니카	₩57,000	10	₩513,000
10	하모니카의 평균 판매수량				17
11	하모니카 평균매출액				₩1,016,000

① =COUNTIF(B2:B9, "하모니카")

② =AVERAGE(E2:E9)

③ =AVERAGEIFS(B2:B9, E2:E9, "하모니카")

④ =AVERAGEA(B2:B9, "하모니카", E2:E9)

⑤ =AVERAGEIF(B2:B9, "하모니카", E2:E9)

PART 2

합격의 공식 SD에듀 www.sdedu.co.kr

직무능력검사

CHAPTER 01
의사소통능력

합격 CHEAT KEY

의사소통능력은 평가하지 않는 공사·공단이 없을 만큼 필기시험에서 중요도가 높은 영역이다. 또한, 의사소통능력의 문제 출제 비중이 가장 높은 편이다. 이러한 점을 볼 때, 의사소통능력은 NCS를 준비하는 수험생이라면 반드시 정복해야 하는 과목이다.

국가직무능력표준에 따르면 의사소통능력의 세부 유형은 문서이해, 문서작성, 의사표현, 경청, 기초외국어로 나눌 수 있다. 문서이해·문서작성과 같은 제시문에 대한 주제, 일치 문제의 출제 비중이 높으며, 공문서·기획서·보고서·설명서 등 문서의 특성을 파악하는 문제도 출제되고 있다. 따라서 이러한 분석을 바탕으로 전략을 세우는 것이 매우 중요하다.

01 문제에서 요구하는 바를 먼저 파악하라!

의사소통능력에서 가장 중요한 것은 제한된 시간 안에 빠르고 정확하게 답을 찾아내는 것이다. 그러기 위해서는 우리가 의사소통능력을 공부하는 이유를 잊지 말아야 한다. 우리는 지식을 쌓기 위해 의사소통능력 지문을 보는 것이 아니다. 의사소통능력에서는 지문이 아니라 문제가 주인공이다! 지문을 보기 전에 문제를 먼저 파악해야 한다. 주제찾기 문제라면 첫 문장과 마지막 문장 또는 접속어를 주목하자! 내용일치 문제라면 지문과 문항의 일치 / 불일치 여부만 파악한 뒤 빠져나오자! 지문에 빠져드는 순간 소중한 시험 시간은 속절없이 흘러 버린다!

02 잠재되어 있는 언어능력을 발휘하라!

의사소통능력에는 끝이 없다! 의사소통의 방대함에 포기한 적이 있는가? 세상에 글은 많고 우리가 학습할 수 있는 시간은 한정적이다. 이를 극복할 수 있는 방법은 다양한 글을 접하는 것이다. 실제 시험장에서 어떤 내용의 지문이 나올지 아무도 예측할 수 없다. 따라서 평소에 신문, 소설, 보고서 등 여러 글을 접하는 것이 필요하다. 잠재되어 있는 글에 대한 안목이 시험장에서 빛을 발할 것이다.

03 상황을 가정하라!

업무 수행에 있어 상황에 따른 언어 표현은 중요하다. 같은 말이라도 상황에 따라 다르게 해석될 수 있기 때문이다. 그런 의미에서 자신의 의견을 효과적으로 전달할 수 있는 능력을 평가하는 것은 당연하다. 따라서 다양한 상황에서의 언어표현능력을 함양하기 위한 연습의 과정이 요구된다. 업무를 수행하면서 발생할 수 있는 여러 상황을 가정하고 그에 따른 올바른 언어표현을 정리하는 것이 필요하다. 의사표현 영역의 경우 출제 빈도가 높지는 않지만 상황에 따른 판단력을 평가하는 문항인 만큼 대비하는 것이 필요하다.

04 말하는 이의 입장에서 생각하라!

잘 듣는 것 또한 하나의 능력이다. 상대방의 이야기에 귀 기울이고 공감하는 태도는 업무를 수행하는 관계 속에서 필요한 요소이다. 그런 의미에서 다양한 상황에서의 듣는 능력을 평가하는 것이다. 말하는 이가 요구하는 듣는 이의 태도를 파악하고, 이에 따른 판단을 할 수 있도록 언제나 말하는 사람의 입장이 되는 연습이 필요하다.

05 반복만이 살길이다!

학창 시절 외국어를 공부하던 때를 떠올려 보자! 셀 수 없이 많은 표현들을 익히기 위해 얼마나 많은 반복의 과정을 거쳤는가? 의사소통능력 역시 그러하다. 하나의 문제 유형을 마스터하기 위해 가장 중요한 것은 바로 여러 번, 많이 풀어 보는 것이다.

01 | 문서이해 ①

다음 중 글의 내용을 잘못 이해한 것은?

풀이순서

> 우리 은하에서 가장 가까이 위치한 은하인 안드로메다은하까지의 거리는 220만 광년이다. 이처럼 엄청난 거리로 떨어져 있는 천체까지의 거리는 어떻게 측정하는 것인가?
> 첫 번째 측정 방법은 삼각 측량법이다. 그러나 피사체가 매우 멀리 있는 경우라면 삼각형의 밑변이 충분히 길 필요가 있다. 지구는 1년에 한 바퀴씩 태양 주변을 공전하는데 우리는 이 공전 궤도 반경을 알고 있기 때문에 이를 밑변으로 삼아 별까지의 거리를 측정할 수 있다. ❸ 그러나 가까이 있는 별까지의 거리도 지구 궤도 반지름에 비하면 엄청나게 커서 연주 시차는 아주 작은 값이 되므로 측정하기가 쉽지 않다. 두 번째 측정 방법은 주기적으로 별의 밝기가 변하는 변광성의 주기와 밝기를 연구하는 과정에서 얻어졌다. 보통 별의 밝기는 거리의 제곱에 반비례해서 어두워지는데, 1등급과 6등급의 별은 100배의 밝기 차이가 있다. ❷ 그러나 밝은 별이 반드시 어두운 별보다 가까이 있는 것은 아니다. ❹ 별의 거리는 밝기의 절대 등급과 겉보기 등급의 비교를 통해 확정되기 때문이다. ❶·❹ 즉, 모든 별이 같은 거리에 놓여 있다고 가정하고, 밝기 등급을 매긴 것을 절대 등급이라 하는데, 만약 이 등급이 낮은(밝은) 별이 겉보기에 어둡다면 이 별은 매우 멀리 있는 것으로 볼 수 있다.

① 절대 등급과 겉보기 등급은 다를 수 있다.
② 별은 항상 같은 밝기를 가지고 있지 않다.
③ 삼각 측량법은 지구의 궤도 반경을 알아야 측정이 가능하다.
✔ 어두운 별은 밝은 별보다 항상 멀리 있기 때문에 밝기에 의해 거리의 차가 있다.

1) 질문의도
   지문 이해

2) 선택지 키워드 찾기

3) 지문독해
   선택지와 비교

4) 정답도출

유형 분석	• 주어진 지문을 읽고 일치하는 선택지를 고르는 전형적인 독해 문제이다. • 지문은 주로 신문기사(보도자료 등), 업무 보고서, 시사 등이 제시된다. • 대체로 지문이 긴 경우가 많아 푸는 시간이 많이 소요된다. 응용문제 : 지문의 주제를 찾는 문제나, 지문의 핵심내용을 근거로 추론하는 문제가 출제된다.
풀이 전략	먼저 선택지의 키워드를 체크한 후, 지문의 내용과 비교하며 내용의 일치유무를 신속히 판단한다.

02 | 문서이해 ②

다음 글을 바탕으로 한 추론 으로 옳은 것을 고르면?

풀이순서

1) 질문의도
   내용추론 → 적용

2) 지문파악

4) 지문독해
   선택지와 비교

3) 선택지 키워드 찾기

5) 정답도출

> 예술의 각 사조는 특정한 역사적 현실 위에서, 특정한 이데올로기를 표현하기 위하여 등장한다. 따라서 특정한 예술 사조를 받아들일 때, 그 예술의 형식 뒤에 숨은 이데올로기를 충분히 소화하고 있느냐가 문제가 된다. 그렇지 못한 모방행위는 형식 미학 또는 관념 미학이 갖는 오류에서 벗어나지 못한다. 가령 어느 예술가가 인상파의 영향을 받았다면, 동시에 그는 그것의 시대적 한계와 약점까지 추적해야 한다. 그리고 그것을 자신이 사는 시대에 접목하였을 경우 현실의 문화적 풍토 위에서 성장할 수 있는가를 가늠해야 한다.

① 모방행위는 예술 사조에 포함되지 않는다.
② 예술 사조는 역사적 현실과 불가분의 관계이다.
③ 예술 사조는 현실적 가치만을 반영한다.
④ 예술 사조는 예술가가 현실과 조율한 타협점이다.
⑤ 모든 예술 사조는 오류를 피하고 완벽을 추구한다.

유형 분석
- 주어진 지문에 대한 이해를 바탕으로 유추할 수 있는 내용을 고르는 문제이다.
- 지문은 주로 업무 보고서, 기획서, 보도자료 등이 제시된다.
- 일반적인 독해 문제와는 달리 선택지의 내용이 애매모호한 경우가 많으므로 꼼꼼히 살펴보아야 한다.

풀이 전략
주어진 지문이 어떠한 내용을 다루고 있는지 파악한 후 선택지의 키워드를 체크한다. 그리고 나서 지문의 내용에서 도출할 수 있는 내용을 선택지에서 찾아야 한다.

03 | 문서작성 ①

다음 밑줄 친 단어와 유사한 의미를 가진 단어로 적절한 것은?

풀이순서

> 같은 극의 자석이 지니는 동일한 자기적 속성과 그로 인해 발생하는 척력

1) 질문의도
　유의어

✓ 성질 : 사람이 지닌 본바탕
② 성급 : 성질이 급함
③ 성찰 : 자신의 마음을 반성하고 살핌
④ 종속 : 자주성이 없이 주가 되는 것에 딸려 붙음
⑤ 예속 : 다른 사람의 지배 아래 매임

2) 지문파악
　문맥을 보고 단어의
　뜻 유추

3) 정답도출

유형 분석	• 주어진 지문에서 밑줄 친 단어의 유의어를 찾는 문제이다. • 자료는 지문, 보고서, 약관, 공지 사항 등 다양하게 제시된다. • 다른 문제들에 비해 쉬운 편에 속하지만 실수를 하기 쉽다. 응용문제 : 틀린 단어를 올바르게 고치는 등 맞춤법과 관련된 문제가 출제된다.
풀이 전략	앞뒤 문장을 읽어 문맥을 파악하여 밑줄 친 단어의 의미를 찾는다.

04 | 문서작성 ②

풀이순서

기획안을 작성할 때 유의할 점에 대해 김대리가 조언했을 말로 가장 적절하지 않은 것은?

1) 질문의도
문서작성 방법

> 발신인 : 김□□
> 수신인 : 이○○
> ○○씨, 김□□ 대리입니다. 기획안 잘 받아봤어요. 검토가 더 필요해서 결과는 시간이 좀 걸릴 것 같고요, 기왕 메일을 드리는 김에 기획안을 쓸 때 지켜야 할 점들에 대해서 말씀드리려고요. 문서는 내용 못지않게 형식을 지키는 것도 매우 중요하니까 다음 기획안을 쓸 때 참고하시면 도움이 될 겁니다.

3) 정답도출

① 표나 그래프를 활용하는 경우에는 내용이 잘 드러나는지 꼭 점검하세요.
☑ 마지막엔 반드시 '끝'을 붙여 문서의 마지막임을 확실하게 전달해야 해요.
　　→ 문서의 마지막에 꼭 '끝'을 써야하는 것은 공문서이다.
③ 전체적으로 내용이 많은 만큼 구성에 특히 신경을 써야 합니다.
④ 완벽해야 하기 때문에 꼭 여러 번 검토를 하세요.
⑤ 내용 준비 이전에 상대가 요구하는 것이 무엇인지 고려하는 것부터 해야 합니다.

2) 선택지 확인
기획안 작성법

유형 분석 • 실무에서 적용할 수 있는 공문서 작성 방법의 개념을 익히고 있는지 평가하는 문제이다.
　　　　　 • 지문은 실제 문서 형식, 조언하는 말하기, 조언하는 대화가 주로 제시된다.
　　　　　 응용문제 : 문서 유형별 문서작성 방법에 대한 내용이 출제된다. 맞고 틀리고의 문제가 아니라 적합한 방법을 묻는 것이기 때문에 구분이 안 되어 있으면 틀리기 쉽다.

풀이 전략 　각 문서의 작성법을 익히고 해당 내용이 올바르게 적용되었는지 파악한다.

05 | 경청

대화 상황에서 바람직한 경청의 방법으로 가장 적절한 것은?

① 상대의 말에 대한 원활한 대답을 위해 상대의 말을 들으면서 미리 대답할 말을 준비한다.

② 대화내용에서 상대방의 잘못이 드러나는 경우, 교정을 위해 즉시 비판적인 조언을 해준다.

✓ 상대의 말을 모두 들은 후에 적절한 행동을 하도록 한다.

④ 상대가 전달할 내용에 대해 미리 짐작하여 대비한다.

⑤ 대화내용이 지나치게 사적이다 싶으면 다른 대화주제를 꺼내 화제를 옮긴다.

풀이순서

1) 질문의도
   경청 방법

2) 선택지 확인
   적절한 경청 방법

3) 정답도출

유형 분석	• 경청 방법에 대해 이해하고 있는지를 묻는 문제이다.
	• 경청 방법에 대한 지식이 있어도 대화 상황이나 예가 제시되었을 때 그 자료를 해석하지 못하면 소용이 없다. 지식과 예를 연결 지어 학습해야 한다.
	응용문제 : 경청하는 태도와 방법에 대한 질문, 경청을 방해하는 요인 등의 지식을 묻는 문제들이 출제된다.
풀이 전략	경청에 대한 지식을 익히고 문제에 적용한다.

06 | 의사표현

다음 중 김대리의 의사소통을 저해하는 요인 으로 가장 적절한 것은?

> 김대리는 업무를 처리할 때 담당자들과 별도의 상의를 하지 않고 스스로 판단해서 업무를 지시한다. 담당자들은 김대리의 지시 내용이 실제 업무 상황에 적합하지 않다고 생각하지만, 김대리는 자신의 판단에 확신을 가지고 자신의 지시 내용에 변화를 주지 않는다.

① 의사소통 기법의 미숙
② 잠재적 의도
③ 선입견과 고정관념
④ 평가적이며 판단적인 태도
⑤ 과거의 경험

풀이순서

1) 질문의도
   의사소통 저해요인

2) 지문파악
   '일방적으로 말하고',
   '일방적으로 듣는' 무
   책임한 마음
   → 의사소통 기법의
   미숙

3) 정답도출

PART 2

유형 분석
- 상황에 적합한 의사표현법에 대한 이해를 묻는 문제이다.
- 의사표현 방법에 대한 지식이 있어도 대화 상황이나 예가 제시되었을 때 그 자료를 해석하지 못하면 소용이 없다. 지식과 예를 연결지어 학습해야 한다.
  응용문제 : 의사표현방법, 의사표현을 방해하는 요인 등의 지식을 묻는 문제들이 출제된다.

풀이 전략
의사소통의 저해요인에 대한 지식을 익히고 문제에 적용한다.

01 | 기출예상문제

정답 및 해설 p.034

01 다음 글을 보고 유추할 수 없는 것은?

최근 온라인에서 '동서양 만화의 차이'라는 제목의 글이 화제가 되었다. 공개된 글에 따르면 동양만화의 대표 격인 일본 만화는 대사보다는 등장인물의 표정, 대인관계 등에 초점을 맞춰 이미지나 분위기 맥락에 의존한다. 또 다채로운 성격의 캐릭터들이 등장하고 사건 사이의 무수한 복선을 통해 스토리가 진행된다.

반면 서양만화를 대표하는 미국 만화는 정교한 그림체와 선악의 확실한 구분, 수많은 말풍선을 사용한 스토리 전개 등이 특징이다. 서양 사람들은 동양 특유의 느긋한 스토리와 말없는 칸을 어색하게 느낀다. 이처럼 동서양 만화의 차이가 발생하는 이유는 동서양이 고맥락 문화와 저맥락 문화로 구분되기 때문이다. 고맥락 문화는 민족적 동질을 이루며 역사, 습관, 언어 등에서 공유하고 있는 맥락의 비율이 높다. 또한 집단주의와 획일성이 발달했다. 일본, 한국, 중국과 같은 한자문화권에 속한 동아시아 국가가 이러한 고맥락 문화에 속한다.

반면 저맥락 문화는 다인종·다민족으로 구성된 미국, 캐나다 등이 대표적이다. 저맥락 문화의 국가는 멤버 간에 공유하고 있는 맥락의 비율이 낮아 개인주의와 다양성이 발달한 문화를 가진다. 이렇듯 고맥락 문화와 저맥락 문화의 만화는 말풍선 안에 대사의 양으로 큰 차이점을 느낄 수 있다.

① 고맥락 문화의 만화는 등장인물의 표정, 대인관계 등 이미지나 분위기 맥락에 의존하는 경향이 있다.

② 저맥락 문화는 멤버간의 공유하고 있는 맥락의 비율이 낮아서 다양성이 발달했다.

③ 동서양 만화를 접했을 때 표면적으로 느낄 수 있는 차이점은 대사의 양이다.

④ 일본 만화는 무수한 복선을 통한 스토리 진행이 특징이다.

⑤ 미국은 고맥락 문화의 대표국으로 다양성이 발달하는 문화를 갖기 때문에 다채로운 성격의 캐릭터가 등장한다.

02 다음 글을 읽고 난 후 적절한 반응을 보인 사람을 〈보기〉에서 모두 고르면?

원두커피 한 잔에는 인스턴트커피의 세 배인 150mg의 카페인이 들어있다. 원두커피 판매의 요체인 커피전문점 수는 2017년 현재 만여 개가 훨씬 넘었는데 최근 5년 새 여섯 배 이상 급증한 것이다. 그런데 주목할 점은 같은 기간 동안 우울증과 같은 정신질환과 수면장애로 병원을 찾은 사람 또한 크게 늘었다는 것이다.

몸속에 들어온 커피가 완전히 대사되기까지는 여덟 시간 정도가 걸린다. 많은 사람들이 아침, 점심 뿐만 아니라 저녁 식사 후 6시나 7시 전후에도 커피를 마신다. 그런데 카페인은 뇌를 각성시켜 집중력을 높인다. 따라서 많은 사람들이 잠자리에 드는 시간인 오후 10시 이후까지도 뇌는 각성 상태에 있게 된다.

카페인은 우울증이나 공황장애와도 관련이 있다. 우울증을 앓고 있는 청소년은 건강한 청소년보다 커피, 콜라 등 카페인이 많은 음료를 네 배 정도 더 섭취한다는 조사 결과가 발표되었다. 공황장애 환자에게 원두커피 세 잔에 해당하는 450mg의 카페인을 주사했더니 약 60%의 환자로부터 발작 현상이 나타났다. 공황장애 환자는 심장이 빨리 뛰면 극도의 공포감을 느끼기 쉬운데, 이로 인해 발작 현상이 나타난다. 카페인은 심장을 자극하여 심박 수를 증가시킨다. 이러한 사실에 비추어 볼 때, 커피에 들어있는 카페인은 수면장애를 일으키고, 특히 정신질환자의 우울증이나 공황장애를 악화시킨다고 볼 수 있다.

보기

김사원 : 수면장애로 병원을 찾은 사람들 중에 커피를 마시지 않는 사람도 있다는 사실이 밝혀질 경우, 위 논증의 결론은 강화되지 않겠죠.

이대리 : 무(無)카페인 음료를 우울증을 앓고 있는 청소년이 많이 섭취하는 것으로 밝혀질 경우, 위 논증의 결론을 뒷받침하겠네요.

안사원 : 발작 현상이 공포감과 무관하다는 사실이 밝혀질 경우, 위 논증의 결론은 강화됩니다.

① 김사원
② 안사원
③ 김사원, 이대리
④ 이대리, 안사원
⑤ 김사원, 이대리, 안사원

03 다음 중 빈칸에 들어갈 내용으로 가장 적절한 것은?

> 일반적으로 물체, 객체를 의미하는 프랑스어 오브제(Objet)는 라틴어에서 유래된 단어로, 어원적으로는 앞으로 던져진 것을 의미한다. 미술에서 대개 인간이라는 '주체'와 대조적인 '객체'로서의 대상을 지칭할 때 사용되는 오브제가 미술사 전면에 나타나게 된 것은 입체주의 이후이다.
>
> 20세기 초 입체파 화가들이 화면에 나타나는 공간을 자연의 모방이 아닌 독립된 공간으로 인식하기 시작하면서 회화는 재현미술로서의 단순한 성격을 벗어나기 시작한다. 즉, '미술은 그 자체가 실재이다. 또한 그것은 객관세계의 계시 혹은 창조이지 그것의 반영이 아니다.'라는 세잔의 사고에 의하여 공간의 개방화가 시작된 것이다. 이는 평면에 실제 사물이 부착되는 콜라주 양식의 탄생과 함께 일상의 평범한 재료들이 회화와 자연스레 연결되는 예술과 비예술의 결합으로 차츰 변화하게 된다. 이러한 오브제의 변화는 다다이즘과 쉬르리얼리슴에서 '일용의 기성품과 자연물 등을 원래의 그 기능이나 있어야 할 장소에서 분리하고, 그대로 독립된 작품으로서 제시하여 일상적 의미와는 다른 상징적·환상적인 의미를 부여하는' 것으로 일반화된다. 그리고 동시에, 기존 입체주의에서 단순한 보조 수단에 머물렀던 오브제를 캔버스와 대리석의 대체하는 확실한 표현 방법으로 완성시켰다. 이후 오브제는 그저 예술가가 지칭하는 것만으로도 우리의 일상생활과 환경 그 자체가 곧 예술작품이 될 수 있음을 주장한다. _____ 거기에서 더 나아가 오브제는 일상의 오브제를 다양하게 전환시켜 다양성과 대중성을 내포하고, 오브제의 진정성과 상징성을 제거하는 팝아트에서 다시 한 번 새롭게 변화하기에 이른다.

① 무너진 베를린 장벽의 조각을 시내 한복판에 장식함으로써 예술과 비예술이 결합한 것이다.

② 화려하게 채색된 소변기를 통해 일상성에 환상적인 의미를 부여한 것이다.

③ 평범한 세면대일지라도 예술가에 의해 오브제로 정해진다면 일상성을 간직한 미술과 일치되는 것이다.

④ 폐타이어나 망가진 금관악기 등으로 제작된 자동차를 통해 일상의 비일상화를 나타낸 것이다.

⑤ 기존의 수프 통조림을 실크 스크린으로 동일하게 인쇄하여 손쉽게 대량생산되는 일상성을 풍자하는 것이다.

개항 이후 나타난 서양식 건축물은 양관(洋館)이라고 불렸다. 양관은 우리의 전통 건축 양식보다는 서양식 건축 양식에 따라 만들어진 건축물이었다. 정관헌(靜觀軒)은 대한제국 정부가 경운궁에 지은 대표적인 양관이다. 이 건축물은 고종의 연희와 휴식 장소로 쓰였는데, 한때 태조와 고종 및 순종의 영정을 이곳에 모셨다고 한다.

정관헌은 중앙의 큰 홀과 부속실로 구성되어 있으며 중앙 홀 밖에는 회랑이 설치되어 있다. 이 건물의 외형은 다음과 같은 점에서 상당히 이국적이다. 우선 처마가 밖으로 길게 드러나 있지 않다. 또한 바깥쪽의 서양식 기둥과 함께 붉은 벽돌이 사용되었고, 회랑과 바깥 공간을 구분하는 난간은 화려한 색채를 띠며 내부에는 인조석으로 만든 로마네스크풍의 기둥이 위치해 있다.

그럼에도 불구하고 이 건물에서 우리 건축의 맛이 느껴지는 것은 서양에서 사용하지 않는 팔작지붕의 건물이라는 점과 회랑의 난간에 소나무와 사슴, 그리고 박쥐 등의 형상이 보이기 때문이다. 소나무와 사슴은 장수를, 박쥐는 복을 상징하기에 전통적으로 즐겨 사용되는 문양이다. 비록 서양식 정자이지만 우리의 문화와 정서가 녹아들어 있는 것이다. 물론 이 건물에는 이국적인 요소가 많다. 회랑을 덮고 있는 처마를 지지하는 바깥 기둥은 전형적인 서양식 기둥의 모습이다. 이 기둥은 19세기 말 서양의 석조 기둥이 철제 기둥으로 바뀌는 과정에서 갖게 된 날렵한 비례감을 지니고 있다. 이 때문에 그리스의 도리아, 이오니아, 코린트 기둥의 안정감 있는 비례감에 익숙한 사람들에게는 다소 어색해 보이기도 한다.

그런데 정관헌에는 서양과 달리 철이 아닌 목재가 바깥 기둥의 재료로 사용되었다. 이는 당시 정부가 철을 자유롭게 사용할 수 있을 정도의 재정적 여력을 갖지 못했기 때문이다. 정관헌의 바깥 기둥 윗부분에는 대한제국을 상징하는 오얏꽃 장식이 선명하게 자리 잡고 있다. 정관헌은 건축적 가치가 큰 궁궐 건물이었지만 규모도 크지 않고 가벼운 용도로 지어졌기 때문에 그동안 소홀히 취급되어 왔다.

① 정관헌의 바깥 기둥은 서양식 철 기둥 모양을 하고 있지만 우리 문화와 정서를 반영하기 위해 목재를 사용하였다.
② 정관헌의 난간에 보이는 동식물과 바깥 기둥에 보이는 꽃 장식은 상징성을 지니고 있다.
③ 정관헌은 그 규모와 용도 때문에 건축물로서 지닌 가치에 걸맞은 취급을 받지 못했다.
④ 정관헌에 사용된 서양식 기둥과 붉은 벽돌은 정관헌을 이국적으로 보이게 한다.
⑤ 정관헌은 동서양의 건축적 특징이 조합된 양관으로서 궁궐 건물이었다.

05 다음 중 글의 전체 흐름과 맞지 않는 한 곳을 찾아 수정하려고 할 때, 가장 적절한 것은?

소아시아 지역에 위치한 비잔틴 제국의 수도 콘스탄티노플이 이슬람교를 신봉하는 오스만인들에 의해 함락되었다는 소식이 인접해 있는 유럽 지역에까지 전해지자 그 곳 교회의 한 수도원 서기는 "㉠ 지금까지 이보다 더 끔찍했던 사건은 없었으며, 앞으로도 결코 없을 것이다."라고 기록했다. 1453년 5월 29일 화요일, 해가 뜨자마자 오스만 제국의 군대는 난공불락으로 유명한 케르코포르타 성벽의 작은 문을 뚫고 진군하기 시작했다. 해가 질 무렵, 약탈당한 도시에 남아있는 모든 것들은 그들의 차지가 되었다. 비잔틴 제국의 86번째 황제였던 콘스탄티노스 11세는 서쪽 성벽 아래에 있는 좁은 골목에서 전사하였다. 이것으로 ㉡ 1,100년 이상 존재했던 소아시아 지역의 기독교도 황제가 사라졌다.

잿빛 말을 타고 화요일 오후 늦게 콘스탄티노플에 입성한 술탄 메흐메드 2세는 우선 성소피아 대성당으로 갔다. 그는 이 성당을 파괴하는 대신 이슬람 사원으로 개조하라는 명령을 내렸고, 우선 그 성당을 철저하게 자신의 보호 하에 두었다. 또한 학식이 풍부한 그리스 정교회 수사에게 격식을 갖추어 공석중인 총대주교직을 수여하고자 했다. 그는 이슬람 세계를 위해 ㉢ 기독교의 제단뿐만 아니라 그 이상의 것들도 활용했다. 역대 비잔틴 황제들이 제정한 법을 그가 주도하고 있던 법제화의 모델로 이용하였던 것이다. 이러한 행위들은 ㉣ 단절을 추구하는 정복왕 메흐메드 2세의 의도에서 비롯된 것이라고 할 수 있다.

그는 자신이야말로 지중해를 '우리의 바다'라고 불렀던 로마 제국의 진정한 계승자임을 선언하고 싶었던 것이다. 일례로 그는 한때 유럽과 아시아를 포함한 지중해 전역을 지배했던 제국의 정통 상속자임을 선언하면서, 의미심장하게도 자신의 직함에 '룸 카이세리', 즉 로마의 황제라는 칭호를 추가했다. 또한 그는 패권 국가였던 로마의 옛 명성을 다시 찾기 위한 노력의 일환으로 로마 사람의 땅이라는 뜻을 지닌 루멜리아에 새로 수도를 정했다. 이렇게 함으로써 그는 ㉤ 오스만 제국이 유럽으로 확대될 것이라는 자신의 확신을 보여 주었다.

① ㉠ : '지금까지 이보다 더 영광스러운 사건은 없었으며'로 고친다.
② ㉡ : '1,100년 이상 존재했던 소아시아 지역의 이슬람 황제가 사라졌다.'로 고친다.
③ ㉢ : '기독교의 제단뿐만 아니라 그 이상의 것들도 파괴했다.'로 고친다.
④ ㉣ : '연속성을 추구하는 정복왕 메흐메드 2세의 의도에서 비롯된 것'으로 고친다.
⑤ ㉤ : '오스만 제국이 아시아로 확대될 것이라는 자신의 확신을 보여 주었다.'로 고친다.

06 다음 글의 문맥상 (가) ~ (마)에 들어갈 내용으로 적절하지 않은 것은?

'방언(方言)'이라는 용어는 표준어와 대립되는 개념으로 사용될 수 있다. 이때 방언이란 '교양 있는 사람들이 두루 쓰는 현대 서울말'로서의 표준어가 아닌 말, 즉 비표준어라는 뜻을 갖는다. 가령 (가) 는 생각에는 방언을 비표준어로서 낮잡아 보는 인식이 담겨 있다. 이러한 개념으로서의 방언은 '사투리'라는 용어로 바뀌어 쓰이는 수가 많다. '충청도 사투리', '평안도 사투리'라고 할 때의 사투리는 대개 이러한 개념으로 쓰이는 경우이다. 이때의 방언이나 사투리는, 말하자면 표준어인 서울말이 아닌 어느 지역의 말을 가리키거나, 더 나아가 (나) 을 일컫는다. 이러한 용법에는 방언이 표준보다 열등하다는 오해와 편견이 포함되어 있다. 여기에는 표준어보다 못하다거나 세련되지 못하고 규칙에 엄격하지 않다와 같은 부정적 평가가 담겨 있는 것이다. 그런가 하면 사투리는 한 지역의 언어 체계 전반을 뜻하기보다 그 지역의 말 가운데 표준어에는 없는, 그 지역 특유의 언어 요소만을 일컫기도 한다. (다) 고 할 때의 사투리가 그러한 경우에 해당된다.

언어학에서의 방언은 한 언어를 형성하고 있는 하위 단위로서의 언어 체계 전부를 일컫는 말로 사용된다. 가령 한국어를 예로 들면 한국어를 이루고 있는 각 지역의 말 하나하나, 즉 그 지역의 언어 체계 전부를 방언이라 한다. 서울말은 이 경우 표준어이면서 한국어의 한 방언이다. 그리고 나머지 지역의 방언들은 (라) 이러한 의미에서의 '충청도 방언'은 충청도에서만 쓰이는, 표준어에도 없고 다른 도의 말에도 없는 충청도 특유의 언어 요소만을 가리키는 것이 아니다. '충청도 방언'은 충청도의 토박이들이 전래적으로 써온 한국어 전부를 가리킨다. 이 점에서 한국어는 (마)

① (가) : 바른말을 써야 하는 아나운서가 방언을 써서는 안 된다.
② (나) : 표준어가 아닌, 세련되지 못하고 격을 갖추지 못한 말
③ (다) : 사투리를 많이 쓰는 사람과는 의사소통이 어렵다.
④ (라) : 한국어라는 한 언어의 하위 단위이기 때문에 방언이다.
⑤ (마) : 표준어와 지역 방언의 공통부분을 지칭하는 개념이다.

07 다음 글에서 ㉠~㉤의 수정 방안으로 적절하지 않은 것은?

동양의 산수화에는 자연의 다양한 모습을 대하는 화가의 개성 혹은 태도가 ㉠ <u>드러나</u> 있는데, 이를 표현하는 기법 중의 하나가 준법이다. 준법(皴法)이란 점과 선의 특성을 활용하여 산, 바위, 토파(土坡) 등의 입체감, 양감, 질감, 명암 등을 나타내는 기법으로 산수화 중 특히 수묵화에서 발달하였다. 수묵화는 선의 예술이다. 수묵화에서는 먹(墨)만을 사용하기 때문에 대상의 다양한 모습이나 질감을 ㉡ <u>표현하는데</u> 한계가 있다. ㉢ <u>거친 선, 부드러운 선, 곧은 선, 꺾은 선 등 다양한 선을 활용하여 대상에 대한 느낌, 분위기를 표현한다.</u> 이 과정에서 선들이 지닌 특성과 효과 등이 점차 유형화되어 발전된 것이 준법이다.

준법 가운데 보편적으로 쓰이는 것에는 피마준, 수직준, 절대준, 미점준 등이 있다. 일정한 방향과 간격으로 선을 여러 개 그어 산의 등선을 표현하여 부드럽고 차분한 느낌을 주는 것이 피마준이다. 반면 수직준은 선을 위에서 아래로 죽죽 내려 그어 강하고 힘찬 느낌을 주어 뾰족한 바위산을 표현할 때 주로 사용한다. 절대준은 수평으로 선을 긋다가 수직으로 꺾어 내리는 것을 반복하여 마치 'ㄱ'자 모양이 겹쳐진 듯 표현한 것이다. 이는 주로 모나고 거친 느낌을 주는 지층이나 바위산을 표현할 때 쓰인다. 미점준은 쌀알 같은 타원형의 작은 점을 연속적으로 ㉣ <u>찍혀</u> 주로 비 온 뒤의 습한 느낌이나 수풀을 표현할 때 사용한다.

㉤ <u>준법은 화가가 자연에 대해 인식하고 표현하는 수단이다.</u> 화가는 준법을 통해 단순히 대상의 외양뿐만 아니라 대상에 대한 자신의 느낌, 인식의 깊이까지 화폭에 그려내는 것이다.

① ㉠ : 문맥의 흐름을 고려하여 '들어나'로 고친다.

② ㉡ : 띄어쓰기가 옳지 않으므로 '표현하는 데'로 고친다.

③ ㉢ : 문장을 자연스럽게 연결하기 위해 문장 앞에 '그래서'를 추가한다.

④ ㉣ : 목적어와 서술어의 호응 관계를 고려하여 '찍어'로 고친다.

⑤ ㉤ : 필요한 문장 성분이 생략되었으므로 '표현하는' 앞에 '인식의 결과를'을 추가한다.

08 다음 글의 ㉠과 ㉡에 대한 평가로 적절하지 않은 것은?

미국 수정헌법 제1조는 국가가 시민들에게 진리에 대한 권위주의적 시각을 강제하는 일을 금지함으로써 정부가 다양한 견해들에 중립적이어야 한다는 중립성 원칙을 명시하였다. 특히 표현에 관한 중립성 원칙은 지난 수십 년에 걸쳐 발전해 왔다. 이 발전 과정의 초기에 미국 연방대법원은 표현의 자유를 부르짖는 급진주의자들의 요구에 선동적 표현의 위험성을 근거로 내세우며 맞섰다. 1940 ~ 1950년대에 연방대법원은 수정헌법 제1조가 보호하는 표현과 그렇지 않은 표현을 구분하는 ㉠ 이중기준론을 표방하면서, 수정헌법 제1조의 보호 대상이 아닌 표현들이 있다고 판결했다. 추잡하고 음란한 말, 신성 모독적인 말, 인신공격이나 타인을 모욕하는 말, 즉 발언만으로도 누군가에게 해를 입히거나 사회의 양속을 해칠 말이 이에 포함되었다.

이중기준론의 비판자들은 연방대법원이 표현의 범주를 구분하는 과정에서 표현의 내용에 관한 가치 판단을 내림으로써 실제로 표현의 자유를 침해했다고 공격하였다. 1960 ~ 1970년대를 거치며 연방대법원은 점차 비판자들의 견해를 수용했다. 1976년 연방대법원이 상업적 표현도 수정헌법 제1조의 보호범위에 포함된다고 판결한 데 이어, 인신 비방 발언과 음란성 표현 등도 표현의 자유에 포함되기에 이르렀다.

정부가 모든 표현에 대해 중립적이어야 한다는 원칙은 1970 ~ 1980년대에 ㉡ 내용중립성 원칙을 통해 한층 더 또렷이 표명되었다. 내용중립성 원칙이란, 정부가 어떤 경우에도 표현되는 내용에 대한 평가에 근거하여 표현을 제한해서는 안 된다는 것이다. 다시 말해 정부는 표현되는 사상이나 주제나 내용을 이유로 표현을 제한할 수 없다. 이렇게 해석된 수정헌법 제1조에 따르면, 미국 정부는 특정 견해를 편들 수 없을 뿐만 아니라 어떤 문제가 공공의 영역에서 토론하거나 논쟁할 가치가 있는지 없는지 미리 판단하여 선택해서도 안 된다.

① 시민을 보호하기 위해 제한해야 할 만큼 저속한 표현의 기준을 정부가 정하는 것은 ㉠과 상충하지 않는다.

② 음란물이 저속하고 부도덕하다는 이유에서 음란물 유포를 금하는 법령은 ㉠과 상충한다.

③ 어떤 영화의 주제가 나치즘 찬미라는 이유에서 상영을 금하는 법령은 ㉡에 저촉된다.

④ 경쟁 기업을 비방하는 내용의 광고라는 이유로 광고의 방영을 금지하는 법령은 ㉡에 저촉된다.

⑤ 인신공격하는 표현으로 특정 정치인을 힐난하는 내용의 기획물이라는 이유로 TV 방송을 제재할 것인지에 관해 ㉠과 ㉡은 상반되게 답할 것이다.

09 다음 중 의사소통을 저해하는 요인이 아닌 것은?

① 정보의 양이 너무 많다.

② 분위기가 매우 진지하다.

③ 의미가 단순한 언어를 사용한다.

④ 대화 구성원의 사이가 친밀하지 않다.

⑤ 물리적인 제약이 있다.

10 다음 글에 대한 분석으로 적절한 것을 〈보기〉에서 모두 고르면?

> 우리는 흔히 행위를 윤리적 관점에서 '해야 하는 행위'와 '하지 말아야 하는 행위'로 구분한다. 그리고 전자에는 '윤리적으로 옳음'이라는 가치 속성을, 후자에는 '윤리적으로 그름'이라는 가치 속성을 부여한다. 그런데 윤리적 담론의 대상이 되는 행위 중에는 윤리적으로 권장되는 행위나 윤리적으로 허용되는 행위도 존재한다.
>
> 윤리적으로 권장되는 행위는 자선을 베푸는 것과 같이 윤리적인 의무는 아니지만 윤리적으로 바람직하다고 판단되는 행위를 의미한다. 이와 달리 윤리적으로 허용되는 행위는 윤리적으로 그르지 않으면서 정당화 가능한 행위를 의미한다. 예를 들어, 응급환자를 태우고 병원 응급실로 달려가던 중 신호를 위반하고 질주하는 행위는 맥락에 따라 윤리적으로 정당화 가능한 행위라고 판단될 것이다. 우리가 윤리적으로 권장되는 행위나 윤리적으로 허용되는 행위에 대해 옳음이나 그름이라는 윤리적 가치 속성을 부여한다면, 이 행위들에는 윤리적으로 옳음이라는 속성이 부여될 것이다.
>
> 이런 점에서 '윤리적으로 옳음'이란 윤리적으로 해야 하는 행위, 권장되는 행위, 허용되는 행위 모두에 적용되는 매우 포괄적인 용어임에 유의할 필요가 있다. '윤리적으로 옳은 행위가 무엇인가?'라는 질문에 답할 때, 이러한 포괄성을 염두에 두지 않고, 윤리적으로 해야 하는 행위, 즉 적극적인 윤리적 의무에 대해서만 주목하는 경향이 있다. 하지만 구체적인 행위에 대해 '윤리적으로 옳은가?'라는 질문을 할 때에는 위와 같은 분류를 바탕으로 해당 행위가 해야 하는 행위인지, 권장되는 행위인지, 혹은 허용되는 행위인지 따져볼 필요가 있다.

보기

> ㄱ. 어떤 행위는 그 행위가 이루어진 맥락에 따라 윤리적으로 허용되는지의 여부가 결정된다.
> ㄴ. '윤리적으로 옳은 행위가 무엇인가?'라는 질문에 답하기 위해서는 적극적인 윤리적 의무에만 주목해야 한다.
> ㄷ. 윤리적으로 권장되는 행위와 윤리적으로 허용되는 행위에 대해서는 윤리적으로 옳음이라는 가치 속성이 부여될 수 있다.

① ㄱ
② ㄴ
③ ㄱ, ㄷ
④ ㄴ, ㄷ
⑤ ㄱ, ㄴ, ㄷ

11 다음 중 비언어적 의사표현에 대한 설명으로 적절하지 않은 것은?

① 눈살을 찌푸리는 표정은 불만족과 불쾌를 나타낸다.
② 상대방의 눈을 쳐다보는 것은 흥미와 관심이 있음을 나타낸다.
③ 어조가 높으면 적대감이나 대립감을 나타낸다.
④ 말의 속도와 리듬에 있어서 매우 빠르거나 짧게 얘기하면 흥분, 즐거움을 나타낸다.
⑤ 말을 자주 중지하면 결정적인 의견이 없음 또는 긴장·저항을 나타낸다.

12

조선 시대에는 농지에서 생산된 곡물의 일정량을 조세로 징수했는데, 건국 초에는 면적 단위 1결마다 거두도록 규정된 조세량이 일정했다. 하지만 이에 불만을 품은 사람들이 많았다. 생산성이 좋은 농지를 가진 자는 정해진 액수만 내면 남은 양에 상관없이 그 모두를 가질 수 있었던 반면, 생산성이 낮은 농지를 가진 자는 수확량이 적어 정해진 세액도 못 낼 수 있기 때문이었다. 이는 모든 농지를 결이라는 동일한 크기의 면적으로 나누고 결마다 같은 액수의 조세를 받기 때문에 생긴 문제였다. 조선 왕조는 이런 문제점을 완화하고자 작황을 살핀 후 적당히 세액을 깎아주는 '답험손실법'이라는 제도를 시행하였다.

답험손실법에 따라 작황을 살펴보는 행위를 '답험'이라고 불렀다. 답험 실행 주체는 농지의 성격에 따라 달랐다. 국가에 조세를 내야 하는 땅은 그 농지가 위치한 곳의 지방관이 답험을 했다. 또 과전법의 적용을 받아 국가 대신 조세를 받는 사람이 지정된 땅의 경우에는 권리 수급자가 직접 답험을 했다. 그런데 답험 과정에서 지방관이 납세 의무자로부터 뇌물을 받거나 제대로 답험을 하지 않는 문제가 자주 일어났다.

세종은 이러한 문제점을 없애고자 조세 개혁에 관한 초안을 만들었다. 이 초안에는 이전에 했던 방식대로 결당 세액을 고정하는 대신, 중앙 관청이 모든 토지의 작황을 일괄적으로 답험하겠다는 내용이 담겼다. 세종은 이 초안에 대해 백성들이 어떻게 생각하는지 알아보았다. 그 결과 함경도 농민들은 1결마다 부과할 세액을 고정하는 데 반대하지만, 전라도 농민들은 환영한다는 것을 알게 되었다. 전라도 농민들은 생산성이 높은 농지가 많았기 때문에 찬성한 것이고, 함경도 농민들은 생산성이 낮은 농지가 많았기 때문에 반대한 것이다. 이처럼 찬반이 엇갈리자 세종은 1결당 세액을 동일한 액수로 고정하되, 전국의 농지를 비옥도에 따라 6개의 등급으로 나누고 등급에 따라 결의 면적을 달리 하였다. 6등전과 1등전의 절대 면적을 기준으로 비교할 때, 6등전 1결의 절대 면적이 1이라면 1등전 1결은 0.4였다. 한편 세종은 도 관찰사로 하여금 관할 도 안에 있는 모든 농지의 작황을 매년 조사한 후 그에 따라 결당 세액을 군현별로 조정하는 정책을 시행하였다. 이와 같이 세종 때 농지의 생산성과 연도별 작황을 감안해 세액과 결을 조정한 제도를 '공법'이라고 부른다.

① 공법에 따르면 같은 군현 안에 있고 농지 절대 면적의 총합이 동일한 마을들 중 1등전만 있는 마을 주민들이 내는 조세의 총액이 2등전만 있는 마을의 조세 납부 총액보다 많아진다.

② 공법 시행 후에 같은 등급에 속한 농지들은 1결의 크기가 같아지므로 지역에 상관없이 매년 같은 액수의 조세를 냈다.

③ 절대 면적이 동일한 경우라도 공법 시행 후에는 1등전만 있는 마을이 2등전만 있는 마을보다 결의 수가 더 적어졌다.

④ 과전법에 의해 조세를 국가 대신 받는 개인은 공법 시행으로 매년 그 땅의 작황을 조사해 중앙 관청에 보고해야 했다.

⑤ 세종의 초안대로라면 함경도 주민들이 내는 조세의 총액은 전라도 주민들이 내는 조세의 총액보다 많아진다.

13

유교는 그 근본정신과 행위규범으로 구분될 수 있다. 행위규범으로서의 유교를 '예교(禮敎)'라고 부른다. 이러한 의미로 보면 예교는 유교의 일부분이었지만, 유교를 신봉하는 사람들의 입장으로 본다면 유교 자체라고 할 수도 있다. 유교 신봉자들에게 예교는 유교적 원리에서 자연스럽게 도출되는 것이었고, 예교를 통해 유교적 가치를 실현할 수 있었기 때문이다. 중국인들이 생활 안에서 직접 경험하는 유교적 가치는 추상적 원리가 아니라 구체적 규율일 수밖에 없었다. 이러한 점에서 유교와 예교는 원리적으로는 하나라고 할 수 있지만, 실질적으로 분명히 구분되는 것이었다. 이제부터 유교의 근본정신을 그대로 '유교'라고 일컫고, 유교의 행위규범은 '예교'라고 일컫기로 한다.

전통적으로 중국에서는 예교와 법(法)이 구분되었다. 법이 강제적이며 외재적 규율이라면, 예교는 자발적이고 내면적인 규율이다. '명교(名敎)'와 '강상(綱常)'은 예교와 비슷한 의미로 사용되었는데, 둘 다 예교에 포함되는 개념이다. 명교는 말 그대로 '이름의 가르침'이란 뜻으로, 이름이나 신분에 걸맞도록 행동하라는 규범이었다. 강상은 '삼강(三綱)'과 '오상(五常)'을 함께 일컫는 말로, 예교의 가르침 중 최고의 준칙이었다. 삼강은 임금과 신하, 부모와 자식, 부부 등 신분, 성별에 따른 우열을 규정한 것이었다. 오상은 '인·의·예·지·신'이라는 유학자들이 지켜야 할 덕목이었다. 오상이 유교적 가치의 나열이라고 한다면, 명교와 삼강은 현실적 이름, 신분, 성별에 따른 행위규범이었다. 이 때문에 근대 중국 지식인들의 유교 비판은 신분 질서를 옹호하는 의미가 내포된 예교 규칙인 명교와 삼강에 집중되었다. 이름이나 신분, 성별에 따른 우열은 분명 평등과 민주의 이념에 어긋나는 것이었기 때문이다.

실제로 유교와 예교를 분리시켰던 사람들은 캉유웨이(康有爲)를 비롯한 변법유신론자들이었다. 이들은 중국의 정치 제도를 변경시켜서 입헌군주국으로 만들려고 했다. 그러한 목적을 달성하기 위해서는 기존의 정치 질서를 핵심적으로 구성하고 있던 예교를 해체하는 작업이 우선이었다. 캉유웨이는 유교 자체를 공격하고자 하지는 않았다. 그는 공자의 원래 생각을 중심으로 유교를 재편하기 위해 예교가 공자의 원래 정신에 어긋난다고 비판했다. 그에 따라 캉유웨이에게 유교와 예교는 명확하게 구별되는 것이 되었다.

① 유교와 예교를 분리하여 이해했던 사람들은 공자 정신을 비판했다.
② 삼강은 신분과 성별에 따른 우열을 옹호하는 강제적이고 외재적인 규율이었다.
③ 전통적인 유교 신봉자들은 법을 준수하는 생활 속에서 유교적 가치를 체험했다.
④ 중국의 일부 지식인들은 유교의 행위규범에는 민주주의 이념에 위배되는 요소가 있다고 생각했다.
⑤ 명교는 유교적 근본정신을 담은 규율이었기 때문에 근대의 예교 해체 과정에서 핵심적 가치로 재발견되었다.

14

> 대기오염물질의 자연적 배출원은 공간적으로 그리 넓지 않고 밀집된 도시 규모의 오염지역을 대상으로 할 경우에는 인위적 배출원에 비하여 대기 환경에 미치는 영향이 크지 않다. 하지만 지구 규모 또는 대륙 규모의 오염지역을 대상으로 할 경우에는 그 영향이 매우 크다.
> 자연적 배출원은 생물 배출원과 비생물 배출원으로 구분된다. 생물 배출원에서는 생물의 활동에 의하여 오염물질의 배출이 일어나는데, 식생의 활동으로 휘발성 유기물질이 배출되거나 토양 미생물의 활동으로 질소산화물이 배출되는 것이 대표적이다. 이렇게 배출된 오염물질들은 반응성이 크기 때문에 산성비나 스모그와 같은 대기오염 현상을 일으키는 원인이 되기도 한다. 비생물 배출원에서도 많은 대기오염물질이 배출되는데, 화산 활동으로 미세먼지나 황산화물이 발생하거나 번개에 의해 질소산화물이 생성된다. 그 외에 사막이나 황토 지대에서 바람에 의해 미세먼지가 발생하거나 성층권 오존이 대류권으로 유입되는 것도 이 범주에 넣을 수 있다.
> 인위적 배출원은 사람들이 생활이나 산업상의 편익을 위하여 만든 시설이나 장치로서, 대기 중으로 오염물질을 배출하거나 대기 중에서 유해 물질로 바뀌게 될 원인물질을 배출한다. 대표적인 인위적 배출원들은 연료의 연소를 통하여 이산화탄소, 일산화탄소, 질소산화물, 황산화물 등을 배출하지만 연소 외의 특수한 과정을 통해 발생하는 폐기물을 대기 중으로 내보내는 경우도 있다.
> 인위적 배출원은 점오염원, 면오염원, 선오염원으로 구분된다. 인위적 배출원 중 첫 번째로 점오염원은 발전소, 도시 폐기물 소각로, 대규모 공장과 같이 단독으로 대량의 오염물질을 배출하는 시설을 지칭한다. 면오염원은 주거 단지와 같이 일정한 면적 내에 밀집된 다수의 소규모 배출원을 지칭한다. 선오염원의 대표적인 것은 자동차로서 이는 도로를 따라 선형으로 오염물질을 배출시켜 주변에 대기오염 문제를 일으킨다. 높은 굴뚝에서 오염물질을 배출하는 점오염원은 그 영향 범위가 넓지만, 배출구가 낮은 면오염원과 선오염원은 대기확산이 잘 이루어지지 않아 오염원 근처의 지표면에 영향을 미친다.

① 비생물 배출원에서 배출되는 질소산화물은 연료의 연소 생성물이 대부분이다.
② 산성비는 인위적 배출원보다 자연적 배출원에서 배출되는 오염물질에서 더 많이 생성된다.
③ 자연적 배출원은 인위적 배출원에 비해 큰 규모의 대기 환경에 대한 영향력이 미미하다.
④ 미생물이나 식생의 활동이 대기 중에 떠돌아다니는 반응성이 큰 오염물질들을 감소시키기도 한다.
⑤ 인위적 배출원에서 오염물질을 배출할 경우, 오염원은 배출구가 높을수록 더 멀리까지 영향을 미친다.

15 다음 중 밑줄 친 단어와 바꾸어 쓸 수 없는 것은?

> 일정이 예상보다 앞당겨지는 바람에 이틀간의 말미를 얻었다.

① 휴가   ② 여유
③ 앎음   ④ 겨를
⑤ 여가

옛날 해전은 대개 적함에 나란히 기대어 적함으로 넘어가 칼싸움을 하는 전술로, 로마 해군은 이를 위한 사다리까지 준비하고 다녔다. 이런 전술은 16세기 유럽은 물론 전 세계 어디에서나 가장 흔한 전법이었다. 물론 왜군도 당연히 이런 전법을 썼는데, 『중종실록』에 "왜적이 칼을 빼어 들고 배 안에 뛰어들면 맹사가 아무리 많아도 당해낼 수 없다."라고 한 대목이나, 임진왜란 때 왜의 큰 전함인 대흑주에는 대포가 겨우 3문, 그것도 구경 3cm짜리가 장치된 반면 일본도가 200자루나 되는 점들은 역시 왜 수군이 접전에 능하며 단병접전(短兵接戰) 전술을 채택한 때문이다.

그러나 우리나라의 해전술은 주로 궁시(弓矢)에 의한 적선의 소각이 첫 번째 전법이었다. 따라서 우리 수군은 많은 함포를 사용했는데, 그 구경도 왜의 것보다 커서 보통 90 ~ 130mm 정도였다. 이 때문에 적이 우리 배에 올라오지 못하게 하는 게 중요했다. 따라서 고려 말에 뱃전에 칼을 꽂아 만든 검선이라든가 과선(戈船) 등이 나오게 된 것도 검술에 익숙지 못한 우리의 해군을 보호하고 2층의 높은 곳에서 활로 공격하기 위함이다. 따라서 적은 판옥선의 2층 높이에 오르기가 어렵고 반면에 판옥선의 입장에선 적을 내려다보며 공격할 수 있다.

이처럼 적의 장기인 접전을 막고 우리의 장기인 궁시에 의한 공격 효율을 높이기 위해 만들어진 것이 판옥선이다. 전통적인 궁술이 포격으로 발전하여 판옥선의 천자총통은 산탄 100발을 쏠 수도 있었다. 당연히 사정거리도 월등히 길어서 왜군의 조총이 대개 200m 사거리에 유효사거리 50m인 것에 비해 세종 때 기록을 보면 천자포가 1,500보, 지자포가 900보, 현자포 800보 정도이다. 비교가 안 될 만큼 큰 것이다.

이처럼 판옥선은 우리의 장기인 궁술과 포격전을 유리하게 이끌기 위한 충분한 장소 제공과 적의 단병접전을 방지할 높은 보루의 역할을 할 판옥을 배 위에 만들어 적의 전술을 무용지물로 만들고 아군을 유리한 위치에서 싸울 수 있도록 만들었다.

16 윗글의 주제로 가장 적절한 것은?

① 판옥선의 용도　　　　　　　　② 판옥선의 정의
③ 판옥선의 역사　　　　　　　　④ 판옥선의 해전술
⑤ 판옥선의 항해법

17 윗글의 내용으로 적절하지 않은 것은?

① 판옥선은 많은 화포로 무장함과 동시에 함포도 월등히 컸으나, 사거리가 짧다는 단점이 있다.
② 판옥선은 2층으로 만들어져 적군을 보다 유리한 위치에서 공격할 수 있었다.
③ 우리나라의 해전술의 특성상 적이 배에 올라타지 못하도록 하는 것이 중요했다.
④ 우리나라의 해전술은 궁시에서 포격으로 발전되었다.
⑤ 로마 해군과 왜 수군은 전쟁에서 비슷한 전술을 사용하였다.

18 다음 글에서 ㉠ ~ ㉤의 수정 방안으로 적절한 것은?

상업적 농업이란 전통적인 자급자족 형태의 농업과 달리 ㉠ <u>판매를 위해 경작하는 농업</u>을 일컫는다. 농업이 상업화된다는 것은 산출할 수 있는 최대의 수익을 얻기 위해 경작이 이루어짐을 뜻한다. 이를 위해 쟁기질, 제초 작업 등과 같은 생산 과정의 일부를 인간보다 효율이 높은 기계로 작업하게 되고, 농장에서 일하는 노동자도 다른 산업 분야처럼 경영상의 이유에 따라 쉽게 고용되고 해고된다. 이처럼 상업적 농업의 도입은 근대 사회의 상업화를 촉진한 측면이 있다.

홉스봄은 18세기 유럽에 상업적 농업이 도입되면서 일어난 몇 가지 변화에 주목했다. 중세 말기 장원의 해체로 인해 지주와 소작인 간의 인간적이었던 관계가 사라진 것처럼, ㉡ <u>농장주와 농장 노동자의 친밀하고 가까웠던 관계가</u> 상업적 농업의 도입으로 인해 사라졌다. 토지는 삶의 터전이라기보다는 수익의 원천으로 여겨지게 되었고, 농장 노동자는 시세대로 고용되어 임금을 받는 존재로 변화하였다. 결국 대량 판매 시장을 위한 ㉢ <u>대규모 생산이 점점 더 강조되면서 기계가 인간을 대체</u>하기 시작했다.

또한 상업적 농업의 도입은 중요한 사회적 결과를 가져왔다. 점차적으로 ㉣ <u>중간 계급으로의 수렴현상이 나타난 것이다.</u> 저임금 구조의 고착화로 농장주와 농장 노동자 간의 소득 격차는 갈수록 벌어졌고, 농장 노동자의 처지는 위생과 복지의 양 측면에서 이전보다 더욱 열악해졌다.

나아가 상업화로 인해 그 동안 호혜성의 원리가 적용되어 왔던 대상들의 성격이 변화하였는데, 특히 돈과 관련된 것, 즉 재산권이 그러했다. 수익을 얻기 위한 토지 매매가 본격화되면서 ㉤ <u>재산권은 공유되기보다는 개별화되었다.</u> 이에 따라 이전에 평등주의 가치관이 우세했던 일부 유럽 국가에서조차 자원의 불평등한 분배와 사회적 양극화가 심화되었다.

① ㉠ : '개인적인 소비를 위해 경작하는 농업'으로 고친다.
② ㉡ : '농장주와 농장 노동자의 이질적이고 사용 관계에 가까웠던 관계'로 고친다.
③ ㉢ : '기술적 전문성이 점점 더 강조되면서 인간이 기계를 대체'로 고친다.
④ ㉣ : '계급의 양극화가 나타난 것이다.'로 고친다.
⑤ ㉤ : '재산권은 개별화되기보다는 사회 구성원 내에서 공유되었다.'로 고친다.

19 다음 글에서 암묵적 전제로 볼 수 있는 것을 〈보기〉에서 모두 고르면?

나는 최근에 수집한 암석을 분석하였다. 암석의 겉껍질은 광물이 녹아서 엉겨 붙어 있는 상태인데, 이것은 운석이 대기를 통과할 때 가열되면서 나타나는 대표적인 현상이다. 암석은 유리를 포함하고 있었고 이 유리에는 약간의 기체가 들어 있었다. 이 기체는 현재의 지구나 원시 지구의 대기와 비슷하지 않지만 바이킹 화성탐사선이 측정한 화성의 대기와는 흡사하였다. 특히 암석에서 발견된 산소는 지구의 암석에 있는 것과 동위원소 조성이 달랐다. 그러나 화성에서 기원한 다른 운석에서 나타나는 동위원소 조성과는 일치하였다.

놀랍게도 이 암석에서는 박테리아처럼 보이는 작은 세포 구조가 발견되었다. 그 크기는 100나노미터였고 모양은 둥글거나 막대기 형태였다. 이 구조는 매우 정교하여 살아 있는 세포처럼 보였다. 추가 분석으로 이 암석에서 탄산염 광물을 발견하였고 이 탄산염 광물은 박테리아가 활동하는 곳에서 형성된 지구의 퇴적물과 닮았다는 것을 알게 되었다. 이 탄산염 광물에서는 특이한 자철석 결정이 발견되었다. 지구에서 발견되는 A종류의 박테리아는 자체적으로 합성한, 특이한 형태와 높은 순도를 지닌 자철석 결정의 긴 사슬을 이용해 방향을 감지한다. 이 자철석은 지층에 퇴적될 수 있다. 자성을 띤 화석은 지구상에 박테리아가 나타나기 시작한 20억 년 전의 암석에서도 발견된다. 내가 수집한 암석에서 발견된 자철석은 A종류의 박테리아에 의해 생성되는 것과 같은 결정형과 높은 순도를 지니고 있었다. 따라서 나는 최근에 수집한 암석이 생명체가 화성에서 실재하였음을 나타내는 증거라고 확신한다.

보기

ㄱ. 크기가 100나노미터 이하의 구조는 생명체로 볼 수 없다.
ㄴ. 산소의 동위원소 조성은 행성마다 모두 다르게 나타난다.
ㄷ. A종류의 박테리아가 없었다면 특이한 결정형의 자철석이 나타나지 않는다.

① ㄱ
② ㄴ
③ ㄱ, ㄷ
④ ㄴ, ㄷ
⑤ ㄱ, ㄴ, ㄷ

20 다음 글의 빈칸에 들어갈 내용으로 가장 적절한 것은?

노랑초파리에 있는 Ir75a 유전자는 시큼한 냄새가 나는 아세트산을 감지하는 후각수용체 단백질을 만들 수 있다. 하지만 세이셸 군도의 토착종인 세셸리아초파리는 Ir75a 유전자를 가지고 있지만 아세트산 냄새를 못 맡는다. 따라서 이 세셸리아초파리의 Ir75a 유전자는 해당 단백질을 만들지 못하는 '위유전자(Pseudogene)'라고 여겨졌다. 세셸리아초파리는 노니의 열매만 먹고 살기 때문에 아세트산의 시큼한 냄새를 못 맡아도 별 문제가 없다. 그런데 스위스 로잔대 연구진은 세셸리아초파리가 땀 냄새가 연상되는 프로피온산 냄새를 맡을 수 있다는 사실을 발견했다.

이 발견이 중요한 이유는 _____ 그렇다면 세셸리아초파리의 Ir75a 유전자도 후각수용체 단백질을 만든다는 것인데, 왜 세셸리아초파리는 아세트산 냄새를 못 맡을까? 세셸리아초파리와 노랑초파리의 Ir75a 유전자가 만드는 후각수용체 단백질의 아미노산 서열을 비교한 결과, 냄새 분자가 달라붙는 걸로 추정되는 부위에서 세 군데가 달랐다. 단백질의 구조가 바뀌어 감지할 수 있는 냄새 분자의 목록이 달라진 것이다. 즉, 노랑초파리의 Ir75a 유전자가 만드는 후각수용체는 아세트산과 프로피온산에 반응하고, 세셸리아초파리의 이것은 프로피온산과 들쩍지근한 다소 불쾌한 냄새가 나는 부티르산에 반응한다.

흥미롭게도 세셸리아초파리의 주식인 노니의 열매는 익으면서 부티르산이 연상되는 냄새가 강해진다. 연구자들은 세셸리아초파리의 Ir75a 유전자는 위유전자가 아니라 노랑초파리와는 다른 기능을 하는 후각수용체 단백질을 만드는 유전자로 진화한 것이라 주장하며, 세셸리아초파리의 Ir75a 유전자를 '위 – 위유전자(Pseudo – Pseudogene)'라고 불렀다.

① 세셸리아초파리가 주로 먹는 노니의 열매는 프로피온산 냄새가 나지 않기 때문이다.
② 프로피온산 냄새를 담당하는 후각수용체 단백질은 Ir75a 유전자와 상관이 없기 때문이다.
③ 노랑초파리에서 프로피온산 냄새를 담당하는 후각수용체 유전자는 위유전자가 되었기 때문이다.
④ 세셸리아초파리와 노랑초파리에서 Ir75a 유전자가 만드는 후각수용체 단백질이 똑같기 때문이다.
⑤ 노랑초파리에서 프로피온산 냄새를 담당하는 후각수용체 단백질을 만드는 것이 Ir75a 유전자이기 때문이다.

CHAPTER 02
수리능력

합격 CHEAT KEY

수리능력은 사칙연산·통계·확률의 의미를 정확하게 이해하고 이를 업무에 적용하는 능력으로, 기초연산과 기초통계, 도표분석 및 작성의 문제 유형으로 출제된다. 수리능력 역시 채택하지 않는 공사·공단이 거의 없을 만큼 필기시험에서 중요도가 높은 영역이다.

수리능력은 NCS 기반 채용을 진행한 거의 모든 기업에서 다루었으며, 문항 수는 전체의 평균 16% 정도로 많이 출제되었다. 특히, 난이도가 높은 공사·공단의 시험에서는 도표분석, 즉 자료해석 유형의 문제가 많이 출제되고 있고, 응용수리 역시 꾸준히 출제하는 공사·공단이 많기 때문에 기초연산과 기초통계에 대한 공식의 암기와 자료해석능력을 기를 수 있는 꾸준한 연습이 필요하다.

01 응용수리능력의 공식은 반드시 암기하라!

응용수리능력은 지문이 짧지만, 풀이 과정은 긴 문제도 자주 볼 수 있다. 그렇기 때문에 응용수리능력의 공식을 반드시 암기하여 문제의 상황에 맞는 공식을 적절하게 적용하여 답을 도출해야 한다. 따라서 문제에서 묻는 것을 정확하게 파악하여 그에 맞는 공식을 적절하게 적용하는 꾸준한 노력과 공식을 암기하는 연습이 필요하다.

02 통계에서의 사건이 동시에 발생하는지 개별적으로 발생하는지 구분하라!

통계에서는 사건이 개별적으로 발생했을 때, 경우의 수는 합의 법칙, 확률은 덧셈정리를 활용하여 계산하며, 사건이 동시에 발생했을 때, 경우의 수는 곱의 법칙, 확률은 곱셈정리를 활용하여 계산한다. 특히, 기초통계능력에서 출제되는 문제 중 순열과 조합의 계산 방법이 필요한 문제도 다수이므로 순열(순서대로 나열)과 조합(순서에 상관없이 나열)의 차이점을 숙지하는 것 또한 중요하다. 통계 문제에서의 사건 발생 여부만 잘 판단하여도 계산과 공식을 적용하기가 수월하므로 문제의 의도를 잘 파악하는 것이 중요하다.

03 자료의 해석은 자료에서 즉시 확인할 수 있는 지문부터 확인하라!

대부분의 취업준비생들이 어려워 하는 영역이 수리영역 중 도표분석, 즉 자료해석능력이다. 자료는 표 또는 그래프로 제시되고, 쉬운 지문은 증가 혹은 감소 추이, 간단한 사칙연산으로 풀이가 가능한 문제 등이 있고, 자료의 조사기간 동안 전년 대비 증가율 혹은 감소율이 가장 높은 기간을 찾는 문제들도 있다. 따라서 일단 증가·감소 추이와 같이 눈으로 확인이 가능한 지문을 먼저 확인한 후 복잡한 계산이 필요한 지문을 확인하는 방법으로 문제를 풀이한다면, 시간을 조금이라도 아낄 수 있다. 특히, 그래프와 같은 경우에는 그래프에 대한 특징을 알고 있다면, 그래프의 길이 혹은 높낮이 등으로 대강의 수치를 빠르게 확인이 가능하므로 이에 대한 숙지도 필요하다. 또한, 여러 가지 보기가 주어진 문제 역시 지문을 잘 확인하고 문제를 풀이한다면 불필요한 계산을 생략할 수 있으므로 항상 지문부터 확인하는 습관을 들여야 한다.

04 도표작성능력에서 지문에 작성된 도표의 제목을 반드시 확인하라!

도표작성은 하나의 자료 혹은 보고서와 같은 수치가 표현된 자료를 도표로 작성하는 형식으로 출제되는데, 대체로 표보다는 그래프를 작성하는 형태로 많이 출제된다. 지문을 살펴보면 각 지문에서 주어진 도표에도 소제목이 있는 경우가 대부분이다. 이때, 자료의 수치와 도표의 제목이 일치하지 않는 경우 함정이 존재하는 문제일 가능성이 높으므로 도표의 제목을 반드시 확인하는 것이 중요하다. 도표작성의 경우 대부분 비율 계산이 많이 출제되는데, 도표의 제목과는 다른 수치로 작성된 도표가 존재하는 경우가 있다. 그렇기 때문에 지문에서 작성된 도표의 소제목을 먼저 확인하는 연습을 하여 간단하지 않은 비율 계산을 두 번 하는 일이 없도록 해야 한다.

01 | 기초연산 ①

S출판사는 어떤 창고에 도서를 보관하기로 하였다. 창고 A에 보관 작업 시 작업자 3명이 5시간 동안 10,300권의 책을 보관ⓐ할 수 있다. 창고 B에는 작업자 5명을 투입ⓑ시킨다면 몇 시간 후에 일을 끝마치게 되며, 몇 권까지 보관이 되겠는가?(단, 〈보기〉에 주어진 조건을 고려한다)

풀이순서

1) 질문의도
   보관 도서 수 및 작업 시간

2) 조건확인
   ⓐ ~ ⓕ

〈창고 A〉

사이즈 : 가로 10m×세로 5m×높이 3mⓒ → 150m³ : 10,300권

↓ 2배

〈창고 B〉

사이즈 : 가로 15m×세로 10m×높이 2mⓓ → 300m³ : 20,600권

보기

1. 도서가 창고공간을 모두 차지한다고 가정ⓔ한다.
2. 작업자의 작업능력은 동일ⓕ하다.

보관 도서 수	시간
① 약 10,300권	약 5시간
② 약 10,300권	약 6시간
③ 약 20,600권	약 5시간
✔ 약 20,600권	약 6시간
⑤ 약 25,100권	약 5시간

ⓐ 1시간 당 1명이 작업한 도서 수
    $10,300 \div 5 \div 3 = 686.67$권

ⓑ 1시간 당 보관 도서 수
    $686.67 \times 5 = 3,433.35$권

    $\therefore 20,600 \div 3,433.35 = 6$시간

3) 계산

4) 정답도출

유형 분석
- 문제에서 제공하는 정보를 파악한 뒤 사칙연산을 활용하여 계산하는 응용수리 문제이다.
- 제시된 문제 안에 풀이를 위한 정보가 산재되어 있는 경우가 많으므로 문제 속 조건이나 보기 등을 꼼꼼히 읽어야 한다.
  응용문제 : 최소공배수 등 수학 이론을 활용하여 계산하는 문제도 자주 출제된다.

풀이 전략
문제에서 요구하는 답을 정확히 이해하고, 주어진 상황과 조건을 식으로 치환하여 신속하게 계산한다.

02 | 기초연산 ②

둘레의 길이가 10km@인 원형의 공원이 있다. 어느 지점에서 민수와 민희는 서로 반대 방향ⓑ으로 걷기 시작했다. 민수의 속력이 시속 3kmⓒ, 민희의 속력이 시속 2kmⓓ일 때, 둘은 몇 시간 후에 만나는가?

① 1시간　　　　　　　　☑ 2시간
③ 2시간 30분　　　　　④ 2시간 50분
⑤ 3시간 20분

풀이순서

1) 질문의도
　　만나는 데 걸린 시간

2) 조건확인
　　@ ~ ⓓ

3) 계산

4) 정답도출

ⓒ 민수의 속력 : 3km/h
ⓓ 민희의 속력 : 2km/h
민수와 민희가 걸은 시간은 x시간으로 같다.

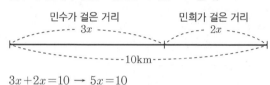

$3x + 2x = 10 \rightarrow 5x = 10$
$\therefore x = 2$시간

유형 분석　• 문제에서 제공하는 정보를 파악한 뒤 방정식을 세워 계산하는 응용수리 문제이다.
　　　　　　• 거리, 속력, 시간의 상관관계를 이해하고 이를 바탕으로 원하는 값을 도출할 수 있는지를 확인하므로 기본적인 공식은 알고 있어야 한다.
　　　　　　응용문제 : 농도, 확률 등 방정식 및 수학 공식을 활용하여 계산하는 문제도 자주 출제된다.

풀이 전략　문제에서 요구하는 답을 미지수로 하여 방정식을 세우고, (거리)=(속력)×(시간) 공식을 통해 필요한 값을 계산한다.

PART 2

03 | 통계분석

다음은 2019 ~ 2021년의 행정구역별 인구에 관한 자료이다. 전년 대비 2021년의 대구 지역의 인구 증가율을 구하면?(단, 소수점 둘째 자리에서 반올림한다)

풀이순서

1) 질문의도
   2021년 대구의 전년 대비 인구 증가율

〈행정구역별 인구〉

(단위 : 천 명)

구분	2019년	2020년	2021년
전국	20,726	21,012	21,291
서울	4,194	4,190	4,189
부산	1,423	1,438	1,451
대구	971	982	994
(중략)			
경북	1,154	1,170	1,181
경남	1,344	1,367	1,386
제주	247	257	267

2) 조건확인
   ⓐ 대구의 2020년 인구 수
   : 982천 명
   ⓑ 대구의 2021년 인구 수
   : 994천 명

① 약 1.1%
② 약 1.2%
③ 약 1.3%
④ 약 1.4%
⑤ 약 1.5%

• 2020년 대구의 인구 수 : 982천 명
• 2021년 대구의 인구 수 : 994천 명
• 2021년 대구의 전년 대비 인구 수 증가율 : $\frac{994-982}{994} \times 100 ≒ 1.2\%$

3) 계산

4) 정답도출

유형 분석	• 표를 통해 제시된 자료를 해석하고 계산하는 자료계산 문제이다. • 주어진 자료를 통해 증가율이나 감소율 등의 정보를 구할 수 있는지 확인하는 문제이다. 응용문제 : 주어진 자료에 대한 해석을 묻는 문제도 자주 출제된다.
풀이 전략	제시되는 자료의 양이 많지만 문제를 푸는 데 반드시 필요한 정보는 적은 경우가 많으므로 질문을 빠르게 이해하고, 필요한 정보를 먼저 체크하면 풀이 시간을 줄일 수 있다.

04 | 도표분석

다음은 2009 ~ 2021년 축산물 수입 추이를 나타낸 그래프이다. 이에 대한 설명으로 옳지 않은 것은?

풀이순서

1) 질문의도
   도표분석

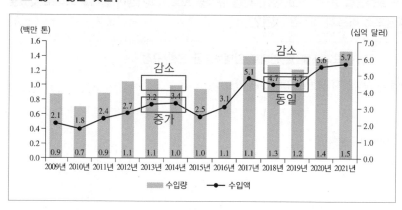

3) 도표분석
   축산물 수입량 / 수입액 추이

① 2021년 축산물 수입량은 2011년 대비 약 67% 증가하였다.

2) 선택지 키워드 찾기

② 처음으로 2009년 축산물 수입액의 두 배 이상 수입한 해는 2017년이다.

③ 전년 대비 축산물 수입액의 증가율이 가장 높았던 해는 2017년이다.

④ 축산물 수입량과 수입액의 변화 추세는 동일하다.

4) 정답도출

⑤ 2011년부터 2014년까지 축산물 수입액은 전년 대비 증가했다.

유형 분석
- 제시된 도표를 분석하여 각 선택지의 정답 유무를 판단하는 자료해석 문제이다.
- 막대 그래프, 꺾은선 그래프 등 다양한 형태의 그래프가 제시되며, 증감률·비율·추세 등을 확인하는 문제이다.
- 경영·경제·산업 등 최신 이슈를 많이 다룬다.

응용문제 : 표의 형식으로 자료를 제시하고 그래프로 변환하는 등의 문제도 자주 출제된다.

풀이 전략
각 선택지의 진위 여부를 파악하는 문제이므로 선택지 별로 필요한 정보가 무엇인지 빠르게 파악하고, 필요한 부분을 체크하여 혼동하지 않도록 한다.

01 A회사원은 현재 보증금 7천만 원, 월세 65만 원인 K오피스텔에 거주하고 있다. 다음 해부터는 월세를 낮추기 위해 보증금을 증액하려고 한다. 다음 규정을 보고 A회사원이 월세를 최대로 낮췄을 때의 월세와 보증금으로 바르게 짝지은 것은?

〈K오피스텔 월 임대료 임대보증금 전환 규정〉

• 1년 동안 임대료의 58%까지 보증금으로 전환 가능
• 연 1회 가능
• 전환이율 6.24%

※ (환산보증금) = $\dfrac{(전환\ 대상\ 금액)}{(전환이율)}$

	월세	보증금
①	25만 3천 원	1억 4,500만 원
②	25만 3천 원	1억 4,250만 원
③	27만 3천 원	1억 4,500만 원
④	27만 3천 원	1억 4,250만 원
⑤	29만 3천 원	1억 4,200만 원

02 B씨가 올해 김장 준비를 위해 본 작년 김장 재료 양과 그 가격은 다음과 같았다. B씨가 올해 김장할 양도 작년과 같다고 할 때, K식자재 몰에서 제시한 작년 대비 가격 평균변동률에 따라 예상되는 총 재료비는 얼마인가?

〈김장 재료별 가격 및 증감률〉

구분	마늘 2.5kg	대파 5단	절임배추 10kg	새우젓 500g	무 1개	고춧가루 250g	굴 1kg
작년 가격	16,500원	14,000원	52,000원	14,000원	5,000원	7,500원	13,000원
변동률	10%	5%	20%	-10%	-10%	8%	2%

※ 변동률 : 작년 가격 대비 올해 가격의 증감률

① 131,610원 ② 133,710원
③ 135,710원 ④ 137,910원
⑤ 139,910원

※ 다음은 연도별 전국 8월 인구이동에 대한 자료이다. 다음 그래프를 보고 이어지는 질문에 답하시오.
[3~4]

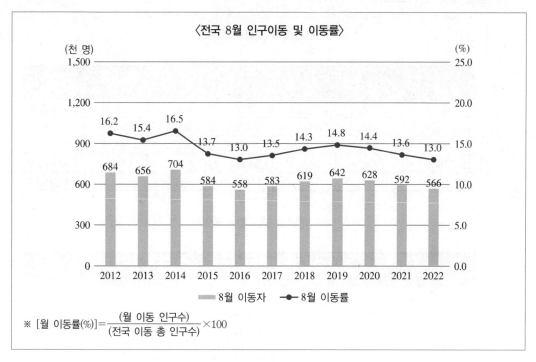

〈전국 8월 인구이동 및 이동률〉

※ [월 이동률(%)]=$\dfrac{(월\ 이동\ 인구수)}{(전국\ 이동\ 총\ 인구수)}\times100$

03 2020년 8월에 이동한 인구수는 총 몇 명인가?(단, 천 명 미만 단위는 버림한다)

① 4,029천 명

② 4,217천 명

③ 4,361천 명

④ 4,516천 명

⑤ 4,267천 명

04 다음 중 자료에 대한 내용으로 옳은 것은?(단, 인원은 소수점 이하 버림한다)

① 2020 ~ 2022년 동안 8월 이동자 평균 인원은 약 582명이다.

② 2012 ~ 2022년 중 8월 이동자 수가 700천 명을 넘는 연도는 없다.

③ 2017년 이후 이동률이 13% 이하인 적은 없다.

④ 2012 ~ 2022년 동안 8월 이동률이 16% 이상일 때는 두 번이다.

⑤ 2020년 이동률은 2022년보다 적다.

05 다음은 대학생 700명을 대상으로 실시한 설문조사 결과이다. 이에 대한 보고서의 설명 중 옳지 않은 것을 모두 고르면?

학년별 여름방학 계획

(단위 : 명, %)

구분 학년	자격증 취득	배낭여행	아르바이트	봉사활동	기타	합
4학년	85(56.7)	23(15.3)	29(19.3)	6(4.0)	7(4.7)	150(100.0)
3학년	67(51.5)	17(13.1)	25(19.2)	6(4.6)	15(11.5)	130(100.0)
2학년	72(42.4)	54(31.8)	36(21.2)	5(2.9)	3(1.8)	170(100.0)
1학년	79(31.6)	83(33.2)	54(21.6)	22(8.8)	12(4.8)	250(100.0)
계	303(43.3)	177(25.3)	144(20.6)	39(5.6)	37(5.3)	700(100.0)

학년별 관심 있는 동아리

(단위 : 명, %)

구분 학년	주식투자	외국어 학습	봉사	음악·미술	기타	합
4학년	18(12.0)	100(66.7)	12(8.0)	16(10.7)	4(2.7)	150(100.0)
3학년	12(9.2)	71(54.6)	22(16.9)	16(12.3)	9(6.9)	130(100.0)
2학년	8(4.7)	58(34.1)	60(35.3)	34(20.0)	10(5.9)	170(100.0)
1학년	12(4.8)	72(28.8)	86(34.4)	55(22.0)	25(10.0)	250(100.0)
계	50(7.1)	301(43.0)	180(25.7)	121(17.3)	48(6.9)	700(100.0)

※ 괄호 안의 값은 소수점 둘째 자리에서 반올림한 값임

〈보고서〉

대학생들을 대상으로 실시한 설문조사 결과이다. ㉠ 여름방학에 자격증 취득을 계획하고 있는 학생 수가 각 학년의 학생 수에서 차지하는 비율은 학년이 높을수록 증가하였다. 기타를 제외할 경우, 여름방학에 봉사활동을 계획하고 있는 학생 수가 각 학년의 학생 수에서 차지하는 비율은 모든 학년에서 가장 낮았다. ㉡ 또한 여름방학 때 아르바이트를 하고자 하는 학생의 40% 이상, 봉사활동을 하고자 하는 학생의 50% 이상이 1학년이었다. 최근의 청년 실업난을 반영하듯 3학년과 4학년에서는 자격증 취득에 여름방학을 투자하겠다고 응답한 학생이 절반 이상으로 나타났다. ㉢ 학년별로 관심 있는 동아리를 조사한 결과, 1학년과 2학년은 '봉사 – 외국어 학습 – 음악·미술 – 기타 – 주식투자'의 순서로 관심을 보였고, 3학년과 4학년은 '외국어 학습 – 주식투자 – 음악·미술 – 기타 – 봉사'의 순서로 관심을 보였다. ㉣ 그리고 주식투자 동아리에 관심 있는 학생 중 3학년이 차지하는 비중과 외국어 학습 동아리에 관심 있는 학생 중 1학년이 차지하는 비중의 차이는 1%p 내로 나타났다.

① ㉠, ㉡
② ㉠, ㉣
③ ㉡, ㉢
④ ㉡, ㉣
⑤ ㉢, ㉣

06 다음 표와 선정절차는 갑 사업에 지원한 A ~ E유치원 현황과 사업 선정절차에 대한 자료이다. 이에 대한 설명으로 옳은 것을 〈보기〉에서 모두 고르면?

〈A ~ E유치원 현황〉

유치원	원아 수 (명)	교직원 수(명)			교사 평균경력 (년)	시설현황				통학차량 대수 (대)
		교사		사무 직원		교실		놀이터 면적 (m²)	유치원 총면적 (m²)	
		정교사	준교사			수 (개)	총면적 (m²)			
A	132	10	2	1	2.1	5	450	2,400	3,800	3
B	160	5	0	1	4.5	7	420	200	1,300	2
C	120	4	3	0	3.1	5	420	440	1,000	1
D	170	2	10	2	4.0	7	550	300	1,500	2
E	135	4	5	1	2.9	6	550	1,000	2,500	2

※ 여유면적＝유치원 총면적－교실 총면적－놀이터 면적

〈선정절차〉

• 1단계 : 아래 4개 조건을 모두 충족하는 유치원을 예비 선정한다.
 − 교실조건 : 교실 1개당 원아 수가 25명 이하여야 한다.
 − 교사조건 : 교사 1인당 원아 수가 15명 이하여야 한다.
 − 차량조건 : 통학차량 1대당 원아 수가 100명 이하여야 한다.
 − 여유면적조건 : 여유면적이 650m² 이상이어야 한다.
• 2단계 : 예비 선정된 유치원 중 교사 평균 경력이 가장 긴 유치원을 최종 선정한다.

보기

ㄱ. A유치원은 교사조건, 차량조건, 여유면적조건을 충족한다.
ㄴ. 갑 사업에 최종 선정되는 유치원은 D이다.
ㄷ. C유치원은 원아 수를 15% 줄이면 차량조건을 충족하게 된다.
ㄹ. B유치원이 교사경력 4.0년 이상인 준교사 6명을 증원한다면, B유치원이 갑 사업에 최종 선정된다.

① ㄱ, ㄴ ② ㄱ, ㄷ
③ ㄷ, ㄹ ④ ㄱ, ㄴ, ㄹ
⑤ ㄴ, ㄷ, ㄹ

07 다음은 K국 맥주 수출 현황에 대한 자료이다. 보고서를 작성하기 위해 추가로 필요한 자료를 〈보기〉에서 모두 고르면?

〈주요 국가에 대한 K국 맥주 수출액 및 증가율〉

(단위 : 천 달러, %)

구분	2019년	전년 대비 증가율	2020년	전년 대비 증가율	2021년	전년 대비 증가율	2022년 상반기	전년 동기간 대비 증가율
맥주 수출 총액	72,251	6.5	73,191	1.3	84,462	15.4	48,011	3.7
일본	33,007	12.4	32,480	−1.6	35,134	8.2	19,017	0.8
중국	8,482	35.9	14,121	66.5	19,364	37.1	11,516	21.8
이라크	2,881	35.3	4,485	55.7	7,257	61.8	4,264	−15.9
싱가포르	8,641	21.0	3,966	−54.1	6,790	71.2	2,626	−31.3
미국	3,070	3.6	3,721	21.2	3,758	1.0	2,247	26.8
호주	3,044	4.2	3,290	8.1	2,676	−18.7	1,240	−25.1
타이	2,119	9.9	2,496	17.8	2,548	2.1	1,139	−12.5
몽골	5,465	−16.4	2,604	−52.4	1,682	−35.4	1,005	−27.5
필리핀	3,350	−49.9	2,606	−22.2	1,558	−40.2	2,257	124.5
러시아	740	2.4	886	19.7	771	−13.0	417	−10.6
말레이시아	174	144.0	710	308.0	663	−6.6	1,438	442.2
베트남	11	−	60	445.5	427	611.7	101	−57.5

〈보고서〉

중국으로의 수출 증가에 힘입어 2021년 K국의 맥주 수출액이 맥주 수출을 시작한 1998년 이래 역대 최고치를 기록하였다. 또한 2022년 상반기도 역대 동기간 대비 최고치를 기록하고 있다. 2021년 맥주 수출 총액은 약 8천4백만 달러로 전년 대비 15.4% 증가하였다. 2021년 맥주 수출 총액은 2019년 대비 16.9% 증가하여, 같은 기간 K국 전체 수출액이 5.9% 감소한 것에 비하면 주목할 만한 성과이다. 2022년 상반기 맥주 수출 총액은 약 4천8백만 달러로 전년 동기간 대비 3.7% 증가하였다.

2021년 K국의 주요 맥주 수출국은 일본(41.6%), 중국(22.9%), 이라크(8.6%), 싱가포르(8.0%), 미국(4.4%) 순서로, 2018년부터 K국의 맥주 수출액이 가장 큰 상대 국가는 일본이다. 2021년 일본으로의 맥주 수출액은 약 3천5백만 달러로 전년 대비 8.2% 증가하였다. 특히 중국으로의 맥주 수출액은 2019년부터 2021년까지 매년 두 자릿수 증가율을 기록하여, 2020년부터 중국이 싱가포르를 제치고 K국 맥주 수출 대상국 중 2위로 자리매김하였다. 또한, 베트남으로의 맥주 수출액은 2019년 대비 2021년에 약 39배로 증가하여 베트남이 새로운 맥주 수출 시장으로 부상하고 있다.

보기

ㄱ. 1998 ~ 2018년 연도별 K국의 연간 맥주 수출 총액
ㄴ. 1998 ~ 2021년 연도별 K국의 상반기 맥주 수출액
ㄷ. 2021년 상반기 K국의 국가별 맥주 수출액
ㄹ. 2019 ~ 2021년 연도별 K국의 전체 수출액

① ㄱ, ㄴ   ② ㄱ, ㄷ

③ ㄴ, ㄹ   ④ ㄱ, ㄴ, ㄹ

⑤ ㄴ, ㄷ, ㄹ

08 다음은 K국의 10대 미래산업 현황에 대한 자료이다. 이를 바탕으로 B, C, E에 해당하는 산업을 바르게 나열한 것은?

〈K국의 10대 미래산업 현황〉

(단위 : 개, 명, 억 원, %)

산업	업체 수	종사자 수	부가가치액	부가가치율
A	403	7,500	788	33.4
기계	345	3,600	2,487	48.3
B	302	22,500	8,949	41.4
조선	103	1,100	282	37.0
에너지	51	2,300	887	27.7
C	48	2,900	4,002	42.4
안전	15	2,100	1,801	35.2
D	4	2,800	4,268	40.5
E	2	300	113	36.3
F	2	100	61	39.1
전체	1,275	45,200	23,638	40.3

※ [부가가치율(%)]$=\dfrac{(부가가치액)}{(매출액)}\times100$

보기

- 의료 종사자 수는 IT 종사자 수의 3배이다.
- 의료와 석유화학의 부가가치액 합은 10대 미래산업 전체 부가가치액의 50% 이상이다.
- 매출액이 가장 낮은 산업은 항공우주이다.
- 철강 업체 수는 지식서비스 업체 수의 2배이다.

	B	C	E
①	의료	철강	지식서비스
②	의료	석유화학	지식서비스
③	의료	철강	항공우주
④	지식서비스	석유화학	의료
⑤	지식서비스	철강	의료

09 다음은 임진왜란 전기·후기 전투 횟수에 대한 자료이다. 이에 대한 설명으로 옳지 않은 것은?

〈임진왜란 전기·후기 전투 횟수〉

(단위 : 회)

구분	시기	전기		후기		합계
		1592년	1593년	1597년	1598년	
전체 전투		70	17	10	8	105
공격 주체	조선 측 공격	43	15	2	8	68
	일본 측 공격	27	2	8	0	37
전투 결과	조선 측 승리	40	14	5	6	65
	일본 측 승리	30	3	5	2	40
조선의 전투인력 구성	관군 단독전	19	8	5	6	38
	의병 단독전	9	1	0	0	10
	관군·의병 연합전	42	8	5	2	57

① 전체 전투 대비 일본 측 공격 비율은 임진왜란 전기에 비해 임진왜란 후기가 낮다.

② 조선 측 공격이 일본 측 공격보다 많았던 해에는 항상 조선 측 승리가 일본 측 승리보다 많았다.

③ 전체 전투 대비 관군 단독전 비율은 1598년이 1592년의 2배 이상이다.

④ 1592년 조선이 관군·의병 연합전으로 거둔 승리는 그해 조선 측 승리의 30% 이상이다.

⑤ 1598년에는 관군 단독전 중, 조선 측 승리인 경우가 있다.

10 다음은 하진이의 10월 모바일 쇼핑 구매내역이다. 이에 대한 설명으로 옳은 것은?

〈10월 모바일 쇼핑 구매내역〉

(단위 : 원, 포인트)

상품	주문금액	할인금액		결제금액	
요가용품세트	45,400	즉시할인	4,540	신용카드＋포인트	32,700＋3,300 ＝36,000
		쿠폰할인	4,860		
가을스웨터	57,200	즉시할인	600	신용카드＋포인트	48,370＋260 ＝48,630
		쿠폰할인	7,970		
샴푸	38,800	즉시할인	0	신용카드＋포인트	34,300＋1,500 ＝35,800
		쿠폰할인	( )		
보온병	9,200	즉시할인	1,840	신용카드＋포인트	7,290＋70 ＝7,360
		쿠폰할인	0		
전체	150,600	－	22,810	－	127,790

※ 1) [결제금액(원)]＝(주문금액)－(할인금액)

2) [할인율(%)]＝$\dfrac{(할인금액)}{(주문금액)}×100$

3) 1포인트는 결제금액 1원에 해당함

① 전체 할인율은 15% 미만이다.
② 할인율이 가장 높은 상품은 '보온병'이다.
③ 주문금액 대비 신용카드 결제금액 비율이 가장 낮은 상품은 '요가용품세트'이다.
④ 10월 전체 주문금액의 3%가 11월 포인트로 적립된다면, 10월 구매로 적립된 11월 포인트는 10월 동안 사용한 포인트보다 크다.
⑤ 결제금액 중 포인트로 결제한 금액이 차지하는 비율이 두 번째로 낮은 상품은 '가을스웨터'이다.

다음은 자동차 판매현황이다. 이를 보고 옳은 것을 〈보기〉에서 모두 고르면?

〈자동차 판매현황〉

(단위 : 천 대)

구분	2020년	2021년	2022년
소형	27.8	32.4	30.2
준중형	181.3	179.2	180.4
중형	209.3	202.5	205.7
대형	186.1	185.0	177.6
SUV	452.2	455.7	450.8

보기

ㄱ. 2020 ~ 2022년 동안 판매량이 지속적으로 감소하는 차종은 2종류이다.
ㄴ. 2021년 대형 자동차 판매량은 전년 대비 2% 미만 감소했다.
ㄷ. SUV 자동차의 3년 동안 총 판매량은 대형 자동차 총 판매량의 2.5배 이하이다.
ㄹ. 2022년 판매량의 2021년 대비 증가율이 가장 높은 차종은 준중형이다.

① ㄱ, ㄷ
② ㄴ, ㄷ
③ ㄱ, ㄴ, ㄹ
④ ㄴ, ㄹ
⑤ ㄱ, ㄷ, ㄹ

12 다음은 어느 상담센터에서 2022년에 실시한 상담가 유형별 가족상담 건수에 대한 자료이다. 이에 근거할 때, 2022년 하반기 전문상담가에 의한 가족상담 건수는?

〈2022년 상담가 유형별 가족상담 건수〉

(단위 : 건)

상담가 유형	가족상담 건수
일반상담가	120
전문상담가	60

※ 가족상담은 일반상담가에 의한 가족상담과 전문상담가에 의한 가족상담으로만 구분됨

〈정보〉

• 2022년 가족상담의 30%는 상반기에, 70%는 하반기에 실시되었다.
• 2022년 일반상담가에 의한 가족상담의 40%는 상반기에, 60%는 하반기에 실시되었다.

① 38건
② 40건
③ 48건
④ 54건
⑤ 56건

13 다음은 A ~ D국의 성별 평균소득과 대학진학률의 격차지수만으로 계산한 '간이 성평등지수'에 대한 자료이다. 이에 대한 설명으로 옳은 것을 〈보기〉에서 모두 고르면?

〈A ~ D국의 성별 평균소득, 대학진학률 및 '간이 성평등지수'〉

(단위 : 달러, %)

항목 / 국가	평균소득			대학진학률			간이 성평등지수
	여성	남성	격차지수	여성	남성	격차지수	
A	8,000	16,000	0.50	68	48	1.00	0.75
B	36,000	60,000	0.60	( )	80	( )	( )
C	20,000	25,000	0.80	70	84	0.83	0.82
D	3,500	5,000	0.70	11	15	0.73	0.72

※ 1) 격차지수는 남성 항목값 대비 여성 항목값의 비율로 계산하며, 그 값이 1을 넘으면 1로 함
   2) '간이 성평등지수'는 평균소득 격차지수와 대학진학률 격차지수의 산술 평균임
   3) 격차지수와 '간이 성평등지수'는 소수점 셋째 자리에서 반올림한 값임

보기

ㄱ. A국의 여성 평균소득과 남성 평균소득이 각각 1,000달러씩 증가하면 A국의 '간이 성평등지수'는 0.80 이상이 된다.

ㄴ. B국의 여성 대학진학률이 85%이면 '간이 성평등지수'는 B국이 C국보다 높다.

ㄷ. D국의 여성 대학진학률이 4%p 상승하면 D국의 '간이 성평등지수'는 0.80 이상이 된다.

① ㄱ

② ㄴ

③ ㄷ

④ ㄱ, ㄴ

⑤ ㄱ, ㄷ

14 다음은 OECD 국가의 대학졸업자 취업에 대한 자료이다. A ~ L 국가 중 '전체 대학졸업자' 대비 '대학졸업자 중 취업자' 비율이 OECD 평균보다 높은 국가로 바르게 짝지어진 것은?

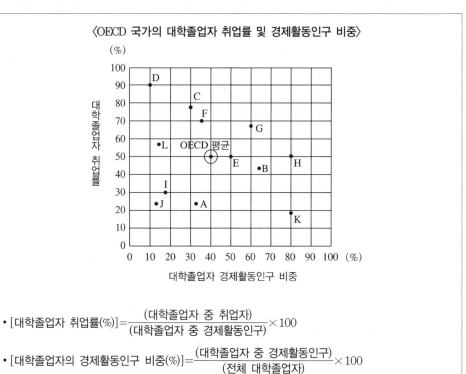

- [대학졸업자 취업률(%)]＝$\dfrac{(대학졸업자\ 중\ 취업자)}{(대학졸업자\ 중\ 경제활동인구)}\times100$

- [대학졸업자의 경제활동인구 비중(%)]＝$\dfrac{(대학졸업자\ 중\ 경제활동인구)}{(전체\ 대학졸업자)}\times100$

※ 출처 : 보건복지부

① A, D
② B, C
③ D, H
④ G, K
⑤ H, L

※ 다음은 연령대별 월평균소득의 통계자료이다. 이를 보고 이어지는 질문에 답하시오. [15~16]

〈연령대별 월평균소득〉

(단위 : 만 원)

구분	수도권			수도권 외		
	전체	상위 30%	하위 30%	전체	상위 30%	하위 30%
20대	240	350	180	230	340	200
30대	280	520	210	270	450	220
40대	360	680	280	350	620	290
50대	480	750	300	345	550	207
60대	160	340	119	150	220	120
70대	120	150	48	80	180	50

〈통계조사 참여 인원〉

(단위 : 명)

연령대	20대	30대	40대	50대	60대	70대	전체
참여 인원	1,500	1,300	1,000	1,400	1,100	700	7,000

15 다음 중 자료에 대한 설명으로 옳은 것은?

① 전체 월평균소득은 50대까지 증가하다가 그 이후 감소하는 경향을 보인다.

② 60·70대를 제외한 모든 연령대의 하위 30%의 월평균소득은 200만 원 이상이다.

③ 40대의 절반이 수도권에 산다면, 수도권의 40대 전체소득은 수도권 외 40대 전체소득보다 5,000
만 원 더 많다.

④ 통계조사에 참여한 50대는 전체 조사 인원의 25%이다.

⑤ 수도권 60대의 하위 30% 월평균소득 금액은 상위 30% 금액의 35%이고, 그 수치는 수도권 70대
보다 5%p 높다.

16 다음 〈보기〉 중 옳은 것을 모두 고르면?

> **보기**
>
> ㉠ 수도권 외 지역에서 하위 30%의 월평균소득은 50대를 제외하고 수도권 지역보다 높다.
> ㉡ 50대에서 하위 30%의 월평균소득 금액은 수도권과 수도권 외 지역에서 모두 전체 월평균소득
> 금액의 65% 미만이다.
> ㉢ 수도권과 수도권 외의 전체 월평균소득 차가 가장 큰 연령대는 50대이다.
> ㉣ 통계조사에 참여한 전체 인원대비 20·30대가 차지하는 비율은 50대의 2배, 70대의 3배이다.

① ㉠, ㉡

② ㉡, ㉢

③ ㉢, ㉣

④ ㉠, ㉡, ㉢

⑤ ㉡, ㉢, ㉣

17 연휴 첫 날 A지역 톨게이트에는 오전 8시 전에 이미 50,000대가 통과하였다. 8시 이후부터는 차량이 늘어나서 톨게이트 통과 차량이 30분당 15,200대씩 통과한다고 가정한다면, 이날 오후 4시까지 A지역 톨게이트를 통과한 차량은 총 몇 대인가?

① 50,000대
② 243,200대
③ 273,200대
④ 293,200대
⑤ 303,200대

18 다음은 갑 연구소에서 제습기 A ~ E의 습도별 연간소비전력량을 측정한 자료이다. 이에 대한 설명으로 옳은 것을 〈보기〉에서 모두 고르면?

〈제습기 A ~ E의 습도별 연간소비전력량〉

(단위 : kWh)

습도 제습기	40%	50%	60%	70%	80%
A	550	620	680	790	840
B	560	640	740	810	890
C	580	650	730	800	880
D	600	700	810	880	950
E	660	730	800	920	970

보기

ㄱ. 습도가 70%일 때 연간소비전력량이 가장 적은 제습기는 A이다.
ㄴ. 각 습도에서 연간소비전력량이 많은 제습기부터 순서대로 나열하면, 습도 60%일 때와 습도 70%일 때의 순서는 동일하다.
ㄷ. 습도가 40%일 때 제습기 E의 연간소비전력량은 습도가 50%일 때 제습기 B의 연간소비전력량보다 많다.
ㄹ. 제습기 각각에서 연간소비전력량은 습도가 80%일 때가 40%일 때의 1.5배 이상이다.

① ㄱ, ㄴ
② ㄱ, ㄷ
③ ㄴ, ㄹ
④ ㄱ, ㄷ, ㄹ
⑤ ㄴ, ㄷ, ㄹ

19 다음은 1 ~ 7월 동안 A사 주식의 이론가격과 시장가격의 관계에 대한 자료이다. 이에 대한 설명으로 옳은 것을 〈보기〉에서 모두 고르면?

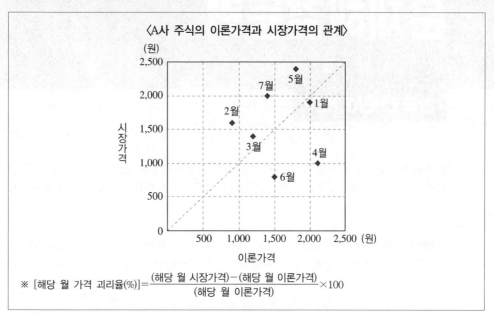

〈A사 주식의 이론가격과 시장가격의 관계〉

※ [해당 월 가격 괴리율(%)]= $\dfrac{\text{(해당 월 시장가격)}-\text{(해당 월 이론가격)}}{\text{(해당 월 이론가격)}} \times 100$

보기

ㄱ. 가격 괴리율이 0% 이상인 달은 4개이다.
ㄴ. 이론가격이 전월 대비 증가한 달은 3월, 4월, 7월이다.
ㄷ. 가격 괴리율이 전월 대비 증가한 달은 3개 이상이다.
ㄹ. 시장가격이 전월 대비 가장 큰 폭으로 증가한 달은 6월이다.

① ㄱ, ㄴ
② ㄱ, ㄷ
③ ㄷ, ㄹ
④ ㄱ, ㄴ, ㄹ
⑤ ㄴ, ㄷ, ㄹ

20 미국산 자동차의 평균 연비가 휘발유 1갤런당 20마일이고 한국산 자동차의 평균 연비가 이보다 20% 높다고 하면, 한국산 자동차의 평균 연비는?(단, 1마일은 1.6km이고, 1갤런은 4L이다)

① 9.6km/L
② 10km/L
③ 10.5km/L
④ 15km/L
⑤ 18km/L

CHAPTER 03
문제해결능력

합격 CHEAT KEY

문제해결능력은 업무를 수행하면서 여러 가지 문제 상황이 발생하였을 때, 창의적이고 논리적인 사고를 통하여 이를 올바르게 인식하고 적절히 해결하는 능력을 말한다. 하위능력으로는 사고력과 문제처리능력이 있다.

문제해결능력은 NCS 기반 채용을 진행하는 대다수의 공사·공단에서 채택하고 있으며, 문항 수는 평균 24% 정도로 상당히 많이 출제되고 있다. 하지만 많은 수험생들은 더 많이 출제되는 다른 영역에 몰입하고 문제해결능력은 집중하지 않는 실수를 하고 있다. 다른 영역보다 더 많은 노력이 필요할 수는 있지만 그렇기에 차별화를 할 수 있는 득점 영역이므로 포기하지 말고 꾸준하게 노력해야 한다.

01 ## 질문의 의도를 정확하게 파악하라!

문제해결능력은 문제에서 무엇을 묻고 있는지 정확하게 파악하여 먼저 풀이 방향을 설정하는 것이 가장 효율적인 방법이다. 특히, 조건이 주어지고 답을 찾는 창의적·분석적인 문제가 주로 출제되고 있기 때문에 처음에 정확한 풀이 방향이 설정되지 않는다면 시간만 허비하고 결국 문제도 풀지 못하게 되므로 첫 번째로 출제의도 파악에 집중해야 한다.

02 ## 중요한 정보는 반드시 표시하라!

위에서 말한 출제의도를 정확히 파악하기 위해서는 문제의 중요한 정보는 반드시 표시나 메모를 하여 하나의 조건, 단서도 잊고 넘어가는 일이 없도록 해야 한다. 실제 시험에서는 시간의 압박과 긴장감으로 정보를 잘못 적용하거나 잊어버리는 실수가 많이 발생하므로 사전에 충분한 연습이 필요하다.
가령 명제 문제의 경우 주어진 명제와 그 명제의 대우를 본인이 한눈에 파악할 수 있도록 기호화, 도식화하여 메모하면 흐름을 이해하기가 더 수월하다. 이를 통해 자신만의 풀이 순서와 방향, 기준 또한 생길 것이다.

03 반복 풀이를 통해 취약 유형을 파악하라!

길지 않은 한정된 시간 동안 모든 문제를 다 푸는 것은 조금은 어려울 수도 있다. 따라서 고득점을 할 수 있는 효율적인 문제 풀이 방법을 찾아야 한다. 이때, 반복적인 문제 풀이를 통해 자신이 취약한 유형을 파악하는 것이 중요하다. 취약 유형 파악은 종료 시간이 임박했을 때 빛을 발할 것이다. 풀 수 있는 문제부터 빠르게 풀고 취약한 유형은 나중에 푸는 효율적인 문제 풀이를 통해 최대한의 고득점을 하는 것이 중요하다. 그러므로 본인의 취약 유형을 파악하기 위해서는 많은 문제를 풀어 봐야 한다.

04 타고나는 것이 아니므로 열심히 노력하라!

대부분의 수험생들이 문제해결능력은 공부해도 실력이 늘지 않는 영역이라고 생각한다. 하지만 그렇지 않다. 문제해결능력이야말로 노력을 통해 충분히 고득점이 가능한 영역이다. 정확한 질문 의도 파악, 취약한 유형의 반복적인 풀이, 빈출유형 파악 등의 방법으로 충분히 실력을 향상시킬 수 있다. 자신감을 갖고 공부하기 바란다.

01 │ 사고력 ① - 창의적 사고

다음 〈보기〉 중 창의적 사고 에 대한 설명으로 적절하지 않은 것을 모두 고르면?

풀이순서

1) 질문의도
   창의적 사고 이해

2) 보기(㉠ ~ ㉤) 확인

3) 정답도출

보기

㉠ 창의적 사고는 아무것도 없는 무에서 유를 만들어 내는 것이다.
   └→ 창의적 사고는 끊임없이 참신하고 새로운 아이디어를
      만들어 내는 것

㉡ 창의적 사고는 끊임없이 참신한 아이디어를 산출하는 힘이다.

㉢ 우리는 매일 끊임없이 창의적 사고를 계속하고 있다.

㉣ 필요한 물건을 싸게 사기 위해서 하는 많은 생각들은 창의적 사고에 해당하
   지 않는다. └→ 창의적 사고는 일상생활의 작은 것부터 위대한 것까지
              포함되며, 우리는 매일 창의적 사고를 하고 있음

㉤ 창의적 사고를 대단하게 여기는 사람들의 편견과 달리 창의적 사고는 누구에
   게나 존재한다.

① ㉠, ㉢
② ㉠, ㉣
③ ㉡, ㉣
④ ㉢, ㉤
⑤ ㉣, ㉤

유형 분석 • 주어진 설명을 통해 이론이나 개념을 활용하여 풀어가는 문제이다.
응용 문제 : 주로 빠른 시간 안에 정답을 도출하는 문제가 출제된다.

풀이 전략 모듈이론에 대한 전반적인 학습을 미리 해 두어야 하며, 이를 토대로 주어진 문제에 적용하여 문제
를 해결해 나가도록 한다.

02 | 사고력 ② - 명제

게임 동호회 회장인 귀하는 주말에 진행되는 게임 행사에 동호회 회원인 A ~ E의 참여 가능 여부를 조사하려고 한다. 다음을 참고하여 E가 행사에 참여하지 않는다고 할 때, 행사에 참여 가능한 사람은 모두 몇 명인가? ~e

• A가 행사에 참여하지 않으면, B가 행사에 참여한다. 　　~a　　　　　　　　b	~a → b의 대우 : ~b → a
• A가 행사에 참여하면, C는 행사에 참여하지 않는다. 　　a　　　　　　　　　　~c	
• B가 행사에 참여하면, D는 행사에 참여하지 않는다. 　　b　　　　　　　　　~d	b → ~d의 대우 : d → ~b
• D가 행사에 참여하지 않으면, E가 행사에 참여한다. 　　~d　　　　　　　　　e	~d → e의 대우 : ~e → d

① 0명
② 1명
☑ 2명
④ 3명
⑤ 4명

풀이순서

1) 질문의도
　명제 추리

2) 문장분석
　기호화

3) 정답도출
　~e → d
　d → ~b
　~b → a
　a → ~c
　∴ 2명

유형 분석　• 주어진 문장을 토대로 논리적으로 추론하여 참 또는 거짓을 구분하는 문제이다.
　　　　　　　• 대체로 연역추론을 활용한 명제 문제가 출제된다.
　　　　　　　응용문제 : 자료를 제시하고 새로운 결과나 자료에 주어지지 않은 내용을 추론해 가는 형식의 문제가
　　　　　　　출제된다.

풀이 전략　명제와 관련한 기본적인 논법에 대해서는 미리 학습해 두며, 이를 바탕으로 각 문장에 있는 핵심단
　　　　　　　어 또는 문구를 기호화하여 정리한 후, 선택지와 비교하여 참 또는 거짓을 판단한다.

03 | 문제처리 ① - SWOT 분석

다음은 분식점에 대한 SWOT 분석 결과이다. 이에 대한 대응 방안으로 가장 적절한 것은?

풀이순서

1) 질문의도
   SWOT 분석

2) SWOT 분석

S(강점)	W(약점)
• 좋은 품질의 재료만 사용 • 청결하고 차별화된 이미지	• 타 분식점에 비해 한정된 메뉴 • 배달서비스를 제공하지 않음
O(기회)	T(위협)
• 분식점 앞에 곧 학교가 들어설 예정 • 최근 TV프로그램 섭외 요청을 받음	• 프랜차이즈 분식점들로 포화 상태 • 저렴한 길거리 음식으로 취급하는 경향이 있음

① ST전략 : 비싼 재료들을 사용하여 가격을 올려 저렴한 길거리 음식이라는 인식을 바꾼다.

② WT전략 : 다른 분식점들과 차별화된 전략을 유지하기 위해 배달서비스를 시작한다.

☑ SO전략 : TV프로그램에 출연해 좋은 품질의 재료만 사용한다는 점을 부각시킨다.
　　　　　　　O　　　　　　　　　S

3) 정답도출

④ WO전략 : TV프로그램 출연용으로 다양한 메뉴를 일시적으로 개발한다.

⑤ WT전략 : 포화 상태의 시장에서 살아남기 위해 다른 가게보다 저렴한 가격으로 판매한다.

유형 분석	• 상황에 대한 환경 분석 결과를 통해 주요 과제를 도출하는 문제이다. • 주로 3C 분석 또는 SWOT 분석을 활용한 문제들이 출제되고 있으므로 해당 분석도구에 대한 사전 학습이 요구된다.
풀이 전략	문제에 제시된 분석도구를 확인한 후, 분석 결과를 종합적으로 판단하여 각 선택지의 전략 과제와 일치 여부를 판단한다.

04 | 문제처리 ② - 공정 관리

다음은 제품 생산에 소요되는 작업 시간을 정리한 자료이다. 〈조건〉이 다음과 같을 때, 이에 대한 설명으로 가장 적절한 것은?

풀이순서

1) 질문의도
   공정 관리 이해

3) 정답도출

〈제품 생산에 소요되는 작업 시간〉

(단위 : 시간)

작업 구분 제품	절삭 작업	용접 작업
a	2	1
b	1	2
c	3	3

조건

- a, b, c제품을 각 1개씩 생산한다.
- 주어진 기계는 절삭기 1대, 용접기 1대이다.
- 각 제품은 절삭 작업을 마친 후 용접 작업을 해야 한다.
- 총 작업 시간을 최소화하기 위해 제품의 제작 순서는 관계없다.

2) 조건확인

☑ 가장 적게 소요되는 총 작업 시간은 8시간이다.
  b → c → a의 순서
② 가장 많이 소요되는 총 작업 시간은 12시간이다.
  a → c → b의 순서 : 총 10시간
③ 총 작업 시간을 최소화하기 위해 제품 b를 가장 늦게 만든다.
④ 총 작업 시간을 최소화하기 위해 제품 a를 가장 먼저 만든다.
⑤ b → c → a의 순서로 작업할 때, b 작업 후 1시간 동안 용접을 더 하면 작업
  시간이 늘어난다.
  b 작업 후 1시간의 유휴 시간이 있으므로 작업 시간 변함 없음

유형 분석	• 주어진 상황과 정보를 종합적으로 활용하여 풀어가는 문제이다. • 비용, 시간, 순서, 해석 등 다양한 주제를 다루고 있어 유형을 한 가지로 단일화하기 어렵다.
풀이 전략	문제에서 묻는 것을 정확히 파악한 후, 필요한 상황과 정보를 찾아 이를 활용하여 문제를 풀어간다.

03 | 기출예상문제

정답 및 해설 p.044

※ 다음은 이번 달 K공사의 업무일정에 대한 자료이다. 이어지는 질문에 답하시오. **[1~2]**

<표>

〈업무별 소요기간 및 순서〉

구분	업무별 소요기간	선결업무
A업무	3일	–
B업무	1일	A
C업무	6일	–
D업무	7일	B
E업무	5일	A
F업무	3일	B, C

01 다음 중 모든 업무를 끝마치는 데 걸리는 최소 소요기간은?

① 8일　　　　　　　　　　　② 9일

③ 10일　　　　　　　　　　　④ 11일

⑤ 12일

02 다음 〈보기〉 중 옳지 않은 것을 모두 고르면?

> **보기**
>
> ㉠ B업무의 소요기간이 4일로 연장된다면 D업무를 마칠 때까지 11일이 소요된다.
> ㉡ D업무의 선결업무가 없다면 모든 업무를 마치는데 최소 8일이 소요된다.
> ㉢ E업무의 선결업무에 C업무가 추가된다면 최소 소요기간은 11일이 된다.
> ㉣ C업무의 소요기간이 2일 연장되더라도 최소 소요기간은 변하지 않는다.

① ㉠, ㉡　　　　　　　　　　② ㉠, ㉢

③ ㉡, ㉢　　　　　　　　　　④ ㉡, ㉣

⑤ ㉢, ㉣

03 재무팀 A과장, 개발팀 B부장, 영업팀 C대리, 홍보팀 D차장, 디자인팀 E사원은 봄, 여름, 가을, 겨울에 중국, 일본, 러시아 중 한 나라로 출장을 간다. 다음 〈조건〉을 바탕으로 항상 옳은 것은?(단, A ~ E는 중국, 일본, 러시아 중 반드시 한 국가에 출장을 가며, 아무도 가지 않은 국가와 계절은 없다)

> **조건**
> • 중국은 2명이 출장을 가고, 각각 여름 혹은 겨울에 출장을 간다.
> • 러시아에 출장 가는 사람은 봄 혹은 여름에 출장을 간다.
> • 재무팀 A과장은 반드시 개발팀 B부장과 함께 출장 간다.
> • 홍보팀 D차장은 혼자서 봄에 출장을 간다.
> • 개발팀 B부장은 가을에 일본으로 출장을 간다.

① 홍보팀 D차장은 혼자서 중국으로 출장을 간다.
② 영업팀 C대리와 디자인팀 E사원은 함께 일본으로 출장을 간다.
③ 재무팀 A과장과 개발팀 B부장은 함께 중국으로 출장을 간다.
④ 영업팀 C대리가 여름에 중국 출장을 가면, 디자인팀 E사원은 겨울에 중국 출장을 간다.
⑤ 홍보팀 D차장이 어디로 출장을 가는지는 주어진 조건만으로 알 수 없다.

04 다음 (가) ~ (마) 각각의 논증에서 전제가 모두 참일 때, 결론이 반드시 참인 것을 모두 고르면?

> (가) 삼촌은 우리를 어린이대공원에 데리고 간다고 약속했다. 삼촌이 이 약속을 지킨다면, 우리는 어린이대공원에 갈 것이다. 우리는 어린이대공원에 갔다. 따라서 삼촌이 이 약속을 지킨 것은 확실하다.
> (나) 내일 비가 오면, 우리는 박물관에 갈 것이다. 내일 날씨가 좋으면, 우리는 소풍을 갈 것이다. 내일 비가 오거나 날씨가 좋을 것이다. 따라서 우리는 박물관에 가거나 소풍을 갈 것이다.
> (다) 영희는 학생이다. 그녀는 철학도이거나 과학도임이 틀림없다. 그녀는 과학도가 아니라는 것이 밝혀졌다. 따라서 그녀는 철학도이다.
> (라) 그가 나를 싫어하지 않는다면, 나를 데리러 올 것이다. 그는 나를 싫어한다. 따라서 그는 나를 데리러 오지 않을 것이다.
> (마) 그가 유학을 간다면, 그는 군대에 갈 수 없다. 그가 군대에 갈 수 없다면, 결혼을 미루어야 한다. 그가 결혼을 미룬다면, 그녀와 헤어지게 될 것이다. 따라서 그녀와 헤어지지 않으려면, 그는 군대에 가서는 안 된다.

① (가), (나) ② (가), (라)
③ (나), (다) ④ (나), (마)
⑤ (다), (마)

다음 글과 상황을 근거로 판단할 때, 甲이 납부해야 할 수수료를 바르게 짝지은 것은?

특허에 관한 절차를 밟는 사람은 다음 각 호의 수수료를 내야 한다.
1. 특허출원료
    가. 특허출원을 국어로 작성된 전자문서로 제출하는 경우 : 매건 46,000원. 다만 전자문서를 특허청에서 제공하지 아니한 소프트웨어로 작성하여 제출한 경우에는 매건 56,000원으로 한다.
    나. 특허출원을 국어로 작성된 서면으로 제출하는 경우 : 매건 66,000원에 서면이 20면을 초과하는 경우 초과하는 1면마다 1,000원을 가산한 금액
    다. 특허출원을 외국어로 작성된 전자문서로 제출하는 경우 : 매건 73,000원
    라. 특허출원을 외국어로 작성된 서면으로 제출하는 경우 : 매건 93,000원에 서면이 20면을 초과하는 경우 초과하는 1면마다 1,000원을 가산한 금액
2. 특허심사청구료 : 매건 143,000원에 청구범위의 1항마다 44,000원을 가산한 금액

〈상황〉

甲은 청구범위가 3개 항으로 구성된 총 27면의 서면을 작성하여 1건의 특허출원을 하면서, 이에 대한 특허심사도 함께 청구한다.

	국어로 작성한 경우	외국어로 작성한 경우
①	66,000원	275,000원
②	73,000원	343,000원
③	348,000원	343,000원
④	348,000원	375,000원
⑤	349,000원	375,000원

06 다음은 중국에 진출한 프랜차이즈 커피전문점에 대해 SWOT 분석을 한 것이다. (가) ~ (라)에 들어갈 전략으로 바르게 나열된 것은?

S(Strength)	W(Weakness)
• 풍부한 원두커피의 맛 • 독특한 인테리어 • 브랜드 파워 • 높은 고객 충성도	• 중국 내 낮은 인지도 • 높은 시설비 • 비싼 임대료
O(Opportunity)	T(Threat)
• 중국 경제 급성장 • 서구문화에 대한 관심 • 외국인 집중 • 경쟁업체 진출 미비	• 중국의 차 문화 • 유명 상표 위조 • 커피 구매 인구의 감소

(가)	(나)
• 브랜드가 가진 미국 고유문화 고수 • 독특하고 차별화된 인테리어 유지 • 공격적 점포 확장	• 외국인 많은 곳에 점포 개설 • 본사 직영으로 인테리어
(다)	(라)
• 고품질 커피로 상위 소수고객에 집중	• 녹차 향 커피 • 개발 상표 도용 감시

	(가)	(나)	(다)	(라)
①	SO전략	ST전략	WO전략	WT전략
②	WT전략	ST전략	WO전략	SO전략
③	SO전략	WO전략	ST전략	WT전략
④	ST전략	WO전략	ST전략	WT전략
⑤	WT전략	WO전략	ST전략	SO전략

07 경영학과에 재학 중인 A ~ E는 계절학기 시간표에 따라 요일별로 하나의 강의만 수강한다. 전공 수업을 신청한 C는 D보다 앞선 요일에 수강하고, E는 교양 수업을 신청한 A보다 나중에 수강한다고 할 때, 다음 중 항상 참이 되는 것은?

월	화	수	목	금
전공1	전공2	교양1	교양2	교양3

① A가 수요일에 강의를 듣는다면 E는 교양2 강의를 듣는다.
② B가 전공 수업을 듣는다면 C는 화요일에 강의를 듣는다.
③ C가 화요일에 강의를 듣는다면 E는 교양3 강의를 듣는다.
④ D는 반드시 전공 수업을 듣는다.
⑤ E는 반드시 교양 수업을 듣는다.

08 다음 〈조건〉을 토대로 5명의 기업윤리 심의위원을 선정하려고 할 때, 반드시 참인 것은?

> **조건**
>
> 후보자는 총 8명으로, 신진 윤리학자 1명과 중견 윤리학자 1명, 신진 경영학자 4명과 중견 경영학자 2명이다. 위원의 선정은 다음 조건을 만족해야 한다.
> • 윤리학자는 적어도 1명 선정되어야 한다.
> • 신진 학자는 4명 이상 선정될 수 없다.
> • 중견 학자 3명이 함께 선정될 수는 없다.
> • 신진 윤리학자가 선정되면 중견 경영학자는 2명 선정되어야 한다.

① 윤리학자는 2명이 선정된다.
② 신진 경영학자는 3명이 선정된다.
③ 중견 경영학자가 2명 선정되면 윤리학자 2명도 선정된다.
④ 신진 경영학자가 2명 선정되면 중견 윤리학자 1명도 선정된다.
⑤ 중견 윤리학자가 선정되지 않으면 신진 경영학자 2명이 선정된다.

※ 다음 사례를 읽고 이어지는 질문에 답하시오. [9~10]

<상황>

설탕과 프림을 넣지 않은 고급 인스턴트 블랙커피를 커피믹스와 같은 스틱 형태로 선보이겠다는 아이디어를 제시하였지만, 인스턴트커피를 제조하고 판매하는 K회사의 경영진의 반응은 차가웠다. K회사의 커피믹스가 너무 잘 판매되고 있었기 때문이었다.

<회의 내용>

기획팀 부장 : 신제품 개발과 관련된 회의를 진행하도록 하겠습니다. 이 자리는 누구에게 책임이 있는지를 묻는 회의가 아닙니다. 신제품 개발에 대한 서로의 상황을 인지하고 문제상황을 해결해보자는 데 그 의미가 있습니다. 먼저 신제품 개발과 관련하여 마케팅팀 의견을 제시해주십시오.

마케팅 부장 : A제품이 생산될 수 있도록 연구소 자체 공장에 파일럿 라인을 만들어 샘플을 생산하였으면 합니다.

연구소 소장 : 성공 여부가 불투명한 신제품을 위한 파일럿 라인을 만들기는 어렵습니다.

기획팀 부장 : 조금이라도 신제품 개발을 위해 생산현장에서 무언가 협력할 방안은 없을까요?

마케팅 부장 : 고급 인스턴트커피의 생산이 가능한지를 먼저 알아본 후 한 단계씩 전진하면 어떨까요?

기획팀 부장 : 좋은 의견인 것 같습니다. 소장님은 어떻게 생각하십니까?

연구소 소장 : 커피 전문점 수준의 고급 인스턴트커피를 만들기 위해서는 최대한 커피 전문점이 만드는 커피와 비슷한 과정을 거쳐야 할 것 같습니다.

마케팅 부장 : 그렇습니다. 하지만 100% 커피전문점 원두커피를 만드는 것이 아닙니다. 전문점 커피를 100으로 봤을 때, 80 ~ 90% 정도 수준이면 됩니다.

연구소 소장 : 퀄리티는 높이고 일회용 스틱 형태의 제품인 믹스의 사용 편리성은 그대로 두자는 이야기죠?

마케팅 부장 : 그렇습니다. 우선 120°로 커피를 추출하는 장비가 필요합니다. 또한, 액체인 커피를 봉지에 담지 못하니 동결건조방식을 활용해야 할 것 같습니다.

연구소 소장 : 보통 믹스커피는 하루 1t 분량의 커피를 만들 수 있는데, 이야기한 방법으로는 하루에 100kg도 못 만듭니다.

마케팅 부장 : 예, 잘 알겠습니다. 그 부분에 대해서는 조금 더 논의가 필요할 것 같습니다. 검토를 해보겠습니다.

09 다음 중 윗글에서 마케팅 부장이 취하는 문제해결 방법은 무엇인가?

① 소프트 어프로치　　　　　　　　② 하드 어프로치

③ 퍼실리테이션　　　　　　　　　④ 비판적 사고

⑤ 창의적 사고

10 다음 중 K회사의 신제품 개발과 관련하여 가장 필요했던 것은?

① 전략적 사고　　　　　　　　　　② 분석적 사고

③ 발상의 전환　　　　　　　　　　④ 내・외부자원의 효과적 활용

⑤ 성과지향 사고

11 자사에 적합한 인재를 채용하기 위해 면접을 진행 중인 K회사의 2차 면접에서는 어떤 주제나 주장 등에 대해서 적극적으로 분석하고 종합하며 평가하는 능동적 사고인 비판적 사고를 평가한다고 할 때, 다음 중 가장 낮은 평가를 받게 될 지원자는 누구인가?

① A지원자 : 문제에 대한 개선방안을 찾기 위해서는 먼저 자료를 충분히 분석하고, 이를 바탕으로 객관적이고 과학적인 해결방안을 제시해야 한다고 생각합니다.

② B지원자 : 저는 문제의 원인을 찾기 위해서는 항상 왜, 언제, 누가, 어디서 등의 다양한 질문을 던져야 한다고 생각합니다. 이러한 호기심이 결국 해결방안을 찾는 데 큰 도움이 된다고 생각하기 때문입니다.

③ C지원자 : 저는 제 나름의 신념을 갖고 문제에 대한 해결방안을 찾으려 노력합니다. 상대방의 의견이 제 신념에서 벗어난다면 저는 인내를 갖고 끝까지 상대를 설득할 것입니다.

④ D지원자 : 해결방안을 도출하는 데 있어서는 개인의 감정적·주관적 요소를 배제해야 합니다. 사사로운 감정이나 추측보다는 경험적으로 입증된 증거나 타당한 논증을 토대로 판단 해야 합니다.

⑤ E지원자 : 저는 제가 생각한 해결방안이 부적절할 수도 있음을 이해하고 있습니다. 다른 사람의 해결방안이 더 적절하다면 그 사람의 의견을 받아들이는 태도가 필요하다고 생각합니다.

12 다음 〈조건〉에 따라 교육부, 행정안전부, 보건복지부, 농림축산식품부, 외교부 및 국방부에 대한 국정감사 순서를 정한다고 할 때, 다음 중 항상 옳은 것은?

> **조건**
> • 행정안전부에 대한 감사는 농림축산식품부와 외교부에 대한 감사 사이에 한다.
> • 국방부에 대한 감사는 보건복지부나 농림축산식품부에 대한 감사보다 늦게 시작되지만, 외교부에 대한 감사보다 먼저 시작한다.
> • 교육부에 대한 감사는 아무리 늦어도 보건복지부 또는 농림축산식품부 중 적어도 어느 한 부서에 대한 감사보다는 먼저 시작되어야 한다.
> • 보건복지부는 농림축산식품부보다 먼저 감사를 시작한다.

① 교육부는 첫 번째 또는 두 번째에 감사를 시작한다.

② 보건복지부는 두 번째로 감사를 시작한다.

③ 농림축산식품부보다 늦게 감사를 받는 부서의 수가 일찍 받는 부서의 수보다 적다.

④ 국방부는 행정안전부보다 감사를 일찍 시작한다.

⑤ 외교부보다 늦게 감사를 받는 부서가 있다.

13 K는 게임 동호회 회장으로 주말에 진행되는 게임 행사에 동호회 회원인 A ~ E의 참여 가능 여부를 조사하려고 한다. 다음 내용을 참고하여 E가 행사에 참여하지 않는다고 할 때, 다음 중 행사에 참여 가능한 사람은 몇 명인가?

- A가 행사에 참여하지 않으면, B가 행사에 참여한다.
- A가 행사에 참여하면, C는 행사에 참여하지 않는다.
- B가 행사에 참여하면, D는 행사에 참여하지 않는다.
- D가 행사에 참여하지 않으면, E가 행사에 참여한다.

① 1명   ② 2명

③ 3명   ④ 4명

⑤ 5명

14 K은행에서는 직원들에게 다양한 혜택이 있는 복지카드를 제공한다. 복지카드의 혜택사항과 B사원의 일과가 다음과 같을 때 ⓐ ~ ⓔ 중에서 복지카드로 혜택을 볼 수 없는 행동은?

〈복지카드 혜택사항〉

구분	세부내용
교통	대중교통(지하철, 버스) 3 ~ 7% 할인
의료	병원 5% 할인(동물병원 포함, 약국 제외)
쇼핑	의류, 가구, 도서 구입 시 5% 할인
영화	영화관 최대 6천 원 할인

〈B사원의 일과〉

B는 오늘 친구와 백화점에서 만나 쇼핑을 하기로 약속을 했다. 집에서 ⓐ 지하철을 타고 약 20분이 걸려 백화점에 도착한 B는 어머니 생신 선물로 ⓑ 화장품과 옷을 산 후, 동생의 이사 선물로 줄 ⓒ 침구류도 구매하였다. 쇼핑이 끝난 후 B는 ⓓ 버스를 타고 집에 돌아와 자신이 키우는 애완견의 예방접종을 위해 ⓔ 병원에 가서 진료를 받았다.

① ⓐ, ⓑ, ⓓ   ② ⓑ, ⓒ

③ ⓐ, ⓑ, ⓒ   ④ ⓒ, ⓔ

⑤ ⓒ, ⓓ, ⓔ

※ K공사는 정부의 녹색성장 정책을 따르기 위해 직원들의 출퇴근길 '자전거 타기'를 권장하기로 하였다. '자전거 타기' 제도를 정립하기 위해 자전거의 운동효과를 인트라넷에 게시한 후, 직원들의 수요를 조사하여 한 달 후부터 직원이 원하는 자전거를 대여해 주기로 하였다. 다음 자료를 보고 이어지는 질문에 답하시오. [15~16]

<자전거 운동효과>

자전거 종류	모델명	가격	바퀴 수	보조바퀴 여부
일반 자전거	S-mae72	110,000원	2개	없음
	S-dae66	99,000원		
연습용 자전거	S-HWS	78,000원	2개	있음
	S-WTJ	80,000원		
외발 자전거	S-4532	145,000원	1개	없음
	S-8653	130,000원		

※ 운동량은 자전거 주행 거리에 비례한다.
※ 같은 거리를 주행하여도 자전거에 운전자 외에 한 명이 더 타면 운전자의 운동량은 두 배가 된다.
※ 보조바퀴가 달린 자전거를 타면 같은 거리를 주행하여도 운동량이 일반 자전거의 80%밖에 되지 않는다.
※ 바퀴가 1개인 자전거를 타면 같은 거리를 주행하여도 운동량이 일반 자전거보다 50% 더 많다.
※ 자전거 가격이 더 높을수록 신체 피로도가 낮다.
※ 이외의 다른 조건은 모두 같다고 본다.

15 기업문화팀에 근무하는 귀하는 '자전거 타기' 제도를 정립하기 위한 회의에 참석하였다. 다음 중 직원들이 제시할 수 있는 의견으로 옳지 않은 것은?

① 직원사전조사에 따르면 피로도를 중요시하는 직원이 가장 많으므로 외발 자전거를 연습용 자전거보다 많이 구매해야 합니다.

② 또한 피로도와 운동량을 동일하게 중요시하는 직원이 많으므로 S-4532 모델보다는 S-8653 모델을 구매하는 것이 좋을 것 같습니다.

③ 일반 자전거를 선호하는 직원들은 피로도는 상관없다고 응답하였으므로 S-dae66 모델을 S-mae72 모델보다 많이 구매해야 합니다.

④ 이번 기회를 통해 자전거 타는 방법을 배우고 싶어 하는 직원들도 있으므로 보조바퀴가 달린 S-HWS 모델과 S-WTJ 모델을 구매하는 것도 좋을 것 같습니다.

⑤ 매년 사용할 수 있는 예산에는 한계가 있으므로 직원들이 피로도를 중요시한다고 하여 모두 비싼 자전거로만 구매하기는 어려울 것 같습니다.

16 출퇴근길 '자전거 타기'를 더 많은 직원이 관심을 갖도록 하루에 가장 많은 운동량으로 출근한 직원을 뽑아 상품을 주기로 하였다. 다음 5명의 후보 중 운동량이 많은 순서대로 나열한 것은?

> 〈후보〉
>
> • 갑 : 1.4km의 거리를 뒷자리에 한 명을 태우고 일반 자전거로 주행하였다.
> • 을 : 1.2km의 거리를 뒷자리에 한 명을 태우고 연습용 자전거로 주행하였다.
> • 병 : 2km의 거리를 혼자 외발 자전거로 주행하였다.
> • 정 : 2km의 거리를 혼자 연습용 자전거로 주행한 후에 이어서 1km의 거리를 혼자 외발 자전거로 주행하였다.
> • 무 : 0.8km의 거리를 뒷자리에 한 명을 태우고 연습용 자전거로 주행한 후에 이어서 1.2km의 거리를 혼자 일반 자전거로 주행하였다.

① 병 – 정 – 갑 – 무 – 을   ② 병 – 정 – 갑 – 을 – 무
③ 정 – 병 – 무 – 갑 – 을   ④ 정 – 병 – 갑 – 무 – 을
⑤ 정 – 무 – 갑 – 병 – 을

17 다음은 K항공사의 항공이용에 대한 조사 설계의 일부분이다. 본 설문조사의 목적으로 적절하지 않은 것은?

> 1. 조사목적
>
>
>
> 2. 과업 범위
>   • 조사 대상 : 서울과 수도권에 거주하고 있으며 최근 3년 이내 여행 및 출장 목적의 해외방문 경험이 있고, 향후 1년 이내 해외로 여행 및 출장 의향이 있는 만 20 ~ 60세 이상의 성인 남녀
>   • 조사 방법 : 구조화된 질문지를 이용한 온라인 설문조사
>   • 표본 규모 : 총 1,000명
> 3. 조사 내용
>   • 시장 환경 파악 : 여행 / 출장 시장 동향(출국 목적, 체류기간 등)
>   • 과거 해외 근거리 당일 왕복항공 이용 실적 파악 : 이용 빈도, 출국 목적, 목적지 등
>   • 향후 해외 근거리 당일 왕복항공 잠재 수요 파악 : 이용의향 빈도, 출국 목적 등
>   • 해외 근거리 당일 왕복항공 이용을 위한 개선 사항 파악 : 해외 근거리 당일 왕복항공을 위한 개선사항 적용 시 해외 당일 여행 계획 또는 의향
>   • 배경정보 파악 : 인구 사회학적 특성(성별, 연령, 거주 지역 등)
> 4. 결론 및 기대효과

① 단기 해외여행의 수요 증가 현황과 관련 항공 시장 파악
② 해외 당일치기 여객의 수요에 부응할 수 있는 노선 구축 근거 마련
③ 해외 근거리 당일 왕복항공을 이용한 실적 및 행태 파악
④ 근거리 국가로 여행 또는 출장을 위해 당일 왕복항공을 이용할 의향과 수용도 파악
⑤ 향후 당일 항공 여행객을 위한 마케팅 활동에 활용할 자료 구축

18 6명의 학생이 아침, 점심, 저녁을 먹는데, 메뉴는 김치찌개와 된장찌개뿐이다. 주어진 조건이 모두 참일 때, 옳지 않은 것은?

- 아침과 저녁은 다른 메뉴를 먹는다.
- 점심과 저녁에 같은 메뉴를 먹은 사람은 4명이다.
- 아침에 된장찌개를 먹은 사람은 3명이다.
- 하루에 된장찌개를 한 번만 먹은 사람은 3명이다.

① 아침에 된장찌개를 먹은 사람은 모두 저녁에 김치찌개를 먹었다.

② 된장찌개는 총 9그릇이 필요하다.

③ 저녁에 된장찌개를 먹은 사람들은 모두 아침에 김치찌개를 먹었다.

④ 점심에 된장찌개를 먹은 사람은 아침이나 저녁 중 한 번은 된장찌개를 먹었다.

⑤ 김치찌개는 총 10그릇이 필요하다.

19 P씨의 회사에서 생산하는 제품의 권장 소비자가격은 25,000원으로 책정되어 있다. 그러나 시장에서 소비자가 실제로 부담하는 가격은 이와 차이가 난다. P씨는 유통과정을 추적하여 실제로 고객이 부담하는 가격과 권장 소비자가격의 차이를 파악하고자 한다. 다음 자료를 참고하였을 때, P씨의 분석내용으로 옳지 않은 것은?

유통과정	가격결정
1) 제조업체	제조원가 : 10,000원, 판매가격 : 제조원가의 120%
2) 도매상	20 ~ 30% 이윤 반영
3) 중간도매상	10 ~ 20% 이윤 반영
4) 소매상	10 ~ 20% 이윤 반영
5) 소비자	?

※ 권장 소비자가격 부당표시 규제는 고려하지 않음

① 도매상이 제품을 확보하는 데 들어가는 비용은 개당 12,000원이다.

② 중간도매상이 얻을 수 있는 최대 이윤은 제품당 3,120원이다.

③ 모든 유통과정에서 최소 이윤을 반영했을 경우, 소비자는 권장 소비자가격보다 약 20% 정도 할인된 가격으로 제품을 구매할 수 있다.

④ 소비자가 가장 비싸게 구매한 가격은 제조업체 판매가격의 약 1.9배이다.

⑤ 유통단계를 축소하여 중간도매상을 거치지 않는다면 소비자는 15,840 ~ 18,720원 사이의 가격으로 제품을 구매할 수 있다.

20 다음 글을 근거로 판단할 때, 옳은 것을 〈보기〉에서 모두 고르면?

사슴은 맹수에게 계속 괴롭힘을 당하자 자신을 맹수로 바꾸어 달라고 산신령에게 빌었다. 사슴을 불쌍하게 여긴 산신령은 사슴에게 남은 수명 중 n년(n은 자연수)을 포기하면 여생을 아래 5가지의 맹수 중 하나로 살 수 있게 해주겠다고 했다.

사슴으로 살 경우의 1년당 효용은 40이며, 다른 맹수로 살 경우의 1년당 효용과 그 맹수로 살기 위해 사슴이 포기해야 하는 수명은 아래의 표와 같다. 예를 들어 사슴의 남은 수명이 12년일 경우 사슴으로 계속 산다면 $12 \times 40 = 480$의 총효용을 얻지만, 독수리로 사는 것을 선택한다면 $(12-5) \times 50 = 350$의 총효용을 얻는다.

사슴은 여생의 총효용이 줄어드는 선택은 하지 않으며, 포기해야 하는 수명이 사슴의 남은 수명 이상인 맹수는 선택할 수 없다. 1년당 효용이 큰 맹수일수록, 사슴은 그 맹수가 되기 위해 더 많은 수명을 포기해야 한다. 사슴은 자신의 남은 수명과 표의 '?'로 표시된 수를 알고 있다.

맹수	1년당 효용	포기해야 하는 수명(년)
사자	250	14
호랑이	200	?
곰	170	11
악어	70	?
독수리	50	5

보기

ㄱ. 사슴의 남은 수명이 13년이라면, 사슴은 곰을 선택할 것이다.
ㄴ. 사슴의 남은 수명이 20년이라면, 사슴은 독수리를 선택하지는 않을 것이다.
ㄷ. 호랑이로 살기 위해 포기해야 하는 수명이 13년이라면, 사슴의 남은 수명에 따라 사자를 선택했을 때와 호랑이를 선택했을 때 여생의 총효용이 같은 경우가 있다.

① ㄴ
② ㄷ
③ ㄱ, ㄴ
④ ㄴ, ㄷ
⑤ ㄱ, ㄴ, ㄷ

CHAPTER 04

자원관리능력

합격 CHEAT KEY

자원관리능력은 현재 NCS 기반 채용을 진행하는 많은 공사·공단에서 핵심영역으로 자리 잡아, 일부를 제외한 대부분의 시험에서 출제 영역으로 꼽히고 있다. 전체 문항수의 10 ~ 15% 비중으로 출제되고 있고, 난이도가 상당히 높기 때문에 NCS를 치를 수험생이라면 반드시 준비해야 할 필수 과목이다.

실제 시험 기출 키워드를 살펴보면 비용 계산, 해외파견 지원금 계산, 주문 제작 단가 계산, 일정 조율, 일정 선정, 행사 대여 장소 선정, 최단거리 구하기, 시차 계산, 소요시간 구하기, 해외파견 근무 기준에 부합한 또는 부합하지 않는 직원 고르기 등 크게 자원계산, 자원관리 문제유형이 출제된다. 대표유형을 바탕으로 응용되는 방식의 문제가 출제되고 있기 때문에 비슷한 유형을 계속해서 풀어보면서 감을 익히는 것이 중요하다.

01 시차를 먼저 계산하자!

시간자원관리문제의 대표유형 중 시차를 계산하여 일정에 맞는 항공권을 구입하거나 회의시간을 구하는 문제에서는 각각의 나라 시간을 한국 시간으로 전부 바꾸어 계산하는 것이 편리하다. 조건에 맞는 나라들의 시간을 전부 한국 시간으로 바꾸고 한국 시간과의 시차만 더하거나 빼면 시간을 단축하여 풀 수 있다.

02 선택지를 활용하자!

예산자원관리문제의 대표유형에서는 계산을 해서 값을 요구하는 문제들이 있다. 이런 문제유형에서는 문제 선택지를 먼저 본 후 자리 수가 몇 단위로 끝나는지 확인한다. 예를 들어 412,300원, 426,700원, 434,100원, 453,800원인 선택지가 있다고 할 때, 이 선택지는 100원 단위로 끝나기 때문에 제시된 조건에서 100원 단위로 나올 수 있는 항목을 찾아 그 항목만 계산하여 시간을 단축시키는 방법이 있다.

또한, 일일이 계산하는 문제가 많다. 예를 들어 640,000원, 720,000원, 810,000원 등의 수를 이용해 푸는 문제가 있다고 할 때, 만 원 단위를 절사하고 계산하여 64, 72, 81처럼 요약하여 적는 것도 시간을 단축하는 방법이다.

03 **최적의 값을 구하는 문제인지 파악하자!**

물적자원관리문제의 대표유형에서는 제한된 자원 내에서 최대의 만족 또는 이익을 얻을 수 있는 방법을 강구하는 문제가 출제된다. 이때, 구하고자 하는 값을 x, y로 정하고 연립방정식을 이용해 x, y 값을 구한다. 최소 비용으로 목표생산량을 달성하기 위한 업무 및 인력 할당, 정해진 시간 내에 최대 이윤을 낼 수 있는 업체 선정, 정해진 인력으로 효율적 업무 배치 등을 구하는 문제에서 사용되는 방법이다.

04 **각 평가항목을 비교해보자!**

인적자원관리문제의 대표유형에서는 각 평가항목을 비교하여 기준에 적합한 인물을 고르거나, 저렴한 업체를 선정하거나, 총점이 높은 업체를 선정하는 문제가 출제된다. 이런 문제를 해결할 때는 평가항목에서 가격이나 점수 차이에 영향을 많이 미치는 항목을 찾아 지우면 1 ~ 2개의 선택지를 삭제하고 3 ~ 4개의 선택지만 계산하여 시간을 단축할 수 있다.

05 **문제의 단서를 이용하자!**

자원관리능력은 계산문제가 많기 때문에, 복잡한 계산은 딱 떨어지게끔 조건을 제시하는 경우가 많다. 단서를 보고 부합하지 않는 선택지를 1 ~ 2개 먼저 소거한 뒤 계산을 하는 것도 시간을 단축하는 방법이다.

01 | 시간자원관리

H공사는 한국 현지 시각 기준으로 오후 4시부터 5시까지 외국 지사와 화상 회의를 진행하려고 한다. 모든 지사는 각국 현지 시각으로 오전 8시부터 오후 6시까지 근무한다고 할 때, 다음 중 회의에 참석할 수 없는 지사 는?(단, 서머타임을 시행하는 국가는 +1:00을 반영한다)

국가	시차	국가	시차
파키스탄	−4:00	불가리아	−6:00
호주	+1:00	영국	−9:00
싱가포르	−1:00		

※ 오후 12시부터 1시까지는 점심시간이므로 회의를 진행하지 않는다.
※ 서머타임 시행 국가 : 영국

✓ 파키스탄 지사(오후 12 ~ 1시) → 회의 참석 불가능(점심시간)
② 호주 지사(오후 5 ~ 6시) → 회의 참석 가능
③ 싱가포르 지사 (오후 3 ~ 4시) → 회의 참석 가능
④ 불가리아 지사(오전 10 ~ 11시) → 회의 참석 가능
⑤ 영국 지사(오전 8 ~ 9시) → 회의 참석 가능

풀이순서

1) 질문의도
   회의에 참석할 수 없는 지사

2) 조건확인
   (i) 오후 12시부터 1시까지 점심시간 : 회의 ×
   (ii) 서머타임 시행 국가 : 영국

3) 조건적용

4) 정답도출

유형 분석
- 시간자원과 관련된 다양한 정보를 활용하여 문제풀이를 이어간다.
- 대체로 교통편 정보나 국가별 시차 정보가 제공되며, 이를 근거로 '회의에 참석할 수 없는 지사'를 고르는 문제가 출제된다.
- 업무수행에 필요한 기술의 개념·원리·절차, 관련 용어, 긍정적·부정적 영향에 대한 이해를 평가한다.

풀이 전략
먼저 문제에서 묻는 것을 정확히 파악한다. 특히 제한사항에 대해서는 빠짐없이 확인해 두어야 한다. 이후 제시된 정보(시차 등)에서 필요한 것을 선별하여 문제를 풀어간다.

02 | 예산자원관리

K공사 임직원은 신입사원 입사를 맞아 워크숍을 가려고 한다. 총 <u>13명</u>의 임직원이 워크숍에 참여한다고 할 때, 다음 중 <u>가장 저렴한 비용</u>으로 이용할 수 있는 교통편의 조합은 무엇인가?

풀이순서

1) 질문의도
   가장 저렴한 비용인
   교통편의 조합

2) 조건확인
   비고란

3) 조건적용

4) 정답도출

〈이용 가능한 교통편 현황〉

구분	탑승 인원	비용	주유비	비고
소형버스	10명	200,000원	0원	1일 대여 비용
대형버스	40명	500,000원	0원	–
렌터카	5명	80,000원(대당)	50,000원	동일 기간 3대 이상 렌트 시 렌트비용 5% 할인
택시	3명	120,000원(편도)	0원	–
대중교통	제한 없음	13,400원 (1인당, 편도)	0원	10명 이상 왕복티켓 구매 시 총금액에서 10% 할인

① 대형버스 1대 → 500,000원
② 소형버스 1대, 렌터카 1대 → 200,000+130,000=330,000원
③ 소형버스 1대, 택시 1대 → 200,000+(120,000×2)=440,000원
④ 렌터카 3대 → (80,000×3×0.95)+(50,000×3)=378,000원
⑤ 대중교통 13명 → 13,400×13×2×0.9=313,560원

유형 분석 • 가장 저렴한 비용으로 예산관리를 수행할 수 있는 업무에 대해 묻는 문제이다.

풀이 전략 제한사항인 예산을 고려하여 문제에서 묻는 것을 정확히 파악한 후 제시된 정보에서 필요한 것을 선별하여 문제를 풀어간다.

03 | 물적자원관리

대학교 입학을 위해 지방에서 올라온 대학생 S씨는 자취방을 구하려고 한다. 대학교 근처 자취방의 월세와 대학교까지 거리는 아래와 같다. 한 달을 기준으로 S씨가 지출하게 될 자취방 월세와 자취방에서 대학교까지 왕복 시 거리비용을 합산할 때, S씨가 선택할 수 있는 가장 저렴한 비용의 자취방은?

구분	월세	대학교까지 거리
A자취방	330,000원	1.8km
B자취방	310,000원	2.3km
C자취방	350,000원	1.3km
D자취방	320,000원	1.6km
E자취방	340,000원	1.4km

※ 대학교 통학일(한 달 기준)=15일
※ 거리비용=1km당 2,000원

풀이순서

1) 질문의도
  조건에 적합한 가장 저렴한 비용의 장소 찾기

2) 조건확인
  ① 대학교 통학일(한 달 기준)=15일
  ② 거리비용=1km 당 2,000원

3) 조건적용

4) 정답도출

① A자취방
  $330,000+(1.8\times2,000\times2\times15)=438,000$원
② B자취방
  $310,000+(2.3\times2,000\times2\times15)=448,000$원
③ C자취방
  $350,000+(1.3\times2,000\times2\times15)=428,000$원
☑ D자취방
  $320,000+(1.6\times2,000\times2\times15)=416,000$원
⑤ E자취방
  $340,000$원$+(1.4km\times2,000$원$\times2($왕복$)\times15$일$)=424,000$원

유형 분석
- 물적자원과 관련된 다양한 정보를 활용하여 풀어가는 문제이다.
- 주로 공정도・제품・시설 등에 대한 가격・특징・시간 정보가 제시되며, 이를 종합적으로 고려하는 문제가 출제된다.

풀이 전략
문제에서 묻고자 하는 바를 정확히 파악하는 것이 중요하다. 문제에서 제시한 물적자원의 정보를 문제의 의도에 맞게 선별하면서 풀어간다.

04 | 인적자원관리

다음은 어느 회사의 승진대상과 승진 규정이다. 다음의 규정에 따를 때, 2022년 [현재 직급]이 대리인 사람은?

〈승진규정〉

- 2021년까지 근속연수가 3년 이상인 자 ⓐ를 대상으로 한다.
- 출산 휴가 및 병가 기간은 근속 연수에서 제외 ⓑ한다.
- 평가연도 업무평가 점수가 80점 이상 ⓒ인 자를 대상으로 한다.
- 평가연도 업무평가 점수는 직전연도 업무평가 점수에서 벌점을 차감한 점수 ⓓ이다.
- 벌점은 결근 1회당 −10점, 지각 1회당 −5점 ⓔ이다.

〈승진후보자 정보〉

구분	근무기간	작년 업무평가	근태현황 지각	근태현황 결근	기타
사원 A	1년 4개월	79	1	−	−
주임 B	3년 1개월	86	−	1	출산휴가 35일
대리 C	7년 1개월	89	1	1	병가 10일
과장 D	10년 3개월	82	−	−	−
차장 E	12년 7개월	81	2	−	−

① A
② B
✔ C
④ D
⑤ E

풀이순서

1) 질문의도
   현재 직급 확인

2) 조건확인
   ⓐ ~ ⓔ

3) 조건적용

4) 정답도출

유형 분석
- 인적자원과 관련된 다양한 정보를 활용하여 문제를 풀어가는 문제이다.
- 주로 근무명단, 휴무일, 업무할당 등의 주제로 다양한 정보를 활용하여 종합적으로 풀어나가는 문제가 출제된다.

풀이 전략   문제에서 근무자배정 혹은 인력배치 등의 주제가 출제될 경우에는 주어진 규정 혹은 규칙을 꼼꼼히 확인하여야 한다. 이를 근거로 각 선택지가 어긋나지 않는지 검토하며 문제를 풀어간다.

01 우유도매업자인 귀하는 소매업체에 납품하기 위해 (가로) 3m×(세로) 2m×(높이) 2m인 냉동 창고에 우유를 가득 채우려고 한다. 다음 〈조건〉을 참고할 때, 냉동 창고를 가득 채우기 위해 드는 비용은 얼마인가?

> **조건**
> • 우유의 1개당 단가는 700원이다.
> • 우유 한 궤짝에 우유가 총 40개가 들어간다.
> • 우유 한 궤짝의 크기는 (가로) 40cm×(세로) 40cm×(높이) 50cm이다.
> • 냉동 창고에 우유를 낱개로 채울 수 없다.

① 약 300만 원   ② 약 400만 원

③ 약 500만 원   ④ 약 600만 원

⑤ 약 700만 원

02 K기업은 창고업체를 통해 아래 세 제품군을 보관하고 있다. 각 제품군에 대한 정보를 참고하여, 다음 〈조건〉에 따라 K기업이 보관료로 지급해야 할 총금액은 얼마인가?

구분	매출액(억 원)	용량	
		용적(CUBIC)	무게(톤)
A제품군	300	3,000	200
B제품군	200	2,000	300
C제품군	100	5,000	500

> **조건**
> • A제품군은 매출액의 1%를 보관료로 지급한다.
> • B제품군은 1CUBIC당 20,000원의 보관료를 지급한다.
> • C제품군은 1톤당 80,000원의 보관료를 지급한다.

① 3억 2천만 원   ② 3억 4천만 원

③ 3억 6천만 원   ④ 3억 8천만 원

⑤ 4억 원

03 자원관리과정이 바르게 나열된 것은?

> ㄱ. 필요한 자원의 종류와 양 확인
> ㄴ. 계획대로 수행하기
> ㄷ. 자원 활용 계획 세우기
> ㄹ. 이용 가능한 자원 수집하기

① ㄱ - ㄴ - ㄷ - ㄹ
② ㄱ - ㄹ - ㄷ - ㄴ
③ ㄴ - ㄷ - ㄹ - ㄱ
④ ㄹ - ㄱ - ㄷ - ㄴ
⑤ ㄷ - ㄹ - ㄱ - ㄴ

04 A대리는 다가오는 9월에 결혼을 앞두고 있다. 다음 〈조건〉을 참고할 때, A대리의 결혼날짜로 가능한 날은?

> **조건**
> • 9월은 1일부터 30일까지이며, 9월 1일은 금요일이다.
> • 9월 30일부터 추석연휴가 시작되고 추석연휴 이틀 전엔 A대리가 주관하는 회의가 있다.
> • A대리는 결혼식을 한 다음날 8박 9일간 신혼여행을 간다.
> • 회사에서 신혼여행으로 주는 휴가는 5일이다.
> • A대리는 신혼여행과 겹치지 않도록 수요일 3주 연속 치과 진료가 예약되어 있다.
> • 신혼여행에서 돌아오는 날 부모님 댁에서 하루 자고, 그 다음날 출근할 예정이다.

① 1일   ② 2일
③ 22일   ④ 23일
⑤ 29일

K공사 인력지원실 인사부의 P사원은 직원들의 근무평정 업무를 수행하고 있다. 가점평정 기준표를 참고했을 때, P사원이 K과장에게 부여해야 할 가점은?

〈가점평정 기준표〉

구분		내용	가점	인정 범위	비고
근무경력		본부 근무 1개월(본부, 연구원, 인재개발원 또는 정부부처 파견근무기간 포함)	0.03점 (최대 1.8점)	1.8점	동일 근무기간에 다른 근무경력 가점과 원거리, 장거리 및 특수지
		지역본부 근무 1개월(지역본부 파견근무기간 포함)	0.015점 (최대 0.9점)	1.8점	가점이 중복될 경우 원거리, 장거리 및 특수지 근무가점은 $\frac{1}{2}$만 인정
		원거리 근무 1개월	0.035점 (최대 0.84점)		
		장거리 근무 1개월	0.025점 (최대 0.6점)		
		특수지 근무 1개월	0.02점 (최대 0.48점)		
내부평가		내부평가결과 최상위 10%	월 0.012점	0.5점	현 직급에 누적됨 (승진 후 소멸)
		내부평가결과 차상위 10%	월 0.01점		
제안	제안상 결정 시	금상	0.25점	0.5점	수상 당시 직급에 한정함
		은상	0.15점		
		동상	0.1점		
	시행 결과평가	탁월	0.25점	0.5점	제안상 수상 당시 직급에 한정함
		우수	0.15점		

〈K과장 가점평정 사항〉

- 입사 후 36개월 동안 본사에서 연구원으로 근무
- 지역본부에서 24개월 근무
  - 지역본부에서 24개월 근무 중 특수지에서 12개월 동안 파견근무
- 본부로 복귀 후 현재까지 총 23개월 근무
- 팀장(직급 : 과장)으로 승진 후 현재까지
  - 내부평가결과 최상위 10% 총 12회
  - 내부평가결과 차상위 10% 총 6회
  - 금상 2회, 은상 1회, 동상 1회 수상
  - 시행결과평가 탁월 2회, 우수 1회

① 3.284점
② 3.454점
③ 3.604점
④ 3.854점
⑤ 3.974점

06 해외로 출장을 가는 김대리는 다음과 같이 이동하려고 계획하고 있다. 연착 없이 계획대로 출장지에 도착했다면, 도착했을 때의 현지 시각은?

- 서울 시각으로 5일 오후 1시 35분에 출발하는 비행기를 타고, 경유지 한 곳을 거쳐 출장지에 도착한다.
- 경유지는 서울보다 1시간 빠르고, 출장지는 경유지보다 2시간 느리다.
- 첫 번째 비행은 3시간 45분이 소요된다.
- 경유지에서 3시간 50분을 대기하고 출발한다.
- 두 번째 비행은 9시간 25분이 소요된다.

① 오전 5시 35분
② 오전 6시
③ 오후 5시 35분
④ 오후 6시
⑤ 오전 7시

07 K공사에서는 5월 한 달 동안 임직원을 대상으로 금연교육 4회, 부패방지교육 2회, 성희롱방지교육 1회를 진행하려고 한다. 다음 〈조건〉을 근거로 판단할 때 적절한 것은?

5월

일	월	화	수	목	금	토
			1	2	3	4
5	6	7	8	9	10	11
12	13	14	15	16	17	18
19	20	21	22	23	24	25
26	27	28	29	30	31	

조건

- 교육은 하루에 하나만 실시할 수 있고, 주말에는 교육을 실시할 수 없다.
- 매주 월요일은 부서회의로 인해 교육을 실시할 수 없다.
- 5월 1일부터 3일까지는 공사의 주요 행사 기간이므로 어떠한 교육도 실시할 수 없다.
- 금연교육은 정해진 같은 요일에 주 1회 실시한다.
- 부패방지교육은 20일 이전 수요일 또는 목요일에 시행하며, 이틀 연속 실시할 수 없다.
- 성희롱방지교육은 5월 31일에 실시한다.

① 5월 넷째 주에는 금연교육만 실시된다.
② 금연교육은 금요일에 실시될 수 있다.
③ 부패방지교육은 같은 요일에 실시되어야 한다.
④ 성희롱방지교육은 목요일에 실시된다.
⑤ 금연교육은 5월 첫째 주부터 실시된다.

한국은 뉴욕보다 16시간 빠르고, 런던은 한국보다 8시간 느릴 때, 다음의 비행기가 현지에 도착할 때의 시간(㉠·㉡)으로 모두 옳은 것은?

구분	출발 일자	출발 시간	비행 시간	도착 시간
뉴욕행 비행기	6월 6일	22:20	13시간 40분	㉠
런던행 비행기	6월 13일	18:15	12시간 15분	㉡

	㉠	㉡
①	6월 6일 09시	6월 13일 09시 30분
②	6월 6일 20시	6월 13일 22시 30분
③	6월 7일 09시	6월 14일 09시 30분
④	6월 7일 13시	6월 14일 15시 30분
⑤	6월 7일 20시	6월 14일 20시 30분

09 K사에서 승진대상자 중 2명을 승진시키려고 한다. 승진의 조건은 동료평가에서 '하'를 받지 않고 합산점수가 높은 순이다. 합산점수는 100점 만점의 점수로 환산한 승진시험 성적, 영어 성적, 성과평가의 수치를 합산한다. 승진시험의 만점은 100점, 영어 성적의 만점은 500점, 성과평가의 만점은 200점이라고 할 때, 승진대상자 2명은 누구인가?

구분	승진시험 성적	영어 성적	동료 평가	성과평가
A	80	400	중	120
B	80	350	상	150
C	65	500	상	120
D	70	400	중	100
E	95	450	하	185
F	75	400	중	160
G	80	350	중	190
H	70	300	상	180
I	100	400	하	160
J	75	400	상	140
K	90	250	중	180

① B, K   ② A, C

③ E, I   ④ F, G

⑤ H, D

10 K공사는 구내식당 기자재의 납품업체를 선정하고자 한다. 각 입찰업체에 대한 정보는 아래와 같다고 한다. 선정조건에 따라 업체를 선정할 때, 다음 중 선정될 업체는?

〈선정 조건〉

- 선정 방식
  선정 점수가 가장 높은 업체를 선정한다. 선정 점수는 납품품질 점수, 가격경쟁력 점수, 직원규모 점수에 가중치를 반영해 합산한 값을 의미한다. 선정 점수가 가장 높은 업체가 2개 이상일 경우, 가격경쟁력 점수가 더 높은 업체를 선정한다.
- 납품 품질 점수
  업체별 납품 품질 등급에 따라 다음 표와 같이 점수를 부여한다.

구분	최상	상	중	하	최하
점수	100점	90점	80점	70점	60점

- 가격경쟁력
  업체별 납품가격 총액 수준에 따라 다음 표와 같이 점수를 부여한다.

구분	2억 원 미만	2억 원 이상 2억 5천만 원 미만	2억 5천만 원 이상 3억 원 미만	3억 원 이상
점수	100점	90점	80점	70점

- 직원 규모
  업체별 직원 규모에 따라 다음 표와 같이 점수를 부여한다.

구분	50명 미만	50명 이상 100명 미만	100명 이상 200명 미만	200명 이상
점수	70점	80점	90점	100점

- 가중치
  납품 품질 점수, 가격경쟁력 점수, 직원 규모 점수는 다음 표에 따라 각각 가중치를 부여한다.

구분	납품 품질 점수	가격경쟁력 점수	직원 규모 점수	합계
가중치	40	30	30	100

〈입찰업체 정보〉

구분	납품 품질	납품가격 총액(원)	직원 규모(명)
A업체	상	2억	125
B업체	중	1억 7,000만	141
C업체	하	1억 9,500만	91
D업체	최상	3억 2,000만	98
E업체	상	2억 6천만	210

① A업체 ② B업체
③ C업체 ④ D업체
⑤ E업체

11

K공사에서 근무하는 P사원은 새로 도입되는 교통관련 정책 홍보자료를 만들어서 배포하려고 한다. 다음 중 가장 저렴한 비용으로 인쇄할 수 있는 업체는?

〈인쇄업체별 비용 견적〉

(단위 : 원)

업체명	페이지당 비용	표지 가격		권당 제본 비용	할인
		유광	무광		
A인쇄소	50	500	400	1,500	–
B인쇄소	70	300	250	1,300	–
C인쇄소	70	500	450	1,000	100부 초과 시 초과 부수만 총비용에서 5% 할인
D인쇄소	60	300	200	1,000	–
E인쇄소	100	200	150	1,000	총 인쇄 페이지 5,000페이지 초과 시 총비용에서 20% 할인

※ 홍보자료는 관내 20개 지점에 배포하고, 지점마다 10부씩 배포한다.
※ 홍보자료는 30페이지 분량으로 제본하며, 표지는 유광표지로 한다.

① A인쇄소　　　　　　　　　② B인쇄소
③ C인쇄소　　　　　　　　　④ D인쇄소
⑤ E인쇄소

12

다음과 같이 지점별 수요량과 공급량, 지점 간 수송비용이 주어졌을 경우, 최소 총 수송비는?(단, 자료에 제시된 금액은 톤당 수송비용을 나타낸다)

공급지 \ 수요지	A	B	C	D	공급 합계
X	7만 원	9만 원	6만 원	5만 원	70톤
Y	5만 원	8만 원	7만 원	6만 원	100톤
Z	6만 원	7만 원	9만 원	8만 원	80톤
수요 합계	100톤	80톤	50톤	20톤	250톤

① 1,360만 원　　　　　　　　② 1,460만 원
③ 1,530만 원　　　　　　　　④ 1,640만 원
⑤ 1,720만 원

13 K사는 천안에 위치한 제빵 회사로 밀가루를 공급해줄 거래처와의 계약 만료를 앞두고 있다. 동일한 양의 밀가루에 대하여 1회 구입 시 기존의 거래처와 새로운 후보들의 지역과 밀가루 가격, 운송료가 다음과 같을 때, 어느 회사와 계약을 하는 것이 가장 적은 비용이 들겠는가?(단, 운송 비용은 최종 거리에 해당하는 가격으로 일괄 적용한다)

구분	A사(기존 거래처)	B사	C사	D사	E사
위치	충주	청주	대전	안성	공주
거리	90km	60km	75km	35km	50km
밀가루 구입가 (단위 : 천 원)	890	1,490	1,150	1,860	1,630

구분	20km 이하	20km 초과 40km 이하	40km 초과 60km 이하	60km 초과 80km 이하	80km 초과 100km 이하
km당 운송료 (단위 : 만 원)	1	1.1	1.2	1.4	1.5

① A사   ② B사
③ C사   ④ D사
⑤ E사

14 K공사 인사팀에는 팀장 1명, 과장 2명과 A대리가 있다. 팀장과 과장 2명은 4월 안에 휴가를 다녀와야 하고, 팀장이나 과장이 한 명이라도 없는 경우, A대리는 자리를 비울 수 없다. 다음 〈조건〉을 고려했을 때, A대리의 연수 마지막 날짜는?

> **조건**
> • 4월 1일은 월요일이며, K공사는 주5일제이다.
> • 마지막 주 금요일에는 중요한 세미나가 있어 그 주에는 모든 팀원이 자리를 비울 수 없다.
> • 팀장은 첫째 주 화요일부터 3일 동안 휴가를 신청했다.
> • B과장은 둘째 주 수요일부터 5일 동안 휴가를 신청했다.
> • C과장은 셋째 주에 2일간의 휴가를 마치고 금요일부터 출근할 것이다.
> • A대리는 주말 없이 진행되는 연수에 5일 연속 참여해야 한다.

① 8일   ② 9일
③ 23일   ④ 24일
⑤ 30일

15 K회사에서 근무하는 김사원은 수출계약 건으로 한국에 방문하는 바이어를 맞이하기 위해 인천공항에 가야한다. 미국 뉴욕에서 오는 바이어는 현지시각으로 21일 오전 8시 30분에 한국행 비행기에 탑승할 예정이며, 비행시간은 17시간이다. K회사에서 인천공항까지는 1시간 30분이 걸리고, 바이어의 도착 예정시각보다는 30분 일찍 도착하여 대기하려 할 때, 김사원이 적어도 회사에서 출발해야 하는 시각은?(단, 뉴욕은 한국보다 13시간이 느리다)

① 21일 10시 30분
② 21일 12시 30분
③ 22일 12시
④ 22일 12시 30분
⑤ 22일 14시 30분

16 K공사에서 근무하는 귀하는 프로젝트에 필요한 모든 단위작업을 다음과 같이 네트워크로 표현하였다. 이를 참고할 때, 설명으로 옳지 않은 것은?

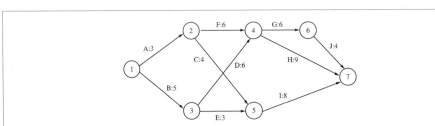

※ 화살표는 단위업무의 방향을 나타냄
※ 화살표 위의 알파벳은 단위업무 명칭이고 숫자는 소요되는 기간(단위 : 주)을 나타냄
※ 각각의 단위업무는 직전의 선행 업무가 모두 종료되기 전까지는 시작할 수 없음

① 단위작업 A와 C를 최대한 단축하더라도 전체 프로젝트 기간에는 영향을 주지 못한다.
② 이 프로젝트를 완료하는 데에는 적어도 16주가 소요된다.
③ 단위작업 D를 일주일 줄이면, 전체 프로젝트 기간이 일주일 줄어든다.
④ 만일 사업을 일찍 끝내야 한다면, 작업 B, D, G, J 중에서 단축 비용이 가장 적게 드는 것을 선택해서 줄여야 한다.
⑤ 이 프로젝트를 완료하는 데 드는 최소 기간은 21주이다.

17 甲은 개인사유로 인해 5년간 재직했던 회사를 그만두게 되었다. 甲에게 지급된 퇴직금이 1,900만 원일 때, 甲의 평균연봉을 바르게 계산한 것은?(단, 평균연봉은 1일 평균임금으로 계산하며 평균임금 계산 시 천의 자리에서 반올림한다)

〈퇴직금 산정방법〉

- 고용주는 퇴직하는 근로자에게 계속근로기간 1년에 대해 30일분 이상의 평균임금을 퇴직금으로 지급해야 합니다.
  - '평균임금'이란 이를 산정해야 할 사유가 발생한 날 이전 3개월 동안에 해당 근로자에게 지급된 임금의 총액을 그 기간의 총일수로 나눈 금액을 말합니다.
  - 평균임금이 근로자의 통상임금보다 적으면 그 통상임금을 평균임금으로 합니다.
- 퇴직금 산정공식
  (퇴직금)=[(1일 평균임금)×30일×(총 계속근로기간)]÷365

---

① 4,110만 원
② 4,452만 원
③ 4,650만 원
④ 4,745만 원
⑤ 4,800만 원

18 다음은 어느 기업의 팀별 성과급 지급 기준 및 영업팀의 분기별 평가표이다. 영업팀에게 지급되는 성과급의 1년 총액은?(단, 성과평가등급이 A등급이면 직전 분기 차감액의 50%를 가산하여 지급한다)

〈성과급 지급 기준〉

성과평가 점수	성과평가 등급	분기별 성과급 지급액
9.0 이상	A	100만 원
8.0 ~ 8.9	B	90만 원(10만 원 차감)
7.0 ~ 7.9	C	80만 원(20만 원 차감)
6.9 이하	D	40만 원(60만 원 차감)

〈영업팀 평가표〉

구분	1/4분기	2/4분기	3/4분기	4/4분기
유용성	8	8	10	8
안정성	8	6	8	8
서비스 만족도	6	8	10	8

※ (성과평가 점수)=[(유용성)×0.4]+[(안정성)×0.4]+[(서비스 만족도)×0.2]

① 350만 원
② 360만 원
③ 370만 원
④ 380만 원
⑤ 400만 원

19 K사에서는 A ~ N직원 중 면접위원을 선발하고자 한다. 면접위원의 구성 조건이 다음과 같을 때, 적절하지 않은 것은?

〈면접위원 구성 조건〉

- 면접관은 총 6명으로 구성한다.
- 이사 이상의 직급으로 50% 이상 구성해야 한다.
- 인사팀을 제외한 모든 부서는 두 명 이상 선출할 수 없고, 인사팀은 반드시 두 명 이상을 포함한다.
- 모든 면접위원의 입사 후 경력은 3년 이상으로 한다.

직원	직급	부서	입사 후 경력
A	대리	인사팀	2년
B	과장	경영지원팀	5년
C	이사	인사팀	8년
D	과장	인사팀	3년
E	사원	홍보팀	6개월
F	과장	홍보팀	2년
G	이사	고객지원팀	13년
H	사원	경영지원	5개월
I	이사	고객지원팀	2년
J	과장	영업팀	4년
K	대리	홍보팀	4년
L	사원	홍보팀	2년
M	과장	개발팀	3년
N	이사	개발팀	8년

① L사원은 면접위원으로 선출될 수 없다.
② N이사는 반드시 면접위원으로 선출된다.
③ B과장이 면접위원으로 선출됐다면 K대리도 선출된다.
④ 과장은 두 명 이상 선출되었다.
⑤ 모든 부서에서 면접위원이 선출될 수는 없다.

20 K구청은 주민들의 정보화 교육을 위해 정보화 교실을 동별로 시행하고 있고, 주민들은 각자 일정에 맞춰 정보화 교육을 수강하려고 한다. 다음 중 개인 일정상 신청과목을 수강할 수 없는 사람은?(단, 하루라도 수강을 빠진다면 수강이 불가능하다)

〈정보화 교육 일정표〉

교육날짜	교육시간	장소	과정명	장소	과정명
화, 목	09:30 ~ 12:00	A동	인터넷 활용하기	C동	스마트한 클라우드 활용
	13:00 ~ 15:30		그래픽 초급 픽슬러 에디터		스마트폰 SNS 활용
	15:40 ~ 18:10		ITQ한글2010(실전반)		–
수, 금	09:30 ~ 12:00		한글 문서 활용하기		Windows10 활용하기
	13:00 ~ 15:30		스마트폰 / 탭 / 패드(기본앱)		스마트한 클라우드 활용
	15:40 ~ 18:10		컴퓨터 기초(윈도우 및 인터넷)		–
월	09:30 ~ 15:30		포토샵 기초		사진 편집하기
화 ~ 금	09:30 ~ 12:00	B동	그래픽 편집 달인되기	D동	한글 시작하기
	13:00 ~ 15:30		한글 활용 작품 만들기		사진 편집하기
	15:40 ~ 18:10		–		엑셀 시작하기
월	09:30 ~ 15:30		Windows10 활용하기		스마트폰 사진 편집 & 앱 배우기

〈개인 일정 및 신청과목〉

구분	개인일정	신청과목
D동의 홍길동 씨	• 매주 월 ~ 금 08:00 ~ 15:00 편의점 아르바이트 • 매주 월요일 16:00 ~ 18:00 음악학원 수강	엑셀 시작하기
A동의 이몽룡 씨	• 매주 화, 수, 목 09:00 ~ 18:00 학원 강의 • 매주 월 16:00 ~ 20:00 배드민턴 동호회 활동	포토샵 기초
C동의 성춘향 씨	• 매주 수, 금 17:00 ~ 22:00 호프집 아르바이트 • 매주 월 10:00 ~ 12:00 과외	스마트한 클라우드 활용
B동의 변학도 씨	• 매주 월, 화 08:00 ~ 15:00 카페 아르바이트 • 매주 수, 목 18:00 ~ 20:00 요리학원 수강	그래픽 편집 달인되기

① 홍길동 씨
② 이몽룡 씨
③ 성춘향 씨
④ 변학도 씨
⑤ 없음

CHAPTER 05
정보능력

정보능력은 업무를 수행함에 있어 기본적인 컴퓨터를 활용하여 필요한 정보를 수집, 분석, 활용하는 능력을 의미한다. 또한 업무와 관련된 정보를 수집하고, 이를 분석하여 의미있는 정보를 얻는 능력이다.

국가직무능력표준에 따르면 정보능력의 세부 유형은 컴퓨터 활용 능력·정보처리능력으로 나눌 수 있다.

정보능력은 NCS 기반 채용을 진행한 곳 중 52% 정도가 다뤘으며, 문항 수는 전체에서 평균 6% 정도 출제되었다.

01 평소에 컴퓨터 활용 스킬을 틈틈이 익혀라!

윈도우(OS)에서 어떠한 설정을 할 수 있는지, 응용프로그램(엑셀 등)에서 어떠한 기능을 활용할 수 있는지를 평소에 직접 사용해 본다면 문제를 보다 수월하게 해결할 수 있다. 여건이 된다면 컴퓨터활용능력에 관련된 자격증 공부를 하는 것도 이론과 실무를 익히는 데 도움이 될 것이다.

02 문제의 규칙을 찾는 연습을 하라!

일반적으로 코드체계나 시스템 논리체계를 제공하고 이를 분석하여 문제를 해결하는 유형이 출제된다. 이러한 문제는 문제해결능력과 같은 맥락으로 규칙을 파악하여 접근하는 방식으로 연습이 필요하다.

03 현재 보고 있는 그 문제에 집중하자!

정보능력의 모든 것을 공부하려고 한다면 양이 너무나 방대하다. 그렇기 때문에 수험서에서 본인이 현재 보고 있는 문제들을 집중적으로 공부하고 기억하려고 해야 한다. 그러나 엑셀의 함수 수식, 연산자 등 암기를 필요로 하는 부분들은 필수적으로 암기를 해서 출제가 되었을 때 오답률을 낮출 수 있도록 한다.

04 사진·그림을 기억하자!

컴퓨터 활용 능력을 파악하는 영역이다 보니 컴퓨터 속 옵션, 기능, 설정 등의 사진·그림이 문제에 같이 나오는 경우들이 있다. 그런 부분들은 직접 컴퓨터를 통해서 하나하나 확인을 하면서 공부한다면 더 기억에 잘 남게 된다. 조금 귀찮더라도 한 번씩 클릭하면서 확인을 해보도록 한다.

01 | 엑셀 함수

「=INDEX(배열로 입력된 셀의 범위, 배열이나 참조의 행 번호, 배열이나 참조의 열 번호)」

다음 시트에서 [E10] 셀에 수식 「=INDEX(E2:E9, MATCH(0,D2:D9,0))」를 입력했을 때, [E10] 셀에 표시되는 결괏값은?

「=MATCH(찾으려고 하는 값, 연속된 셀 범위, 되돌릴 값을 표시하는 숫자)」

풀이순서

1) 질문의도
   엑셀 함수의 활용
   방법

2) 자료비교

	A	B	C	D	E
1	부서	직위	사원명	근무연수	근무월수
2	재무팀	사원	이수연	2	11
3	교육사업팀	과장	조민정	3	5
4	신사업팀	사원	최지혁	1	3
5	교육컨텐츠팀	사원	김다연	0	2
6	교육사업팀	부장	민경희	8	10
7	기구설계팀	대리	김형준	2	1
8	교육사업팀	부장	문윤식	7	3
9	재무팀	대리	한영혜	3	0
10					

① 0
② 1
③ 2 ✓
④ 3
⑤ 4

「=INDEX(E2:E9,MATCH(0,D2:D9,0))'」을 입력하면
근무연수가 0인 사람의 근무월수가 셀에 표시된다.
따라서 2가 표시된다.

3) 정답도출

유형 분석
- 주어진 상황에 사용할 적절한 엑셀 함수가 무엇인지 묻는 문제이다.
- 주로 업무 수행 중에 많이 활용되는 대표적인 엑셀 함수가 출제된다.

응용문제 : 엑셀시트를 제시하여 각 셀에 들어갈 함수식을 고르는 문제가 출제된다.

풀이 전략
제시된 조건의 엑셀 함수를 파악 후, 함수를 적용하여 값을 구한다. 엑셀 함수에 대한 기본적인
지식을 익혀 두면 풀이시간을 단축할 수 있다.

02 | 프로그램 언어(코딩)

다음 [프로그램]의 결괏값으로 옳은 것은?

```c
#include <stdio.h>

int main(){
        int i = 4;
        int k = 2;
        switch(i) {
                case 0:
                case 1:
                case 2:
                case 3: k = 0;
                case 4: k += 5;
                case 5: k -= 20;
                default: k++;
        }
        printf("%d", k);
}
```

i가 4기 때문에 case 4부터 시작한다.
k는 2이고, k+=5를 하면 7이 된다.
case 5에서 k-=20을 하면 -13이 되고,
default에서 1이 증가하여 결괏값은 -12가
된다.

풀이순서

1) 질문의도
   C언어 연산자의 이해

2) 자료비교
   · 연산자 +
   · 연산자 −
   · 연산자 ++

3) 정답도출

① 12　　　　　　　　　② −12

③ 10　　　　　　　　　④ −10

⑤ −11

유형 분석
- 주어진 정보를 통해 결괏값이 무엇인지 묻는 문제이다.
- 주로 C언어 연산자를 적용하여 나오는 값을 구하는 문제가 출제된다.

응용문제 : 정보를 제공하지 않고, 기본적인 C언어 지식을 통해 결괏값을 구하는 문제가 출제된다.

풀이 전략
제시된 C언어 연산자를 파악 후, 연산자를 적용하여 값을 구한다. C언어에 대한 기본적인 지식을 익혀 두면 코딩 및 풀이시간을 줄일 수 있다.

05 | 기출예상문제

정답 및 해설 p.053

01 다음 글에서 K대학교 문제해결을 위한 대안으로 가장 적절한 것은?

> K대학교는 현재 학생 관리 프로그램, 교수 관리 프로그램, 성적 관리 프로그램의 3개의 응용 프로그램을 갖추고 있다. 학생 관리 프로그램은 학생 정보를 저장하고 있는 파일을 이용하고, 교수 관리 프로그램은 교수 정보 파일 그리고 성적 관리 프로그램은 성적 정보 파일을 이용한다. 즉 다음과 같이 각각의 응용 프로그램들은 개별적인 파일을 이용한다.
> 이런 경우의 파일에는 많은 정보가 중복 저장되어 있다. 그렇기 때문에 중복된 정보가 수정되면 관련된 모든 파일을 수정해야 하는 불편함이 있다. 예를 들어, 한 학생이 자퇴하게 되면 학생 정보 파일뿐만 아니라 교수 정보 파일, 성적 정보 파일도 수정해야 하는 것이다.

① 데이터베이스 구축
② 유비쿼터스 구축
③ RFID 구축
④ NFC 구축
⑤ 와이파이 구축

02 다음 제시문이 설명하는 것은?

> 데이터를 일정한 프로그램에 따라 컴퓨터가 처리·가공함으로써 '특정한 목적을 달성 하는 데 필요하거나 특정한 의미를 가진 것으로 다시 생산된 것'을 뜻한다.

① 자료
② 정보
③ 지식
④ 지혜
⑤ 디지털

03 제어판의 장치관리자 목록 중 LAN카드가 포함된 항목은?

① 디스크 드라이브
② 디스플레이 어댑터
③ 시스템 장치
④ 네트워크 어댑터
⑤ 사운드, 비디오 및 게임 컨트롤러

※ K씨는 쇼핑몰 창업 준비를 위한 강연을 준비 중이다. K씨는 강연 준비를 위해 5W2H원칙에 맞추어 다음과 같이 표를 작성하였다. 이어지는 질문에 답하시오. **[4~5]**

<쇼핑몰 창업 준비를 위한 강연>

구분	의견
What (무엇을)	• 쇼핑몰 창업의 준비단계를 알려주는 정보성 강연을 계획 중이다. • (㉠)
Why (왜)	• 취업난과 창업 시장의 활성화로 창업에 뛰어드는 사람들이 많아졌다. • (㉡)
Who (누가)	• 창업 전문가, 사업계획서 전문가를 모셔서 진행할 예정이다. • (㉢)
Where (어디서)	• (㉣)
When (언제)	• 오후 1시부터 오후 3시까지 완료할 예정이다. • (㉤)
How (어떻게)	• ((A))
How Much (얼마나)	• 장소 대여비, 외부강사비 등에 따라 변동 가능

04 다음 중 빈칸 ㉠ ~ ㉤에 들어갈 내용으로 적절한 것은?

① ㉠ : 창업의 수요가 늘어나고 있다.

② ㉡ : 대부분의 사람들이 창업의 첫 시작에 대한 정보가 부족하다.

③ ㉢ : 직장인들을 위해 주말 시간도 이용할 예정이다.

④ ㉣ : 창업을 준비하는 사람 300명이 대상자이다.

⑤ ㉤ : 100명이 들을 수 있는 강연장을 준비할 예정이다.

05 다음 중 빈칸 (A)에 들어갈 내용으로 적절하지 않은 것은?

① 2인 이상 예약 시 할인 혜택

② 홈페이지 배너 광고

③ 소셜커머스를 이용한 판매

④ 포털사이트 광고

⑤ 온라인 신청

06 다음은 K사의 일일 판매 내역이다. (가) 셀에 〈보기〉와 같은 함수를 입력했다면 나타나는 값으로 옳은 것은?

	A	B	C	D
1				(가)
2				
3	제품 이름	단가	수량	할인 적용
4	K소스	200	5	90%
5	K아이스크림	100	3	90%
6	K맥주	150	2	90%
7	K커피	300	1	90%
8	K캔디	200	2	90%
9	K조림	100	3	90%
10	K과자	50	6	90%

> **보기**
>
> =SUMPRODUCT(B4:B10,C4:C10,D4:D10)

① 2,610 ② 2,700

③ 2,710 ④ 2,900

⑤ 2,910

07 다음 〈보기〉 중 인터넷의 역기능을 모두 고르면?

> **보기**
>
> ㄱ. 불건전 정보의 유통
> ㄴ. 개인 정보 유출
> ㄷ. 사이버 성폭력
> ㄹ. 사이버 언어폭력
> ㅁ. 언어 훼손

① ㄱ, ㄴ ② ㄷ, ㄹ

③ ㄱ, ㄴ, ㄹ, ㅁ ④ ㄴ, ㄷ, ㄹ, ㅁ

⑤ ㄱ, ㄴ, ㄷ, ㄹ, ㅁ

08 다음 중 4차 산업혁명의 적용사례로 적절하지 않은 것은?

① 농사 기술에 ICT를 접목한 농장에서는 농작물 재배 시설의 온도·습도·햇볕량·토양 등을 분석하고, 그 결과에 따라 기계 등을 작동하여 적절한 상태로 변화시킨다.

② 주로 경화성 소재를 사용하고, 3차원 모델링 파일을 출력 소스로 활용하여 프린터로 입체 모형의 물체를 뽑아낸다.

③ 인터넷 서버에 데이터를 저장하고 여러 IT 기기를 사용해 언제 어디서든 이용할 수 있는 컴퓨팅 환경에서는 자신의 컴퓨터가 아닌 인터넷으로 연결된 다른 컴퓨터로 정보를 처리할 수 있다.

④ 인터넷에서 정보를 교환하는 시스템으로, 하이퍼텍스트 구조를 활용해서 인터넷상의 정보들을 연결해준다.

⑤ 사물에 센서를 부착해 실시간으로 데이터를 인터넷으로 주고받는 환경에서는 세상 모든 유형·무형 객체들이 연결되어 새로운 서비스를 제공한다.

09 사이버 공간에서 자신도 모르는 사이 당신의 정보가 유출되면 큰 낭패를 볼 수 있다. 우리가 개인정보라고 생각하지 않는 것도 개인정보에 속하곤 하는데, 다음 중 개인정보에 속하는 것을 모두 고르면?

ㄱ. 가족의 이름	ㄴ. 최종학력
ㄷ. 보험가입현황	ㄹ. 전과기록

① ㄱ, ㄷ
② ㄴ, ㄷ
③ ㄴ, ㄷ, ㄹ
④ ㄷ, ㄹ
⑤ ㄱ, ㄴ, ㄷ, ㄹ

10 하나의 단어로 검색을 하면 검색결과가 너무 많아져서 이용자가 원하는 정보와 상관없는 것들이 많이 포함된다. 이럴 때 사용할 수 있는 정보검색 연산자에 대한 설명이 옳은 것은?

① * : 두 단어가 모두 포함된 문서를 검색

② ! : 두 단어가 모두 포함되거나, 두 단어 중에서 하나만 포함된 문서를 검색

③ ~ : 기호 다음에 오는 단어는 포함하지 않는 문서를 검색

④ ─ : 앞, 뒤의 단어가 가깝게 인접해 있는 문서를 검색

⑤ & : 두 단어 중 하나가 포함된 문서를 검색

11 다음의 대화를 보고 빈칸에 들어갈 말로 가장 적절한 것은?

> 수인 : 요즘은 금융기업이 아닌데도, ○○페이 형식으로 결제서비스를 제공하는 곳이 많더라.
> 희재 : 맞아! 나도 얼마 전에 온라인 구매를 위해 결제창으로 넘어갔는데, 페이에 가입해서 결제하면 혜택을 제공한다고 하여 가입해서 페이를 통해 결제했어.
> 수인 : 이렇게 모바일 기술이나 IT에 결제, 송금과 같은 금융서비스를 결합된 새로운 서비스를 _____라고 부른대. 들어본 적 있니?

① P2P

② O2O

③ 핀테크

④ IoT

⑤ 클라우드

12 다음 〈보기〉 중 Windows의 가상 데스크톱과 관련된 바로가기 기능과 키 조합이 잘못 연결된 것을 모두 고르면?

> **보기**
> ㄱ. Windows 로고 키+〈Tab〉 : 작업 보기를 연다.
> ㄴ. Windows 로고 키+〈Ctrl〉+〈D〉 : 사용 중인 가상 데스크탑을 닫는다.
> ㄷ. Windows 로고 키+〈Ctrl〉+〈화살표〉 : 생성한 가상 데스크톱 간에 전환한다.
> ㄹ. Windows 로고 키+〈Ctrl〉+〈F4〉 : 가상 데스크탑을 추가한다.

① ㄱ, ㄴ

② ㄱ, ㄷ

③ ㄴ, ㄷ

④ ㄴ, ㄹ

⑤ ㄷ, ㄹ

13 정보통신기기에 이용되는 퓨즈(Fuse)의 역할을 가장 적절하게 표현한 것은?

① 유도잡음을 제거해준다.

② 강 전류로부터 기기를 보호해준다.

③ 전자파로부터 이용자를 보호해준다.

④ 물리적인 충격으로부터 기기를 보호해준다.

⑤ 충격잡음을 제거해준다.

14 다음 〈보기〉의 (가) ~ (라)는 워드프로세서의 표시기능에 대해 설명한 것이다. 옳은 것을 모두 고르면?

> **보기**
>
> (가) 장평은 문자와 문자 사이의 간격을 의미하며, 장평 조절을 통해 가독성을 높일 수 있다.
> (나) 상태표시줄에 표시되는 정보로는 현재 쪽, 단 정보, 현재 쪽 내에서의 커서 위치, 삽입/수정 상태를 볼 수 있다.
> (다) 문서 작성 시 스크롤바를 이용하여 화면을 상·하로 이동할 수 있으나, 좌·우로는 이동할 수 없다.
> (라) 조판 부호는 표나 글상자, 그림, 머리말 등을 기호화하여 표시하는 숨은 문자를 말한다.

① (가), (나) ② (가), (다)
③ (나), (다) ④ (나), (라)
⑤ (다), (라)

15 다음 중 워드프로세서의 메일 머지(Mail Merge) 기능에 대한 설명으로 옳지 않은 것은?

① 외부 파일에 존재하는 데이터를 이용하여 작성할 수 있다.
② 본문 내용은 동일하지만 수신인이 다양할 때 사용한다.
③ 반드시 본문 파일에서 메일 머지 기능을 실행시켜야 한다.
④ 데이터 파일은 꼭 엑셀(xls)이나 액세스(mdb) 파일이어야 한다.
⑤ 메일 머지 기능의 결과를 화면으로 나타나게 할 수 있다.

16 다음 인쇄용지 중 낱장용지에 대한 설명으로 옳지 않은 것은?

① 낱장 용지는 전지의 종류인 A판과 B판을 분할하여 분할 횟수로 용지의 규격을 표시한다.
② 낱장 용지는 번호가 클수록 용지의 면적이 더 작다.
③ 낱장 용지는 같은 번호일 때 A판이 B판보다 더 크다.
④ A4의 표준 규격은 210mm×297mm이다.
⑤ 낱장 용지는 주로 잉크젯 프린터나 레이저 프린터에서 사용한다.

17 컴퓨터 시스템 내부에서 실행 중인 프로그램을 정의하는 용어는?

① 버퍼
② 프로세스
③ 커널
④ 인터럽트
⑤ 함수

18 다음 중 Windows 환경에서 앱이나 바탕화면 창을 화면의 오른쪽 방향으로 최대화하고자 할 때, 오른쪽 방향키와 함께 눌러야 할 버튼으로 옳은 것은?

① 〈Alt〉
② 〈Ctrl〉
③ 〈Shift〉
④ 〈Ctrl〉+〈Shift〉
⑤ Windows 로고 키

19 다음 중 하나의 시스템을 여러 사용자가 공유하여 동시에 대화식으로 작업을 수행할 수 있으며, 시스템은 일정 시간 단위로 CPU 사용을 한 사용자에서 다음 사용자로 신속하게 전환함으로써 각 사용자들은 자신만이 컴퓨터를 사용하고 있는 것처럼 보이는 처리 방식의 시스템은?

① 오프라인 시스템(Off-Line System)
② 일괄 처리 시스템(Batch Processing System)
③ 시분할 시스템(Time Sharing System)
④ 분산 시스템(Distributed System)
⑤ 실시간 시스템(Real Time System)

20 다음 설명에 해당하는 차트는 무엇인가?

- 데이터 계열이 하나만 있으므로 축이 없다.
- 차트의 조각은 사용자가 직접 분리할 수 있다.
- 차트에서 첫째 조각의 각을 '0°~360°' 사이의 값을 이용하여 회전시킬 수 있다.

① 영역형 차트
② 분산형 차트
③ 꺾은선형 차트
④ 원형 차트
⑤ 표면형 차트

교육은 우리 자신의 무지를 점차 발견해 가는 과정이다.

- 윌 듀란트 -

CHAPTER 06
기술능력

합격 CHEAT KEY

기술능력은 업무를 수행함에 있어 도구, 장치 등을 포함하여 필요한 기술에 어떠한 것들이 있는지 이해하고, 실제 업무를 수행함에 있어 적절한 기술을 선택하여 적용하는 능력이다. 사무직을 제외한 특수 직렬을 지원하는 수험생이라면 전공을 포함하여 반드시 준비해야 하는 영역이다.

국가직무능력표준에 따르면 기술능력의 세부 유형은 기술이해능력·기술선택능력·기술적용능력으로 나눌 수 있다. 제품설명서나 상황별 매뉴얼을 제시하는 문제 또는 명령어를 제시하고 규칙을 대입할 수 있는지 묻는 문제가 출제되기 때문에 이런 유형들을 공략할 수 있는 전략을 세워야 한다. 기술능력은 NCS 기반 채용을 진행한 기업 중 50% 정도가 채택했으며, 문항 수는 전체에서 평균 2% 정도 출제되었다.

01 긴 지문이 출제될 때는 보기의 내용을 미리 보자!

기술능력에서 자주 출제되는 제품설명서나 상황별 매뉴얼을 제시하는 문제에서는 기술을 이해하고, 상황에 알맞은 원인 및 해결방안을 고르는 문제가 출제된다. 실제 시험장에서 문제를 풀 때는 시간적 여유가 없기 때문에 보기를 먼저 읽고, 그 다음 긴 지문을 보면서 동시에 보기와 일치하는 내용이 나오면 확인해 가면서 푸는 것이 좋다.

02 모듈형에 대비하라!

모듈형 문제의 비중이 늘어나는 추세이므로 공기업을 준비하는 취업준비생이라면 모듈형 문제에 대비해야 한다. 기술능력의 모듈형 이론 부분을 학습하고 모듈형 문제를 풀어보고 여러 번 읽으며 이론을 확실히 익혀두면 실제 시험장에서 이론을 묻는 문제가 나왔을 때 단번에 답을 고를 수 있다.

03 **전공 이론도 익혀두자!**

지원하는 직렬의 전공 이론이 기술능력으로 출제되는 경우가 많기 때문에 전공 이론을 익혀두는 것이 좋다. 깊이 있는 지식을 묻는 문제가 아니더라도 출제되는 문제의 소재가 전공과 관련된 내용일 가능성이 크기 때문에 최소한 지원하는 직렬의 전공 용어는 확실히 익혀두어야 한다.

04 **포기하지 말자!**

직업기초능력에서 주요 영역이 아니면 소홀한 경우가 많다. 시험장에서 기술능력을 읽어보지도 않고 포기하는 경우가 많은데 차근차근 읽어보면 지문만 잘 읽어도 풀 수 있는 문제들이 출제되는 경우가 있다. 이론을 모르더라도 풀 수 있는 문제인지 파악해보자.

01 | 기술선택능력

다음은 기술선택을 위한 절차를 나타낸 것이다. (ㄱ) ~ (ㄹ)에 들어갈 내용을 바르게 짝지은 것은?

풀이순서

1) 질문의도
   기술선택 절차

2) 기술선택 절차 파악

4) 정답도출

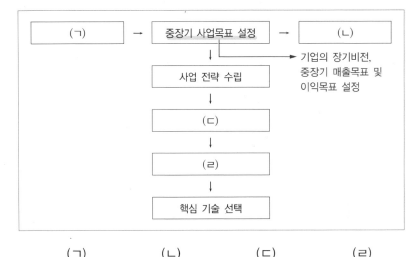

	(ㄱ)	(ㄴ)	(ㄷ)	(ㄹ)
①	내부 역량 분석	외부 환경 분석	요구 기술 분석	기술 전략 수립
②	내부 역량 분석	외부 환경 분석	기술 전략 수립	요구 기술 분석
✔	외부 환경 분석	내부 역량 분석	요구 기술 분석	기술 전략 수립

3) 선택지분석

	수요변화 및 경쟁자 변화, 기술변화 등을 분석	기술능력, 생산능력, 마케팅 · 영업능력, 재무능력 등	제품 설계 · 디자인 기술, 제품 생산 공정, 원재료 · 부품 제조기술에 대한 분석	핵심 기술을 선택하거나, 기술 획득 방법을 결정
④	외부 환경 분석	내부 역량 분석	기술 전략 수립	요구 기술 분석
⑤	외부 환경 분석	기술 전략 수립	내부 역량 분석	요구 기술 분석

유형 분석	• 제시된 지문만으로 해결하기 어려울 수 있으므로, 사전에 관련 개념과 특징을 숙지하고 있어야 한다. • 업무수행에 필요한 기술의 개념 · 원리 · 절차, 관련 용어, 긍정적 · 부정적 영향에 대한 이해를 평가한다.
풀이 전략	질문을 읽고 문제에서 묻는 바를 이해한 뒤 선택지와 지문의 내용을 하나씩 대조하며 정답을 도출한다.

02 | 기술적용능력

E사원은 회사의 기기를 관리하는 업무를 맡고 있다. 어느 날, 동료 사원들로부터 전자레인지를 사용할 때 가끔씩 불꽃이 튀고 음식이 잘 데워지지 않는다는 이야기를 들었다. 서비스를 접수하기 전에 점검할 사항으로 옳지 않은 것은?

풀이순서

1) 질문의도
   원인 → 점검 사항

2) 지문파악
   전자레인지 설명서

4) 정답도출
   사무실, 전자레인지
   전압 확인 → 증상에
   따른 원인으로 제시
   되지 않은 사항

PART 2

증상	원인	조치 방법
전자레인지가 작동하지 않는다.	• 전원 플러그가 콘센트에 바르게 꽂혀 있습니까? • 문이 확실히 닫혀 있습니까? • 배전판 퓨즈나 차단기가 끊어지지 않았습니까? • 조리방법을 제대로 선택하셨습니까?	• 전원 플러그를 바로 꽂아주십시오. • 문을 다시 닫아 주십시오. • 끊어졌으면 교체하고 연결시켜 주십시오. • 취소를 누르고 다시 시작하십시오.
동작 시 불꽃이 튄다.	• ❹ 조리실 내벽에 금속 제품 등이 닿지 않았습니까? • ❷ 금선이나 은선으로 장식된 그릇을 사용하고 계십니까? • ❶ 조리실 내에 찌꺼기가 있습니까?	• 벽에 닿지 않도록 하십시오. • 금선이나 은선으로 장식된 그릇은 사용하지 마십시오. • 깨끗이 청소해 주십시오.
조리 상태가 나쁘다.	• ❺ 조리 순서, 시간 등 사용 방법을 잘 선택하셨습니까?	• 요리책을 다시 확인하고 사용해 주십시오.
회전 접시가 불균일하게 돌거나 돌지 않는다.	• 회전 접시와 회전 링이 바르게 놓여 있습니까?	• 각각을 정확한 위치에 놓아 주십시오.
불의 밝기나 동작 소리가 불균일하다.	• 출력의 변화에 따라 일어난 현상이니 안심하고 사용하셔도 됩니다.	

① 조리실 내 위생 상태 점검
② 사용 가능 용기 확인
✓ 사무실, 전자레인지 전압 확인
④ 조리실 내벽 확인
⑤ 조리 순서, 시간 확인

3) 선택지분석
   주어진 증상에 대한 원인과 조치 방법 확인

유형 분석	• 제품설명서 등을 읽고 제시된 문제 상황에 적절한 해결 방법을 찾는 문제이다. • 직업생활에 필요한 기술은 그대로 적용하고 불필요한 기술은 버릴 수 있는지 평가한다. • 지문의 길이가 길고 복잡하므로, 문제에서 요구하는 정보를 놓치지 않도록 주의해야 한다.
풀이 전략	질문을 읽고 문제 상황을 파악한 뒤 지문에 제시된 선택지를 하나씩 소거하며 정답을 도출한다.

06 | 기출예상문제

정답 및 해설 p.056

※ 다음은 K공사에서 발표한 전력수급 비상단계 발생 시 행동요령이다. 이를 읽고 이어지는 질문에 답하시오. **[1~2]**

〈전력수급 비상단계 발생 시 행동요령〉

• 가정
  1. 전기 냉난방기기의 사용을 중지합니다.
  2. 다리미, 청소기, 세탁기 등 긴급하지 않은 모든 가전기기의 사용을 중지합니다.
  3. TV, 라디오 등을 통해 신속하게 재난상황을 파악하여 대처합니다.
  4. 안전, 보안 등을 위한 최소한의 조명을 제외한 실내외 조명은 모두 소등합니다.
• 사무실
  1. 건물관리자는 중앙조절식 냉난방설비의 가동을 중지하거나 온도를 낮춥니다.
  2. 사무실 내 냉난방설비의 가동을 중지합니다.
  3. 컴퓨터, 프린터, 복사기, 냉온수기 등 긴급하지 않은 모든 사무기기 및 설비의 전원을 차단합니다.
  4. 안전, 보안 등을 위한 최소한의 조명을 제외한 실내외 조명은 모두 소등합니다.
• 공장
  1. 사무실 및 공장 내 냉난방기의 사용을 중지합니다.
  2. 컴퓨터, 복사기 등 각종 사무기기의 전원을 일시적으로 차단합니다.
  3. 꼭 필요한 경우를 제외한 사무실 조명은 모두 소등하고 공장 내부의 조명도 최소화합니다.
  4. 비상발전기의 가동을 점검하고 운전 상태를 확인합니다.
• 상가
  1. 냉난방설비의 가동을 중지합니다.
  2. 안전·보안용을 제외한 모든 실내 조명등과 간판 등을 일시 소등합니다.
  3. 식기건조기, 냉온수기 등 식재료의 부패와 관련 없는 가전제품의 가동을 중지하거나 조정합니다.
  4. 자동문, 에어커튼의 사용을 중지하고 환기팬 가동을 일시 정지합니다.

---

01 다음 중 전력수급 비상단계 발생 시 행동요령에 대한 설명으로 적절하지 않은 것은?

① 가정에 있을 경우 대중매체를 통해 재난상황에 대한 정보를 파악할 수 있다.

② 사무실에 있을 경우 즉시 사용이 필요하지 않은 복사기, 컴퓨터 등의 전원을 차단하여야 한다.

③ 가정에 있을 경우 모든 실내외 조명을 소등하여야 한다.

④ 공장에 있을 경우 비상발전기 가동을 준비해야 한다.

⑤ 전력 회복을 위해 한동안 사무실의 업무가 중단될 수 있다.

02 다음 중 전력수급 비상단계가 발생했을 때의 행동으로 적절하지 않은 것을 〈보기〉에서 모두 고르면?

> **보기**
>
> ⊙ 가정에 있던 김사원은 세탁기 사용을 중지하고 실내조명을 최소화하였다.
> ⓛ 본사 전력관리실에 있던 이주임은 사내 중앙보안시스템의 전원을 즉시 차단하였다.
> ⓒ 공장에 있던 박주임은 즉시 공장 내부 조명 밝기를 최소화하였다.
> ⓔ 상가에서 횟집을 운영하는 최사장은 모든 냉동고의 전원을 차단하였다.

① ㉠, ㉡   ② ㉠, ㉢
③ ㉡, ㉢   ④ ㉡, ㉣
⑤ ㉢, ㉣

03 다음 중 기술시스템의 발전단계가 순서대로 바르게 나열된 것은?

> ㄱ. 발명, 개발, 혁신의 단계
> ㄴ. 기술 경쟁의 단계
> ㄷ. 기술 이전의 단계
> ㄹ. 기술 공고화 단계

① ㄱ - ㄷ - ㄴ - ㄹ   ② ㄱ - ㄹ - ㄷ - ㄴ
③ ㄴ - ㄷ - ㄹ - ㄱ   ④ ㄹ - ㄱ - ㄷ - ㄴ
⑤ ㄹ - ㄱ - ㄴ - ㄷ

04 기술선택을 위한 우선순위 결정요인이 아닌 것은?

① 제품의 성능이나 원가에 미치는 영향력이 큰 기술
② 쉽게 구할 수 있는 기술
③ 기업 간에 모방이 어려운 기술
④ 최신 기술로 진부화 될 가능성이 적은 기술
⑤ 기업이 생산하는 제품 및 서비스에 보다 광범위하게 활용할 수 있는 기술

※ K공사에서는 화장실의 청결을 위해 비데를 구매하고 화장실과 가까운 곳에 위치한 귀하의 팀원들에게 비데를 설치하도록 지시하였다. 다음 내용은 비데를 설치하기 위해 참고할 제품설명서의 일부 내용이다. 이어지는 질문에 답하시오. [5~6]

〈설치방법〉

1) 비데 본체의 변좌와 변기의 앞면이 일치되도록 전후로 고정하십시오.
2) 비데용 급수호스를 정수필터와 비데 본체에 연결한 후 급수밸브를 열어 주십시오.
3) 전원을 연결하십시오(반드시 전용 콘센트를 사용하십시오).
4) 비데가 작동하는 소리가 들린다면 설치가 완료된 것입니다.

〈주의사항〉

• 전원은 반드시 AC220V에 연결하십시오(반드시 전용 콘센트를 사용하십시오).
• 변좌에 걸터앉지 말고 항상 중앙에 앉고, 변좌 위에 어떠한 것도 놓지 마십시오(착좌센서가 동작하지 않을 수도 있습니다).
• 정기적으로 수도필터와 정수필터를 청소 또는 교환해 주십시오.
• 급수밸브를 꼭 열어 주십시오.

〈A/S 신청 전 확인 사항〉

현상	원인	조치 방법
물이 나오지 않을 경우	급수밸브가 잠김	매뉴얼을 참고하여 급수밸브를 열어 주세요.
	정수필터가 막힘	매뉴얼을 참고하여 정수필터를 교체하여 주세요(A/S상담실로 문의하세요).
	본체 급수호스 등이 동결	더운물에 적신 천으로 급수호스 등의 동결부위를 녹여 주세요.
기능 작동이 되지 않을 경우	수도필터가 막힘	흐르는 물에 수도필터를 닦아 주세요.
	착좌센서 오류	착좌센서에서 의류, 물방울, 이물질 등을 치워 주세요.
수압이 약할 경우	수도필터에 이물질이 낌	흐르는 물에 수도필터를 닦아 주세요.
	본체의 호스가 꺾임	호스의 꺾인 부분을 펴 주세요.
노즐이 나오지 않을 경우	착좌센서 오류	착좌센서에서 의류, 물방울, 이물질을 치워 주세요.
본체가 흔들릴 경우	고정 볼트가 느슨해짐	고정 볼트를 다시 조여 주세요.
비데가 작동하지 않을 경우	급수밸브가 잠김	매뉴얼을 참고하여 급수밸브를 열어 주세요.
	급수호스의 연결문제	급수호스의 연결상태를 확인해 주세요. 계속 작동하지 않는다면 A/S상담실로 문의하세요.
변기의 물이 샐 경우	급수호스가 느슨해짐	급수호스 연결부분을 조여 주세요. 계속 샐 경우 급수밸브를 잠근 후 A/S상담실로 문의하세요.

05 귀하는 지시에 따라 비데를 설치하였다. 일주일이 지난 뒤, 동료 P사원으로부터 비데의 기능이 작동하지 않는다는 사실을 접수하였다. 다음 중 귀하가 해당 문제점에 대한 원인을 파악하기 위해 확인해야 할 사항으로 가장 적절한 것은?

① 급수밸브의 잠김 여부
② 수도필터의 청결 상태
③ 정수필터의 청결 상태
④ 급수밸브의 연결 상태
⑤ 비데의 고정 여부

06 05번에서 확인한 사항이 추가로 다른 문제를 일으킬 수 있는지 미리 점검하고자 한다면, 다음 중 가장 적절한 행동은?

① 수압이 약해졌는지 확인한다.
② 물이 나오지 않는지 확인한다.
③ 본체가 흔들리는지 확인한다.
④ 노즐이 나오지 않는지 확인한다.
⑤ 변기의 물이 새는지 확인한다.

07 기술경영자의 능력이 아닌 것은?

① 기술을 기업의 전반적인 전략 목표에 통합시키는 능력
② 빠르고 효과적으로 새로운 기술을 습득하고 기존의 기술에서 탈피하는 능력
③ 기술을 효과적으로 평가할 수 있는 능력
④ 조직 밖의 기술 이용을 수행할 수 있는 능력
⑤ 기술 이전을 효과적으로 할 수 있는 능력

08 논리연산자를 다음과 같이 정의할 때, 다음과 같은 입력 패턴 A, B를 〈조건〉에 따라 원하는 출력 패턴으로 합성하고자 한다. (가)에 들어갈 논리 연산자로 옳은 것은?

- AND(논리곱) : 둘 다 참일 때만 참, 나머지는 모두 거짓
- OR(논리합) : 둘 다 거짓일 때만 거짓, 나머지는 모두 참
- NAND(부정논리곱) : 둘 다 참일 때만 거짓, 나머지는 모두 참
- NOR(부정논리합) : 둘 다 거짓일 때만 참, 나머지는 모두 거짓
- XOR(배타적 논리합) : 둘의 참 / 거짓이 다르면 참, 같으면 거짓

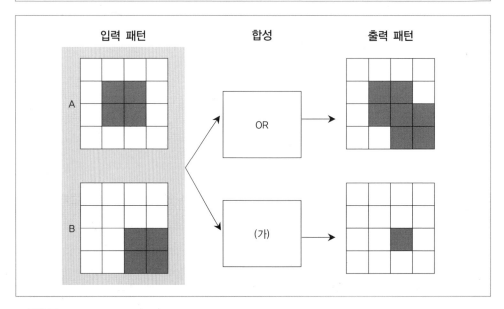

조건

- ■은 패턴값 '1'로, □은 패턴값 '0'으로 변환하여 합성에 필요한 논리 연산을 한 후, '1'은 ■으로 '0'은 □으로 표시한다.
- 합성은 두 개의 입력 패턴 A, B를 겹쳐서 1 : 1로 대응되는 위치의 패턴값끼리 논리 연산을 수행하여 이루어진다.
- 입력 패턴 A, B와 출력 패턴의 회전은 없다.

① AND   ② NOR

③ XOR   ④ NAND

⑤ OR

09 다음 중 기술과 관련된 용어에 대한 설명으로 옳지 않은 것은?

① 노하우(Know-how)는 어떤 일을 오래 함에 따라 자연스럽게 터득한 방법이나 요령이다.

② 노와이(Know-why)는 원인과 결과를 알아내고 파악하는 것을 말한다.

③ OJT(On the Job Training)는 국가에서 직원을 집합하여 교육하는 기본적인 훈련 방법이다.

④ 벤치마킹(Benchmarking)은 기업에서 경쟁력을 키우기 위한 방법으로 경쟁 회사의 비법을 배우면서 혁신하는 기법이다.

⑤ 매뉴얼(Manual)은 제품 및 시스템을 사용하는 데 도움이 되는 서식이다.

PART 2

10 다음은 기술시스템의 발전단계이다. 각 단계에 대한 사례로 적절하지 않은 것은?

1단계 : 발명, 개발, 혁신의 단계 – 기술 시스템이 탄생하고 성장	① 에디슨이 전구를 발명하였다. ② 에디슨은 자신의 전구 조명 시스템이 경쟁력을 갖도록 고안하였다.
↓	
2단계 : 기술 이전의 단계 – 성공적인 기술이 다른 지역으로 이동	③ 영국에서 발명된 변압기를 본 헝가리 간쯔 앤 컴퍼니는 변압기를 다시 설계하여 실용적인 변압기를 만들었다.
↓	
3단계 : 기술 경쟁의 단계 – 기술 시스템 사이의 경쟁	④ 에디슨과 조력자들은 파격적인 발명을 해낸 다른 발명가들과 경쟁을 하면서 새로운 것을 발명해냈다.
↓	
4단계 : 기술 공고화 단계 – 경쟁에서 승리한 기술 시스템의 관성화	⑤ 에디슨이 전등회사, 전구 생산 회사 등을 설립하고 통합하는 등 다양한 회사들을 소유·통제하였다.

※ 다음은 전열 난방기구의 설명서이다. 이어지는 질문에 답하시오. [11~13]

■ 설치방법
[스탠드형]
1) 제품 밑 부분이 위를 향하게 하고, 스탠드와 히터의 나사 구멍이 일치하도록 맞추세요.
2) 십자드라이버를 사용해 스탠드 조립용 나사를 단단히 고정시켜주세요.
3) 스탠드 2개를 모두 조립한 후 제품을 똑바로 세워놓고 흔들리지 않는지 확인합니다.
[벽걸이형]
1) 벽걸이용 거치대를 본체에서 분리해주세요.
2) 벽걸이용 거치대 양쪽 구멍의 거리에 맞춰 벽에 작은 구멍을 냅니다(단단한 콘크리트나 타일이 있을 경우 전동드릴로 구멍을 내면 좋습니다).
3) 제공되는 나사를 이용해 거치대를 벽에 고정시켜 줍니다.
4) 양손으로 본체를 들어서 평행을 맞춰 거치대에 제품을 고정합니다.
5) 거치대의 고정 나사를 단단히 조여 흔들리지 않도록 고정시킵니다.

■ 사용방법
1) 전원선을 콘센트에 연결합니다.
2) 전원버튼을 누르면 작동을 시작합니다.
3) 1단(750W), 2단(1500W)의 출력 조절버튼을 터치해 출력을 조절할 수 있습니다.
4) 온도 조절버튼을 터치하여 온도를 조절할 수 있습니다.
   - 설정 가능한 온도 범위는 15 ~ 40℃입니다.
   - 에너지 절약을 위해 실내온도가 설정온도에 도달하면 자동으로 전원이 차단됩니다.
   - 실내온도가 설정온도보다 약 2 ~ 3℃ 내려가면 다시 작동합니다.
5) 타이머 버튼을 터치하여 작동 시간을 설정할 수 있습니다.
6) 출력 조절버튼을 5초 이상 길게 누르면 잠금 기능이 활성화됩니다.

■ 주의사항
   - 제품을 사용하지 않을 때나 제품을 점검할 때는 전원코드를 반드시 콘센트에서 분리하세요.
   - 사용자가 볼 수 있는 위치에서만 사용하세요.
   - 사용 시에 화상을 입을 수 있으니 손을 대지 마세요.
   - 바닥이 고르지 않은 곳에서는 사용하지 마세요.
   - 젖은 수건, 의류 등을 히터 위에 올려놓지 마세요.
   - 장난감, 철사, 칼, 도구 등을 넣지 마세요.
   - 제품 사용 중 이상이 발생한 경우 분해하지 마시고, A/S 센터에 문의해주세요.
   - 본체 가까이에서 스프레이 캔이나 인화성 위험물을 사용하지 마세요.
   - 휘발유, 신나, 벤젠, 등유, 알칼리성 비눗물, 살충제 등을 이용하여 청소하지 마세요.
   - 제품을 물에 담그지 마세요.
   - 젖은 손으로 전원코드, 본체, 콘센트 등을 만지지 마세요.
   - 전원 케이블이 과도하게 꺾이거나 피복이 벗겨진 경우에는 전원을 연결하지 마시고, A/S센터로 문의하시기 바랍니다.
   ※ 주의 : 주의사항을 지키지 않을 경우 고장 및 감전, 화재의 원인이 될 수 있습니다.

11 작업장에 벽걸이형 난방기구를 설치하고자 한다. 다음 중 벽걸이형 난방기구의 설치방법으로 적절한 것은?

① 벽걸이용 거치대의 양쪽 구멍과 상단 구멍의 위치에 맞게 벽에 작은 구멍을 낸다.

② 스탠드 2개를 조립한 후 벽걸이형 거치대를 본체에서 분리한다.

③ 벽이 단단한 콘크리트로 되어 있을 경우 거치대를 따로 고정하지 않아도 된다.

④ 거치대를 벽에 고정시킨 뒤, 평행을 맞추어 거치대에 제품을 고정시킨다.

⑤ 스탠드의 고정 나사를 조여 제품이 흔들리지 않는지 확인한다.

12 다음 중 난방기 사용방법으로 적절하지 않은 것은?

① 전원선을 콘센트에 연결 후 전원버튼을 누른다.

② 출력 조절버튼을 터치하여 출력을 1단으로 낮춘다.

③ 히터를 작동시키기 위해 설정온도를 현재 실내온도인 20℃로 조절하였다.

④ 전기료 절감을 위해 타이머를 1시간으로 맞추어 놓고 사용하였다.

⑤ 잠금 기능을 활성화하기 위해 출력 조절버튼을 5초 이상 길게 눌렀다.

13 난방기가 사용 도중 갑자기 작동하지 않았다. 다음 중 난방기 고장 원인이 될 수 없는 것은?

① 바닥 면이 고르지 않은 곳에 두었다.

② 젖은 수건을 히터 위에 두었다.

③ 열원이 방출되는 구멍에 연필이 들어갔다.

④ 전원케이블의 피복이 벗겨져 있었다.

⑤ 작동되고 있는 히터를 손으로 만졌다.

■ **사용방법**
1) 앞면에 있는 스위치를 'ON'으로 돌리면 파란불이 들어오며 예열을 시작합니다.
2) 3~5분 정도의 예열이 끝나면 예열표시등이 빨간불로 바뀌고 코팅을 할 수 있습니다.
3) 코팅할 서류를 코팅지에 넣어주시고, 봉합된 변까지 밀어 넣습니다.
   - 각 변에 최소 3~5mm 여유 공간을 남겨 주세요.
   - 두께가 160micron 이상이거나 100micron 이하인 코팅지를 사용하지 마세요.
4) 서류를 넣은 코팅지는 봉합된 부분부터 평행으로 코팅 투입구에 넣어주세요.
5) 코팅지는 코팅기를 통과하며 기기 뒷면 코팅 배출구에서 나옵니다.
   - 임의로 코팅지를 잡아당기면 안 됩니다.
6) 코팅지가 전부 나온 후 기기에서 분리해주세요.
7) 사용 완료 후 스위치를 'OFF'로 돌려주세요.
   - 사용 후 1~2시간 정도 열을 식혀 주세요.

■ **코팅지 걸림 발생 시**
1) 코팅지가 기기에 걸렸을 경우 앞면의 스위치를 'OFF'로 돌린 다음, 기기 전원을 차단시킵니다.
2) 기기 뒷면에 있는 'REMOVE' 스위치를 화살표 방향으로 밀면서 코팅 서류를 조심스럽게 당겨 뽑아주세요.

■ **주의사항**
- 기기가 작동 중일 때 표면이 매우 뜨거우므로 손으로 만지지 마십시오.
- 기기를 사용한 후, 기계 플러그를 뽑고 열이 충분히 식은 후에 이동 및 보관을 합니다.
- 기기 위에 무겁거나 날카로운 물건을 두지 마십시오.
- 기기의 내부에 물을 떨어뜨리지 마십시오.
- 기기에 다른 물질을 넣지 마십시오.
- 전문가의 도움 없이 절대 분해하거나 재조립 또는 수리하지 마십시오.
- 기기를 장시간 사용하지 않을 경우 전원 코드를 뽑아주세요.
- 사용 중 기기가 과열되거나 이상한 냄새가 나거나 종이 걸림이 있을 경우 신속히 전원을 끕니다.

■ **문제해결**

고장	원인	해결
코팅 중에 코팅물이 나오지 않을 때	• 필름을 잘라서 사용했을 경우 • 두께를 초과하는 용지로 코팅했을 경우 • 과도하게 용지를 투입했을 경우 • 코팅지가 롤러에 말린 경우	전원을 끄고 'REMOVE' 스위치를 화살표 방향으로 밀면서 말린 필름을 제거합니다.
필름을 투입했지만, 필름이 들어가지 않고 멈춰있을 때	• 투입 불량으로 접착액이 다량으로 붙어 있는 경우	전원을 끄고 냉각시킨 다음 다시 시도해봅니다.
전원 지시등이 켜지지 않을 때	• 기기 전원 스위치가 접속되어 있지 않은 경우	전원코드 및 기기 스위치가 'ON'으로 되어 있는지 확인합니다.

14 A교사는 연구수업에 쓰일 교육자료 제작을 위해 코팅기를 사용하였다. 다음 중 A교사의 행동으로 가장 적절한 것은?

① 코팅기기 앞면의 스위치를 'ON'으로 놓자마자 코팅지를 투입하였다.

② 코팅지를 평행으로 놓고, 봉합된 부분의 반대 방향부터 투입구에 넣었다.

③ 120micron 코팅지에 코팅할 서류를 넣었다.

④ 코팅기를 통과하면서 나오는 코팅지를 뒷면에서 잡아당겼다.

⑤ 사용 완료 후 기기 전원을 끄고 바로 보관함 상자에 넣었다.

15 B원장은 기기 관리를 위해 교사들에게 코팅기 사용 시 주의사항에 대해 안내하고자 한다. 다음 중 코팅기 사용 시 주의해야 할 사항으로 적절하지 않은 것은?

① 기기 사용 중에는 표면이 많이 뜨거우므로 아이들의 손이 닿지 않도록 주의하세요.

② 기기 위에 무거운 물건이나 날카로운 물건을 올리지 마세요.

③ 사용 후에는 스위치를 'OFF'로 돌려놓고, 퇴근 시에는 전원코드를 뽑아주세요.

④ 사용 중 이상한 냄새가 날 경우 신속히 전원을 끄도록 합니다.

⑤ 사용 중 기기에 코팅지가 걸릴 경우 기기 앞면에서 코팅 서류를 조심스럽게 꺼냅니다.

16 C교사가 코팅기를 사용하는데 코팅물이 나오지 않았다. 다음 중 문제의 원인으로 적절하지 않은 것은?

① 코팅 필름을 잘라서 코팅기기에 넣었다.

② 두꺼운 코팅 필름을 사용해 코팅기기에 넣었다.

③ 코팅물이 빠져나오지 않은 상태에서 새로운 코팅물을 넣었다.

④ 코팅지가 롤러 사이에 말려 있었다.

⑤ 접착액이 코팅지 주변으로 붙어 있었다.

17 K공사는 10대 핵심전략기술을 선정하여 신기술 개발과 사업화에 역량을 집중하고 있다. 다음 〈보기〉에 대한 설명으로 옳지 않은 것은?

> **보기**
>
> 〈K공사 선정 2023년 10대 핵심전략기술 중 일부〉
>
> (가) CCUS(탄소포집 저장 활용)　　　(나) Micro Grid
> (다) Smart Grid　　　　　　　　　　(라) ESS(에너지저장장치)
> (마) ICT 융복합

① CCUS : 이산화탄소를 고순도로 포집하여 압축, 저장, 활용하는 기술
② Micro Grid : 전력설비 안전성 강화 및 효율 증대 원천기술 및 공정 신소재 개발(자기치유, 슈퍼커패시터, 3D프린팅 등)
③ Smart Grid : 기존 전력망에 ICT를 접목, 에너지 효율을 최적화, 전력사용 절감을 유도하는 전력망
④ ESS : 전력에너지를 필요시 저장, 공급하여 에너지 효율을 향상시키는 시스템
⑤ ICT 융복합 : 사물인터넷(IoT), 빅데이터, 보안 등 최신 ICT 기술을 활용, 전력분야 신사업 기반 창출

※ 다음은 그래프 구성 명령어 실행 예시이다. 이어지는 질문에 답하시오. **[18~19]**

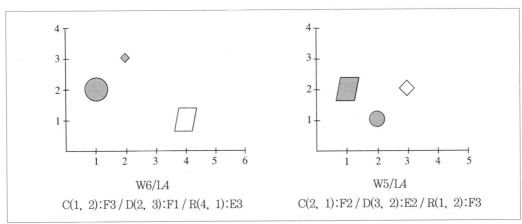

W6/L4
C(1, 2):F3 / D(2, 3):F1 / R(4, 1):E3

W5/L4
C(2, 1):F2 / D(3, 2):E2 / R(1, 2):F3

18 W6/L2 C(1, 1):F1 / D(3, 2):F2 / R(4, 1):F2의 그래프를 산출할 때, 오류가 발생하여 아래와 같은 그래프가 산출되었다. 다음 중 오류가 발생한 값은?

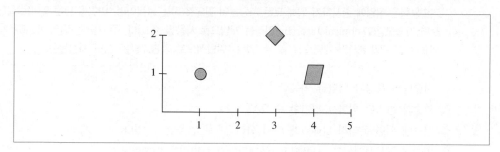

① W6/L2

② C(1, 1):F1

③ D(3, 2):F2

④ R(4, 1):F2

⑤ 알 수 없음

19 다음의 그래프에 적절한 명령어는 무엇인가?

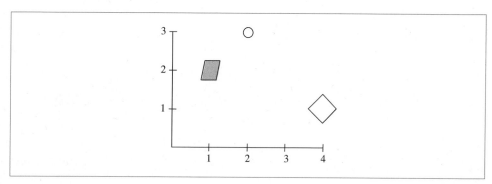

① W4/L3

C(2, 3):E1 / D(4, 1):E2 / R(1, 2):F3

② W4/L3

C(2, 3):F1 / D(4, 1):F3 / R(1, 2):E2

③ W4/L3

C(2, 3):E1 / D(4, 1):E3 / R(1, 2):F2

④ W4/L3

C(3, 2):E1 / D(1, 4):E3 / R(2, 1):F2

⑤ W4/L3

C(2, 3):E1 / D(4, 1):F3 / R(1, 2):E2

20 다음 빈칸에 들어갈 문장으로 적절하지 않은 것은?

> 기술능력은 직업에 종사하기 위해 모든 사람들이 필요로 하는 능력이며, 이것을 넓은 의미로 확대해 보면 기술교양(Technical Literacy)이라는 개념으로 사용될 수 있다. 즉 기술능력은 기술교양의 개념을 보다 구체화시킨 개념으로 볼 수 있다. 일반적으로 기술교양을 지닌 사람들은 _____

① 기술학의 특성과 역할을 이해한다.

② 기술과 관련된 위험을 평가할 수 있다.

③ 기술에 의한 윤리적 딜레마에 대해 합리적으로 반응할 수 있다.

④ 기술체계가 설계되고, 사용되고, 통제되어지는 방법을 이해한다.

⑤ 기술과 관련된 이익을 가치화하지 않는다.

PART 3

최종점검 모의고사

제1회
최종점검 모의고사

※ 한국전력공사 고졸채용 최종점검 모의고사는 채용공고를 기준으로 구성한 것으로
   실제 시험과 다를 수 있습니다.

■ 취약영역 분석

|01| 공통영역(사무 / 전기 / ICT)

번호	O/×	영역	번호	O/×	영역	번호	O/×	영역
01			11			21		
02			12			22		
03			13			23		
04			14			24		
05		의사소통능력	15		수리능력	25		문제해결능력
06			16			26		
07			17			27		
08			18			28		
09			19			29		
10			20			30		

|02| 자원관리능력(사무 / 전기)

번호	01	02	03	04	05	06	07	08	09	10
O/×										

|03| 정보능력(사무 / ICT)

번호	01	02	03	04	05	06	07	08	09	10
O/×										

|04| 기술능력(전기 / ICT)

번호	01	02	03	04	05	06	07	08	09	10
O/×										

평가문항	50문항	평가시간	60분
시작시간	:	종료시간	:
취약영역			

최종점검 모의고사

🕐 응시시간 : 60분　　📋 문항 수 : 50문항　　　　　정답 및 해설 p.060

01　공통영역(사무/전기/ICT)

01 다음 문단을 논리적 순서대로 바르게 나열한 것은?

> (가) 정해진 극본대로 연기를 하는 연극의 서사는 논리적이고 합리적이다. 그러나 연극 밖의 현실은 비합리적이고, 그 비합리성을 개인의 합리에 맞게 해석한다. 연극 밖에서도 각자의 합리성에 맞춰 연극을 하고 있는 것이다.
> (나) 사전적 의미로 불합리한 것, 이치에 맞지 않는 것을 의미하는 부조리는 실존주의 철학에서는 현실에서는 전혀 삶의 의미를 발견할 가능성이 없는 절망적인 한계상황을 나타내는 용어이다.
> (다) 이것이 비합리적인 세계에 대한 자신의 합목적적인 희망이라는 사실을 깨달았을 때, 삶은 허망해지고 인간은 부조리를 느끼게 된다.
> (라) 부조리라는 개념을 처음 도입한 대표적인 철학자인 알베르 카뮈는 연극에 비유하여 부조리에 대해 설명한다.

① (나) - (다) - (가) - (라)
② (나) - (가) - (다) - (라)
③ (나) - (라) - (가) - (다)
④ (가) - (라) - (나) - (다)
⑤ (가) - (다) - (나) - (라)

02 다음 중 공문서 작성 요령으로 적절하지 않은 것은?

① 전문 용어 사용을 지양한다.
② 1. → 1) → (1) → 가. → 가)와 같이 항목을 순서대로 표시한다.
③ 첨부물이 있다면 붙임 표시문 다음에 '끝'을 표시한다.
④ 뜻을 정확하게 전달하기 위해 괄호 안에 한자를 함께 적을 수 있다.
⑤ 쌍점(:)은 앞말에 붙여 쓰고 뒷말과는 띄어 쓴다.

03 다음 글에서 알 수 없는 것은?

사유재산제도와 시장경제가 자본주의의 양대 축을 이루기 때문에 토지 또한 민간의 소유이어야만 한다고 하는 이들이 많다. 토지사유제의 정당성을 그것이 자본주의의 성립 근거라는 점에서 찾고자 하는 학자도 있다. 토지에 대해서는 절대적이고 배타적인 소유권을 인정할 수 없다고 하면 이들은 신성불가침 영역에 대한 도발이라며 이에 반발한다. 토지가 일반 재화나 자본에 비해 지닌 근본적인 차이는 무시하고 말이다. 과연 자본주의 경제는 토지사유제 없이 성립할 수 없는 것일까?

싱가포르, 홍콩, 대만, 핀란드 등의 사례는 위의 물음에 직접적인 답변을 제시한다. 이들은 토지공유제를 시행하였거나 토지의 공공성을 인정했음에도 불구하고 자본주의의 경제를 모범적으로 발전시켜온 사례이다. 물론 토지사유제를 당연하게 여기는 사람들이 이런 사례들을 토지 공공성을 인정해야만 하는 당위의 근거로서 받아들이는 것은 아니다. 그들은 오히려 토지의 공공성 강조가 사회주의적 발상이라고 비판한다. 하지만 이와 같은 비판은 토지와 관련된 권리 제도에 대한 무지에 기인한다.

토지 소유권은 사용권, 처분권, 수익권의 세 가지 권리로 구성된다. 각각의 권리를 누가 갖느냐에 따라 토지제도는 다음과 같이 분류된다. 세 권리 모두 민간이 갖는 토지사유제, 세 권리 모두 공공이 갖는 사회주의적 토지 공유제, 그리고 사용권은 민간이 갖고 수익권은 공공이 갖는 토지가치 공유제이다. 한편, 토지가치 공유제는 처분권을 누가 갖느냐에 따라 두 가지 제도로 분류된다. 처분권을 완전히 민간이 갖는 토지가치세제와 공공이 처분권을 갖지만 사용권을 가진 자에게 한시적으로 처분권을 맡기는 토지공공임대제이다. 토지 소유권을 구성하는 세 가지 권리를 민간과 공공이 적당히 나누어 갖는 경우가 많으므로 실제의 토지제도는 이 분류보다 훨씬 더 다양하다.

이 중 자본주의 경제와 결합될 수 없는 토지제도는 사회주의적 토지공유제뿐이다. 물론 어느 토지제도가 더 나은 경제적 성과를 보이는가는 그 이후의 문제이다. 토지사유제 옹호론에 따르면, 토지자원의 효율적 배분이 가능하기 위해 토지에 대한 절대적, 배타적 소유권을 인정해야만 한다. 토지사유제만이 토지의 오용을 막을 수 있으며, 나아가 토지의 사용에 대한 안정성을 보장할 수 있다는 것이다. 하지만 토지자원의 효율적 배분을 위해 토지의 사용권, 처분권, 수익권 모두를 민간이 가져야 할 필요는 없다. 토지 위 시설물에 대한 소유권을 민간이 갖고, 토지에 대해서 민간은 배타적 사용권만 가지면 충분하다.

① 토지사유제는 자본주의 성립을 위한 필수조건이 아니다.

② 토지사유제를 보장하지 않아도 토지사용의 안정성을 이룰 수 있다.

③ 토지사유제와 토지가치세제에서는 토지 사용권을 모두 민간이 갖는다.

④ 토지사유제에서는 토지자원의 성격과 일반 재화의 성격이 서로 다른 것으로 인정된다.

⑤ 토지가치세제와 토지공공임대제 이외에도 토지 소유권을 어떻게 나누느냐에 따라 다양한 토지제도가 존재한다.

04 다음 글의 빈칸에 들어갈 내용으로 가장 적절한 것은?

알레르기는 도시화와 산업화가 진행되는 지역에서 매우 빠르게 증가하고 있는데, 알레르기의 발병 원인에 대한 20세기의 지배적 이론은 알레르기는 병원균의 침입에 의해 발생하는 감염성 질병이라는 것이다. 하지만 1989년 영국 의사 S는 이 전통적인 이론에 맞서 다음 가설을 제시했다. _____ S는 1958년 3월 둘째 주에 태어난 17,000명 이상의 영국 어린이를 대상으로 그들이 23세가 될 때까지 수집한 개인정보 데이터베이스를 분석하여, 이 가설을 뒷받침하는 증거를 찾았다. 이들의 가족관계, 사회적 지위, 경제력, 거주 지역, 건강 등의 정보를 비교 분석한 결과, 두 개 항목이 꽃가루 알레르기와 상관관계를 가졌다. 첫째, 함께 자란 형제자매의 수이다. 외동으로 자란 아이의 경우 형제가 서넛인 아이에 비해 꽃가루 알레르기에 취약했다. 둘째, 가족 관계에서 차지하는 서열이다. 동생이 많은 아이보다 손위 형제가 많은 아이가 알레르기에 걸릴 확률이 낮았다.
S의 주장에 따르면 가족 구성원이 많은 집에 사는 아이들은 가족 구성원, 특히 손위 형제들이 집안으로 끌고 들어오는 온갖 병균에 의한 잦은 감염 덕분에 장기적으로는 알레르기 예방에 오히려 유리하다고 주장했다. S는 유년기에 겪은 이런 감염이 꽃가루 알레르기를 비롯한 알레르기성 질환으로부터 아이들을 보호해 왔다고 생각했다.

① 알레르기는 유년기에 병원균 노출의 기회가 적을수록 발생 확률이 높아진다.
② 알레르기는 가족관계에서 서열이 높은 가족 구성원에게 더 많이 발생한다.
③ 알레르기는 성인보다 유년기의 아이들에게 더 많이 발생한다.
④ 알레르기는 도시화에 따른 전염병의 증가로 인해 유발된다.
⑤ 알레르기는 형제가 많을수록 발생 확률이 낮아진다.

05 다음 (가) ~ (라) 문단을 논리적 순서대로 바르게 나열한 것은?

(가) 초연결사회란 사람, 사물, 공간 등 모든 것들이 인터넷으로 서로 연결돼, 모든 것에 대한 정보가 생성 및 수집되고 공유·활용되는 것을 말한다. 즉, 모든 사물과 공간에 새로운 생명이 부여되고 이들의 소통으로 새로운 사회가 열리고 있는 것이다.

(나) 최근 '초연결사회(Hyper Connected Society)'란 말을 주위에서 심심치 않게 들을 수 있다. 인터넷을 통해 사람 간의 연결은 물론 사람과 사물, 심지어 사물 간의 연결 등 말 그대로 '연결의 영역 초월'이 이뤄지고 있다.

(다) 나아가 초연결사회는 단지 기존의 인터넷과 모바일 발전의 맥락이 아닌 우리가 살아가는 방식 전체, 즉 사회의 관점에서 미래사회의 새로운 패러다임으로 큰 변화를 가져올 전망이다.

(라) 초연결사회에서는 인간 대 인간은 물론, 기기와 사물 같은 무생물 객체끼리도 네트워크를 바탕으로 상호 유기적인 소통이 가능해진다. 컴퓨터, 스마트폰으로 소통하던 과거와 달리 초연결 네트워크로 긴밀히 연결되어 오프라인과 온라인이 융합되고, 이를 통해 새로운 성장과 가치창출의 기회가 증가할 것이다.

① (가) – (나) – (다) – (라)
② (가) – (나) – (라) – (다)
③ (나) – (가) – (다) – (라)
④ (나) – (가) – (라) – (다)
⑤ (다) – (나) – (가) – (라)

조선시대에는 변경의 급보를 전할 때 봉수를 이용하는 경우가 많았다. 봉수의 '봉'은 횃불을 의미하며, '수'는 연기라는 뜻을 지닌다. 봉수란 밤에는 횃불, 낮에는 연기를 사용해 릴레이식으로 신호를 보내는 것이다.

봉수 제도는 삼국시대부터 있었다. 그러나 그것이 체계적으로 정비된 것은 조선시대 세종 때의 일이다. 세종은 병조 아래에 무비사(武備司)라는 기구를 두어 봉수를 관할하도록 하는 한편, 각 지방에 봉수대를 설치하였다. 봉수대는 연변봉수대, 내지봉수대, 경봉수대로 나뉘어져 있었다. 연변봉수대에서는 외적이 접근할 때 곧바로 연기나 불을 올려 급보를 전했다. 그러면 그 소식이 여러 곳의 봉수대를 거쳐 한양으로 전해지도록 되어 있었다.

봉수로는 다섯 개 노선으로 나뉘어져 있었다. 제1로는 함경도 경흥에서 출발하여 각지의 봉수대를 거친 다음 한양의 경봉수대로 이어졌다. 제2로는 동래에서 출발하는 노선이었고, 제3로와 제4로는 평안도 강계와 의주에서 각각 출발하는 노선이었다. 제5로도 순천에서 시작하여 경봉수대까지 연결되어 있었다. 봉수대에서는 봉수를 다섯 개까지 올릴 수 있었다. 평상시에는 봉수를 1개만 올렸고, 적이 멀리서 접근하는 것이 보이면 2개를 올렸다. 적이 국경에 거의 다가왔을 때에는 3개, 국경을 침범하면 4개를 올렸다. 또 조선군이 외적과 전투를 시작할 때 5개를 올려 이를 알려야 했다.

연변봉수대가 외적의 접근을 알리는 봉수를 올리면 그 소식이 하루 안에 한양으로 전달되었다고 한다. 그러나 아무리 봉수를 올려도 어떤 내지봉수대에서는 앞 봉수대의 신호가 잘 보이지 않는 경우가 있었다. 날씨 때문에 앞 봉수대에서 봉수가 몇 개 올라갔는지 분간하기 어려울 수 있었던 것이다. 그때에는 봉수군이 직접 그 봉수대까지 달려가서 확인해야 했다.

봉수대를 지키는 봉수군에게는 매일 올리는 봉수를 꺼지지 않도록 할 의무가 있었다. 그러나 그 일이 너무 고되었기 때문에 의무를 다하지 않고 도망가 버리는 경우가 적지 않았다. 이 때문에 을묘왜변 때에는 연변봉수대의 신호가 내지봉수대들에게 제대로 전달되지 못했다. 선조는 선왕이 을묘왜변 당시 발생한 이 문제를 시정하지 못했다는 점을 인지하고, 봉수가 원활하게 전달되지 않을 때를 대비하여 파발 제도를 운영하였다.

① 선조는 내지봉수대가 제 기능을 하지 않자 을묘왜변 때 봉수 제도를 폐지하고 파발을 운영하였다.
② 햇빛이 강한 날에는 정해진 규칙에 따라 봉수를 올리지 않고 봉수군이 다음 봉수대로 달려가 소식을 전했다.
③ 연변봉수대는 군사적으로 긴급한 상황이 발생할 때 낮에 횃불을 올리고 밤에는 연기를 올려 경봉수대에 알려야 했다.
④ 연변봉수대는 평상시에 1개의 봉수를 올렸지만, 외적이 국경을 넘으면 바로 2개의 봉수를 올려 위급한 상황을 알렸다.
⑤ 조선군이 국경을 넘은 외적과 싸우기 시작할 때 연변봉수대는 5개의 봉수를 올려 이 사실을 내지 봉수대로 전해야 했다.

※ 다음 글을 읽고 이어지는 질문에 답하시오. [7~8]

인과 관계를 나타내는 인과 진술 '사건 X는 사건 Y의 원인이다.'를 우리는 어떻게 이해해야 할까? '사건 X는 사건 Y의 원인이다.'라는 진술은 곧 '사건 X는 사건 Y보다 먼저 일어났고, X로부터 Y를 예측할 수 있다.'를 뜻한다. 여기서 'X로부터 Y를 예측할 수 있다.'는 것은 '관련된 자료와 법칙을 모두 동원하여 X로부터 Y를 논리적으로 도출할 수 있다.'를 뜻한다.

하지만 관련 자료와 법칙을 우리가 어떻게 모두 알 수 있겠는가? 만일 우리가 그 자료나 법칙을 알 수 없다면, 진술 'X는 Y의 원인이다.'를 입증하지도 반증하지도 못하는 것이 아닐까? 경험주의자들이 이미 주장했듯이, 입증하거나 반증하는 증거를 원리상 찾을 수 없는 진술은 무의미하다. 예컨대 '역사는 절대정신의 발현 과정이다.'라는 진술은 입증 증거도 반증 증거도 아예 찾을 수 없고 이 때문에 이 진술은 무의미하다. 그렇다면 만일 관련 자료와 법칙을 모두 알아낼 수 없거나 거짓 자료나 틀린 법칙을 갖고 있다면, 우리가 'X는 Y의 원인이다.'를 유의미하게 진술할 방법이 없는 것처럼 보인다.

하지만 꼭 그렇다고 말할 수는 없다. 다음과 같은 상황을 생각해 보자. 오늘날 우리는 관련된 참된 법칙과 자료를 써서 A로부터 B를 논리적으로 도출함으로써 A가 B의 원인이라는 것을 입증했다. 하지만 1600년에 살았던 갑은 지금은 틀린 것으로 밝혀진 법칙을 써서 A로부터 B를 논리적으로 도출함으로써 '사건 A는 사건 B의 원인이다.'를 주장했다. 이 경우 갑의 진술이 무의미하다고 주장할 필요가 없다. 왜냐하면 갑의 진술 'A는 B의 원인이다.'는 오늘날 참이고 1600년에도 참이었기 때문이다.

따라서 우리는 갑의 진술 'A는 B의 원인이다.'가 1600년 당시에 무의미했다고 말해서는 안 되고, 입증할 수 있는 진술을 그 당시에 갑이 입증하지는 못했다고 말하는 것이 옳다. 갑이 거짓 법칙을 써서라도 A로부터 B를 도출할 수 있다면, 그의 진술은 입증할 수 있는 진술이고, 이 점에서 그의 진술은 유의미하다. 이처럼 우리가 관련 법칙과 자료를 모르거나 틀린 법칙을 썼다고 해서, 우리의 인과 진술이 무의미하다고 주장해서는 안 된다. 우리가 관련 법칙과 자료를 지금 모두 알 수 없다 하더라도 우리는 여전히 유의미하게 인과 관계를 주장할 수 있다.

'A는 B의 원인이다.'의 참 또는 거짓 여부가 오늘 결정될 수 없다는 이유에서 그 진술이 무의미하다고 주장해서는 안 된다. 미래의 어느 시점에 그 진술을 입증 또는 반증하는 증거가 나타날 여지가 있다면 그 진술은 유의미하다. 이 진술이 단지 유의미한 진술을 넘어서 참된 진술로 입증되려면, 지금이 아니더라도 언젠가 참인 법칙과 자료로부터 논리적으로 도출할 수 있어야 하겠지만 말이다.

07 윗글로부터 알 수 있는 것은?

① 관련 법칙을 명시할 수 없다면 인과 진술은 무의미하다.

② 반증할 수 있는 인과 진술은 입증할 수 있는 인과 진술과 마찬가지로 유의미한 진술이다.

③ 논리적 도출을 통해 입증된 인과 진술들 가운데 나중에 일어난 사건이 원인이 되는 경우가 있다.

④ 가까운 미래에는 입증될 수 없는 진술 '지구와 가장 가까운 항성계에도 지적 생명체가 산다.'는 무의미하다.

⑤ 관련된 자료들이 현재 알려지지 않아서 앞선 사건으로부터 나중 사건을 논리적으로 도출할 수 없다면, 두 사건 사이에는 인과 관계가 있을 수 없다.

08 다음 사례에 대한 평가로 옳은 것을 〈보기〉에서 모두 고르면?

〈사례〉

과학자 병호는 사건 A로부터 사건 B를 예측한 다음 'A는 B의 원인이다.'라고 주장했다. 반면에 과학자 정호는 사건 C로부터 사건 D를 예측한 다음 'C는 D의 원인이다.'라고 주장했다. 그런데 병호가 A로부터 B를 논리적으로 도출하기 위해 사용한 법칙과 자료는 거짓인 반면 정호가 C로부터 D를 논리적으로 도출하기 위해 사용한 법칙과 자료는 참이다.

보기

ㄱ. 'A는 B의 원인이다.'와 'C는 D의 원인이다.'는 둘 다 유의미하다.
ㄴ. 'A는 B의 원인이다.'는 거짓이다.
ㄷ. 'C는 D의 원인이다.'는 참이다.

① ㄱ   ② ㄴ
③ ㄱ, ㄷ   ④ ㄴ, ㄷ
⑤ ㄱ, ㄴ, ㄷ

※ 다음 글을 읽고 이어지는 질문에 답하시오. [9~10]

인공지능(AI)을 통한 얼굴 인식 프로그램은 인간의 얼굴 표정을 통해 감정을 분석한다. 인간의 표정을 인식하여 슬픔·기쁨·놀라움·분노 등을 얼마나 느끼고 있는지 정량적으로 보여주는 것이다.

많은 AI 기업들이 이와 같은 얼굴 인식 프로그램을 개발하고 있다. 미국의 한 AI 기업은 얼굴 표정을 식별하여 감정을 읽어내는 안면 인식 기술 '레코그니션(Rekognition)'을 개발하였고, 대만의 다른 AI 기업은 인간의 얼굴 표정을 인식해 그 사람의 나이와 성별, 감정을 식별하는 '페이스 미'(Face Me)를 공개하였다.

⑦ 인간의 얼굴 표정으로 감정을 읽는 것은 매우 비과학적이다. 얼굴의 움직임과 내적 감정 상태의 명확한 연관성을 찾기 어렵기 때문이다. 인간의 얼굴 표정에서 감정 상태를 유추할만한 증거는 거의 없으며, 사람들은 감정을 느껴도 얼굴을 움직이지 않을 수 있다. 심지어 다른 사람에게 자신의 감정을 속이는 것도 가능하다. 게다가 얼굴 표정은 문화적 맥락과도 관련이 있기 때문에 서양인과 동양인의 기쁨·슬픔에 대한 표정은 다를 수 있다.

ⓒ 채용이나 법 집행 등 민감한 상황에서 감정 인식 기술을 사용하는 것은 금지해야 한다. 현재 안면 및 감정 인식 기술을 광고 마케팅이나 채용 인터뷰, 범죄 수사 등에 활용하고 있는 것은 매우 위험하다. 인간의 감정은 계량화가 불가능하며, 이러한 인간의 감정을 알고리즘화하려는 것은 시도 자체가 잘못된 것이다.

09 다음 중 글쓴이의 주장을 뒷받침하는 근거로 적절하지 않은 것은?

① 감정은 상황, 신체 움직임, 부끄러움이나 흥분할 때 나오는 호르몬 반응 등 다양한 요소들이 작용한 결과이다.

② 얼굴 인식을 통해 감정을 파악하는 기술은 인간이 행복할 때는 웃고 화가 날 때면 얼굴을 찌푸린다는 단순한 가설에 기대고 있다.

③ 실제로 경찰에서 사용 중인 거짓말 탐지기조차도 증거능력에 대해 인정하지 않고 참고 용도로만 사용하고 있다.

④ AI가 제공해주는 과학적이고 분석적인 데이터를 통해 더 자세히 지원자의 감정을 파악할 수 있다.

⑤ 사람들은 '눈을 감은 채 입을 크게 벌리고 있는 홍조 띤 남자 사진'을 보고 화가 난 표정이라고 이야기했으나, 남자가 축구선수라는 사실을 알게 되자 골 세리머니로 흥분한 얼굴 표정이라고 생각을 바꾸었다.

10 다음 중 빈칸 ⑦, ⓒ에 들어갈 접속어가 바르게 연결된 것은?

	⑦	ⓒ
①	그러므로	그러나
②	그러므로	또한
③	그러나	또한
④	그러나	따라서
⑤	그래서	따라서

11 도표의 작성절차가 순서대로 바르게 나열된 것은?

> ㉠ 어떠한 도표로 작성할 것인지 결정
> ㉡ 도표의 제목 및 단위 표시
> ㉢ 자료를 가로축과 세로축이 만나는 곳에 표시
> ㉣ 가로축과 세로축의 눈금의 크기를 결정
> ㉤ 표시된 점에 따라 도표 작성
> ㉥ 가로축과 세로축에 나타낼 것을 결정

① ㉠－㉡－㉢－㉣－㉤－㉥ ② ㉠－㉥－㉣－㉢－㉤－㉡
③ ㉡－㉢－㉣－㉤－㉥－㉠ ④ ㉥－㉠－㉣－㉢－㉤－㉡
⑤ ㉡－㉥－㉣－㉢－㉠－㉤

12 8%의 소금물 400g에서 한 컵의 소금물을 퍼내고 그 양만큼 물을 부은 다음 다시 2%의 소금물을 넣었더니 6%의 소금물 520g이 되었다. 퍼낸 소금물의 양은 얼마인가?

① 10g ② 20g
③ 30g ④ 40g
⑤ 50g

13 K회사 영업팀에 근무하는 A사원은 거래처 주변 공영주차장에 주차한 뒤 업무를 보려한다. 공영주차장의 주차요금은 처음 30분까지 3,000원이고, 30분을 초과하면 1분당 60원의 추가요금이 부과된다. 주차요금이 18,000원 이하가 되려면 A사원이 최대로 주차할 수 있는 시간은?

① 220분 ② 240분
③ 260분 ④ 280분
⑤ 290분

14 다음은 A∼E면접관이 갑∼정 응시자에게 부여한 면접 점수에 대한 자료이다. 이에 대한 설명으로 옳은 것을 〈보기〉에서 모두 고르면?

〈갑∼정 응시자의 면접 점수〉

(단위 : 점)

면접관 \ 응시자	갑	을	병	정	범위
A	7	8	8	6	2
B	4	6	8	10	( )
C	5	9	8	8	( )
D	6	10	9	7	4
E	9	7	6	5	4
중앙값	( )	( )	8	( )	–
교정점수	( )	8	( )	7	–

※ 1) 범위 : 해당 면접관이 각 응시자에게 부여한 면접 점수 중 최댓값에서 최솟값을 뺀 값
  2) 중앙값 : 해당 응시자가 A∼E면접관에게 받은 모든 면접 점수를 크기순으로 나열할 때 한가운데 값
  3) 교정점수 : 해당 응시자가 A∼E면접관에게 받은 모든 면접 점수 중 최댓값과 최솟값을 제외한 면접 점수의 산술 평균값

보기

ㄱ. 면접관 중 범위가 가장 큰 면접관은 B이다.
ㄴ. 응시자 중 중앙값이 가장 작은 응시자는 정이다.
ㄷ. 교정점수는 병이 갑보다 크다.

① ㄱ
② ㄴ
③ ㄱ, ㄷ
④ ㄴ, ㄷ
⑤ ㄱ, ㄴ, ㄷ

15 K씨가 등산을 하는 도중 갑자기 쓰러져 같이 동행한 일행이 119에 신고를 하였다. 병원까지 가기 위해 들것에 실려 구급차까지 이동시간 20분, 구급차를 타고 응급실까지 100km/h의 속력으로 225km를 운전하여 가거나, K씨가 쓰러진 지점에서 응급헬기를 탈 경우 280km/h의 속력으로 70km를 비행하여 응급실에 도착한다. 응급헬기로 이동할 경우 구급차로 이동할 때보다 얼마나 빨리 응급실에 도착하는가?(단, 주어진 조건 외의 걸리는 시간은 무시한다)

① 2시간 20분
② 2시간 40분
③ 3시간 20분
④ 3시간 40분
⑤ 4시간

16 다음 자료를 바탕으로 (가) ~ (다)의 가격을 바르게 짝지은 것은?

<물품 A ~ E의 가격>

(단위 : 원/개)

물품	가격
A	24,000
B	(가)
C	(나)
D	(다)
E	16,000

조건

- 갑, 을, 병의 배낭에 담긴 물품은 각각 다음과 같다.
  - 갑 : B, C, D
  - 을 : A, C
  - 병 : B, D, E
- 배낭에는 해당 물품이 한 개씩만 담겨있다.
- 배낭에 담긴 물품 가격의 합이 높은 사람부터 순서대로 나열하면 갑, 을, 병 순서이다.
- 병의 배낭에 담긴 물품 가격의 합은 44,000원이다.

	(가)	(나)	(다)
①	11,000	23,000	14,000
②	12,000	14,000	16,000
③	12,000	19,000	16,000
④	13,000	19,000	15,000
⑤	13,000	23,000	15,000

17 컴퓨터 정보지수는 컴퓨터 이용지수, 활용지수, 접근지수의 합으로 구할 수 있다. 컴퓨터 정보지수는 500점 만점이고 하위 항목의 구성이 <보기>와 같을 때, 컴퓨터 정보지수 중 정보수집률은 몇 점인가?

보기

- (컴퓨터 정보지수)=[컴퓨터 이용지수(40%)]＋[컴퓨터 활용지수(20%)]＋[컴퓨터 접근지수(40%)]
- (컴퓨터 이용지수)=[이용도(50%)]＋[접근가능성(50%)]
- (컴퓨터 활용지수)=[컴퓨터활용능력(40%)]＋[정보수집률(20%)]＋[정보처리력(40%)]
- (컴퓨터 접근지수)=[기기보급률(50%)]＋[기회제공률(50%)]

① 5점 ② 10점
③ 15점 ④ 20점
⑤ 25점

18 다음은 저작물 구입 경험이 있는 초·중·고등학생 각각 1,000명을 대상으로 저작물 구입 실태에 대한 설문조사를 실시한 결과이다. 이를 바탕으로 작성한 보고서 내용 중 옳은 것을 모두 고르면? (단, 설문 참여자는 모든 문항에 응답하였다)

〈표 1〉 저작물 구입 경험 현황

(단위 : %)

종류＼학교급	초등학교	중학교	고등학교
음악	29.3	41.5	58.6
영화, 드라마, 애니메이션 등 영상물	31.2	34.3	39.6
컴퓨터 프로그램	45.6	45.2	46.7
게임	58.9	57.7	56.8
사진	16.2	20.5	27.3
만화 / 캐릭터	73.2	53.3	62.6
책	68.8	66.3	82.8
지도, 도표	11.8	14.6	15.0

※ 설문조사에서는 구입 경험이 있는 모든 저작물 종류를 선택하도록 하였음

〈표 2〉 정품 저작물 구입 현황

(단위 : %)

정품 구입 횟수 비율＼학교급	초등학교	중학교	고등학교
10회 중 10회	35.3	55.9	51.8
10회 중 8～9회	34.0	27.2	25.5
10회 중 6～7회	15.8	8.2	7.3
10회 중 4～5회	7.9	4.9	6.8
10회 중 2～3회	3.3	1.9	5.0
10회 중 0～1회	3.7	1.9	3.6
전체	100.0	100.0	100.0

〈보고서〉

본 조사결과에 따르면, ㉠ 전반적으로 '만화 / 캐릭터'는 초등학생이 중학생이나 고등학생보다 구입 경험의 비율이 높은 것으로 나타났으며, '컴퓨터 프로그램'이나 '게임'은 학교급 간의 차이가 모두 2%p 미만이다. ㉡ 위 세 종류를 제외한 나머지 항목에서는 모두 고등학생이 중학생이나 초등학생에 비하여 구입 경험의 비율이 높았다. ㉢ 초·중·고 각각 응답자의 절반 이상이 모두 정품만을 구입했다고 응답하였다. 특히, ㉣ 모두 정품으로 구입했다고 응답한 학생의 비율은 중학교에서 가장 높으며, ㉤ 10회 중 3회 이하 정품을 구입하였다고 응답한 학생의 비율이 가장 높은 학교급과 가장 낮은 학교급 간의 해당 응답 학생 수 차이는 40명 이상이다.

① ㉠, ㉡
② ㉢, ㉣
③ ㉠, ㉢, ㉣
④ ㉡, ㉢, ㉤
⑤ ㉡, ㉣, ㉤

19 다음은 공공기관 공사 발주현황에 대한 자료이다. 이에 대한 보고서의 설명 중 옳은 것을 모두 고르면?

〈공공기관 공사 발주현황〉

(단위 : 건, 십억 원)

구분		2020년		2021년		2022년	
		건수	금액	건수	금액	건수	금액
정부기관	소계	10,320	7,669	10,530	8,175	8,475	7,384
	대형공사	92	1,886	92	2,065	91	1,773
	소형공사	10,228	5,783	10,438	6,110	8,384	5,611
지방자치단체	소계	22,043	10,114	22,033	9,674	29,000	11,426
	대형공사	73	1,476	53	1,107	61	1,137
	소형공사	21,970	8,638	21,980	8,567	28,939	10,289

※ 공공기관은 정부기관과 지방자치단체로만 구분됨

〈보고서〉

정부기관과 지방자치단체의 공사 발주현황을 100억 원 이상의 대형공사와 100억 원 미만의 소형공사로 구분하여 조사하였다. ㉠ 공공기관 전체의 대형공사와 소형공사 발주금액은 각각 매년 증가하였다. ㉡ 2022년 공공기관 전체 대형공사의 2020년 대비 발주건수는 감소하였고, 소형공사의 발주건수는 증가한 것으로 나타났다. ㉢ 매년 공공기관 전체에서 대형공사가 소형공사보다 발주건수는 적지만, 대형공사 발주금액이 소형공사 발주금액보다 크다는 것을 알 수 있다.
2022년의 경우 정부기관 발주건수 8,475건, 발주금액 7조 3,840억 원 가운데 대형공사 91건이 1조 7,730억 원을 차지하는 것으로 나타났다. ㉣ 같은 해 정부기관 발주공사 중에서 대형공사가 차지하는 발주건수의 비율은 2% 미만이지만 공사금액의 비율은 20% 이상을 차지하고 있으며, ㉤ 지방자치단체의 공사 발주규모는 소형공사가 대형공사보다 건수와 금액 모두 큰 것으로 나타났다.

① ㉠, ㉡
② ㉡, ㉣
③ ㉠, ㉢, ㉣
④ ㉡, ㉢, ㉤
⑤ ㉡, ㉣, ㉤

20 A와 B의 집 사이의 거리는 24km이다. A는 시속 3km, B는 시속 5km로 각자의 집에서 서로에게 동시에 출발하였을 때, 두 사람은 출발한 지 몇 시간 후에 만나게 되는가?

① 1시간   ② 2시간

③ 3시간   ④ 4시간

⑤ 5시간

21 다음 중 SWOT 분석에 대한 설명으로 적절하지 않은 것은?

〈SWOT 분석〉

강점, 약점, 기회, 위협요인을 분석·평가하고 이들을 서로 연관 지어 전략을 개발하고 문제해결 방안을 개발하는 방법이다.

	강점 (Strengths)	약점 (Weaknesses)
기회 (Opportunities)	SO	WO
위협 (Threats)	ST	WT

① 강점과 약점은 외부 환경요인에 해당하며, 기회와 위협은 내부 환경요인에 해당한다.

② SO전략은 강점을 살려 기회를 포착하는 전략을 의미한다.

③ ST전략은 강점을 살려 위협을 회피하는 전략을 의미한다.

④ WO전략은 약점을 보완하여 기회를 포착하는 전략을 의미한다.

⑤ WT전략은 약점을 보완하여 위협을 회피하는 전략을 의미한다.

22 문제에 대한 설명으로 적절하지 않은 것은?

① 업무를 수행함에 있어서 답을 요구하는 질문이나 의논하여 해결해야 되는 사항을 의미한다.

② 해결하기를 원하지만 실제로 해결해야 하는 방법을 모르고 있는 상태도 포함된다.

③ 얻고자 하는 해답이 있지만 그 해답을 얻는 데 필요한 일련의 행동을 알지 못한 상태도 있다.

④ 일반적으로 창의적 문제, 분석적 문제, 논리적 문제로 구분된다.

⑤ 난폭운전으로 전복사고가 일어났을 때, 사고의 발생은 문제이며, 난폭운전은 문제점이다.

23 다음 〈조건〉을 근거로 판단할 때, 백설공주의 친구 7명(A ~ G) 중 왕자의 부하는?

조건

- A ~ G 중 2명은 왕자의 부하이다.
- B ~ F는 모두 20대이다.
- A ~ G 중 가장 나이가 많은 사람은 왕자의 부하가 아니다.
- A ~ G 중 여자보다 남자가 많다.
- 왕자의 두 부하는 성별이 서로 다르고, 국적은 동일하다.

친구	나이	성별	국적
A	37살	?	한국
B	28살	?	한국
C	22살	여자	중국
D	?	여자	일본
E	?	?	중국
F	?	?	한국
G	38살	여자	중국

① A, B
② B, F
③ C, E
④ D, F
⑤ E, G

24 신입사원인 수호, 민석, 종대는 임의의 순서로 검은색 · 갈색 · 흰색 책상에 이웃하여 앉아 있고, 커피 · 주스 · 콜라 중 한 가지씩 좋아한다. 또한 기획 · 편집 · 디자인의 서로 다른 업무를 하고 있다. 알려진 정보가 〈조건〉과 같을 때 반드시 참인 것을 〈보기〉에서 모두 고르면?

조건

- 종대는 갈색 책상에 앉아 있다.
- 검은색 책상에 앉은 사람은 편집 업무를 담당한다.
- 기획 담당과 디자인 담당은 서로 이웃해 있지 않다.
- 디자인을 하는 사람은 커피를 좋아한다.
- 수호는 편집 담당과 이웃해 있다.
- 수호는 주스를 좋아한다.

보기

ㄱ. 종대는 커피를 좋아한다.
ㄴ. 민석이와 종대는 이웃해 있다.
ㄷ. 수호는 편집을 하지 않고, 민석이는 콜라를 좋아하지 않는다.
ㄹ. 민석이는 흰색 책상에 앉아 있다.
ㅁ. 수호는 기획 담당이다.

① ㄱ, ㄴ
② ㄴ, ㄷ
③ ㄷ, ㄹ
④ ㄱ, ㄴ, ㅁ
⑤ ㄱ, ㄷ, ㅁ

※ 지역개발팀 A팀장, B대리, C주임, D주임, E사원은 버스를 이용해 광주로 출장을 가게 되었다. 지역개발팀 직원들이 다음 〈조건〉에 따라 버스의 1열 가 석부터 2열 라 석까지의 좌석에 앉는다. 다음 자료를 읽고 이어지는 질문에 답하시오. [25~26]

<조건>
- B대리는 1열 나 석에 앉는다.
- A팀장은 반드시 통로쪽 좌석에 앉는다.
- D주임은 라 석에 앉는다.
- B대리는 C주임과 이웃하여(사이에 통로를 두지 않고 좌우 혹은 앞뒤 좌석) 앉아야 한다.
- E사원은 D주임보다 앞쪽에 앉아야 한다.
- X가 표시된 곳은 다른 손님이 예약한 자리이다.

25 다음 〈보기〉 중 반드시 참인 것을 모두 고르면?

보기
ㄱ. C주임은 1열 다 석에 앉을 수 있다.
ㄴ. C주임이 B대리 뒤에 앉는 경우, A팀장은 D주임과 이웃하여 앉을 수 없다.
ㄷ. E사원은 B대리와 이웃하여 앉을 수 있다.
ㄹ. E사원은 C주임보다 뒤의 열에 앉지 않는다.

① ㄱ, ㄴ
② ㄱ, ㄷ
③ ㄴ, ㄷ
④ ㄴ, ㄹ
⑤ ㄷ, ㄹ

26 A팀장이 출장 전 다리를 다쳐 E사원이 A팀장을 돕기 위해 A팀장과 이웃하여 앉기로 하였다. 이를 고려할 때, 반드시 2열에 앉는 직원들로 바르게 짝지어진 것은?

① A팀장, C주임
② A팀장, D주임
③ A팀장, E사원
④ C주임, D주임
⑤ D주임, E사원

27 다음 글의 내용이 참일 때, A부처의 공무원으로 채용될 수 있는 지원자들의 최대 인원은?

금년도 공무원 채용시 A부처에서 요구되는 자질은 자유민주주의 가치확립, 건전한 국가관, 헌법가치 인식, 나라 사랑이다. A부처는 이 네 가지 자질 중 적어도 세 가지 자질을 지닌 사람을 채용할 것이다. 지원자는 갑, 을, 병, 정이다. 이 네 사람이 지닌 자질을 평가했고 다음과 같은 정보가 주어졌다.

- 갑이 지닌 자질과 정이 지닌 자질 중 적어도 두 개는 일치한다.
- 헌법가치 인식은 병만 가진 자질이다.
- 만약 지원자가 건전한 국가관의 자질을 지녔다면, 그는 헌법가치 인식의 자질도 지닌다.
- 건전한 국가관의 자질을 지닌 지원자는 한 명이다.
- 갑, 병, 정은 자유민주주의 가치확립이라는 자질을 지니고 있다.

① 0명   ② 1명
③ 2명   ④ 3명
⑤ 4명

28 다음 〈조건〉에 대한 결론으로 항상 옳은 것을 〈보기〉에서 모두 고르면?

조건

조회시간에 A~E 5명의 학생이 다음 조건에 따라 일렬로 서 있다.
(1) A는 왼쪽에서 두 번째에 서 있다.
(2) B는 A보다 오른쪽에 서 있다.
(3) C와 D는 이웃해 있다.

보기

(가) B는 정중앙에 있다.
(나) E는 가장 왼쪽에 있다.
(다) D는 가장 오른쪽에 있다.

① (가)   ② (나)
③ (다)   ④ (가), (나)
⑤ (나), (다)

29 다음 글을 근거로 판단할 때, 〈보기〉에서 옳은 것을 모두 고르면?

조선왕실의 음악 일체를 담당한 장악원(掌樂院)은 왕실의례에서 핵심적 역할을 수행하였다. 장악원은 승정원, 사간원, 홍문관, 예문관, 성균관, 춘추관과 같은 정3품 관청으로서, 『경국대전』에 의하면 2명의 당상관이 장악원 제조(提調)를 맡았고, 정3품의 정 1명, 종4품의 첨정 1명, 종6품의 주부 1명, 종7품의 직장 1명이 관리로 소속되어 있었다. 이들은 모두 음악 전문인이 아닌 문관 출신의 행정관리로서, 음악교육과 관련된 행정업무를 담당하였다. 이는 음악행정과 음악연주를 담당한 계층이 분리되어 있었다는 것을 의미한다.

궁중음악 연주를 담당한 장악원 소속 악공(樂工)과 악생(樂生)들은 행사에서 연주할 음악을 익히기 위해 정기적 또는 부정기적으로 연습하였다. 이 가운데 정기적인 연습은 특별한 사정이 없는 경우 매달 2자와 6자가 들어가는 날, 즉 2일과 6일, 12일과 16일, 22일과 26일의 여섯 차례에 걸쳐 이루어졌다. 그러한 이유에서 장악원 악공과 악생들의 습악(習樂)을 이륙좌기(二六坐起), 이륙회(二六會), 이륙이악식(二六肄樂式)과 같은 이름으로 불렀다. 이는 장악원의 정규적 음악이습(音樂肄習) 과정의 하나로 조선시대의 여러 법전에 규정된 바에 따라 시행되었다.

조선시대에는 악공과 악생의 음악연습을 독려하기 위한 여러 장치가 있었다. 1779년(정조 3년) 당시 장악원 제조로 있던 서명응이 정한 규칙 가운데에는 악공과 악생의 실력을 겨루어서 우수한 사람에게 상을 주는 내용이 있었다. 시험을 봐서 악생 중에 가장 우수한 사람 1인에게는 2냥(兩), 1등을 한 2인에게는 각각 1냥 5전(錢), 2등을 한 3인에게는 각각 1냥, 3등을 한 9인에게 각각 5전을 상금으로 주었다. 또 악공 중에서도 가장 우수한 사람 1인에게 2냥, 1등을 한 3인에게는 각각 1냥 5전, 2등을 한 5인에게는 각각 1냥, 3등을 한 21인에게 각각 5전을 상금으로 주었다. 악공 포상자가 더 많은 이유는 악공의 수가 악생의 수보다 많았기 때문이다. 1779년 당시의 악공은 168명, 악생은 90명이었다.

※ 10전(錢)＝1냥(兩)

보기

ㄱ. 장악원에서는 특별한 사정이 없는 한 연간 최소 72회의 습악이 있었을 것이다.

ㄴ. 서명응이 정한 규칙에 따라 장악원에서 실시한 시험에서 상금을 받는 악공의 수는 상금을 받는 악생 수의 2배였다.

ㄷ. 『경국대전』에 따르면 장악원에서 음악행정 업무를 담당하는 관리들은 4명이었다.

ㄹ. 서명응이 정한 규칙에 따라 장악원에서 실시한 1회의 시험에서 악공과 악생들이 받은 총 상금액은 40냥 이상이었을 것이다.

① ㄱ, ㄴ
② ㄱ, ㄷ
③ ㄷ, ㄹ
④ ㄱ, ㄴ, ㄹ
⑤ ㄴ, ㄷ, ㄹ

30 다음 글과 상황을 근거로 판단할 때, 갑이 납부하는 송달료의 합계는?

송달이란 소송의 당사자와 그 밖의 이해관계인에게 소송상의 서류의 내용을 알 수 있는 기회를 주기 위해 법에 정한 방식에 따라 하는 통지행위를 말하며, 송달에 드는 비용을 송달료라고 한다. 소 또는 상소를 제기하려는 사람은, 소장이나 상소장을 제출할 때 당사자 수에 따른 계산방식으로 산출된 송달료를 수납은행(대부분 법원구내 은행)에 납부하고 그 은행으로부터 교부받은 송달료납부서를 소장이나 상소장에 첨부하여야 한다. 송달료 납부의 기준은 아래와 같다.

• 소 또는 상소 제기 시 납부해야 할 송달료
　가. 민사 제1심 소액사건 : (당사자 수)×(송달료 10회분)
　나. 민사 제1심 소액사건 이외의 사건 : (당사자 수)×(송달료 15회분)
　다. 민사 항소사건 : (당사자 수)×(송달료 12회분)
　라. 민사 상고사건 : (당사자 수)×(송달료 8회분)
• 송달료 1회분 : 3,200원
• 당사자 : 원고, 피고
• 사건의 구별
　가. 소액사건 : 소가 2,000만 원 이하의 사건
　나. 소액사건 이외의 사건 : 소가 2,000만 원을 초과하는 사건
　※ 소가(訴價)라 함은 원고가 승소하면 얻게 될 경제적 이익을 화폐단위로 평가한 금액을 말한다.

〈상황〉

갑은 보행로에서 자전거를 타다가 을의 상품진열대에 부딪쳐서 부상을 당하였고, 이 상황을 병이 목격하였다. 갑은 을에게 자신의 병원치료와 위자료를 요구하였다. 그러나 을은 갑의 잘못으로 부상당한 것으로 자신에게는 책임이 없으며, 오히려 갑 때문에 진열대가 파손되어 손해가 발생했으므로 갑이 손해를 배상해야 한다고 주장하였다. 갑은 자신을 원고로, 을을 피고로 하여 병원치료비와 위자료로 합계 금 2,000만 원을 구하는 소를 제기하였다. 제1심 법원은 증인 병의 증언을 바탕으로 갑에게 책임이 있다는 을의 주장이 옳다고 인정하여, 갑의 청구를 기각하는 판결을 선고하였다. 이 판결에 대해서 갑은 항소를 제기하였다.

① 76,800원
② 104,800원
③ 124,800원
④ 140,800원
⑤ 172,800원

01 다음 글의 ㉠에 들어갈 용어로 옳은 것은?

> 과제를 수행하는 데 필요한 활동을 효과적으로 구명하기 위해서는 (㉠)을/를 활용할 수 있다. (㉠)은/는 과제 및 활동의 계획을 수립하는 데 있어 가장 기본적인 수단으로 활용되는 그래프로, 필요한 모든 일을 중요한 범주에 따라 체계화하여 구분해 놓은 것을 말한다.
>
> 구체성에 따라 2단계, 3단계, 4단계 등으로 구분할 수 있는 (㉠)을/를 활용함으로써 과제에 필요한 활동이나 과업을 파악할 수 있고, 이를 비용과 매치시켜 놓음으로써 어떤 항목에 얼마만큼의 비용이 소요되는지를 정확하게 파악할 수 있다. 또한 과제 수행에 필요한 예산 항목을 빠뜨리지 않고 확인할 수 있으며, 이러한 항목을 통해 전체 예산을 정확하게 분배할 수 있다는 장점이 있다. 하지만 이러한 과정을 거치더라도 과제를 수행하다 보면 예상 외의 비용이 발생할 수 있다.

① 예정공정표   ② 자원배치도
③ 과업세부도   ④ 집행관리도
⑤ 과업지시서

02 다음 글에서 설명하는 기업의 인력채용방식으로 가장 적절한 것은?

> 최근 기업에서 확산되고 있는 인력채용방식으로, 직원들이 추천하는 사람의 이력서를 수시로 받은 뒤 면접을 실시해 선발하는 방식이다. 이러한 방법을 사용하는 이유는 검증된 인재를 채용할 수 있으며, 채용에 들어가는 시간 등의 각종 비용을 줄일 수 있다는 장점이 있기 때문이다. 또한 이렇게 입사한 직원들은 쉽게 퇴사하지 않고 재직기간이 길다는 점도 기업들이 해당 제도를 시행하는 큰 이유 중 하나이다.

① 공개채용제도   ② 수시채용제도
③ 학교추천제도   ④ 사내추천제도
⑤ 헤드헌팅을 통한 채용

03 K공사는 연말 시상식을 개최하여 한 해 동안 모범이 되거나 훌륭한 성과를 낸 직원을 독려하고자 한다. 시상 종류 및 인원, 상품에 대한 정보가 다음과 같을 때, 총 상품 구입비로 옳은 것은?

〈시상내역〉

상 종류	수상 인원	상품
사내선행상	5	인당 금도금 상패 1개, 식기 1세트
사회기여상	1	인당 은도금 상패 1개, 신형노트북 1대
연구공로상	2	인당 금도금 상패 1개, 안마의자 1개, 태블릿PC 1대
성과공로상	4	인당 은도금 상패 1개, 만년필 2개, 태블릿PC 1대
청렴모범상	2	인당 동 상패 1개, 안마의자 1개

- 상패 제작비용
  - 금도금 상패 : 개당 55,000원(5개 이상 주문 시 개당 가격 10% 할인)
  - 은도금 상패 : 개당 42,000원(주문수량 4개당 1개 무료 제공)
  - 동 상패 : 개당 35,000원
- 물품 구입비용(개당)
  - 식기 세트 : 450,000원
  - 신형 노트북 : 1,500,000원
  - 태블릿PC : 600,000원
  - 만년필 : 100,000원
  - 안마의자 : 1,700,000원

① 14,085,000원

② 15,050,000원

③ 15,534,500원

④ 16,805,000원

⑤ 17,200,000원

04 K회사 B과장이 내년에 해외근무 신청을 하기 위해서는 의무 교육이수 기준을 만족해야 한다. B과장이 지금까지 글로벌 경영교육 17시간, 해외사무영어교육 50시간, 국제회계교육 24시간을 이수하였다면, 의무 교육이수 기준에 미달인 과목과 그 과목의 부족한 점수는 몇 점인가?

<의무 교육이수 기준>

(단위 : 점)

구분	글로벌 경영	해외사무영어	국제회계
이수 완료 점수	15	60	20
시간당 점수	1	1	2

※ 초과 이수 시간은 시간당 0.2점으로 환산하여 해외사무영어 점수에 통합한다.

	과목	점수		과목	점수
①	해외사무영어	6.8점	②	해외사무영어	7.0점
③	글로벌경영	7.0점	④	국제회계	6.8점
⑤	국제회계	5.8점			

05 다음은 직원들의 이번 주 추가근무 계획표이다. 하루에 5명 이상 추가근무를 할 수 없고, 직원들은 각자 일주일에 10시간을 초과하여 추가근무를 할 수 없다고 한다. 한 사람만 추가근무 일정을 수정할 수 있을 때, 규칙에 어긋난 요일과 그 날에 속한 사람 중 변경해야 할 직원은 누구인가?(단, 주말은 1시간당 1.5시간으로 계산한다)

<추가근무 계획표>

성명	추가근무 일정	성명	추가근무 일정
김혜정	월요일 3시간, 금요일 3시간	김재건	수요일 1시간
이설희	토요일 6시간	신혜선	수요일 4시간, 목요일 3시간
임유진	토요일 3시간, 일요일 1시간	한예리	일요일 6시간
박주환	목요일 2시간	정지원	월요일 6시간, 목요일 4시간
이지호	화요일 4시간	최명진	화요일 5시간
김유미	금요일 6시간, 토요일 2시간	김우석	목요일 1시간
이승기	화요일 1시간	차지수	금요일 6시간
정해리	월요일 5시간	이상엽	목요일 6시간, 일요일 3시간

	요일	직원		요일	직원
①	월요일	김혜정	②	화요일	정지원
③	화요일	신혜선	④	목요일	이상엽
⑤	토요일	임유진			

06 다음 대화에서 A팀장과 B사원이 함께 시장조사를 하러 갈 수 있는 가장 적절한 시간은?(단, 근무시간은 09:00 ~ 18:00, 점심시간은 12:00 ~ 13:00이다)

> A팀장 : B씨, 저번에 우리가 함께 진행했던 제품이 오늘 출시된다고 하네요. 시장에서 어떤 반응이 있는지 조사하러 가야 할 것 같아요.
>
> B사원 : 네, 팀장님. 그런데 오늘 갈 수 있을지 의문입니다. 우선 오후 4시에 사내 정기강연이 예정되어 있고 초청강사가 와서 시간관리 강의를 한다고 합니다. 아마 두 시간 정도 걸릴 것 같은데, 저는 강연준비로 30분 정도 일찍 가야 할 것 같습니다. 그리고 부서장님께서 요청하셨던 기획안도 오늘 퇴근 전까지 제출해야 하는데, 팀장님 검토시간까지 고려하면 두 시간 정도 소요될 것 같습니다.
>
> A팀장 : 오늘도 역시 할 일이 참 많네요. 지금이 11시니까 열심히 업무를 하면 한 시간 정도는 시장에 다녀올 수 있겠네요. 먼저 기획안부터 마무리 짓도록 합시다.
>
> B사원 : 네, 알겠습니다. 팀장님, 오늘 점심은 된장찌개 괜찮으시죠? 바쁘니까 예약해두겠습니다.

① 11:00 ~ 12:00
② 13:00 ~ 14:00
③ 14:00 ~ 15:00
④ 15:00 ~ 16:00
⑤ 16:00 ~ 17:00

07 다음은 K공사의 주택용 전력(저압) 전기요금표이다. 이를 참고하여 전기요금을 계산하고자 할 때, 월 사용량이 600kWh일 경우 전기사용에 대한 청구요금으로 옳은 것은?(단, 청구요금의 10원 미만은 절사한다)

〈주택용 전력(저압) 전기요금표〉

기본요금		전력량요금	
200kWh 이하 사용	910원	처음 200kWh까지	93.3원/kWh
201kWh ~ 400kWh 사용	1,600원	다음 200kWh까지	187.9원/kWh
400kWh 초과 사용	7,300원	400kWh 초과	280.6원/kWh
청구요금		[(기본요금)×(전력량요금)]+(부가세)+(전력기반기금)	

※ 전력량요금은 주택용 요금 누진제가 적용된다(10원 미만 절사).
 – 주택용 요금 누진제는 사용량이 증가함에 따라 순차적으로 높은 단가가 적용되며, 현재 200kWh 단위로 3단계로 운영되고 있다. 예를 들어, 월 300kWh를 사용한 가정은 처음 200kWh에 대해서는 kWh당 93.3원이 적용되고, 나머지 100kWh에 대해서는 187.9원이 적용돼 총 37,450원의 전력량요금이 부과된다.
※ (부가세)×[(기본요금)+(전력량요금)]×10%(10원 미만 4사5입)
※ (전력기반기금)=[(기본요금)+(전력량요금)]×3.7%(10원 미만 절사)

① 136,040원
② 140,050원
③ 145,080원
④ 152,060원
⑤ 167,080원

제1회 최종점검 모의고사 • **179**

D씨의 전력 사용량은 9월과 10월이 같다. 다음 자료에 기반할 때, 두 달의 요금 차이는 얼마인가?

[자료1]

주택용 누진제 개선

주택용 누진제도는 1973년 석유파동을 계기로 에너지 다소비층에 대한 소비절약 유도와 저소득층 보호를 위하여 시행되었습니다. 최근 전열기 등 가전기기 보급 확대와 대형화로 가구당 전력사용량이 증가함에 따라, 사용량이 많은 고객은 전기요금이 증가하는 추세입니다. 이에 한전에서는 저소득층 보호취지, 전력수급 상황, 국민여론, 최근의 전력소비 추이변화 등을 종합적으로 고려하여 누진제 완화방안을 검토해 나갈 예정입니다.

[자료2]

산업통상자원부는 서민층과 중소 업체의 전기요금 부담 경감을 위해 가정용 전기요금을 오는 7 ~ 9월 한시 인하하고 산업용 전기요금은 8월 1일부터 1년간 할인한다고 21일 밝혔다. 여름철 냉방이 집중되는 시기인 7 ~ 9월에 4구간 요금을 3구간 요금으로 인하함으로써 서민들의 전기요금 걱정을 한층 덜어줄 것으로 예상된다.

〈가정용 전기요금 한시적 인하안〉

누진단계	현행	인하된 개선안
1구간 100kWh 이하	기본요금 410원	동일
1구간 100kWh 이하	사용요금 60.7원/kWh	동일
2구간 101 ~ 200kWh	기본요금 910원	동일
2구간 101 ~ 200kWh	사용요금 125.9원/kWh	동일
3구간 201 ~ 300kWh	기본요금 1,600원	동일
3구간 201 ~ 300kWh	사용요금 187.9원/kWh	동일
4구간 301 ~ 400kWh	기본요금 3,850원	기본요금 1,600원
4구간 301 ~ 400kWh	사용요금 280.6원/kWh	사용요금 187.9원/kWh

※ 청구금액 : 요금합계(기본요금+전력량요금)+부가가치세(요금합계의 10%)+전력산업기반기금(요금합계의 3.7%)
※ 국고금단수법에 의해 모든 금액의 10원 미만은 절사한다.

[자료3]

〈전력량계 지침〉

					kWh
3	5	4	3	6	
8월					

					kWh
3	8	6	3	2	
9월					

					kWh
4	1	8	3	4	
10월					

※ (당월 사용량)=(당월지침)-(전월지침)
※ 전력량계 지침의 마지막 자리는 소수점 이하이므로 절사한다.

① 4,650원
② 4,670원
③ 5,280원
④ 5,400원
⑤ 차이가 없다.

09 K회사는 7월 중에 신입사원 면접을 계획하고 있다. 면접에는 마케팅팀과 인사팀 차장, 인사팀 부장과 과장, 총무팀 주임이 한 명씩 참여한다. K회사에서는 6～7월에 계획된 여름 휴가를 팀별로 나누어 간다고 할 때, 다음 중 면접이 가능한 날짜는?

휴가 규정	팀별 휴가 시작일
• 차장급 이상 : 4박 5일 • 대리～과장 : 3박 4일 • 사원～주임 : 2박 3일	• 마케팅팀 : 6월 29일 • 인사팀 : 7월 6일 • 총무팀 : 7월 1일

① 7월 1일

② 7월 3일

③ 7월 5일

④ 7월 7일

⑤ 7월 8일

10 다음은 K사에 근무하는 A사원의 급여명세서이다. A사원이 10월에 시간외근무를 10시간 했을 경우 시간외수당으로 받는 금액은 얼마인가?

〈급여지급명세서〉

사번	A26	성명	A
소속	회계팀	직급	사원

• 지급 내역

지급항목(원)		공제항목(원)	
기본급여	1,800,000	주민세	4,500
시간외수당	( )	고용보험	14,400
직책수당	0	건강보험	58,140
상여금	0	국민연금	81,000
특별수당	100,000	장기요양	49,470
교통비	150,000	–	–
교육지원	0	–	–
식대	100,000	–	–
–	–	–	–
급여 총액	2,150,000	공제 총액	207,510

※ (시간외수당)=(기본급)×$\dfrac{(시간외근무\ 시간)}{200}$×150%

① 135,000원

② 148,000원

③ 167,000원

④ 195,000원

⑤ 205,000원

01 다음 중 인터넷 이용예절에 대한 설명으로 옳지 않은 것은?

① 인터넷상에서의 이용예절을 가리키는 네티켓은 네트워크와 에티켓이라는 용어의 합성어이다.

② 전자우편(E-mail)을 사용할 때는 정확한 전달을 위해 최대한 구체적으로 사안에 대한 설명을 나열하여야 한다.

③ 온라인 대화(채팅)를 광고, 홍보 등의 목적으로 악용해서는 안 된다.

④ 네티켓은 네티즌이 사이버 공간에서 지켜야 할 비공식적인 규약에 해당한다.

⑤ 게시판 이용 시 글의 내용 중에 잘못된 점이 있으면 빨리 수정하거나 삭제해야 한다.

02 다음 중 Windows 환경에서 키 조합과 해당 조합의 기능이 바르게 연결된 것을 〈보기〉에서 모두 고르면?

> **보기**
>
> ㄱ. Windows 키+〈E〉 : 활성창을 새로 고친다.
> ㄴ. Windows 키+〈K〉 : 연결 바로가기를 연다.
> ㄷ. 〈Ctrl〉+〈A〉 : 문서나 창에 있는 모든 항목을 선택한다.
> ㄹ. 〈Ctrl〉+〈Y〉 : 선택한 항목을 잘라낸다.

① ㄱ, ㄴ   ② ㄱ, ㄷ

③ ㄴ, ㄷ   ④ ㄴ, ㄹ

⑤ ㄷ, ㄹ

03 피벗테이블에 대한 설명으로 옳지 않은 것은?

① 피벗테이블 결과가 표시되는 장소는 동일한 시트 내에만 지정된다.

② 피벗테이블로 작성된 목록에서 행 필드를 열 필드로 편집할 수 있다.

③ 피벗테이블 작성 후에도 사용자가 새로운 수식을 추가하여 표시할 수 있다.

④ 피벗테이블은 많은 양의 데이터를 손쉽게 요약하기 위해 사용되는 기능이다.

⑤ 피벗테이블에서 필터 기능을 사용할 수 있다.

04 다음 중 개인정보의 분류에 대한 내용이 잘못된 것을 〈보기〉에서 모두 고르면?

ㄱ. 소득 정보 : 대부상황, 저당, 신용카드, 담보설정 여부 등
ㄴ. 의료 정보 : 가족병력기록, 과거 의료기록, 신체장애, 혈액형 등
ㄷ. 조직 정보 : 고용주, 회사주소, 상관의 이름, 직무수행 평가 기록, 훈련기록, 상벌기록 등
ㄹ. 법적 정보 : 전과기록, 구속기록, 이혼기록 등

① ㄱ, ㄴ
② ㄱ, ㄷ
③ ㄴ, ㄷ
④ ㄴ, ㄹ
⑤ ㄷ, ㄹ

05 다음 [C2:C3] 셀과 같이 함수식을 작성한 셀에 결과가 아닌 함수식 자체가 출력되도록 하는 방법으로 옳은 것은?

◢	A	B	C
1	국어	국사	총점
2	93	94	=SUM(A2:B2)
3	92	88	=SUM(A3:B3)

① [수식] 탭 – [수식 분석] 그룹 – [수식 표시] 클릭
② [보기] 탭 – [표시 / 숨기기] 그룹 – [수식 입력줄] 클릭
③ [셀 서식] – [표시 형식] 탭 – [수식] 선택
④ [셀 서식] – [표시 형식] 탭 – [계산식] 선택
⑤ [수식] 탭 – [수식 분석] 그룹 – [수식 계산] 클릭

06 다음 중 개인정보 유출 방지에 대한 설명으로 옳지 않은 것을 〈보기〉에서 모두 고르면?

ㄱ. 회원가입 시 개인정보보호와 이용자 권리에 관한 조항을 유심히 읽어야 한다.
ㄴ. 제3자에 대한 정보 제공이 이루어지는 곳에는 개인정보를 제공하여서는 안 된다.
ㄷ. 제시된 정보수집 및 이용목적에 적합한 정보를 요구하는지 확인하여야 한다.
ㄹ. 비밀번호는 주기적으로 변경해주어야 하며, 비밀번호 관리를 위해 동일한 비밀번호를 사용하는 것이 좋다.
ㅁ. 제공한 정보가 가입해지 시 파기되는지 여부를 확인하여야 한다.

① ㄱ, ㄴ
② ㄱ, ㄷ
③ ㄴ, ㄹ
④ ㄴ, ㅁ
⑤ ㄷ, ㄹ, ㅁ

07 다음 글에서 설명하는 함수로 옳은 것은?

주어진 조건에 의해 지정된 셀들의 합계를 구하는 함수로, 특정 문자로 시작하는 셀들의 합계를 구하는 경우, 특정 금액 이상의 셀 합계를 구하는 경우, 구분 항목별 합계를 구하는 경우 등 다양하게 사용할 수 있다.

① SUM
② COUNT
③ AVERAGEA
④ SUMIF
⑤ COUNTIF

08 다음 빈칸에 들어갈 단어로 옳은 것은?

_____는 센서 네트워크와 외부 네트워크(인터넷)를 연결하는 게이트웨이 역할을 하며, 센서 노드에게 임무를 부여하고, 센서 노드에서 감지된 모든 이벤트를 수집한다.

① 풀 노드(Full Node)
② 싱크 노드(Sink Node)
③ 라이트 노드(Light Node)
④ 마스터 노드(Master Node)
⑤ 슈퍼 노드(Super Node)

09 다음 중 Windows 사용 시 메모리(RAM) 용량 부족의 해결방법으로 옳지 않은 것은?

① 가상 메모리 크기를 적절하게 조절한다.
② 메모리(RAM)를 추가로 설치하여 업그레이드한다.
③ 시작 프로그램에 설정된 프로그램을 삭제한 후 다시 시작한다.
④ 불필요한 프로그램은 종료하도록 한다.
⑤ 디스크 정리를 수행하여 다운로드한 프로그램 파일, 임시 인터넷 파일 등을 삭제한다.

10 다음 중 파워포인트에서 텍스트의 단축키 기능으로 옳지 않은 것은?

① Ctrl + E → 텍스트를 가운데에 맞춘다.
② Ctrl + B → 텍스트를 굵게 만든다.
③ Ctrl + I → 텍스트에 밑줄을 긋는다.
④ Ctrl + Shift + . → 텍스트 크기를 늘린다.
⑤ Ctrl + L → 텍스트를 왼쪽에 맞춘다.

01 최근 국내 전기설비 안전규격에 문제가 있다는 주장이 제기되고 있다. 일부 전기안전 전문가들은 차단기의 국내 전기설비 규격이 선진국에 비해 너무 낮다고 주장한다. 세계 각국의 표준 규격과 차단기를 비교하였을 때, 표준 규격 나라와 차단기의 연결이 옳지 않은 것은?

〈차단기 종류〉

구분	EBS 103Fb	AN 13D	32 GRhc	AF 50	ABE 103AF	AN 20E
정격전압(V)	220, 380	690	220	220	460	690
정격전류(A)	60, 70, 100	1250	15, 20, 30	30, 40, 50	60, 75, 100	1250, 1600
정격차단전류(kA)	5	50	1.5	2.5	2.5	65

〈국가 표준 규격〉

구분	ANSI	CSA	GOST	JIS	DVGW
국가	미국	캐나다	러시아	일본	독일
정격전압(V)	380, 460	220	460, 690	220	380
정격전류(A)	50 ~ 110	15 ~ 35	1000 ~ 1500	30 ~ 60	50 ~ 110
정격차단전류(kA)	2 ~ 5	1 ~ 5	50 ~ 70	2 ~ 3	5 ~ 10

① 미국 – ABE 103AF
② 독일 – EBS 103Fb
③ 일본 – AF 50
④ 캐나다 – 32 GRhc
⑤ 러시아 – AN 20E

02 다음 글을 읽고 추론할 수 있는 기술혁신의 특성으로 옳은 것은?

> 인간의 개별적인 지능과 창의성, 상호학습을 통해 발생하는 새로운 지식과 경험은 빠른 속도로 축적되고 학습되지만, 이러한 지식은 문서화되기 어렵기 때문에 다른 사람들에게 쉽게 전파될 수 없다. 따라서 연구개발에 참가한 연구원과 엔지니어들이 그 기업을 떠나는 경우 기술과 지식의 손실이 크게 발생하여 기술 개발을 지속할 수 없는 경우가 종종 발생한다.

① 기술혁신은 그 과정 자체가 매우 불확실하다.
② 기술혁신은 장기간의 시간을 필요로 한다.
③ 기술혁신은 지식 집약적인 활동이다.
④ 기술혁신 과정의 불확실성과 모호함은 기업 내에서 많은 갈등을 유발할 수 있다.
⑤ 기술혁신은 조직의 경계를 넘나든다.

03 B씨는 요즘 보일러가 말썽인 것 같은 생각이 들어 증상과 해결방법을 찾아보기 위해 해당 제품의 홈페이지에서 사용설명서 PDF를 다운받았다. 〈보기〉의 사례를 읽고 순서에 맞는 번호를 바르게 짝지은 것은?

〈보일러 이상 시 대처방법〉

보일러 가동 중 이상현상이 발생하였을 경우 절대 임의 조치하지 마시고, 아래 내용을 참조해 주세요. K보일러는 이상현상 발생 시 실내온도 표시부에 상태별로 숫자가 깜빡이며 표시됩니다. 이상현상이 계속될 때는 반드시 지역 대리점 또는 전국 어디서나 지역번호, 국번 없이 1234-1234로 문의하세요.

▶ **전원이 들어오지 않아요.**
- 전원코드가 꽂혀 있는지 확인하세요.
- 타 가전제품들을 가동시켜 보고 전기가 공급되는지 확인하세요.
- 만일 전기가 공급되고 있으나 보일러가 가동하지 않으면 지역 대리점 또는 A/S센터에 연락하여 조치를 받으세요.

▶ **전원이 들어와 있는데도 방이 따뜻하지 않아요.**
- 보일러가 정상가동되는지 확인하세요.
- 장기간 보일러를 사용하지 않을 시 순환펌프가 고착될 수 있으므로 순환펌프의 축(구동부)을 드라이버 등으로 돌려주시면 동작될 수 있습니다.
- 그래도 난방이 되지 않을 경우, 임의 조치하지 마시고 가까운 지역 대리점 또는 A/S센터로 연락하여 조치를 받으세요.

▶ **실내온도조절기 표시화면에 숫자가 깜빡거려요.**

[01 / 02 / 03]
- 불꽃 감지에 이상이 생겨 점화되지 않거나 점화가 되었다가 바로 안전차단이 일어나는 경우입니다. 보일러 고장보다는 외부적인 조건에 의하여 일시적으로 일어날 수 있습니다. 실내온도조절기의 전원 / 재가동 버튼을 눌러 재가동 시켜 주세요.
- 가스밸브가 잠겨 있는지 확인하세요.
- 버너 이상 과열 시 안전차단이 일어나는 경우입니다. 이상 현상이 계속되면 지역 대리점 또는 A/S센터에 연락하여 조치를 받으세요.

[06]
- 보일러 내 송·배풍기 회전수가 감지되지 않는 경우입니다. 지역 대리점 또는 A/S센터에 연락하여 조치를 받으세요.

[07]
- 배풍기 회전수가 낮거나 높은 경우로 송풍기 케이스에 이물질이 끼어 있어 발생할 수 있습니다.
- 송·배풍기 회전수가 높은 경우 연통이 풍압대에 설치되어 바람이 심하게 불면 일어날 수 있습니다.
- 자주 발생하면 시공업체에 연락하여 연통의 위치를 수정해야 합니다. 연통 굴곡부에 결로가 생긴 경우 응축수를 제거해야 합니다. 지역 대리점 또는 A/S센터에 연락하여 조치를 받으세요.

[08]
- 실내온도 조절기 연결배선이 너무 길거나(10m 이상) 고압선, 전화선과의 접촉으로 일어날 수 있는 현상입니다.
- 전선의 피복이 벗겨지지 않도록 주의하시고 AC 220V 전선이나 매설용 전선배관과 같이 넣지 마세요. 특수한 경우 특수 배선으로 재시공하여야 합니다. 지역 대리점 또는 A/S센터에 연락하여 조치를 받으세요.

[10]
- 보일러 내 수온 센서부에 이상이 생긴 경우입니다.
- 보일러 가동을 중단하고 반드시 지역 대리점 또는 A/S센터에 연락하여 조치를 받으세요.

[11]
- 과열 센서가 단선되었을 때입니다.
- 계속 해제가 안 되면 반드시 지역 대리점 또는 A/S센터에 연락하여 조치를 받으세요.

[21]
- 지진감지센서가 작동된 상태입니다(지진발생 시 작동).

[93 / 94 / 95]
- 보일러 내에 물이 부족할 경우 표시되는 기능입니다. 물이 부족할 시 자동으로 급수되며 보충이 완료되면 보일러가 정상 가동됩니다(직수배관 밸브가 닫혀 있는지 확인). 계속 해제가 안 되고 물도 보충되지 않으면 지역 대리점 또는 A/S센터에 연락하여 조치를 받으세요.

[96]
- 과열안전장치가 작동된 경우로 보일러 난방수 온도가 너무 높아 안전을 위하여 보일러 가동을 정지시킨 상태입니다.
- 이때는 순환펌프가 가동되면서 보일러 난방수 온도를 낮춰 줍니다. 계속 해제가 안 되면 반드시 지역 대리점 또는 A/S센터에 연락하여 조치를 받으세요.

보기

A : 날씨가 너무 추워서 온도를 빨리 올리려고 계속 고온으로 보일러를 돌렸는데 갑자기 보일러가 꺼졌어요.
B : 보일러에 물이 부족한데 자동으로 급수되지도 않고 번호가 사라지지도 않아요.
C : 보일러를 켜면 점화되는 소리가 나다가 숫자가 깜박거려요.

	A	B	C
①	96	93 / 94 / 95	01 / 02 / 03
②	11	93 / 94 / 95	01 / 02 / 03
③	96	07	10
④	11	01 / 02 / 03	93 / 94 / 95
⑤	01 / 02 / 03	96	21

※ 기획전략팀에서는 사무실을 간편히 청소할 수 있는 새로운 청소기를 구매하였다. 기획전략팀의 B대리는 새 청소기를 사용하기 전에 제품설명서를 참고하였다. 이를 읽고 이어지는 질문에 답하시오. **[4~6]**

〈사용 설명서〉

1. 충전

- 충전 시 작동 스위치 2곳을 반드시 꺼주십시오.
- 타 제품의 충전기를 사용할 경우 고장의 원인이 되오니 반드시 전용 충전기를 사용하십시오.
- 충전 시 충전기에 열이 느껴지는 것은 고장이 아닙니다.
- 본 제품에는 배터리 보호를 위하여 과충전 보호회로가 내장되어 있어 적정 충전시간을 초과하여도 배터리는 심한 손상이 없습니다.
- 충전기의 줄을 잡고 뽑을 경우 감전, 쇼트, 발화 및 고장의 원인이 됩니다.
- 충전하지 않을 때는 전원 콘센트에서 충전기를 뽑아 주십시오. 절연 열화에 따른 화재, 감전 및 고장의 원인이 됩니다.

2. 이상발생 시 점검 방법

증상	확인사항	해결 방법
스위치를 켜도 청소기가 작동하지 않는다면?	• 청소기가 충전잭에 꽂혀 있는지 확인하세요. • 충전이 되어 있는지 확인하세요. • 본체에 핸디 청소기가 정확히 결합되었는지 확인하세요. • 접점부(핸디, 본체)를 부드러운 면으로 깨끗이 닦아주세요.	청소기에서 충전잭을 뽑아주세요.
사용 중 갑자기 흡입력이 떨어진다면?	• 흡입구를 커다란 이물질이 막고 있는지 확인하세요. • 먼지 필터가 막혀 있는지 확인하세요. • 먼지통 내에 오물이 가득 차 있는지 확인하세요.	이물질을 없애고 다시 사용하세요.
청소기가 멈추지 않는다면?	• 스틱 손잡이 / 핸디 손잡이 스위치 2곳 모두 꺼져 있는지 확인하세요. • 청소기 본체에서 핸디 청소기를 분리하세요.	-
사용시간이 짧다고 느껴진다면?	• 10시간 이상 충전하신 후 사용하세요.	-
라이트 불이 켜지지 않는다면?	• 청소기 작동 스위치를 ON으로 하셨는지 확인하세요. • 라이트 스위치를 ON으로 하셨는지 확인하세요.	-
파워브러쉬가 작동하지 않는다면?	• 머리카락이나 실 등 이물질이 감겨있는지 확인하세요.	청소기 전원을 끄고 이물질 제거 후 전원을 켜면 파워브러쉬가 재작동하며 평상시에도 파워브러쉬가 멈추었을 때는 전원 스위치를 껐다 켜시면 브러쉬가 재작동합니다.

04 사용 중 충전으로 인한 고장이 발생한 경우, 그 원인에 해당하지 않는 것은?

① 충전 시 작동 스위치 2곳을 모두 끄지 않은 경우

② 충전기를 뽑을 때 줄을 잡고 뽑은 경우

③ 충전하지 않을 때 충전기를 계속 꽂아 둔 경우

④ 적정 충전시간을 초과하여 충전한 경우

⑤ 타 제품의 충전기를 사용한 경우

05 B대리는 청소기의 전원을 껐다 켬으로써 청소기의 작동 불량을 해결하였다. 어떤 작동 불량이 발생하였는가?

① 청소기가 멈추지 않았다.

② 사용시간이 짧게 느껴졌다.

③ 파워브러쉬가 작동하지 않았다.

④ 사용 중 흡입력이 떨어졌다.

⑤ 라이트 불이 켜지지 않았다.

06 청소기에 이물질이 많이 들어있을 때 나타날 수 있는 증상은?

① 사용시간이 짧아진다.

② 라이트 불이 켜지지 않는다.

③ 스위치를 켜도 청소기가 작동하지 않는다.

④ 충전 시 충전기에서 열이 난다.

⑤ 사용 중 갑자기 흡입력이 떨어진다.

07   다음 중 코닥이 몰락하게 된 원인은?

> 1980년대에 세계 필름 시장의 2/3를 지배했던 '필름의 명가' 코닥사는 131년의 역사를 가지고 있다. 그런 코닥의 몰락을 가져온 디지털 카메라를 처음 개발한 회사는 역설적이게도 코닥 그 자신이었다. 코닥 카메라는 세계 최초로 1975년 디지털 카메라를 개발하였지만 이 기술로 돈을 벌지 못하였다. 이유는 디지털 시대가 도래했지만, 이 신기술에 대한 미온적인 태도로 디지털 카메라를 무시했기 때문이다. 코닥은 디지털 카메라보다 회사의 주요 제품인 필름이 필요한 즉석카메라에 집중했다. 폴라로이드와 즉석카메라 특허로 분쟁을 일으키기까지 하였다. 한편 디지털 카메라를 적극적으로 받아들인 일본의 소니, 캐논 등이 디지털 카메라 시장으로 진출하자 필름 카메라의 영역은 급속하게 축소되었다. 뒤늦게 코닥이 디지털 카메라 시장에 뛰어들지만 상황을 바꾸기에는 역부족이었다.

① 폴라로이드의 시장 점유율이 코닥을 뛰어 넘었기 때문이다.
② 변화하는 추세를 따라가지 못했기 때문이다.
③ 즉석카메라의 기술 비용으로 자금난에 시달렸기 때문이다.
④ 새로운 분야에 계속해서 도전했기 때문이다.
⑤ 시대에 맞지 않은 신기술을 개발하였기 때문이다.

08 K공사는 건물 내에 신재생에너지, 양방향 원격검침 인프라(AMI), 전기차(EV) 충전장치 등을 실시간 모니터링하고 효율적으로 제어하는 시스템인 스마트 그리드 스테이션을 세계 최초로 구축하였다. 다음 자료를 참고했을 때, 스마트 그리드 스테이션이 불러일으킬 변화와 거리가 먼 것은?

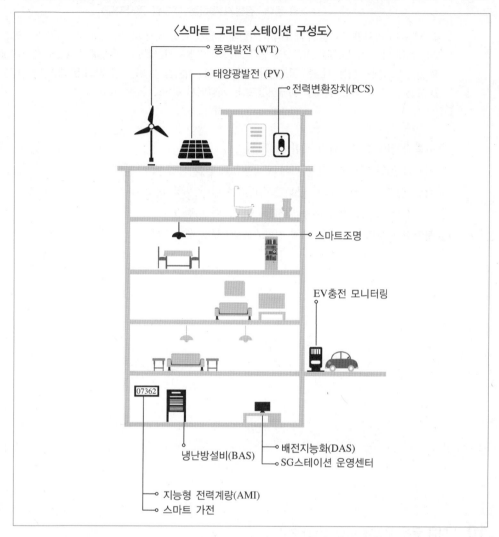

〈스마트 그리드 스테이션 구성도〉

풍력발전 (WT)
태양광발전 (PV)
전력변환장치(PCS)
스마트조명
EV충전 모니터링
배전지능화(DAS)
SG스테이션 운영센터
냉난방설비(BAS)
지능형 전력계량(AMI)
스마트 가전

① 온실가스 감축 효과
② 전기차 충전 인프라 확대
③ 에너지의 효율적 관리
④ 고객의 자발적인 전력 수요반응 유도
⑤ 발전 설비의 중앙 집중화

09 다음은 최근 이슈가 되고 있는 산업재해에 대한 뉴스 기사의 일부이다. 뉴스에서 제시된 산업재해의 원인으로 가장 적절한 것은?

〈◇◇의 등대, 잠들지 못하는 ○○업 종사자들〉

◇◇지역에 위치한 ○○업의 대표적인 기업에서 올해 들어 직원 3명의 사망사고가 발생하였다. ◇◇의 등대라는 단어는 잦은 야근으로 인해 자정에 가까운 시간에도 사무실에서 불빛이 환하게 밝혀져 있는 모습에서 나온 지금은 공공연해진 은어이다. 이처럼 계속된 과로사의 문제로 인해 작년 12월 고용노동부의 근로 감독이 이루어졌으나, 시정되지 못하고 있는 실정이다.

… 하략 …

① 교육적 원인 : 충분하지 못한 OJT
② 기술적 원인 : 노후화된 기기의 오작동으로 인한 작업 속도 저하
③ 작업 관리상 원인 : 초과 근무를 장려하는 관리 운영지침
④ 불안전한 행동 : 작업 내용 미저장 / 하드웨어 미점검
⑤ 불안전한 상태 : 시설물 자체 결함 / 복장 · 보호구의 결함

10 다음 글은 무엇에 대한 설명인가?

농부는 농기계와 화학비료를 써서 밀을 재배하고 수확한다. 이렇게 생산된 밀은 보관업자, 운송업자, 제분회사, 제빵 공장을 거쳐 시장으로 판매된다. 보다 높은 생산성을 위해 화학비료를 연구하고, 공장을 가동하기 위해 공작기계와 전기를 생산한다. 보다 빠른 운송을 위해서 트럭이나, 기차, 배가 개발되었고, 보다 효과적인 운송수단과 농기계를 운용하기 위해 증기기관에서 석유에너지로 발전하였다. 이렇듯 우리의 식탁에 올라오는 빵은 여러 기술이 네트워크로 결합하여 시너지를 내고 있다.

① 기술시스템　　　　　　　　　② 기술혁신
③ 기술경영　　　　　　　　　　④ 기술이전
⑤ 기술경쟁

아이들이 답이 있는 질문을 하기 시작하면 그들이 성장하고 있음을 알 수 있다.

- 존 J. 플롬프 -

제2회
최종점검 모의고사

※ 한국전력공사 고졸채용 최종점검 모의고사는 채용공고를 기준으로 구성한 것으로
　실제 시험과 다를 수 있습니다.

■ 취약영역 분석

| 01 | 공통영역(사무 / 전기 / ICT)

번호	O/×	영역	번호	O/×	영역	번호	O/×	영역
01			11			21		
02			12			22		
03			13			23		
04			14			24		
05		의사소통능력	15		수리능력	25		문제해결능력
06			16			26		
07			17			27		
08			18			28		
09			19			29		
10			20			30		

| 02 | 자원관리능력(사무 / 전기)

번호	01	02	03	04	05	06	07	08	09	10
O/×										

| 03 | 정보능력(사무 / ICT)

번호	01	02	03	04	05	06	07	08	09	10
O/×										

| 04 | 기술능력(전기 / ICT)

번호	01	02	03	04	05	06	07	08	09	10
O/×										

평가문항	50문항	평가시간	60분
시작시간	:	종료시간	:
취약영역			

01　**공통영역(사무/전기/ICT)**

01　K공사 자격설계팀의 김팀장은 이사원에게 다음과 같은 업무지시를 내렸고, 이사원은 김팀장의 업무지시에 따라 홍보 자료를 작성하려고 한다. 다음 중 이사원이 작성 과정에서 고려해야 할 사항으로 적절하지 않은 것은?

> 이○○ 씨, 근로자들에게 NCS 기반의 신직업자격을 알리기 위한 홍보 자료를 제작해야 합니다. 먼저, 아무래도 신직업자격의 개념과 기능에 대한 설명이 있어야 할 것 같군요. 그리고 기존 국가기술자격에 비해 무엇이 달라졌는지 알려주는 것도 좋을 것 같네요. 마지막으로 신직업자격 체계도를 한 눈에 볼 수 있었으면 좋겠네요. 참! 관련 문의는 이메일로만 받을 예정이므로 참고바랍니다.

① 모든 근로자들의 이해를 돕기 위해 개념은 핵심 용어 중심으로 쉽게 설명해야겠어.

② 기업과 근로자 두 가지 측면에서의 기능으로 나누어 필요성을 강조해야겠어.

③ 기존 국가기술자격과의 차이점을 표로 비교하여 나타내야겠어.

④ 펼칠 수 있는 신직업자격 체계도 맵을 만들어 한 눈에 볼 수 있게 해야지.

⑤ 궁금한 점은 별도로 문의할 수 있도록 자격설계팀 이메일 주소를 넣어야겠어.

02　다음 중 밑줄 친 ㉠과 ㉡의 관계와 다른 것은?

> 제천시의 산채건강마을은 산과 하천이 어우러진 전형적인 산촌으로, 돌과 황토로 지은 8개 동의 전통 ㉠ 가옥 펜션과 한방 명의촌, 한방주 체험관, 황토 게르마늄 구들 찜질방, 약용 식물원 등의 시설을 갖추고 있다.
> 산채건강마을의 한방주 체험관에서는 전통 가양주를 만들어 보는 체험을 할 수 있다. 체험객들은 개인의 취향대로 한약재를 골라 넣어 가양주를 담그고, 자신이 직접 담근 가양주는 ㉡ 집으로 가져길 수 있다.

① 친구(親舊) : 벗　　　　　　　　　　② 수확(收穫) : 벼

③ 금수(禽獸) : 짐승　　　　　　　　　④ 계란(鷄卵) : 달걀

⑤ 주인(主人) : 임자

03 다음 중 빈칸에 들어갈 말이 바르게 연결된 것은?

> 경청이란 다른 사람의 말을 주의 깊게 들으며, ___㉠___ 하는 능력이다. 경청은 대화의 과정에서 당신에 대한 ___㉡___ 을/를 쌓을 수 있는 최고의 방법이다. 우리가 경청하면 상대는 본능적으로 안도감을 느낀다. 그리고 우리가 말을 할 경우, 자신도 모르게 더 ___㉢___ 하게 한다. 이런 심리적 효과로 인해 우리의 말과 메시지, 감정은 아주 효과적으로 상대에게 전달된다.

	㉠	㉡	㉢		㉠	㉡	㉢
①	설득	인정	의지	②	설득	신뢰	의지
③	공감	신뢰	집중	④	공감	친분	집중
⑤	공감	친분	의지				

04 의사표현의 종류는 상황이나 사태와 관련하여 공식적 말하기, 의례적 말하기, 친교적 말하기로 구분할 수 있다. 다음 중 공식적 말하기에 해당하는 것을 〈보기〉에서 모두 고르면?

> **보기**
> ㉠ 토론 ㉡ 연설
> ㉢ 토의 ㉣ 주례
> ㉤ 회의 ㉥ 안부전화

① ㉠, ㉡

② ㉠, ㉢

③ ㉠, ㉡, ㉢

④ ㉠, ㉡, ㉣

⑤ ㉡, ㉢, ㉤

05 다음은 K공단의 문서작성에 대한 자료이다. 〈보기〉의 ㉠ ~ ㉤ 중 수정이 필요하지 않은 것은?

〈문서작성 원칙〉

① 문서는 「국어기본법」 제3조 제3호에 따른 어문규범에 맞게 한글로 작성하되, 뜻을 정확하게 전달하기 위하여 필요한 경우에는 괄호 안에 한자 또는 그 밖의 외국어를 함께 적을 수 있으며, 특별한 사유가 없으면 가로로 쓴다.

② 문서의 내용은 간결하고 명확하게 표현하고 일반화되지 않은 약어와 전문용어 등의 사용을 피하여 이해하기 쉽게 작성하여야 한다.

③ 문서에는 음성정보나 영상정보 등이 수록되거나 연계된 바코드 등을 표기할 수 있다.

④ 문서에 쓰는 숫자는 특별한 사유가 없으면 아라비아 숫자를 쓴다.

⑤ 문서에 쓰는 날짜는 숫자로 표기하되, 연·월·일의 글자는 생략하고 그 자리에 온점(.)을 찍어 표시하며, 시·분은 24시각제에 따라 숫자로 표기하되, 시·분의 글자는 생략하고 그 사이에 쌍점(:)을 찍어 구분한다.

⑥ 문서에 다른 서식 등이 첨부되는 경우에는 본문의 내용이 끝난 줄 다음에 "붙임" 표시를 하고 첨부물의 명칭과 수량을 적되, 첨부물이 두 가지 이상인 경우에는 항목을 구분하여 순서대로 표시하여야 한다.

⑦ 본문의 마지막에는 다음 각 호에 따라 "끝" 표시 등을 한다.

1. 본문의 내용(본문에 붙임이 있는 경우에는 붙임을 말한다)의 마지막 글자에서 한 글자 띄우고 "끝" 표시를 한다. 다만, 본문의 내용이나 붙임에 적은 사항이 오른쪽 한계선에 닿은 경우에는 다음 줄의 왼쪽 한계선에서 한 글자 띄우고 "끝" 표시를 한다.

2. 제1호에도 불구하고, 본문의 내용이 표 형식으로 끝나는 경우에는 표의 마지막 칸까지 작성되면 표 아래 왼쪽 한계선에서 한 글자를 띄운 후 "끝" 표시를 하고, 표의 중간까지만 작성된 경우에는 "끝" 표시를 하지 않고 마지막으로 작성된 칸의 다음 칸에 "이하 빈칸"으로 표시한다.

보기

K공단

수신자　○○○ 부장

(경유)

제목　○○행사 진행 관련 업무협조 요청

1. ㉠ 2023년 08월 29일 진행하는 ○○행사 진행 관련 업무협조를 요청합니다.

2. 행사는 ㉡ 09시 30분부터 18시 30분까지 진행되며 세부 일정이 변경되었습니다.

3. 행사 참여자는 ㉢ 단톡방에 참여하여 안내를 받으시기 바랍니다.

4. 자세한 내용은 ㉣ 행사진행계획표를 참고해주시기 바랍니다. 끝.

㉤ 붙임. 행사진행계획표 1부. 끝.

K공단 이사장

기안자　○○○　　　　검토자　○○○　　　　결재권자　○○○

협조자　○○○

시행　　○○부-○○○○(2023.00.00)　　　　접수　　○○부-○○○○(2023.00.00)

우　　주소　　　　　　　　　　　　　/ 홈페이지 주소

전화(000)000-0000　전송(000)000-0000 / 기안자의 공식 전자우편주소 / 공개

---

① ㉠ ② ㉡
③ ㉢ ④ ㉣
⑤ ㉤

06 P사원의 상사가 P사원에게 다음과 같이 문서를 작성해 제출할 것을 요청하였을 때, P사원이 작성해야 할 문서의 종류는 무엇인가?

> 이번 문서를 토대로 P사원의 업무 결과가 평가되므로 이 점 유의하여 작성해 주시길 바랍니다. 최대한 핵심적인 내용으로 간결하게 작성하시고, 복잡한 내용은 도표나 그림을 활용하는 것이 좋겠죠? 그리고 참고한 자료가 있다면 모두 함께 제시해 주어야 합니다. 최종적으로 부장님께 제출하기 전에 제가 확인을 할 예정이지만, P사원도 제출하기 전에 잘못 작성된 부분은 없는지 등의 점검을 해 주시기 바랍니다.

① 보도자료 ② 설명서
③ 보고서 ④ 제안서
⑤ 기획서

07 다음 중 설명서를 작성할 때 유의할 점으로 옳은 것은?

① 추상적 명사를 사용한다.
② 전문용어는 가능한 사용하지 않는다.
③ 능동태보다는 수동태의 동사를 사용한다.
④ 여러 가지 명령을 포함하는 문장으로 작성한다.
⑤ 제품설명서에는 제품 사용 중 해야 할 일만 정의한다.

08 K공사는 담수화 플랜트 관련 사업을 추진하며 현 실태를 파악하기 위해 담수화 과정을 도입하고 있는 나라와 그 배경을 조사하였다. 조사한 다음 글에서 언급한 내용으로 적절하지 않은 것은?

> 최근 세계적으로 사막화가 빠른 속도로 진행되고 있다. 이러한 사막화가 인류에게 심각한 위협이라는 인식을 전 세계가 공유해야만 한다. 유엔의 조사결과, 이대로 가면 지구 육지 면적의 3분의 1이 사막화될 것으로 예상된다.
>
> 사막화란 건조 지대에서 일어나는 토지 황폐화 현상으로, 지구 온난화를 비롯한 지구 환경의 변화 때문에 발생한다. 과도한 경작으로 땅을 혹사시키거나 무분별한 벌목으로 삼림을 파괴하는 인간의 잘못된 활동에 의해서도 일어날 수 있다. 사막화는 많은 나라에서 진행되기 때문에 심각한 문제이다. 그중 특히 심각한 곳은 아프리카이고 중동이나 호주, 중국도 심각한 수준이다.
>
> 사막화의 피해는 눈에 띌 정도로 뚜렷하게 나타난다. 우선 생산력을 잃은 토지에서 식물이 자랄 수 없게 되고 농경이 불가능해진다. 이것은 식량 생산의 감소를 의미한다. 또한 식수가 부족하게 될 것이다. 최근 중동 지역이나 호주 같은 나라들은 이 문제를 해결하기 위해 바닷물을 담수화 과정을 거쳐 식수로 만들고 있다.

① 사막화를 막는 방안
② 사막화가 심한 지역
③ 사막화 진행 이유
④ 사막화의 정의
⑤ 사막화의 부정적 전망

09 다음 밑줄 친 단어의 유의어로 적절한 것은?

> 그때의 기억이 어제의 일인 것처럼 <u>선연하게</u> 떠오른다.

① 차가운 아스팔트 위에 <u>성긴</u> 눈발이 희끗희끗 날리고 있었다.
② 그는 바닷바람이 <u>선선하게</u> 부는 해변을 걸었다.
③ 매일 등하교를 했던 거리는 <u>뚜렷하게</u> 그의 기억 속에 남아 있었다.
④ 들판의 벼는 <u>영글기</u> 시작했다.
⑤ 앞으로 살아갈 길이 <u>막연하다.</u>

10 다음 글에 대한 평가로 적절하지 않은 것은?

당신은 '행복 기계'에 들어갈 것인지 망설이고 있다. 만일 들어간다면 그 순간 당신은 기계에 들어왔다는 것을 완전히 잊게 되고, 이 기계를 만나기 전에는 맛보기 힘든 멋진 시간을 가상현실 기술을 통해 경험하게 된다. 단, 누구든 한 번 그 기계에 들어가면 삶을 마칠 때까지 거기서 나올 수 없다. 이 기계에는 고장도 오작동도 없다. 당신은 이 기계에 들어가겠는가? 우리의 삶은 고난과 좌절로 가득 차 있지만, 우리는 그것들이 실제로 사라지기를 원하지 그저 사라졌다고 믿기를 원하지 않는다. 이러한 사실은, 참인 믿음이 우리에게 아무런 이익이 되지 않거나 심지어 손해를 가져오는 경우에도 우리가 거짓인 믿음보다 참인 믿음을 가지기를 선호한다는 견해를 뒷받침한다.

돈의 가치는 숫자가 적힌 종이 자체에 있지 않다. 돈이 가치를 지니는 것은 그것이 좋은 것들을 얻는 도구로 기능하기 때문이다. 참인 믿음을 가지는 것이 유용한 경우가 많은 것은 사실이지만, 다른 것들을 얻기 위한 수단인 돈과 달리 참인 믿음은 그 자체로 가치가 있다. 그리고 행복 기계에 관한 우리의 태도는 이를 분명하게 보여준다.

다른 것에 대한 선호로는 설명될 수 없는 원초적인 선호를 '기초 선호'라고 부른다. 가령 신체의 고통을 피하려는 것은 기초 선호로 보인다. 참인 믿음은 어떤가? 만약 참인 믿음이 기초 선호의 대상이 아니라면, 참인 믿음과 거짓인 믿음이 실용적 손익에서 동등할 경우 전자를 후자보다 더 선호해야 할 이유는 없다. 여기서 확인하게 되는 결론은, 참인 믿음이 기초 선호의 대상이라는 것이다. 그렇지 않다면, 사람들이 행복 기계에 들어가 행복한 거짓 믿음 속에 사는 편을 택하지 않을 이유가 없을 것이다.

① 대부분의 사람이 행복 기계에 들어가는 편을 택할 경우, 논지는 강화된다.
② 행복 기계가 현실에 존재하지 않는다는 사실이 논지를 약화하지는 않는다.
③ 치료를 위해 신체의 고통을 기꺼이 견디는 사람들이 있다고 해도 논지는 약화되지 않는다.
④ 행복 기계에 들어가지 않는 유일한 이유가 참과 무관한 실용적 이익임이 확인될 경우, 논지는 약화된다.
⑤ 실용적 이익이 없음에도 불구하고 우리가 수학적 참인 정리를 믿는 것을 선호한다는 사실은 논지를 강화한다.

11 한 달에 20개의 무정란을 낳는 어느 품종의 암탉을 10마리 키우는 A씨가 있다. A씨는 닭을 기르며 달걀을 얻고, 이를 장에서 물물교환하여 매달 닭을 키우는 데 들어갔던 사료에 대한 값을 지불한다. 또 남는 달걀로는 양계업자에게서 동일한 품종의 닭을 얻어, 동일한 방식으로 닭을 기르며 농장을 키워가려 한다. 닭 1마리를 1달 동안 키우는 데 드는 사료 값은 달걀 10개와 같고, 닭 1마리의 가치는 달걀 20개와 물물교환 할 수 있으며, 매달 말 달걀을 교환하려 장터를 다녀오며 빌린 수레의 값으로 수레 주인에게 닭 3마리를 준다. 이런 상황에서, A씨가 50마리 이상의 닭을 보유하게 될 시점은 언제인가?(단, 모든 거래는 물물교환으로 이루어져 일부를 미리 지불하고 나중에 물건을 받는 경우는 불가능하다)

① 5개월째   ② 6개월째
③ 7개월째   ④ 8개월째
⑤ 9개월째

12 영희는 과일을 주문하려 인터넷 쇼핑몰에 들어갔다. 쇼핑몰에서는 사과, 수박, 바나나, 자두, 포도, 딸기, 감, 귤, 총 8개의 과일 중에서 최대 4개의 과일을 주문할 수 있다. 영희가 포도, 딸기, 감, 귤 과일에 대해서는 2개까지만 선택을 하고, 3종류의 과일을 주문한다고 할 때, 영희의 주문에 대한 모든 경우의 수는?

① 48가지　　　　　　　　　　　　② 52가지
③ 56가지　　　　　　　　　　　　④ 64가지
⑤ 68가지

13 K공사의 구내식당에서는 지난달 한 포대당 12,500원의 쌀을 구매하는 데 3,750,000원을 사용하였다. 이번 달에도 같은 양의 쌀을 주문하였으나, 최근 쌀값이 올라 한 포대당 14,000원의 금액을 지불하였다. 이번 달의 쌀 구매비용은 지난달보다 얼마나 더 증가하였는가?

① 450,000원　　　　　　　　　　② 480,000원
③ 520,000원　　　　　　　　　　④ 536,000원
⑤ 555,000원

14 서울에서 사는 L씨는 휴일에 가족들과 경기도 맛집에 가기 위해 오후 3시에 집 앞으로 중형 콜택시를 불렀다. 집에서 맛집까지 거리는 12.56km이며, 집에서 맛집으로 출발하여 4.64km 이동하면 경기도에 진입한다. 맛집에 도착할 때까지 신호로 인해 택시가 멈췄던 시간은 8분이며, 택시의 속력은 이동 시 항상 60km/h 이상이었다. 다음 자료를 참고할 때, L씨가 지불하게 될 택시요금은 얼마인가?(단, 콜택시의 예약비용은 없으며, 신호로 인한 멈춘 시간은 모두 경기도 진입 후이다)

〈서울시 택시요금 계산표〉			
구분			**신고요금**
중형택시	주간	기본요금	2km까지 3,800원
		거리요금	100원 당 132m
		시간요금	100원 당 30초
	심야	기본요금	2km까지 4,600원
		거리요금	120원 당 132m
		시간요금	120원 당 30초
	공통사항		− 시간·거리 부분 동시병산(15.33km/h 미만 시) − 시계외 할증 20% − 심야(00:00 ~ 04:00)할증 20% − 심야·시계외 중복할증 40%

※ '시간요금'이란 속력이 15.33km/h 미만이거나 멈춰 있을 때 적용된다.
※ 서울시에서 다른 지역으로 진입 후 시계외 할증(심야 거리 및 시간요금)이 적용된다.

① 13,800원　　　　　　　　　　② 14,000원
③ 14,220원　　　　　　　　　　④ 14,500원
⑤ 14,920원

15 6%의 소금물 700g에서 한 컵의 소금물을 퍼내고, 퍼낸 양만큼 13%의 소금물을 넣었더니 9%의 소금물이 되었다. 이때, 퍼낸 소금물의 양은?

① 300g

② 320g

③ 350g

④ 390g

⑤ 450g

16 다음은 A ~ D 네 국가의 정부신뢰에 대한 자료이다. 〈조건〉에 근거하여 A ~ D에 해당하는 국가를 바르게 나열한 것은?

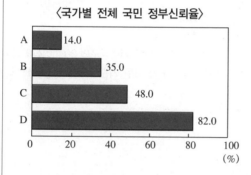

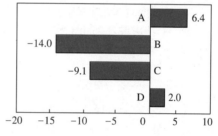

※ [전체 국민 정부신뢰율(%)]= (정부를 신뢰한다고 응답한 응답자 수) / (전체 응답자 수) ×100

※ [청년층 정부신뢰율(%)]= (정부를 신뢰한다고 응답한 응답자 수) / (청년층 응답자 수) ×100

※ (청년층의 상대적 정부신뢰지수)=[전체 국민 정부신뢰율(%)]−[청년층 정부신뢰율(%)]

조건

• 청년층 정부신뢰율은 스위스가 그리스의 10배 이상이다.
• 영국과 미국에서는 청년층 정부신뢰율이 전체 국민 정부신뢰율보다 높다.
• 청년층 정부신뢰율은 미국이 스위스보다 30%p 이상 낮다.

	A	B	C	D
①	그리스	영국	미국	스위스
②	스위스	영국	미국	그리스
③	스위스	미국	영국	그리스
④	그리스	미국	영국	스위스
⑤	영국	그리스	미국	스위스

17 다음 표는 콘크리트 유형별 기준강도 및 시험체 강도판정결과에 대한 자료이다. 표와 판정기준에 근거하여 (가) ~ (다)에 해당하는 강도판정결과를 바르게 나열한 것은?

〈콘크리트 유형별 기준강도 및 시험체 강도판정결과〉

(단위 : MPa)

구분 콘크리트 유형	기준 강도	시험체 강도				강도 판정결과
		시험체 1	시험체 2	시험체 3	평균	
A	24	22.8	29.0	20.8	( )	(가)
B	27	26.1	25.0	28.1	( )	불합격
C	35	36.9	36.8	31.6	( )	(나)
D	40	36.4	36.3	47.6	40.1	합격
E	45	40.3	49.4	46.8	( )	(다)

※ 강도판정결과는 '합격'과 '불합격'으로 구분됨.

〈판정기준〉

• 아래 조건을 모두 만족하는 경우에만 강도판정결과가 '합격'이다.
  – 시험체 강도의 평균은 기준강도 이상이어야 한다.
  – 기준강도가 35MPa 초과인 경우에는 각 시험체 강도가 모두 기준강도의 90% 이상이어야 한다.
  – 기준강도가 35MPa 이하인 경우에는 각 시험체 강도가 모두 기준강도에서 3.5MPa을 뺀 값 이상이어야 한다.

	가	나	다
①	합격	합격	합격
②	합격	합격	불합격
③	합격	불합격	불합격
④	불합격	합격	합격
⑤	불합격	합격	불합격

18 어떤 제철소에서 생산한 철강의 출하량을 분야별로 기록한 표이다. 2022년에 세 번째로 많은 생산을 했던 분야에서 2020년부터 2021년까지의 변화율로 적절한 것은?

(단위 : 천 톤)

연도	자동차	선박	토목 / 건설	일반기계	기타
2020년	5,230	3,210	6,720	4,370	3,280
2021년	6,140	2,390	5,370	4,020	4,590
2022년	7,570	2,450	6,350	5,730	4,650

① 10% 증가하였다.　　　　② 10% 감소하였다.
③ 8% 증가하였다.　　　　④ 8% 감소하였다.
⑤ 변동 없다.

19 다음은 갑노선(A ~ E역)의 무궁화호 운행 다이어그램과 무궁화호, 새마을호, 고속열차의 운행에 대한 정보이다. 이에 대한 설명으로 옳은 것을 〈보기〉에서 모두 고르면?

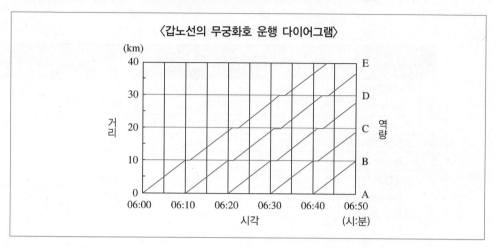

〈정보〉

- 무궁화호, 새마을호, 고속열차는 시발역인 A역을 출발한 후 모든 역에 정차하며, 각 역에서 정차 시간은 1분이다.
- 새마을호의 역간 속력은 120km/시간이고 고속열차의 역간 속력은 240 km/시간이다. 각 열차의 역간 속력은 일정하다.
- A역에서 06시 00분에 첫 무궁화호가 출발하고, 06시 05분에 첫 새마을호와 첫 고속열차가 출발 한다.
- 무궁화호, 새마을호, 고속열차는 동일노선의 각각 다른 선로와 플랫폼을 이용하며 역간 운행 거리 는 동일하다.
- 열차의 길이는 무시한다.

보기

ㄱ. 첫 무궁화호가 C역에 도착하기 6분 전에 첫 고속열차는 D역에 정차해 있다.
ㄴ. 첫 새마을호의 D역 출발 시각과 06시 10분에 A역을 출발한 무궁화호의 C역 도착 시각은 같다.
ㄷ. 고속열차가 C역을 출발하여 E역에 도착하는 데 6분이 소요된다.

① ㄱ
② ㄴ
③ ㄷ
④ ㄱ, ㄷ
⑤ ㄱ, ㄴ, ㄷ

20 다음은 2020년 행정구역별 공동주택의 실내 라돈 농도에 대한 자료이다. 이에 대한 보고서의 설명으로 옳은 것을 모두 고르면?

〈행정구역별 공동주택 실내 라돈 농도〉

행정구역＼항목	조사대상 공동주택수(호)	평균값 (Bq/m³)	중앙값 (Bq/m³)	200Bq/m³ 초과 공동주택수(호)
서울특별시	532	66.5	45.4	25
부산광역시	434	51.4	35.3	12
대구광역시	437	61.5	41.6	16
인천광역시	378	48.5	33.8	9
광주광역시	308	58.3	48.2	6
대전광역시	201	110.1	84.2	27
울산광역시	247	55.0	35.3	7
세종특별자치시	30	83.8	69.8	1
경기도	697	74.3	52.5	37
강원도	508	93.4	63.6	47
충청북도	472	86.3	57.8	32
충청남도	448	93.3	59.9	46
전라북도	576	85.7	56.7	40
전라남도	569	75.5	51.5	32
경상북도	610	72.4	48.3	34
경상남도	640	57.5	36.7	21
제주특별자치도	154	68.2	40.9	11
전국	7,241	−	−	403

〈보고서〉

우리나라에서는 2020년 처음으로 공동주택에 대한 '실내 라돈 권고 기준치'를 200Bq/m³ 이하로 정하고 공동주택의 실내 라돈 농도를 조사하였다.

이번 공동주택 실내 라돈 농도 조사에서 ㉠ 조사대상 공동주택의 실내 라돈 농도 평균값은 경기도가 서울특별시의 1.1배 이상이다. 한편, ㉡ 행정구역별로 비교했을 때 실내 라돈 농도의 평균값이 클수록 중앙값도 컸으며 두 항목 모두 대전광역시가 가장 높았다. ㉢ 조사대상 공동주택 중 실내 라돈 농도가 실내 라돈 권고 기준치를 초과하는 공동주택의 비율이 5% 이상인 행정구역은 9곳이며, 10% 이상인 행정구역은 2곳으로 조사되었다.

① ㄱ

② ㄴ

③ ㄱ, ㄷ

④ ㄴ, ㄷ

⑤ ㄱ, ㄴ, ㄷ

21 다음 정보가 모두 참일 때, 대한민국이 선택할 정책으로 옳은 것은?

〈정보〉
- 대한민국은 국무회의에서 주변국들과 합동 군사훈련을 실시하기로 확정 의결하였다.
- 대한민국은 A국 또는 B국과 상호방위조약을 갱신하여야 하지만, 그 두 국가 모두와 갱신할 수는 없다.
- 대한민국이 A국과 상호방위조약을 갱신하지 않는 한, 주변국과 합동 군사훈련을 실시할 수 없거나 또는 유엔에 동북아 안보 관련 안건을 상정할 수 없다.
- 대한민국은 어떠한 경우에도 B국과 상호방위조약을 갱신해야 한다.
- 대한민국이 유엔에 동북아 안보 관련 안건을 상정할 수 없다면, 6자 회담을 올해 내로 성사시켜야 한다.

① A국과 상호방위조약을 갱신한다.
② 6자 회담을 올해 내로 성사시킨다.
③ 유엔에 동북아 안보 관련 안건을 상정한다.
④ 유엔에 동북아 안보 관련 안건을 상정하지 않는다면, 6자 회담을 내년 이후로 연기한다.
⑤ A국과 상호방위조약을 갱신하지 않는다면, 유엔에 동북아 안보 관련 안건을 상정한다.

22 문제해결에 필요한 기본적 사고로 옳지 않은 것은?

① 내·외부자원을 효과적으로 활용한다.　② 분석적 사고를 해야 한다.
③ 전략적 사고를 해야 한다.　④ 같은 생각을 유지한다.
⑤ 발상의 전환을 해야 한다.

23 다음 글의 내용이 참일 때, 외부 인사의 성명이 될 수 있는 것은?

사무관들은 지난 회의에서 만났던 외부 인사 세 사람에 대해 얘기하고 있다. 사무관들은 외부 인사들의 이름은 모두 정확하게 기억하고 있다. 하지만 그들의 성(姓)에 대해서는 그렇지 않다.

혜민 : 김지후와 최준수와는 많은 대화를 나눴는데, 이진서와는 거의 함께 할 시간이 없었어.
민준 : 나도 이진서와 최준수와는 시간을 함께 보낼 수 없었어. 그런데 지후는 최씨였어.
서현 : 진서가 최씨였고, 다른 두 사람은 김준수와 이지후였지.

세 명의 사무관들은 외부 인사에 대하여 각각 단 한 명씩의 성명만을 올바르게 기억하고 있으며, 외부 인사들의 성씨는 각각 김씨, 이씨, 최씨이다.

① 김진서, 이준수, 최지후　② 최진서, 김준수, 이지후
③ 이진서, 김준수, 최지후　④ 최진서, 이준수, 김지후
⑤ 김진서, 최준수, 이지후

24 다음 글과 상황을 근거로 판단할 때, K복지관에 채용될 2명의 후보자는?

> K복지관은 청소년업무 담당자 2명을 채용하고자 한다. 청소년업무 담당자들은 심리상담, 위기청소년지원, 진학지도, 지역안전망구축 등 4가지 업무를 수행해야 한다. 채용되는 2명은 서로 다른 업무를 맡아 4가지 업무를 빠짐없이 분담해야 한다.
> 4가지 업무에 관련된 직무역량으로는 의사소통역량, 대인관계역량, 문제해결역량, 정보수집역량, 자원관리역량 등 5가지가 있다. 각 업무를 수행하기 위해서는 반드시 해당 업무에 필요한 직무역량을 모두 갖춰야 한다. 아래는 이를 표로 정리한 것이다.

업무	필요 직무역량
심리상담	의사소통역량, 대인관계역량
위기청소년지원	의사소통역량, 문제해결역량
진학지도	문제해결역량, 정보수집역량
지역안전망구축	대인관계역량, 자원관리역량

〈상황〉

- K복지관의 채용후보는 4명(갑, 을, 병, 정)이며, 각 채용후보자는 5가지 직무역량 중 3가지씩을 갖추고 있다.
- 자원관리역량은 병을 제외한 모든 채용후보자가 갖추고 있다.
- 정이 진학지도업무를 제외한 모든 업무를 수행하려면, 의사소통역량만 추가로 갖추면 된다.
- 갑은 심리상담업무를 수행할 수 있고, 을과 병은 진학지도업무를 수행할 수 있다.
- 대인관계역량을 갖춘 채용후보자는 2명이다.

① 갑, 을
② 갑, 병
③ 을, 병
④ 을, 정
⑤ 병, 정

25 다음 글의 결론을 이끌어내기 위해 추가해야 할 전제를 〈보기〉에서 모두 고르면?

> 젊고 섬세하고 유연한 자는 아름답다. 아테나는 섬세하고 유연하다. 아름다운 자가 모두 훌륭한 것은 아니다. 덕을 가진 자는 훌륭하다. 아테나는 덕을 가졌다. 아름답고 훌륭한 자는 행복하다. 따라서 아테나는 행복하다.

보기
ㄱ. 아테나는 젊다.
ㄴ. 아테나는 훌륭하다.
ㄷ. 아름다운 자는 행복하다.

① ㄱ
② ㄷ
③ ㄱ, ㄴ
④ ㄴ, ㄷ
⑤ ㄱ, ㄴ, ㄷ

26 상준이는 건강상의 이유로 운동을 하기로 했다. 상준이가 선택한 운동은 복싱인데, 월요일부터 일요일까지 3일을 선택하여 오전 또는 오후에 운동을 하기로 했다. 다음 중 〈조건〉에 따라 상준이가 운동을 시작한 첫 주 월요일부터 일요일까지 운동한 요일은?

> **조건**
> • 운동을 하려면 마지막 운동을 한 지 최소 12시간이 지나야 한다.
> • 상준이는 주말에 약속이 있어서 운동을 하지 못했다.
> • 상준이는 금요일 오후에 운동을 했다.
> • 상준이는 금요일을 제외한 나머지 요일에는 오후에 운동을 하지 못했다.
> • 금요일, 월요일을 제외한 두 번은 이틀 연속으로 했다.

① 월요일(오전), 화요일(오후), 금요일(오후)
② 화요일(오전), 화요일(오후), 금요일(오후)
③ 화요일(오전), 수요일(오전), 금요일(오후)
④ 월요일(오전), 화요일(오전), 금요일(오후)
⑤ 월요일(오전), 목요일(오후), 금요일(오후)

27 퍼실리테이션의 문제해결에 대한 설명으로 옳은 것은?

① 주제에 대한 공감을 이루기 어렵다.
② 단순한 타협점의 조정에 그치는 것이 아니다.
③ 초기에 생각하지 못했던 창조적인 해결 방법을 도출하기는 어렵다.
④ 제3자가 합의점이나 줄거리를 준비해놓고 예정대로 결론이 도출된다.
⑤ 팀워크가 강화되기는 어렵다.

28 다음 글의 내용이 참일 때, 반드시 채택되는 업체의 수는?

> 농림축산식품부는 구제역 백신을 조달할 업체를 채택할 것이다. 예비 후보로 A, B, C, D, E 다섯 개 업체가 선정되었으며, 그 외 다른 업체가 채택될 가능성은 없다. 각각의 업체에 대해 농림축산식품부는 채택하거나 채택하지 않거나 어느 하나의 결정만을 내린다.
> 정부의 중소기업 육성 원칙에 따라, 일정 규모 이상의 대기업인 A가 채택되면 소기업인 B도 채택된다. A가 채택되지 않으면 D와 E 역시 채택되지 않는다. 그리고 수의학산업 중점육성 단지에 속한 업체인 B가 채택된다면, 같은 단지의 업체인 C가 채택되거나 혹은 타지역 업체인 A는 채택되지 않는다. 마지막으로 지역 안배를 위해, D가 채택되지 않는다면, A는 채택되지만 C는 채택되지 않는다.

① 1개   ② 2개
③ 3개   ④ 4개
⑤ 5개

채종하여 파종할 때까지 종자를 보관하는 것을 '종자의 저장'이라고 하는데, 채종하여 1년 이내 저장하는 것을 단기저장, 2~5년은 중기저장, 그 이상은 장기저장이라 한다.

종자의 함수율(Moisture content)은 종자의 수명을 결정하는 가장 중요한 인자이다. 함수율은 아래와 같이 백분율로 표시한다.

$$[함수율(\%)] = \frac{(원종자무게) - (건조종자무게)}{(원종자무게)} \times 100$$

일반적으로 종자저장에 가장 적합한 함수율은 5~10%이다. 다만 참나무류 등과 같이 수분이 많은 종자들은 함수율을 약 30% 이상으로 유지시켜 주어야 한다. 또한 유전자 보존을 위해서는 보통 장기저장을 하는데, 이에 가장 적합한 함수율은 4~6%이다. 일반적으로 온도와 수분은 종자의 저장기간과 역의 상관관계를 갖는다.

종자는 저장 용이성에 따라 '보통저장성' 종자와 '난저장성' 종자로 구분한다. 보통저장성 종자는 종자 수분 5~10%, 온도 0℃ 부근에서 비교적 장기간 보관이 가능한데, 전나무류, 자작나무류, 벚나무류, 소나무류 등 온대 지역의 수종 대부분이 이에 속한다. 하지만 대사작용이 활발하여 산소가 많이 필요한 난저장성 종자는 0℃ 혹은 약간 더 낮은 온도에서 저장하여야 건조되는 것을 방지할 수 있다. 이에 속하는 수종은 참나무류, 칠엽수류 등의 몇몇 온대수종과 모든 열대수종이다.

한편 종자의 저장 방법에는 '건조저장법'과 '보습저장법'이 있다. 건조저장법은 '상온저장법'과 '저온저장법'으로 구분한다. 상온저장법은 일정한 용기 안에 종자를 넣어 창고 또는 실내에서 보관하는 방법으로, 보통 가을부터 이듬해 봄까지 저장하며 1년 이상 보관 시에는 건조제를 용기에 넣어 보관한다. 반면에 저온저장법의 경우, 보통저장성 종자는 함수율이 5~10% 정도 되도록 건조하여 주변에서 수분을 흡수할 수 없도록 밀봉 용기에 저장하여야 한다. 난저장성 종자는 -3℃ 이하에 저장해서는 안 된다.

보습저장법은 '노천매장법', '보호저장법', '냉습적법' 등이 있다. 노천매장법은 양지바르고 배수가 잘되는 곳에 50~100cm 깊이의 구덩이를 파고 종자를 넣은 뒤 땅 표면은 흙을 덮어 겨울 동안 눈이나 빗물이 그대로 스며들 수 있도록 하는 방식이다. 보호저장법은 건사저장법이라고도 하는데 참나무류, 칠엽수류 등 수분이 많은 종자가 부패되지 않도록 저장하는 방법이다. 냉습적법은 용기 안에 보습제인 이끼, 모래와 종자를 섞어서 넣고 3~5℃의 냉장고에 저장하는 방법이다.

29 윗글을 근거로 판단할 때 적절한 것은?

① 저온저장법으로 저장할 때 열대수종은 -3℃ 이하로 보관하는 것이 좋다.

② 일반적으로 유전자 보존을 위해서는 종자를 함수율 5% 정도로 2~5년 저장한다.

③ 일부 난저장성 종자는 보호저장법으로 저장하는 것이 적절하다.

④ 참나무 종자저장에 적합한 함수율은 5~10%이다.

⑤ 일반적으로 종자보관장소의 온도를 높이면 종자의 저장기간이 길어진다.

30 윗글을 근거로 판단할 때, 일반적으로 종자저장에 가장 적합한 함수율을 가진 원종자의 무게가 10g이면 건조 종자의 무게는?

① 6~6.5g

② 7~7.5g

③ 8~8.5g

④ 9~9.5g

⑤ 10~10.5g

02 자원관리능력(사무/전기)

01 다음 중 기업의 성과에 영향을 미치는 인적자원의 세 가지 특성으로 옳은 것은?

① 안정성, 개발가능성, 전략적 중요성
② 안정성, 지속가능성, 환경적응성
③ 능동성, 개발가능성, 전략적 중요성
④ 능동성, 개발가능성, 환경적응성
⑤ 능동성, 지속가능성, 환경적응성

02 다음 빈칸에 들어갈 내용으로 옳은 것은?

> 효과적인 물적자원관리 과정을 거쳐 물품을 보관할 장소까지 선정하게 되면 차례로 정리를 하게 된다. 여기서 중요한 것은 _____을 지켜야 한다는 것이다. 이는 입·출하의 빈도가 높은 품목을 출입구 가까운 곳에 보관하는 것을 말한다. 즉, 물품의 활용 빈도가 상대적으로 높은 것은 가져다 쓰기 쉬운 위치에 먼저 보관해야 한다. 이렇게 하면 물품을 활용하는 것도 편리할뿐더러 활용한 후 다시 보관하는 것 역시 편리하게 할 수 있다.

① 통로 대면의 원칙
② 중량 특성의 원칙
③ 선입선출의 원칙
④ 회전 대응 보관의 원칙
⑤ 네트워크 보관의 원칙

03 프랑스 해외지부에 있는 K부장은 국내 본사로 인사발령을 받아서 2일 9시 30분에 파리에서 인천으로 가는 비행기를 예약했다. 파리에서 인천까지 비행시간은 총 13시간이 걸리며, 한국은 프랑스보다 7시간이 더 빠르다. K부장이 인천에 도착했을 때 현지 시각은 몇 시인가?

① 3일 2시 30분   ② 3일 3시 30분
③ 3일 4시 30분   ④ 3일 5시 30분
⑤ 3일 6시 30분

04 ■ 영업팀 B사원은 업무 특성상 외근이 잦은 편이다. 다음은 출발지 – 목적지 간 거리와 B씨가 이용하는 차종의 연비를 제시한 표와, 휘발유·경유의 분기별 리터당 공급가를 나타낸 그래프이다. 3분기에 경유로 거래처를 순회한다면, 10만 원의 예산으로 주행할 수 있는 총거리는 몇 km인가?

〈출발지 – 목적지 간 거리와 차종별 연비〉

출발지 – 목적지	거리(km)	차종	연비(km/L)
본사 – A사	25	001	20
A사 – B사	30	002	15
B사 – C사	25	003	15
C사 – D사	40	004	10
D사 – E사	30	005	10
E사 – F사	50	006	25

〈휘발유·경유의 분기별 리터당 공급가〉

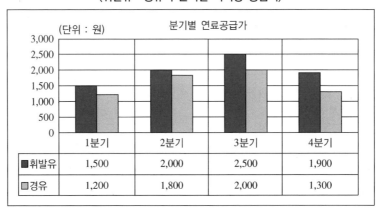

분기별 연료공급가 (단위 : 원)

	1분기	2분기	3분기	4분기
■휘발유	1,500	2,000	2,500	1,900
□경유	1,200	1,800	2,000	1,300

① 1,210km
② 1,220km
③ 1,230km
④ 1,240km
⑤ 1,250km

05 해외영업부에서 근무하는 K부장은 팀원과 함께 해외출장을 가게 되었다. 인천공항에서 대한민국 시간으로 7월 14일 09:00에 모스크바로 출발하고, 모스크바에서 일정시간 동안 체류한 후, 영국 시간으로 7월 14일 18:30에 런던에 도착하는 일정이다. 다음 중 모스크바에 체류한 시간으로 가장 적절한 것은?

경로	출발	도착	비행시간
인천 → 모스크바	7월 14일 09:00		9시간 30분
모스크바 → 런던		7월 14일 18:30	4시간

※ 시차정보(GMT기준) : 영국 0, 러시아 +3, 대한민국 +9

① 1시간 　　　　　　　　　　② 2시간
③ 3시간 　　　　　　　　　　④ 5시간
⑤ 7시간

06 모스크바 지사에서 일하고 있는 A대리는 밴쿠버 지사와의 업무협조를 위해 4월 22일 오전 10시 15분에 밴쿠버 지사로 업무협조 메일을 보냈다. 〈조건〉에 따라 밴쿠버 지사에서 가장 빨리 메일을 읽었을 때, 모스크바의 시각은?

> **조건**
> • 밴쿠버는 모스크바보다 10시간이 늦다.
> • 밴쿠버 지사의 업무시간은 오전 10시부터 오후 6시까지다.
> • 밴쿠버 지사에서는 4월 22일 오전 10시부터 15분간 전력 점검이 있었다.

① 4월 22일 오전 10시 15분
② 4월 23일 오전 10시 15분
③ 4월 22일 오후 8시 15분
④ 4월 23일 오후 8시 15분
⑤ 4월 23일 오후 10시 15분

07 새롭게 비품관리를 담당하게 된 A사원은 기존에 거래하던 ○○문구와 다른 업체들과의 가격 비교를 위해 △△문구와 □□문구에 견적서를 요청한 뒤 세 곳을 비교하려고 한다. 비품의 성능 차이는 다르지 않으므로 비교 후 가격이 저렴한 곳과 거래할 예정이다. 가능한 혜택을 모두 적용할 때 견적서의 총 합계금액과 최종적으로 거래할 업체를 바르게 짝지은 것은?(단, 배송료는 총 주문금액 계산 이후 더하며 백 원 미만은 절사한다)

○○문구	(사업자 702-34-2345 / 전화 02-324-2234)		
품명	수량	단가	공급가액
MLT - D209S[호환]	1	28,000원	32,000원
A4 복사용지 80G(2박스 묶음)	1	18,900원	31,900원
친환경 진행 문서 파일	1	1,500원	2,500원

※ 총 주문금액에서 20% 할인 쿠폰 사용 가능
※ 배송료 : 4,000원(10만 원 이상 구매 시 무료 배송)

△△문구	(사업자 702-98-4356 / 전화 02-259-2413)		
품명	수량	단가	공급가액
PGI - 909 - PINK[호환]	1	20,000원	25,000원
더블비 A4 복사용지 80G(2박스 묶음)	1	17,800원	22,800원
친환경 진행 문서 파일	1	1,200원	1,800원

※ 회원가 구매 시 판매가의 7% 할인
※ 배송료 : 2,500원(7만 원 이상 구매 시 무료 배송)

□□문구	(사업자 470-14-0097 / 전화 02-763-9263)		
품명	수량	단가	공급가액
MST - D128S	1	20,100원	24,100원
A4 복사용지 75G(2박스 묶음)	1	18,000원	28,000원
문서 파일	1	1,600원	3,600원

※ 첫 구매 적립금 4,000포인트 사용 가능
※ 45,000원 이상 구매 시 문서 파일 1개 무료 증정
※ 배송료 : 4,500원(6만 원 이상 구매 시 무료 배송)

① ○○문구 - 49,000원
② △△문구 - 46,100원
③ □□문구 - 48,200원
④ △△문구 - 48,600원
⑤ □□문구 - 51,700원

08 K사는 사원들의 복지 증진을 위해 안마의자를 구매할 계획이다. K사의 평가기준이 아래와 같을 때, 〈보기〉 중 어떤 안마의자를 구매하겠는가?

〈K사의 안마의자 구입 시 평가기준〉

- 사원들이 자주 사용할 것으로 생각되니 A/S기간이 2년 이상이어야 한다.
- 사무실 인테리어를 고려하여 안마의자의 컬러는 레드보다는 블랙이 적절한 것으로 보인다.
- 겨울철에도 이용할 경우를 위해 안마의자에 온열기능이 있어야 한다.
- 안마의자의 구입 예산은 최대 2,500만 원까지며, 가격이 예산 안에만 해당하면 모두 구매 가능하다.
- 안마의자의 프로그램 개수는 최소 10개 이상은 되어야 하며, 많으면 많을수록 좋다.

보기

구분	가격	컬러	A/S 기간	프로그램	옵션
A안마의자	2,200만 원	블랙	2년	12개	온열기능
B안마의자	2,100만 원	레드	2년	13개	온열기능
C안마의자	2,600만 원	블랙	3년	15개	-
D안마의자	2,400만 원	블랙	2년	13개	온열기능

① A안마의자 ② B안마의자
③ C안마의자 ④ D안마의자
⑤ 조건을 만족하는 의자가 없다.

09 〈조건〉과 2월 날씨를 근거로 판단할 때, 2월 8일과 16일의 실제 날씨로 가능한 것을 바르게 짝지은 것은?

조건

• 날씨 예측 점수는 매일 다음과 같이 부여한다.

실제＼예측	맑음	흐림	눈·비
맑음	10점	6점	0점
흐림	4점	10점	6점
눈·비	0점	2점	10점

• 한 주의 주중(월 ~ 금) 날씨 예측 점수의 평균은 매주 5점 이상이다.
• 2월 1일부터 19일까지 요일별 날씨 예측 점수의 평균은 다음과 같다.

요일	월	화	수	목	금
날씨 예측 점수 평균	7점 이하	5점 이상	7점 이하	5점 이상	7점 이하

〈2월 날씨〉

요일	월	화	수	목	금	토	일
날짜			1	2	3	4	5
예측			맑음	흐림	맑음	눈·비	흐림
실제			맑음	맑음	흐림	흐림	맑음
날짜	6	7	8	9	10	11	12
예측	맑음	흐림	맑음	맑음	맑음	흐림	흐림
실제	흐림	흐림	?	맑음	흐림	눈·비	흐림
날짜	13	14	15	16	17	18	19
예측	눈·비	눈·비	맑음	눈·비	눈·비	흐림	흐림
실제	맑음	맑음	맑음	?	눈·비	흐림	눈·비

※ 위 달력의 같은 줄을 한 주로 한다.

	2월 8일	2월 16일			2월 8일	2월 16일
①	맑음	흐림		②	맑음	눈·비
③	눈·비	흐림		④	눈·비	맑음
⑤	흐림	흐림				

10 K공사는 사내 화재예방 강화를 위하여 2023년 1월 1일에 대대적인 화재안전점검을 실시하였다. 점검한 결과 일부 노후화되거나 불량인 소화기가 발견되어 신형 축압식 소화기로 교체하려고 한다. 다음 중 처분 및 교체비용으로 가장 적절한 것은?

〈소화기 처분조건〉

적용순서	조건	미충족 시 적용 방안
1	내구연한 8년 미만	폐기처분으로 충족
2	지시압력계가 초록색으로 유지	신형 축압식 소화기로 교체하여 충족
3	화재안전기준에 의해 최소 60개 이상 보유	신형 축압식 소화기를 구매하여 충족

※ 소화기 폐기처분비용은 1만 원이며, 신형 축압식 소화기 교체(구매) 시 5만 원이 소요된다.

〈소화기 전수조사 결과〉

제조연도 지시압력계	2014년	2015년	2016년	2017년	2018년
노란색(부족)	8	5	3	1	1
초록색(정상)	10	13	18	15	10
빨간색(과다)	3	–	2	1	–
총계	21	18	23	17	11

※ 2023년도 1월 1일 기준으로 전수조사를 통해 작성하였다.
※ 내구연한은 제조연도로만 계산한다.

① 100만 원 ② 112만 원
③ 124만 원 ④ 135만 원
⑤ 140만 원

01 다음 중 빈칸에 들어갈 용어로 적절한 것은?

> _____은/는 웹 서버에 대용량의 저장 기능을 갖추고 인터넷을 통하여 이용할 수 있게 하는 서비스를 뜻한다. 초기에는 대용량의 파일 작업을 하는 디자이너, 설계사, 건축가들이 빈번하게 이루어지는 공동 작업과 자료 교환을 용이하게 하기 위해 각 회사 나름대로 해당 시스템을 구축하게 되었는데, 이와 똑같은 시스템을 사용자에게 무료로 제공하는 웹 사이트들이 생겨나기 시작하면서, 일반인들도 이용하게 되었다.

① RFID
② 인터넷 디스크(Internet Harddisk)
③ 이더넷(Ethernet)
④ 유비쿼터스 센서 네트워크(USN)
⑤ M2M(Machine-to-Machine)

02 다음 중 정보검색 연산자의 기호와 연산자, 검색조건이 옳지 않게 연결된 것을 〈보기〉에서 모두 고르면?

보기

연번	기호	연산자	검색조건
ㄱ	*, &	AND	두 단어가 모두 포함된 문서를 검색
ㄴ	−, !	OR	두 단어가 모두 포함되거나, 두 단어 중 하나만 포함된 문서를 검색
ㄷ	l	NOT	'−' 기호나 '!' 기호 다음에 오는 단어는 포함하지 않는 문서를 검색
ㄹ	~, near	인접검색	앞 / 뒤의 단어가 가깝게 인접해 있는 문서를 검색

① ㄱ, ㄴ
② ㄱ, ㄷ
③ ㄴ, ㄷ
④ ㄴ, ㄹ
⑤ ㄷ, ㄹ

03 다음 중 인터넷 정보검색 시 주의사항에 대하여 옳은 설명을 한 사람을 모두 고르면?

> • 김대리 : 검색엔진은 필요한 정보에 따라 다양하므로 용도에 적합한 것으로 이용해야 해.
> • 정사원 : 키워드가 길면 검색 범위가 너무 좁아지므로 키워드는 최대한 짧게 하는 게 좋아.
> • 박주임 : 최선의 정보검색 수단은 웹 검색이야. 적극적으로 활용할 필요가 있어.
> • 최과장 : 검색엔진이 제공하는 웹 검색 결과가 항상 정확한 자료인 것은 아니야. 그래서 결과 안에서 직접 필요한 자료를 선별해내는 것이 필요해.

① 김대리, 정사원
② 김대리, 최과장
③ 정사원, 박주임
④ 정사원, 최과장
⑤ 박주임, 최과장

04 다음 그림처럼 셀 값을 입력하기 위해서 [A1] 셀에 숫자 1을 입력하고, [A1] 셀에서 마우스로 채우기 핸들을 아래로 드래그하려고 한다. 이때 숫자가 증가하여 입력되도록 하기 위해 함께 눌러야 하는 키로 옳은 것은?

▲	A
1	1
2	2
3	3
4	4
5	5
6	6
7	7

① 〈Alt〉   ② 〈Ctrl〉
③ 〈Shift〉   ④ 〈Tab〉
⑤ 〈Insert〉

05 다음은 데이터베이스에 대한 설명이다. 빈칸 ㉠, ㉡에 들어갈 말이 바르게 연결된 것은?

> 파일시스템에서는 하나의 파일은 독립적이고 어떤 업무를 처리하는데 필요한 모든 정보를 가지고 있다. 파일도 데이터의 집합이므로 데이터베이스라고 볼 수도 있으나 일반적으로 데이터베이스라 함은 ㉠ 을 의미한다. 따라서 사용자는 여러 개의 파일에 있는 정보를 한 번에 검색해 볼 수 있다. 데이터베이스 관리시스템은 데이터와 파일, 그들의 관계 등을 생성하고, 유지하고 검색할 수 있게 해주는 소프트웨어이다. 반면에 파일관리시스템은 ㉡ 에 대해서 생성, 유지, 검색을 할 수 있는 소프트웨어다.

	㉠	㉡
①	여러 개의 독립된 파일	한 번에 복수의 파일
②	여러 개의 독립된 파일	한 번에 한 개의 파일
③	여러 개의 연관된 파일	한 번에 복수의 파일
④	여러 개의 연관된 파일	한 번에 한 개의 파일
⑤	여러 개의 연관된 파일	여러 개의 독립된 파일

06 다음 중 다양한 상황과 변수에 따른 여러 가지 결괏값의 변화를 가상의 상황을 통해 예측하여 분석할 수 있는 도구는?

① 시나리오 관리자　　　　　　　　② 목표값 찾기
③ 부분합　　　　　　　　　　　　　④ 통합
⑤ 데이터 표

07 다음 중 응용 소프트웨어의 특성에 대한 설명으로 옳은 것을 〈보기〉에서 모두 고르면?

> **보기**
>
> ㄱ. 여러 형태의 문서를 작성, 편집, 저장, 인쇄할 수 있는 프로그램을 스프레드시트(Spread Sheet)라 한다.
> ㄴ. 유틸리티 프로그램은 대표적인 응용 소프트웨어로서, 크기가 작고 기능이 단순하다는 특징을 가지고 있다.
> ㄷ. 워드프로세서의 주요 기능으로는 입력기능, 표시기능, 저장기능, 편집기능, 인쇄기능이 있다.
> ㄹ. 스프레드시트의 구성단위는 셀, 열, 행, 영역 4가지이다.

① ㄱ, ㄴ　　　　　　　　　　　　② ㄱ, ㄷ
③ ㄴ, ㄷ　　　　　　　　　　　　④ ㄴ, ㄹ
⑤ ㄷ, ㄹ

08 K공사 총무부에서 근무하는 S사원은 워드프로세서 프로그램을 사용해 결재 문서를 작성하는 중 결재란을 페이지마다 넣으려고 한다. 다음 중 S사원이 사용해야 하는 워드프로세서 기능은?

① 스타일　　　　　　　　　　　　② 쪽 번호
③ 미주　　　　　　　　　　　　　④ 머리말
⑤ 글자겹치기

09 다음 중 C대리의 답변 중 (가) ~ (마)의 내용으로 적절하지 않은 것은?

> A과장 : C대리, 파워포인트 슬라이드 쇼 실행 화면에서 단축키 좀 알려줄 수 있을까? 내 마음대로 슬라이드를 움직일 수가 없어서 답답해서 말이지.
> C대리 : 네 과장님, 제가 알려드리겠습니다.
> A과장 : 그래, 우선 발표가 끝나고 쇼 실행 화면에서 화면을 검게 하고 싶은데 가능한가?
> C대리 : _____ (가) _____
> A과장 : 그렇군. 혹시 흰색으로 설정도 가능한가?
> C대리 : _____ (나) _____
> A과장 : 혹시 원하는 슬라이드로 이동하는 방법도 있나? 예를 들어 7번 슬라이드로 바로 넘어가고 싶네만.
> C대리 : _____ (다) _____
> A과장 : 슬라이드 쇼 실행 화면에서 모든 슬라이드를 보고 싶은 경우도 있네.
> C대리 : _____ (라) _____
> A과장 : 맞다. 형광펜 기능도 있다고 들었는데?
> C대리 : _____ (마) _____

① (가) : ⦿(마침표) 버튼을 누르시면 됩니다.
② (나) : ⦿(쉼표) 버튼을 누르시면 됩니다.
③ (다) : ⦿7(해당번호)를 누르고, Enter↵ 버튼을 누르시면 됩니다.
④ (라) : ⦿(플러스) 버튼을 누르시면 됩니다.
⑤ (마) : Ctrl(컨트롤) 버튼과 Ⅰ(영어 I) 버튼을 같이 누르시면 됩니다.

10 다음 중 Windows 환경에서 파일탐색기와 관련된 키 조합과 해당 조합의 기능이 바르게 연결된 것을 〈보기〉에서 모두 고르면?

> **보기**
> ㄱ. 〈F3〉 : 파일탐색기에서 파일 또는 폴더를 검색한다.
> ㄴ. 〈F4〉 : 파일탐색기에서 주소 표시줄 목록을 표시한다.
> ㄷ. Windows 키+〈E〉 : 파일 탐색기를 연다.

① ㄱ   ② ㄷ
③ ㄱ, ㄴ   ④ ㄴ, ㄷ
⑤ ㄱ, ㄴ, ㄷ

01 다음 글에서 산업재해에 대한 원인으로 적절한 것은?

> 원유저장탱크에서 탱크 동체 하부에 설치된 믹서 임펠러의 날개깃이 파손됨에 따라, 과진동(과하중)
> 이 발생하여 믹서의 지지부분(볼트)이 파손되어 축이 이탈되면서 생긴 구멍으로 탱크 내부의 원유가
> 대량으로 유출되었다. 분석에 따르면 임펠러 날개깃의 파손이 피로 현상에 의해 발생되어 표면에
> 응력집중을 일으킬 수 있는 결함이 존재하였을 가능성이 높다고 한다.

① 작업 관리상 원인 ② 기술적 원인
③ 교육적 원인 ④ 불안전한 행동
⑤ 고의적인 악행

02 다음 글을 읽고 이해한 내용으로 가장 적절한 것은?

> 최근 환경오염의 주범이었던 화학회사들이 환경 보호 정책을 표방하고 나섰다. 기업의 분위기가 변
> 하면서 대학의 엔지니어뿐만 아니라 기업에 고용된 엔지니어들도 점차 대체기술, 환경기술, 녹색
> 디자인 등을 추구하는 방향으로 전환해 가고 있는 것이다.
> 또한, 최근 각광받고 있는 3R의 구호[줄이고(Reduce), 재사용하고(Reuse), 재처리하자(Recycle)]
> 는 엔지니어들로 하여금 미래 사회를 위한 자신들의 역할에 대해 방향을 제시해주고 있다.

① 개발이라는 이름으로 행해지는 개발독재의 사례로 볼 수 있다.
② 자연과학기술에 대한 연구개발의 사례로 적절하다.
③ 균형과 조화를 위한 지속가능한 개발의 사례로 볼 수 있다.
④ 기술이나 자금을 위한 개발수입의 사례이다.
⑤ 기업의 생산능률을 위한 조직개발의 사례로 볼 수 있다.

03 다음은 제품 매뉴얼과 업무 매뉴얼을 설명한 것이다. 이를 읽고 이해한 내용으로 적절하지 않은 것은?

> 제품 매뉴얼이란 사용자를 위해 제품의 특징이나 기능 설명, 사용방법과 고장 조치방법, 유지 보수 및 A/S, 폐기까지 제품에 관련된 모든 서비스에 대해 소비자가 알아야 할 모든 정보를 제공하는 것을 말한다.
> 다음으로 업무 매뉴얼이란 어떤 일의 진행 방식, 지켜야 할 규칙, 관리상의 절차 등을 일관성 있게 여러 사람이 보고 따라할 수 있도록 표준화하여 설명하는 지침서이다.

① 제품 매뉴얼은 제품의 설계상 결함이나 위험 요소를 대변해야 한다.
② '재난대비 국민행동 매뉴얼'은 업무 매뉴얼의 사례로 볼 수 있다.
③ 제품 매뉴얼은 제품의 의도된 안전한 사용과 사용 중 해야 할 일 또는 하지 말아야 할 일까지 정의해야 한다.
④ 제품 매뉴얼과 업무 매뉴얼 모두 필요한 정보를 빨리 찾을 수 있도록 구성되어야 한다.
⑤ 제품 매뉴얼은 혹시 모를 사용자의 오작동까지 고려하여 만들어져야 한다.

04 다음은 국내 전력산업의 구조를 설명한 그림이다. (가) ~ (다)에 들어갈 용어로 적절한 것은?

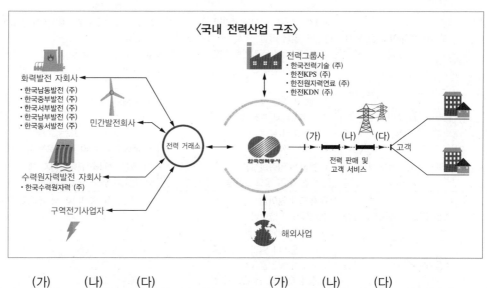

	(가)	(나)	(다)			(가)	(나)	(다)
①	송전	배전	변전		②	배전	송전	변전
③	변전	배전	송전		④	송전	변전	배전
⑤	배전	변전	송전					

※ K공사는 6월 농번기를 앞두고 5월 한 달 동안 ◇◇군 농민들을 대상으로 트랙터 안전 사용법 및 주의사항에 대한 교육을 실시할 예정이다. 이어지는 질문에 답하시오. [5~6]

〈5월 트랙터 안전 사용법 및 주의사항 교육〉

◆ **사용방법**
① 시동 전에 윤활유, 연료, 냉각수량을 필히 점검하고 트랙터에 승차한다.
② 주차브레이크와 변속레버의 중립을 먼저 확인한다. 그 후 클러치 페달을 완전히 밟은 채로 시동키를 돌린다(클러치 페달을 완전히 밟지 않은 경우 시동모터 작동이 되지 않음).
③ 추운 날씨에는 시동키를 왼쪽으로 돌려 30 ~ 40초 정도 예열 시킨 후 시동한다.
④ 작업기 연결에 앞서 작업기와 상부링크, 링크볼의 일치여부, 체크체인을 점검한다.
⑤ 트랙터 후진 후 하부링크를 내리고 작업기와 트랙터가 수직이 되도록 트랙터를 정지하고 시동을 끈다(주차 브레이크는 이때 풀어둔다).
⑥ 뒷바퀴를 움직여가며 하부링크를 들어올려 왼쪽 – 오른쪽 순서로 작업기의 마운팅 핀에 끼운다.
⑦ 유니버셜조인트를 연결하고 반드시 커버를 씌운다.
⑧ 상부링크 연결 후 작업기의 전후, 좌우 수평을 조절한다.

◆ **주의사항**
① 운전자 외에는 절대 탑승하지 않는다(별도의 좌석이 있는 경우는 제외).
② 시동이 걸린 상태에서는 절대 하차해서는 안 된다.
③ 경사지에 주차할 때는 반드시 시동을 끄고 주차브레이크를 채운 후 받침목을 한다.
④ 포장에 드나들 때는 트랙터를 똑바로 진입시킨다.

◆ **오작동 시 확인 사항 및 조치 방법**

현상	원인	조치 방법
트랙터 엔진이 시동 되지 않음	① 연료가 없음 ② 연료계통에 공기가 들어있음 ③ 연료필터 막힘 ④ 에어클리너 엘리먼트 막힘 ⑤ 예열플러그의 단선	① 경유를 보충함 ② 연료탱크에서 분사펌프까지 연료파이프 점검 ③ 연료필터 세척 및 교환 ④ 에어클리너 엘리먼트 청소 및 교환 ⑤ 예열플러그 교환
트랙터 시동모터가 회전하지 않음	① 배터리 방전 ② 안전스위치 조정 불량 ③ 시동모터 불량 ④ 키 스위치 불량	① 배터리 충전 ② 안전스위치 조정 ③ 시동모터 수리 또는 교환 ④ 배선점검, 수리 후 새로운 퓨즈링 교환
트랙터 소음기에서 흰 연기가 나옴	① 엔진 오일량의 과다 ② 엔진 오일 점도가 낮음	① 엔진 오일을 규정량까지 뺌 ② 점도가 높은 오일로 교환
충전경고등이 소등되지 않음	① 퓨즈가 끊어짐 ② 팬벨트의 늘어남 ③ 팬벨트 끊어짐	① 배선점검, 수리 후 새 퓨즈로 교환 ② 장력을 조정 ③ 교환
소음기에서 검은 연기가 나옴	① 에어클리너 엘리먼트 막힘 ② 과부하 운전을 함 ③ 경유 이외의 연료를 사용	① 세척 또는 교환 ② 부하를 가볍게 함 ③ 경유로 교환

※ 안내한 조치 방법으로 해결되지 않을 경우 담당자에게 연락바랍니다.

05 교육을 받고 돌아온 농업인 P씨는 트랙터 엔진이 시동 되지 않는 원인을 파악한 후 조치를 취하고자 한다. 다음 중 문제의 원인을 파악하기 위해 반드시 확인해야 할 사항과 그에 따른 조치 방법으로 적절하지 않은 것은?

① 연료의 유무를 확인한 후 연료가 없다면 경유를 보충한다.
② 연료계통에 공기가 들어있는지 확인하고, 만일 공기가 들어있다면 연료탱크에서 분사펌프까지 연료파이프를 점검한다.
③ 배터리의 방전 유무를 확인한 후 배터리를 충전한다.
④ 연료필터가 막혔는지 확인한 후 연료필터를 세척하거나 교환한다.
⑤ 예열플러그의 단선일 경우 예열플러그를 교환한다.

06 귀하는 트랙터 안전 사용법 및 주의사항 교육의 담당자이다. 교육을 마친 후의 질문 및 답변 시간에 답변한 내용으로 적절하지 않은 것은?

① Q : 추운 날씨에는 트랙터 시동을 어떻게 해야 하나요?
   A : 추운 날씨에는 시동키를 왼쪽으로 돌려 30 ~ 40초 정도 예열시킨 후, 시동하면 됩니다.
② Q : 저번에 주차브레이크와 변속레버의 중립을 확인한 후 클러치 페달을 밟은 채로 시동키를 돌렸는데도 시동이 켜지지 않던데 그건 왜 그런가요?
   A : 클러치 페달을 완전히 밟지 않았기 때문입니다. 반드시 클러치 페달을 완전히 밟아야지 시동이 켜집니다.
③ Q : 트랙터 후진 후 하부링크를 내릴 때, 트랙터가 수직이 되도록 트랙터를 정지하고 시동을 끌 때 특별히 주의해야 할 사항들이 있나요?
   A : 주차 브레이크는 반드시 풀어주셔야 합니다.
④ Q : 트랙터에 승차하기 전 확인해야 할 사항들은 무엇이 있나요?
   A : 반드시 상부링크, 체크체인 확인, 그리고 링크볼의 일치여부를 점검한 후 승차해야 합니다.
⑤ Q : 이번 주에 손주들이 놀러 와서 제 옆에 앉힌 후 트랙터를 운전하게 하고 싶은데 특별한 주의사항이 있을까요?
   A : 트랙터는 별도의 좌석이 있는 경우를 제외하고는 운전자 외에는 절대 탑승해서는 안 됩니다.

※ 교육서비스 업체인 K사에서는 업무 효율화를 위해 업무용 태블릿PC '에듀프랜드'를 전 직원에게 제공하기로 결정하였다. 다음 제품설명서를 참고하여 이어지는 질문에 답하시오. [7~8]

■ 지원기능

1. 학습자 관리
   - 인적사항 등록 매뉴얼에서 학습자 인적사항을 등록할 수 있습니다.
   - 학습자 지도 및 평가 계획안을 첨부하여 등록할 수 있습니다.
   - 입력된 학습자 인적사항은 가나다순 또는 등록일자순, 나이순, 지역순으로 정렬할 수 있습니다.
   - 키워드 입력을 통해 원하는 학습자 정보를 검색할 수 있습니다.

2. 교사 스케줄링
   - 캘린더에 일정을 등록할 수 있고, 등록된 일정은 월별·주별·시간대별로 설정하여 확인할 수 있습니다.
   - 중요한 일정은 알람을 설정할 수 있습니다.
   - 위치정보를 활용해 학습자 방문지와의 거리 및 시간 정보와 경로를 탐색할 수 있습니다.
   - Office 문서작성을 지원하며, 터치펜으로 메모를 작성할 수 있습니다.

3. 커뮤니티
   - 커뮤니티에 접속해 공지사항을 확인할 수 있고, 게시판 기능을 활용할 수 있습니다.
   - 화상전화를 지원하여, 학습자와 시간과 장소에 제한 없이 소통할 수 있습니다.

■ 제품사양

프로세서	CPU 속도 1.7GHz	
디스플레이	Size 165.5×77×8.8mm, Weight 200g	
	해상도 2960×1440	
메모리	내장 500GB, 외장 500GB(총 1TB 지원)	
카메라	표준 2,400만 화소	
연결	USB 지원	블루투스 지원
	GPS 지원	이어잭 지원
	Wi-Fi 지원	
배터리	표준 배터리 용량 4000mAh	
	비디오 재생시간 20h	

■ 주의사항
   - 물 또는 빗물에 던지거나 담그지 마십시오.
   - 젖은 배터리를 사용하거나 충전하지 마십시오.
   - 화기 가까이 두지 마십시오(가급적 0 ~ 40℃ 사이에서 사용하세요).
   - 신용카드, 전화카드, 통장 등의 자성을 이용한 제품에 가까이 두지 마십시오.
   - 소량의 유해물질이 있으니 기기를 분해하지 마십시오.
   - 기기를 떨어뜨리지 마십시오.
   - 기기에 색을 칠하거나 도료를 입히지 마십시오.
   - 출력 커넥터에 허용되는 헤드셋 또는 이어폰을 사용하십시오.
   ※ 지시사항을 위반하였을 때 제품손상이 발생할 수 있습니다.

07 A사원은 '에듀프랜드'를 제공받아 업무를 수행하였다. 다음 중 A사원이 에듀프랜드를 사용하여 수행한 업무로 적절하지 않은 것은?

① 인적사항 등록 매뉴얼에서 A사원이 관리하는 학생 100명의 인적사항을 등록하였다.

② 학습자 지도 및 평가 계획안의 메모리(600GB)가 커서 일부분을 업로드하지 못하였다.

③ A사원의 관리대상인 학습자 B군과 미팅을 잡고, 캘린더에 일정 알람을 등록하였다.

④ GPS를 켜서 학습자 B군의 집까지 최적 경로와 소요 시간을 탐색하였다.

⑤ 커뮤니티에 접속하여 공지사항을 통해 상반기 워크숍 일정을 확인하였다.

08 A사원이 '에듀프랜드'를 사용하기 위해 전원 버튼을 눌렀지만, 전원이 켜지지 않았다. 다음 중 에듀프랜드의 전원이 켜지지 않는 원인으로 적절하지 않은 것은?

① 에듀프랜드의 출력 커넥터와 맞지 않는 이어폰을 꽂아 사용하였다.

② 차량용 자석 거치대를 설치하여 운전 시에 에듀프랜드를 자석 거치대 위에 두었다.

③ 식당에서 물을 쏟아 가방에 들어있던 에듀프랜드가 물에 젖어버렸다.

④ 윗주머니에 들어 있던 에듀프랜드를 바닥으로 떨어뜨렸다.

⑤ 에듀프랜드에 보호 커버를 씌우고, 보호 커버 위에 매직펜으로 이름을 썼다.

09 다음 중 기술의 특징으로 적절하지 않은 것은?

① 하드웨어나 인간에 의해 만들어진 비자연적인 대상, 혹은 그 이상을 의미한다.

② 기술을 설계하고, 생산하고 사용하기 위해 Know-why가 필요하다.

③ 기술은 하드웨어를 생산하는 과정이다.

④ 기술은 정의가능한 문제를 해결하기 위해 순서화되고 이해가 가능한 노력이다.

⑤ 기술은 인간의 능력을 확장시키기 위한 하드웨어와 그것의 활용을 뜻한다.

10 다음은 산업재해를 예방하기 위해 제시되고 있는 하인리히의 법칙에 대한 글이다. 이를 바탕으로 볼 때, 산업재해의 예방을 위해 조치를 취해야 하는 단계는?

> 1931년 미국의 한 보험회사에서 근무하던 하인리히는 회사에서 접한 수많은 사고를 분석하여 하나의 통계적 법칙을 발견하였다. '1 : 29 : 300 법칙'이라고도 부르는 이 법칙은 큰 사고로 인해 산업재해가 발생하면 이 사고가 발생하기 이전에 같은 원인으로 발생한 작은 사고 29번, 잠재적 사고 징후가 300번이 있었다는 것을 나타낸다.
> 하인리히는 이처럼 심각한 산업재해의 발생 전에 여러 단계의 사건이 도미노처럼 발생하기 때문에 앞 단계에서 적절히 대처한다면 산업재해를 예방할 수 있다고 주장했다.

① 사회 환경적 문제가 발생한 단계

② 개인 능력의 부족이 보이는 단계

③ 불안전한 행동 및 상태가 나타난 단계

④ 기술적 결함이 나타난 단계

⑤ 작업 관리상 문제가 나타난 단계

PART 4

채용 가이드

01 | 블라인드 채용 소개

1. 블라인드 채용이란?

채용 과정에서 편견이 개입되어 불합리한 차별을 야기할 수 있는 출신지, 가족관계, 학력, 외모 등의 편견요인은 제외하고, 직무능력만을 평가하여 인재를 채용하는 방식입니다.

2. 블라인드 채용의 필요성

- 채용의 공정성에 대한 사회적 요구
  - 누구에게나 직무능력만으로 경쟁할 수 있는 균등한 고용기회를 제공해야 하나, 아직도 채용의 공정성에 대한 불신이 존재
  - 채용상 차별금지에 대한 법적 요건이 권고적 성격에서 처벌을 동반한 의무적 성격으로 강화되는 추세
  - 시민의식과 지원자의 권리의식 성숙으로 차별에 대한 법적 대응 가능성 증가
- 우수인재 채용을 통한 기업의 경쟁력 강화 필요
  - 직무능력과 무관한 학벌, 외모 위주의 선발로 우수인재 선발기회 상실 및 기업경쟁력 약화
  - 채용 과정에서 차별 없이 직무능력중심으로 선발한 우수인재 확보 필요
- 공정한 채용을 통한 사회적 비용 감소 필요
  - 편견에 의한 차별적 채용은 우수인재 선발을 저해하고 외모·학벌 지상주의 등의 심화로 불필요한 사회적 비용 증가
  - 채용에서의 공정성을 높여 사회의 신뢰수준 제고

3. 블라인드 채용의 특징

편견요인을 요구하지 않는 대신 직무능력을 평가합니다.

※ 직무능력중심 채용이란?
기업의 역량기반 채용, NCS기반 능력중심 채용과 같이 직무수행에 필요한 능력과 역량을 평가하여 선발하는 채용방식을 통칭합니다.

4. 블라인드 채용의 평가요소

직무수행에 필요한 지식, 기술, 태도 등을 과학적인 선발기법을 통해 평가합니다.

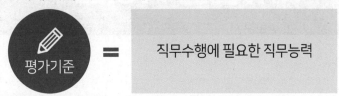

※ 과학적 선발기법이란?
직무분석을 통해 도출된 평가요소를 서류, 필기, 면접 등을 통해 체계적으로 평가하는 방법으로 입사지원서, 자기소개서, 직무수행능력평가, 구조화 면접 등이 해당됩니다.

5. 블라인드 채용 주요 도입 내용

- 입사지원서에 인적사항 요구 금지
  - 인적사항에는 출신지역, 가족관계, 결혼여부, 재산, 취미 및 특기, 종교, 생년월일(연령), 성별, 신장 및 체중, 사진, 전공, 학교명, 학점, 외국어 점수, 추천인 등이 해당
  - 채용 직무를 수행하는 데 있어 반드시 필요하다고 인정될 경우는 제외
    예 특수경비직 채용 시 : 시력, 건강한 신체 요구
      연구직 채용 시 : 논문, 학위 요구 등
- 블라인드 면접 실시
  - 면접관에게 응시자의 출신지역, 가족관계, 학교명 등 인적사항 정보 제공 금지
  - 면접관은 응시자의 인적사항에 대한 질문 금지

6. 블라인드 채용 도입의 효과성

- 구성원의 다양성과 창의성이 높아져 기업 경쟁력 강화
  - 편견을 없애고 직무능력 중심으로 선발하므로 다양한 직원 구성 가능
  - 다양한 생각과 의견을 통하여 기업의 창의성이 높아져 기업경쟁력 강화
- 직무에 적합한 인재선발을 통한 이직률 감소 및 만족도 제고
  - 사전에 지원자들에게 구체적이고 상세한 직무요건을 제시함으로써 허수 지원이 낮아지고, 직무에 적합한 지원자 모집 가능
  - 직무에 적합한 인재가 선발되어 직무이해도가 높아져 업무효율 증대 및 만족도 제고
- 채용의 공정성과 기업이미지 제고
  - 블라인드 채용은 사회적 편견을 줄인 선발 방법으로 기업에 대한 사회적 인식 제고
  - 채용과정에서 불합리한 차별을 받지 않고 실력에 의해 공정하게 평가를 받을 것이라는 믿음을 제공하고, 지원자들은 평등한 기회와 공정한 선발과정 경험

PART 4

02 | 서류전형 가이드

01 채용공고문

1. 채용공고문의 변화

기존 채용공고문	변화된 채용공고문
• 취업준비생에게 불충분하고 불친절한 측면 존재 • 모집분야에 대한 명확한 직무관련 정보 및 평가기준 부재 • 해당분야에 지원하기 위한 취업준비생의 무분별한 스펙 쌓기 현상 발생	• NCS 직무분석에 기반한 채용공고를 토대로 채용전형 진행 • 지원자가 입사 후 수행하게 될 업무에 대한 자세한 정보 공지 • 직무수행내용, 직무수행 시 필요한 능력, 관련된 자격, 직업기초능력 제시 • 지원자가 해당 직무에 필요한 스펙만을 준비할 수 있도록 안내
• 모집부문 및 응시자격 • 지원서 접수 • 전형절차 • 채용조건 및 처우 • 기타사항	• 채용절차 • 채용유형별 선발분야 및 예정인원 • 전형방법 • 선발분야별 직무기술서 • 우대사항

2. 지원 유의사항 및 지원요건 확인

채용 직무에 따른 세부사항을 공고문에 명시하여 지원자에게 적격한 지원 기회를 부여함과 동시에 채용과정에서의 공정성과 신뢰성을 확보합니다.

구성	내용	확인사항
모집분야 및 규모	고용형태(인턴 계약직 등), 모집분야, 인원, 근무지역 등	채용직무가 여러 개일 경우 본인이 해당되는 직무의 채용규모 확인
응시자격	기본 자격사항, 지원조건	지원을 위한 최소자격요건을 확인하여 불필요한 지원을 예방
우대조건	법정·특별·자격증 가점	본인의 가점 여부를 검토하여 가점 획득을 위한 사항을 사실대로 기재
근무조건 및 보수	고용형태 및 고용기간, 보수, 근무지	본인이 생각하는 기대수준에 부합하는지 확인하여 불필요한 지원을 예방
시험방법	서류·필기·면접전형 등의 활용방안	전형방법 및 세부 평가기법 등을 확인하여 지원전략 준비
전형일정	접수기간, 각 전형 단계별 심사 및 합격자 발표일 등	본인의 지원 스케줄을 검토하여 차질이 없도록 준비
제출서류	입사지원서(경력·경험기술서 등), 각종 증명서 및 자격증 사본 등	지원요건 부합 여부 및 자격 증빙서류 사전에 준비
유의사항	임용취소 등의 규정	임용취소 관련 법적 또는 기관 내부 규정을 검토하여 해당여부 확인

02 직무기술서

직무기술서란 직무수행의 내용과 필요한 능력, 관련 자격, 직업기초능력 등을 상세히 기재한 것으로 입사 후 수행하게 될 업무에 대한 정보가 수록되어 있는 자료입니다.

1. 채용분야

설명

NCS 직무분류 체계에 따라 직무에 대한 「대분류 – 중분류 – 소분류 – 세분류」 체계를 확인할 수 있습니다. 채용 직무에 대한 모든 직무기술서를 첨부하게 되며 실제 수행 업무를 기준으로 세부적인 분류정보를 제공합니다.

채용분야	분류체계			
사무행정	대분류	중분류	소분류	세분류
분류코드	02. 경영 · 회계 · 사무	03. 재무 · 회계	01. 재무	01. 예산
				02. 자금
			02. 회계	01. 회계감사
				02. 세무

2. 능력단위

설명

직무분류 체계의 세분류 하위능력단위 중 실질적으로 수행할 업무의 능력만 구체적으로 파악할 수 있습니다.

능력단위	(예산)	03. 연간종합예산수립	04. 추정재무제표 작성
		05. 확정예산 운영	06. 예산실적 관리
	(자금)	04. 자금운용	
	(회계감사)	02. 자금관리	04. 결산관리
		05. 회계정보시스템 운용	06. 재무분석
		07. 회계감사	
	(세무)	02. 결산관리	05. 부가가치세 신고
		07. 법인세 신고	

3. 직무수행내용

설명

세분류 영역의 기본정의를 통해 직무수행내용을 확인할 수 있습니다. 입사 후 수행할 직무내용을 구체적으로 확인할 수 있으며, 이를 통해 입사서류 작성부터 면접까지 직무에 대한 명확한 이해를 바탕으로 자신의 희망직무 인지 아닌지, 해당 직무가 자신이 알고 있던 직무가 맞는지 확인할 수 있습니다.

직무수행내용	(예산) 일정기간 예상되는 수익과 비용을 편성, 집행하며 통제하는 일
	(자금) 자금의 계획 수립, 조달, 운용을 하고 발생 가능한 위험 관리 및 성과평가
	(회계감사) 기업 및 조직 내·외부에 있는 의사결정자들이 효율적인 의사결정을 할 수 있도록 유용한 정보를 제공, 제공된 회계정보의 적정성을 파악하는 일
	(세무) 세무는 기업의 활동을 위하여 주어진 세법범위 내에서 조세부담을 최소화시키는 조세전략을 포함하고 정확한 과세소득과 과세표준 및 세액을 산출하여 과세당국에 신고·납부하는 일

4. 직무기술서 예시

태도	(예산) 정확성, 분석적 태도, 논리적 태도, 타 부서와의 협조적 태도, 설득력
	(자금) 분석적 사고력
	(회계 감사) 합리적 태도, 전략적 사고, 정확성, 적극적 협업 태도, 법률준수 태도, 분석적 태도, 신속성, 책임감, 정확한 판단력
	(세무) 규정 준수 의지, 수리적 정확성, 주의 깊은 태도
우대 자격증	공인회계사, 세무사, 컴퓨터활용능력, 변호사, 워드프로세서, 전산회계운용사, 사회조사분석사, 재경관리사, 회계관리 등
직업기초능력	의사소통능력, 문제해결능력, 자원관리능력, 대인관계능력, 정보능력, 조직이해능력

5. 직무기술서 내용별 확인사항

항목	확인사항
모집부문	해당 채용에서 선발하는 부문(분야)명 확인 예 사무행정, 전산, 전기
분류체계	지원하려는 분야의 세부직무군 확인
주요기능 및 역할	지원하려는 기업의 전사적인 기능과 역할, 산업군 확인
능력단위	지원분야의 직무수행에 관련되는 세부업무사항 확인
직무수행내용	지원분야의 직무군에 대한 상세사항 확인
전형방법	지원하려는 기업의 신입사원 선발전형 절차 확인
일반요건	교육사항을 제외한 지원 요건 확인(자격요건, 특수한 경우 연령)
교육요건	교육사항에 대한 지원요건 확인(대졸 / 초대졸 / 고졸 / 전공 요건)
필요지식	지원분야의 업무수행을 위해 요구되는 지식 관련 세부항목 확인
필요기술	지원분야의 업무수행을 위해 요구되는 기술 관련 세부항목 확인
직무수행태도	지원분야의 업무수행을 위해 요구되는 태도 관련 세부항목 확인
직업기초능력	지원분야 또는 지원기업의 조직원으로서 근무하기 위해 필요한 일반적인 능력사항 확인

1. 입사지원서의 변화

기존지원서		능력중심 채용 입사지원서
직무와 관련 없는 학점, 개인신상, 어학점수, 자격, 수상경력 등을 나열하도록 구성	VS	해당 직무수행에 꼭 필요한 정보들을 제시할 수 있도록 구성

기존지원서 항목		능력중심 채용 항목	
직무기술서		인적사항	성명, 연락처, 지원분야 등 작성 (평가 미반영)
직무수행내용		교육사항	직무지식과 관련된 학교교육 및 직업교육 작성
요구지식 / 기술	➡	자격사항	직무관련 국가공인 또는 민간자격 작성
관련 자격증		경력 및 경험사항	조직에 소속되어 일정한 임금을 받거나(경력) 임금 없이(경험) 직무와 관련된 활동 내용 작성
사전직무경험			

2. 교육사항

- 지원분야 직무와 관련된 학교 교육이나 직업교육 혹은 기타교육 등 직무에 대한 지원자의 학습 여부를 평가하기 위한 항목입니다.
- 지원하고자 하는 직무의 학교 전공교육 이외에 직업교육, 기타교육 등을 기입할 수 있기 때문에 전공 제한 없이 직업교육과 기타교육을 이수하여 지원이 가능하도록 기회를 제공합니다.
  (기타교육 : 학교 이외의 기관에서 개인이 이수한 교육과정 중 지원직무와 관련이 있다고 생각되는 교육내용)

구분	교육과정(과목)명	교육내용	과업(능력단위)

3. 자격사항

- 채용공고 및 직무기술서에 제시되어 있는 자격 현황을 토대로 지원자가 해당 직무를 수행하는 데 필요한 능력을 가지고 있는지를 평가하기 위한 항목입니다.
- 채용공고 및 직무기술서에 기재된 직무관련 필수 또는 우대자격 항목을 확인하여 본인이 보유하고 있는 자격사항을 기재합니다.

자격유형	자격증명	발급기관	취득일자	자격증번호

4. 경력 및 경험사항

- 직무와 관련된 경력이나 경험 여부를 표현하도록 하여 직무와 관련한 능력을 갖추었는지를 평가하기 위한 항목입니다.
- 해당 기업에서 직무를 수행함에 있어 필요한 사항만을 기록하게 되어 있기 때문에 직무와 무관한 스펙을 갖추지 않아도 됩니다.
- 경력 : 금전적 보수를 받고 일정기간 동안 일했던 경우
- 경험 : 금전적 보수를 받지 않고 수행한 활동

※ 기업에 따라 경력 / 경험 관련 증빙자료 요구 가능

구분	조직명	직위 / 역할	활동기간(년 / 월)	주요과업 / 활동내용

Tip

입사지원서 작성 방법

○ 경력 및 경험사항 작성
- 직무기술서에 제시된 지식, 기술, 태도와 지원자의 교육사항, 경력(경험)사항, 자격사항과 연계하여 개인의 직무역량에 대해 스스로 판단 가능

○ 인적사항 최소화
- 개인의 인적사항, 학교명, 가족관계 등을 노출하지 않도록 유의

부적절한 입사지원서 작성 사례
- 학교 이메일을 기입하여 학교명 노출
- 거주지 주소에 학교 기숙사 주소를 기입하여 학교명 노출
- 자기소개서에 부모님이 재직 중인 기업명, 직위, 직업을 기입하여 가족관계 노출
- 자기소개서에 석·박사 과정에 대한 이야기를 언급하여 학력 노출
- 동아리 활동에 대한 내용을 학교명과 더불어 언급하여 학교명 노출

1. 자기소개서의 변화

- 기존의 자기소개서는 지원자의 일대기나 관심 분야, 성격의 장·단점 등 개괄적인 사항을 묻는 질문으로 구성되어 지원자가 자신의 직무능력을 제대로 표출하지 못합니다.
- 능력중심 채용의 자기소개서는 직무기술서에 제시된 직업기초능력(또는 직무수행능력)에 대한 지원자의 과거 경험을 기술하게 함으로써 평가 타당도의 확보가 가능합니다.

1. 우리 회사와 해당 지원 직무분야에 지원한 동기에 대해 기술해 주세요.

2. 자신이 경험한 다양한 사회활동에 대해 기술해 주세요.

3. 지원 직무에 대한 전문성을 키우기 위해 받은 교육과 경험 및 경력사항에 대해 기술해 주세요.

4. 인사업무 또는 팀 과제 수행 중 발생한 갈등을 원만하게 해결해 본 경험이 있습니까? 당시 상황에 대한 설명과 갈등의 대상이 되었던 상대방을 설득한 과정 및 방법을 기술해 주세요.

5. 과거에 있었던 일 중 가장 어려웠었던(힘들었었던) 상황을 고르고, 어떤 방법으로 그 상황을 해결했는지를 기술해 주세요.

자기소개서 작성 방법
① 자기소개서 문항이 묻고 있는 평가 역량 추측하기

예시

- 팀 활동을 하면서 갈등 상황 시 상대방의 니즈나 의도를 명확히 파악하고 해결하여 목표 달성에 기여했던 경험에 대해서 작성해 주시기 바랍니다.
- 다른 사람이 생각해내지 못했던 문제점을 찾고 이를 해결한 경험에 대해 작성해 주시기 바랍니다.

② 해당 역량을 보여줄 수 있는 소재 찾기(시간×역량 매트릭스)

예시

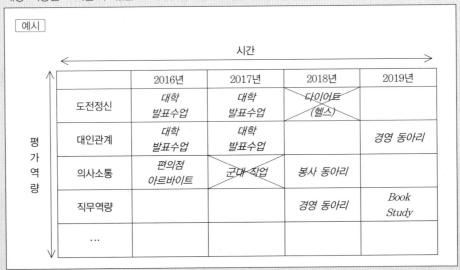

시간

평가역량	2016년	2017년	2018년	2019년
도전정신	대학 발표수업	대학 발표수업	~~다이어트 (헬스)~~	
대인관계	대학 발표수업	대학 발표수업		경영 동아리
의사소통	편의점 아르바이트	~~군대 작업~~	봉사 동아리	
직무역량			경영 동아리	Book Study
…				

③ 자기소개서 작성 Skill 익히기
- 두괄식으로 작성하기
- 구체적 사례를 사용하기
- '나'를 중심으로 작성하기
- 직무역량 강조하기
- 경험 사례의 차별성 강조하기

03 | 인성검사 소개 및 모의테스트

01 인성검사 유형

인성검사는 지원자의 성격특성을 객관적으로 파악하고 그것이 각 기업에서 필요로 하는 인재상과 가치에 부합하는가를 평가하기 위한 검사입니다. 인성검사는 KPDI(한국인재개발진흥원), K-SAD(한국사회적성개발원), KIRBS(한국행동과학연구소), SHR(에스에이치알) 등의 전문기관을 통해 각 기업의 특성에 맞는 검사를 선택하여 실시합니다. 대표적인 인성검사의 유형에는 크게 다음과 같은 세 가지가 있으며, 채용 대행업체에 따라 달라집니다.

1. KPDI 검사

조직적응성과 직무적합성을 알아보기 위한 검사로 인성검사, 인성역량검사, 인적성검사, 직종별 인적성검사 등의 다양한 검사 도구를 구현합니다. KPDI는 성격을 파악하고 정신건강 상태 등을 측정하고, 직무검사는 해당 직무를 수행하기 위해 기본적으로 갖추어야 할 인지적 능력을 측정합니다. 역량검사는 특정 직무 역할을 효과적으로 수행하는 데 직접적으로 관련 있는 개인의 행동, 지식, 스킬, 가치관 등을 측정합니다.

2. KAD(Korea Aptitude Development) 검사

K-SAD(한국사회적성개발원)에서 실시하는 적성검사 프로그램입니다. 개인의 성향, 지적 능력, 기호, 관심, 흥미도를 종합적으로 분석하여 적성에 맞는 업무가 무엇인가 파악하고, 직무수행에 있어서 요구되는 기초능력과 실무능력을 분석합니다.

3. SHR 직무적성검사

직무수행에 필요한 종합적인 사고 능력을 다양한 적성검사(Paper and Pencil Test)로 평가합니다. SHR의 모든 직무능력검사는 표준화 검사입니다. 표준화 검사는 표본집단의 점수를 기초로 규준이 만들어진 검사이므로 개인의 점수를 규준에 맞추어 해석·비교하는 것이 가능합니다. S(Standardized Tests), H(Hundreds of Version), R(Reliable Norm Data)을 특징으로 하며, 직군·직급별 특성과 선발 수준에 맞추어 검사를 적용할 수 있습니다.

인성검사는 특히 면접질문과 관련성이 높습니다. 면접관은 지원자의 인성검사 결과를 토대로 질문을 하기 때문입니다. 일관적이고 이상적인 답변을 하는 것이 가장 좋지만, 실제 시험은 매우 복잡하여 전문가라 해도 일정 성격을 유지하면서 답변을 하는 것이 힘듭니다. 또한, 인성검사에는 라이 스케일(Lie Scale) 설문이 전체 설문 속에 교묘하게 섞여 들어가 있으므로 겉치레적인 답을 하게 되면 회답태도의 허위성이 그대로 드러나게 됩니다. 예를 들어 '거짓말을 한 적이 한 번도 없다.'에 '예'로 답하고, '때로는 거짓말을 하기도 한다.'에 '예'라고 답하여 라이 스케일의 득점이 올라가게 되면 모든 회답의 신빙성이 사라지고 '자신을 돋보이게 하려는 사람'이라는 평가를 받을 수 있으므로 주의해야 합니다. 따라서 모의테스트를 통해 인성검사의 유형과 실제 시험 시 어떻게 문제를 풀어야 하는지 연습해 보고 체크한 부분 중 자신의 단점과 연결되는 부분은 면접에서 질문이 들어왔을 때 어떻게 대처해야 하는지 생각해 보는 것이 좋습니다.

03 **유의사항**

1. 기업의 인재상을 파악하라!

인성검사를 통해 개인의 성격 특성을 파악하고 그것이 기업의 인재상과 가치에 부합하는지를 평가하는 시험이기 때문에 해당 기업의 인재상을 먼저 파악하고 시험에 임하는 것이 좋습니다. 모의테스트에서 인재상에 맞는 가상의 인물을 설정하고 문제에 답해 보는 것도 많은 도움이 됩니다.

2. 일관성 있는 대답을 하라!

짧은 시간 안에 다양한 질문에 답을 해야 하는데, 그 안에는 중복되는 질문이 여러 번 나옵니다. 이때 앞서 자신이 체크했던 대답을 잘 기억해뒀다가 일관성 있는 답을 하는 것이 중요합니다.

3. 모든 문항에 대답하라!

많은 문제를 짧은 시간 안에 풀려다 보니 다 못 푸는 경우도 종종 생깁니다. 하지만 대답을 누락하거나 끝까지 다 못했을 경우 좋지 않은 결과를 가져올 수도 있으니 최대한 주어진 시간 안에 모든 문항에 답할 수 있도록 해야 합니다.

※ 모의테스트는 질문 및 답변 유형 연습을 위한 것으로 실제 시험과 다를 수 있습니다.

번호	내용	예	아니요
001	나는 솔직한 편이다.	☐	☐
002	나는 리드하는 것을 좋아한다.	☐	☐
003	법을 어겨서 말썽이 된 적이 한 번도 없다.	☐	☐
004	거짓말을 한 번도 한 적이 없다.	☐	☐
005	나는 눈치가 빠르다.	☐	☐
006	나는 일을 주도하기보다는 뒤에서 지원하는 것을 선호한다.	☐	☐
007	앞일은 알 수 없기 때문에 계획은 필요하지 않다.	☐	☐
008	거짓말도 때로는 방편이라고 생각한다.	☐	☐
009	사람이 많은 술자리를 좋아한다.	☐	☐
010	걱정이 지나치게 많다.	☐	☐
011	일을 시작하기 전 재고하는 경향이 있다.	☐	☐
012	불의를 참지 못한다.	☐	☐
013	처음 만나는 사람과도 이야기를 잘 한다.	☐	☐
014	때로는 변화가 두렵다.	☐	☐
015	나는 모든 사람에게 친절하다.	☐	☐
016	힘든 일이 있을 때 술은 위로가 되지 않는다.	☐	☐
017	결정을 빨리 내리지 못해 손해를 본 경험이 있다.	☐	☐
018	기회를 잡을 준비가 되어 있다.	☐	☐
019	때로는 내가 정말 쓸모없는 사람이라고 느낀다.	☐	☐
020	누군가 나를 챙겨주는 것이 좋다.	☐	☐
021	자주 가슴이 답답하다.	☐	☐
022	나는 내가 자랑스럽다.	☐	☐
023	경험이 중요하다고 생각한다.	☐	☐
024	전자기기를 분해하고 다시 조립하는 것을 좋아한다.	☐	☐
025	감시받고 있다는 느낌이 든다.	☐	☐

026	난처한 상황에 놓이면 그 순간을 피하고 싶다.	☐	☐
027	세상엔 믿을 사람이 없다.	☐	☐
028	잘못을 빨리 인정하는 편이다.	☐	☐
029	지도를 보고 길을 잘 찾아간다.	☐	☐
030	귓속말을 하는 사람을 보면 날 비난하고 있는 것 같다.	☐	☐
031	막무가내라는 말을 들을 때가 있다.	☐	☐
032	장래의 일을 생각하면 불안하다.	☐	☐
033	결과보다 과정이 중요하다고 생각한다.	☐	☐
034	운동은 그다지 할 필요가 없다고 생각한다.	☐	☐
035	새로운 일을 시작할 때 좀처럼 한 발을 떼지 못한다.	☐	☐
036	기분 상하는 일이 있더라도 참는 편이다.	☐	☐
037	업무능력은 성과로 평가받아야 한다고 생각한다.	☐	☐
038	머리가 맑지 못하고 무거운 느낌이 든다.	☐	☐
039	가끔 이상한 소리가 들린다.	☐	☐
040	타인이 내게 자주 고민상담을 하는 편이다.	☐	☐

※ 모의테스트는 질문 및 답변 유형 연습을 위한 것으로 실제 시험과 다를 수 있습니다.

※ 이 성격검사의 각 문항에는 서로 다른 행동을 나타내는 네 개의 문장이 제시되어 있습니다. 이 문장들을 비교하여, 자신의 평소 행동과 가장 가까운 문장을 'ㄱ' 열에 표기하고, 가장 먼 문장을 'ㅁ' 열에 표기하십시오.

01 나는 _____

	ㄱ	ㅁ
A. 실용적인 해결책을 찾는다.	☐	☐
B. 다른 사람을 돕는 것을 좋아한다.	☐	☐
C. 세부 사항을 잘 챙긴다.	☐	☐
D. 상대의 주장에서 허점을 잘 찾는다.	☐	☐

02 나는 _____

	ㄱ	ㅁ
A. 매사에 적극적으로 임한다.	☐	☐
B. 즉흥적인 편이다.	☐	☐
C. 관찰력이 있다.	☐	☐
D. 임기응변에 강하다.	☐	☐

03 나는 _____

	ㄱ	ㅁ
A. 무서운 영화를 잘 본다.	☐	☐
B. 조용한 곳이 좋다.	☐	☐
C. 가끔 울고 싶다.	☐	☐
D. 집중력이 좋다.	☐	☐

04 나는 _____

	ㄱ	ㅁ
A. 기계를 조립하는 것을 좋아한다.	☐	☐
B. 집단에서 리드하는 역할을 맡는다.	☐	☐
C. 호기심이 많다.	☐	☐
D. 음악을 듣는 것을 좋아한다.	☐	☐

05   나는 _____

	ㄱ	ㅁ
A. 타인을 늘 배려한다.	☐	☐
B. 감수성이 예민하다.	☐	☐
C. 즐겨하는 운동이 있다.	☐	☐
D. 일을 시작하기 전에 계획을 세운다.	☐	☐

06   나는 _____

	ㄱ	ㅁ
A. 타인에게 설명하는 것을 좋아한다.	☐	☐
B. 여행을 좋아한다.	☐	☐
C. 정적인 것이 좋다.	☐	☐
D. 남을 돕는 것에 보람을 느낀다.	☐	☐

07   나는 _____

	ㄱ	ㅁ
A. 기계를 능숙하게 다룬다.	☐	☐
B. 밤에 잠이 잘 오지 않는다.	☐	☐
C. 한 번 간 길을 잘 기억한다.	☐	☐
D. 불의를 보면 참을 수 없다.	☐	☐

08   나는 _____

	ㄱ	ㅁ
A. 종일 말을 하지 않을 때가 있다.	☐	☐
B. 사람이 많은 곳을 좋아한다.	☐	☐
C. 술을 좋아한다.	☐	☐
D. 휴양지에서 편하게 쉬고 싶다.	☐	☐

09 나는 _____

	ㄱ	ㅁ
A. 뉴스보다는 드라마를 좋아한다.	☐	☐
B. 길을 잘 찾는다.	☐	☐
C. 주말엔 집에서 쉬는 것이 좋다.	☐	☐
D. 아침에 일어나는 것이 힘들다.	☐	☐

10 나는 _____

	ㄱ	ㅁ
A. 이성적이다.	☐	☐
B. 할 일을 종종 미룬다.	☐	☐
C. 어른을 대하는 게 힘들다.	☐	☐
D. 불을 보면 매혹을 느낀다.	☐	☐

11 나는 _____

	ㄱ	ㅁ
A. 상상력이 풍부하다.	☐	☐
B. 예의 바르다는 소리를 자주 듣는다.	☐	☐
C. 사람들 앞에 서면 긴장한다.	☐	☐
D. 친구를 자주 만난다.	☐	☐

12 나는 _____

	ㄱ	ㅁ
A. 나만의 스트레스 해소 방법이 있다.	☐	☐
B. 친구가 많다.	☐	☐
C. 책을 자주 읽는다.	☐	☐
D. 활동적이다.	☐	☐

04 면접전형 가이드

1. 면접전형의 변화

기존 면접전형에서는 일상적이고 단편적인 대화나 지원자의 첫인상 및 면접관의 주관적인 판단 등에 의해서 입사 결정 여부를 판단하는 경우가 많았습니다. 이러한 면접전형은 면접 내용의 일관성이 결여되거나 직무 관련 타당성이 부족하였고, 면접에 대한 신뢰도에 영향을 주었습니다.

기존 면접(전통적 면접)		능력중심 채용 면접(구조화 면접)

• 일상적이고 단편적인 대화
• 인상, 외모 등 외부 요소의 영향
• 주관적인 판단에 의존한 총점 부여
 	
⇩
 	
• 면접 내용의 일관성 결여
• 직무관련 타당성 부족
• 주관적인 채점으로 신뢰도 저하
	VS	• 일관성
		  − 직무관련 역량에 초점을 둔 구체적 질문 목록
		  − 지원자별 동일 질문 적용
		• 구조화
		  − 면접 진행 및 평가 절차를 일정한 체계에 의해 구성
		• 표준화
		  − 평가 타당도 제고를 위한 평가 Matrix 구성
		  − 척도에 따라 항목별 채점, 개인 간 비교
		• 신뢰성
		  − 면접진행 매뉴얼에 따라 면접위원 교육 및 실습

2. 능력중심 채용의 면접 유형

① 경험 면접
- 목적 : 선발하고자 하는 직무 능력이 필요한 과거 경험을 질문합니다.
- 평가요소 : 직업기초능력과 인성 및 태도적 요소를 평가합니다.

② 상황 면접
- 목적 : 특정 상황을 제시하고 지원자의 행동을 관찰함으로써 실제 상황의 행동을 예상합니다.
- 평가요소 : 직업기초능력과 인성 및 태도적 요소를 평가합니다.

③ 발표 면접
- 목적 : 특정 주제와 관련된 지원자의 발표와 질의응답을 통해 지원자 역량을 평가합니다.
- 평가요소 : 직무수행능력과 인지적 역량(문제해결능력)을 평가합니다.

④ 토론 면접
- 목적 : 토의과제에 대한 의견수렴 과정에서 지원자의 역량과 상호작용능력을 평가합니다.
- 평가요소 : 직무수행능력과 팀워크를 평가합니다.

1. 경험 면접

① 경험 면접의 특징

- 주로 직업기초능력에 관련된 지원자의 과거 경험을 심층 질문하여 검증하는 면접입니다.
- 직무능력과 관련된 과거 경험을 평가하기 위해 심층 질문을 하며, 이 질문은 지원자의 답변에 대하여 '꼬리에 꼬리를 무는 형식'으로 진행됩니다.

- 능력요소, 정의, 심사 기준
  - 평가하고자 하는 능력요소, 정의, 심사기준을 확인하여 면접위원이 해당 능력요소 관련 질문을 제시합니다.
- Opening Question
  - 능력요소에 관련된 과거 경험을 유도하기 위한 시작 질문을 합니다.
- Follow-up Question
  - 지원자의 경험 수준을 구체적으로 검증하기 위한 질문입니다.
  - 경험 수준 검증을 위한 상황(Situation), 임무(Task), 역할 및 노력(Action), 결과(Result) 등으로 질문을 구분합니다.

경험 면접의 형태

[면접관 1] [면접관 2] [면접관 3]   [면접관 1] [면접관 2] [면접관 3]

[지원자]   [지원자 1] [지원자 2] [지원자 3]

〈일대다 면접〉   〈다대다 면접〉

② 경험 면접의 구조

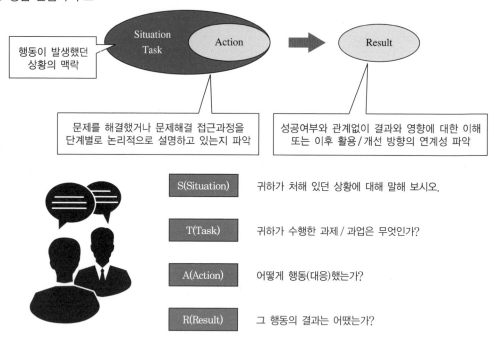

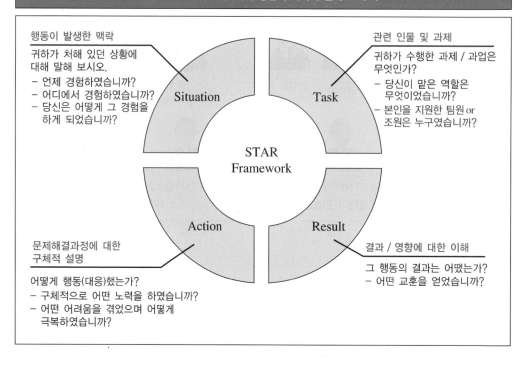

③ 경험 면접 질문 예시(직업윤리)

시작 질문	
1	남들이 신경 쓰지 않는 부분까지 고려하여 절차대로 업무(연구)를 수행하여 성과를 낸 경험을 구체적으로 말해 보시오.
2	조직의 원칙과 절차를 철저히 준수하며 업무(연구)를 수행한 것 중 성과를 향상시킨 경험에 대해 구체적으로 말해 보시오.
3	세부적인 절차와 규칙에 주의를 기울여 실수 없이 업무(연구)를 마무리한 경험을 구체적으로 말해 보시오.
4	조직의 규칙이나 원칙을 고려하여 성실하게 일했던 경험을 구체적으로 말해 보시오.
5	타인의 실수를 바로잡고 원칙과 절차대로 수행하여 성공적으로 업무를 마무리하였던 경험에 대해 말해 보시오.

후속 질문		
상황 (Situation)	상황	구체적으로 언제, 어디에서 경험한 일인가?
		어떤 상황이었는가?
	조직	어떤 조직에 속해 있었는가?
		그 조직의 특성은 무엇이었는가?
		몇 명으로 구성된 조직이었는가?
	기간	해당 조직에서 얼마나 일했는가?
		해당 업무는 몇 개월 동안 지속되었는가?
	조직규칙	조직의 원칙이나 규칙은 무엇이었는가?
임무 (Task)	과제	과제의 목표는 무엇이었는가?
		과제에 적용되는 조직의 원칙은 무엇이었는가?
		그 규칙을 지켜야 하는 이유는 무엇이었는가?
	역할	당신이 조직에서 맡은 역할은 무엇이었는가?
		과제에서 맡은 역할은 무엇이었는가?
	문제의식	규칙을 지키지 않을 경우 생기는 문제점 / 불편함은 무엇인가?
		해당 규칙이 왜 중요하다고 생각하였는가?
역할 및 노력 (Action)	행동	업무 과정의 어떤 장면에서 규칙을 철저히 준수하였는가?
		어떻게 규정을 적용시켜 업무를 수행하였는가?
		규정은 준수하는 데 어려움은 없었는가?
	노력	그 규칙을 지키기 위해 스스로 어떤 노력을 기울였는가?
		본인의 생각이나 태도에 어떤 변화가 있었는가?
		다른 사람들은 어떤 노력을 기울였는가?
	동료관계	동료들은 규칙을 철저히 준수하고 있었는가?
		팀원들은 해당 규칙에 대해 어떻게 반응하였는가?
		규칙에 대한 태도를 개선하기 위해 어떤 노력을 하였는가?
		팀원들의 태도는 당신에게 어떤 자극을 주었는가?
	업무추진	주어진 업무를 추진하는 데 규칙이 방해되진 않았는가?
		업무수행 과정에서 규정을 어떻게 적용하였는가?
		업무 시 규정을 준수해야 한다고 생각한 이유는 무엇인가?

		규칙을 어느 정도나 준수하였는가?
결과 **(Result)**	평가	그렇게 준수할 수 있었던 이유는 무엇이었는가?
		업무의 성과는 어느 정도였는가?
		성과에 만족하였는가?
		비슷한 상황이 온다면 어떻게 할 것인가?
	피드백	주변 사람들로부터 어떤 평가를 받았는가?
		그러한 평가에 만족하는가?
		다른 사람에게 본인의 행동이 영향을 주었다고 생각하는가?
	교훈	업무수행 과정에서 중요한 점은 무엇이라고 생각하는가?
		이 경험을 통해 느낀 바는 무엇인가?

2. 상황 면접

① 상황 면접의 특징

직무 관련 상황을 가정하여 제시하고 이에 대한 대응능력을 직무관련성 측면에서 평가하는 면접입니다.

- 상황 면접 과제의 구성은 크게 2가지로 구분
  - 상황 제시(Description) / 문제 제시(Question or Problem)
- 현장의 실제 업무 상황을 반영하여 과제를 제시하므로 직무분석이나 직무전문가 워크숍 등을 거쳐 현장성을 높임
- 문제는 상황에 대한 기본적인 이해능력(이론적 지식)과 함께 실질적 대응이나 변수 고려능력(실천적 능력) 등을 고르게 질문해야 함

상황 면접의 형태

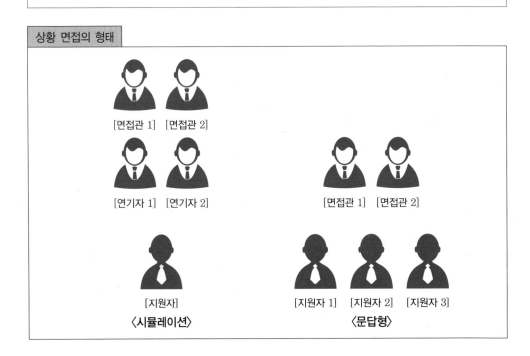

[면접관 1] [면접관 2]

[연기자 1] [연기자 2]　　　　　　[면접관 1] [면접관 2]

[지원자]　　　　　　[지원자 1] [지원자 2] [지원자 3]

〈시뮬레이션〉　　　　　　〈문답형〉

② 상황 면접 예시

상황 제시	인천공항 여객터미널 내에는 다양한 용도의 시설(사무실, 통신실, 식당, 전산실, 창고 면세점 등)이 설치되어 있습니다.	실제 업무 상황에 기반함
	금년에 소방배관의 누수가 잦아 메인 배관을 교체하는 공사를 추진하고 있으며, 당신은 이번 공사의 담당자입니다.	배경 정보
	주간에는 공항 운영이 이루어져 주로 야간에만 배관 교체 공사를 수행하던 중, 시공하는 기능공의 실수로 배관 연결 부위를 잘못 건드려 고압배관의 소화수가 누출되는 사고가 발생하였으며, 이로 인해 인근 시설물에 누수에 의한 피해가 발생하였습니다.	구체적인 문제 상황
문제 제시	일반적인 소방배관의 배관연결(이음)방식과 배관의 이탈(누수)이 발생하는 원인에 대해 설명해 보시오.	문제 상황 해결을 위한 기본 지식 문항
	담당자로서 본 사고를 현장에서 긴급히 처리하는 프로세스를 제시하고, 보수완료 후 사후적 조치가 필요한 부분 및 재발방지 방안에 대해 설명해 보시오.	문제 상황 해결을 위한 추가 대응 문항

3. 발표 면접

① 발표 면접의 특징
- 직무관련 주제에 대한 지원자의 생각을 정리하여 의견을 제시하고, 발표 및 질의응답을 통해 지원자의 직무능력을 평가하는 면접입니다.
- 발표 주제는 직무와 관련된 자료로 제공되며, 일정 시간 후 지원자가 보유한 지식 및 방안에 대한 발표 및 후속 질문을 통해 직무적합성을 평가합니다.

> - 주요 평가요소
>   - 설득적 말하기 / 발표능력 / 문제해결능력 / 직무관련 전문성
> - 이미 언론을 통해 공론화된 시사 이슈보다는 해당 직무분야에 관련된 주제가 발표면접의 과제로 선정되는 경우가 최근 들어 늘어나고 있음
> - 짧은 시간 동안 주어진 과제를 빠른 속도로 분석하여 발표문을 작성하고 제한된 시간 안에 면접관에게 효과적인 발표를 진행하는 것이 핵심

발표 면접의 형태

[면접관 1]　[면접관 2]

[면접관 1]　[면접관 2]

[지원자]

〈개별 과제 발표〉

[지원자 1]　[지원자 2]　[지원자 3]

〈팀 과제 발표〉

※ 면접관에게 시각적 효과를 사용하여 메시지를 전달하는 쌍방향 커뮤니케이션 방식
※ 심층면접을 보완하기 위한 방안으로 최근 많은 기업에서 적극 도입하는 추세

② 발표 면접 예시

1. 지시문

당신은 현재 A사에서 직원들의 성과평가를 담당하고 있는 팀원이다. 인사팀은 지난주부터 사내 조직문화관련 인터뷰를 하던 도중 성과평가제도에 관련된 개선 니즈가 제일 많다는 것을 알게 되었다. 이에 팀장님은 인터뷰 결과를 종합하려 성과평가제도 개선 아이디어를 A4용지에 정리하여 신속 보고할 것을 지시하셨다. 당신에게 남은 시간은 1시간이다. 자료를 준비하는 대로 당신은 팀원들이 모인 회의실에서 5분 간 발표할 것이며, 이후 질의응답을 진행할 것이다.

2. 배경자료

〈성과평가제도 개선에 대한 인터뷰〉

최근 A사는 회사 사세의 급성장으로 인해 작년보다 매출이 두 배 성장하였고, 직원 수 또한 두 배로 증가하였다. 회사의 성장은 임금, 복지에 대한 상승 등 긍정적인 영향을 주었으나 업무의 불균형 및 성과보상의 불평등 문제가 발생하였다. 또한 수시로 입사하는 신입직원과 경력직원, 퇴사하는 직원들까지 인원들의 잦은 변동으로 인해 평가해야 할 대상이 변경되어 현재의 성과평가제도로는 공정한 평가가 어려운 상황이다.

[생산부서 김상호]
우리 팀은 지난 1년 동안 생산량이 급증했기 때문에 수십 명의 신규인력이 급하게 채용되었습니다. 이 때문에 저희 팀장님은 신규 입사자들의 이름조차 기억 못할 때가 많이 있습니다. 성과평가를 제대로 하고 있는지 의문이 듭니다.

[마케팅 부서 김흥민]
개인의 성과평가의 취지는 충분히 이해합니다. 그러나 현재 평가는 실적기반이나 정성적인 평가가 많이 포함되어 있어 객관성과 공정성에는 의문이 드는 것이 사실입니다. 이러한 상황에서 평가제도를 재수립하지 않고, 인센티브에 계속 반영한다면, 평가제도에 대한 반감이 커질 것이 분명합니다.

[교육부서 홍경민]
현재 교육부서는 인사팀과 밀접하게 일하고 있습니다. 그럼에도 인사팀에서 실시하는 성과평가제도에 대한 이해가 부족한 것 같습니다.

[기획부서 김경호 차장]
저는 저의 평가자 중 하나가 연구부서의 팀장님인데, 일 년에 몇 번 같이 일하지 않는데 어떻게 저를 평가할 수 있을까요? 특히 연구팀은 저희가 예산을 배정하는데, 저에게는 좋지만….

4. 토론 면접

① 토론 면접의 특징
- 다수의 지원자가 조를 편성해 과제에 대한 토론(토의)을 통해 결론을 도출해가는 면접입니다.
- 의사소통능력, 팀워크, 종합인성 등의 평가에 용이합니다.

> - 주요 평가요소
>   - 설득적 말하기, 경청능력, 팀워크, 종합인성
> - 의견 대립이 명확한 주제 또는 채용분야의 직무 관련 주요 현안을 주제로 과제 구성
> - 제한된 시간 내 토론을 진행해야 하므로 적극적으로 자신 있게 토론에 임하고 본인의 의견을 개진할
>   수 있어야 함

토론 면접의 형태

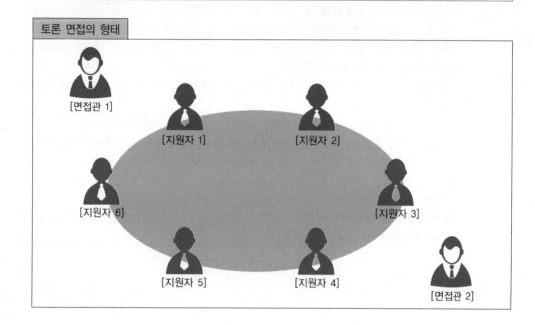

[면접관 1]

[지원자 1]   [지원자 2]

[지원자 6]   [지원자 3]

[지원자 5]   [지원자 4]

[면접관 2]

② 토론 면접 예시

고객 불만 고충처리

1. 들어가며

최근 우리 상품에 대한 고객 불만의 증가로 고객고충처리 TF가 만들어졌고 당신은 여기에 지원해 배치받았다. 당신의 업무는 불만을 가진 고객을 만나서 애로사항을 듣고 처리해 주는 일이다. 주된 업무로는 고객의 니즈를 파악해 방향성을 제시해 주고 그 해결책을 마련하는 일이다. 하지만 경우에 따라서 고객의 주관적인 의견으로 인해 제대로 된 방향으로 의사결정을 하지 못할 때가 있다. 이럴 경우 설득이나 논쟁을 해서라도 의견을 관철시키는 것이 좋을지 아니면 고객의 의견대로 진행하는 것이 좋을지 결정해야 할 때가 있다. 만약 당신이라면 이러한 상황에서 어떤 결정을 내릴 것인지 여부를 자유롭게 토론해 보시오.

2. 1분 자유 발언 시 준비사항

• 당신은 의견을 자유롭게 개진할 수 있으며 이에 따른 불이익은 없습니다.
• 토론의 방향성을 이해하고, 내용의 장점과 단점이 무엇인지 문제를 명확히 말해야 합니다.
• 합리적인 근거에 기초하여 개선방안을 명확히 제시해야 합니다.
• 제시한 방안을 실행 시 예상되는 긍정적 · 부정적 영향요인도 동시에 고려할 필요가 있습니다.

3. 토론 시 유의사항

• 토론 주제문과 제공해드린 메모지, 볼펜만 가지고 토론장에 입장할 수 있습니다.
• 사회자의 지정 또는 발표자가 손을 들어 발언권을 획득할 수 있으며, 사회자의 통제에 따릅니다.
• 토론회가 시작되면, 팀의 의견과 논거를 정리하여 1분간의 자유발언을 할 수 있습니다. 순서는 사회자가 지정합니다. 이후에는 자유롭게 상대방에게 질문하거나 답변을 하실 수 있습니다.
• 핸드폰, 서적 등 외부 매체는 사용하실 수 없습니다.
• 논제에 벗어나는 발언이나 지나치게 공격적인 발언을 할 경우, 위에서 제시한 유의사항을 지키지 않을 경우 불이익을 받을 수 있습니다.

1. 면접 Role Play 편성

- 교육생끼리 조를 편성하여 면접관과 지원자 역할을 교대로 진행합니다.
- 지원자 입장과 면접관 입장을 모두 경험해 보면서 면접에 대한 적응력을 높일 수 있습니다.

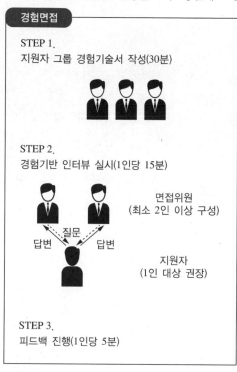

경험면접

STEP 1.
지원자 그룹 경험기술서 작성(30분)

STEP 2.
경험기반 인터뷰 실시(1인당 15분)

면접위원
(최소 2인 이상 구성)

질문

답변   답변

지원자
(1인 대상 권장)

STEP 3.
피드백 진행(1인당 5분)

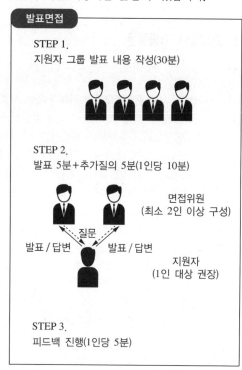

발표면접

STEP 1.
지원자 그룹 발표 내용 작성(30분)

STEP 2.
발표 5분+추가질의 5분(1인당 10분)

면접위원
(최소 2인 이상 구성)

질문

발표 / 답변   발표 / 답변

지원자
(1인 대상 권장)

STEP 3.
피드백 진행(1인당 5분)

PART 4

> **Tip**
>
> 면접 준비하기
> 1. 면접 유형 확인 필수
>   - 기업마다 면접 유형이 상이하기 때문에 해당 기업의 면접 유형을 확인하는 것이 좋음
>   - 일반적으로 실무진 면접, 임원면접 2차례에 거쳐 면접을 실시하는 기업이 많고 실무진 면접과 임원 면접에서 평가요소가 다르기 때문에 유형에 맞는 준비방법이 필요
> 2. 후속 질문에 대한 사전 점검
>   - 블라인드 채용 면접에서는 주요 질문과 함께 후속 질문을 통해 지원자의 직무능력을 판단
>   → STAR 기법을 통한 후속 질문에 미리 대비하는 것이 필요

05 | 한국전력공사 면접 기출질문

1. 2022년 기출질문

- 지원 동기와 입사 후 얻고 싶은 부분에 대해 말해 보시오.
- 한국전력공사가 중점적으로 추진해야 하는 사업이 무엇인지 말해 보시오.
- 자신의 장점과 단점을 말하고, 장점을 활용하여 적극적으로 문제를 해결한 경험에 대해 말해 보시오.
- 페이저가 무엇이고 주파수와 어떠한 관계를 가지는지 설명해 보시오.
- 가공전선로와 지중전선로의 차이점에 대해 말해 보시오.
- 지중전선로에 사용되는 케이블에 대해 말해 보시오.
- 봉사활동 시 어떠한 가치에 비중을 두고 하는지 말해보시오.
- 해당 직군에 지원한 이유를 말해 보시오.
- 한국전력공사는 어떠한 회사라고 생각하는지 말해 보시오.
- 한국전력공사에 관심을 갖게 된 계기는 무엇인지 말해 보시오.
- 존경하는 기업은 어디인지 말해 보시오.
- 기업의 최근 이슈에 대해 알고 있는가?
- 한국전력공사의 인재상 중 본인과 가장 잘 맞는 인재상은 무엇인가?
- 낯선 사람들과 친해지는 본인만의 방법을 말해 보시오.
- 처음 만난 사람과 대화를 잘 하는 편인가?
- 다른 사람을 설득할 때 중요하다고 생각하는 것은 무엇인가?
- 전선 사이의 흡인력을 없애기 위해 사용하는 것은 무엇인가?
- 5도체, 6도체 등 다도체의 흡인력을 없애기 위해 사용하는 것은 무엇인가?
- 가스절연개폐기의 장점과 단점에 대해 말해 보시오.
- ESS에서 주파수 조정에 대해 설명해 보시오.
- EMS가 무엇인지 설명해 보시오.
- DSM이 무엇인지 설명해 보시오.
- 한국전력공사를 SWOT분석하여 보시오.
- 동아리 활동 중 리더로서 힘들었던 경험에 대해 말해 보시오.
- 한국전력공사에 기여할 수 있는 역량에 대해 말해 보시오.
- 청렴한 조직 분위기를 조성할 수 있는 방안에 대해 말해 보시오.
- 반발하는 민간사업자를 설득할 수 있는 방안을 말해 보시오.
- 본인은 지침을 따르는 편인가, 융통성 있게 업무를 처리하는 편인가?
- 정책을 계획하고 추진하는 데 있어 가장 중요하다고 생각하는 것이 무엇인지 말해 보시오.
- 본인의 가치관과 조직 생활이 충돌했던 경험에 대해 말해 보시오.

2. 2021년 기출질문

- 자기 자신에 대해 소개해 보시오.
- 공유지의 비극이란 무엇을 의미하는가?
- 수평적 조직과 수직적 조직의 차이점에 대해 설명해 보시오.
  - 한국전력공사는 이 중 어떤 조직이라고 생각하는지 말하고, 그 이유에 대해 설명해 보시오.
- 가장 친환경적인 에너지원은 무엇이라고 생각하는지 말해 보시오.
- 연구비 회계처리방법에 대해 설명해 보시오.
- 윤리경영의 우수 사례에 대해 말해 보시오.
- 조직문화를 청렴하게 유지하기 위해서는 어떤 노력을 기울여야 하는지 말해 보시오.
- 고객 민원 응대를 원활하게 할 수 있는 자신만의 방법은 무엇인지 말해 보시오.
- 학창시절 가장 좋아했던 과목과 가장 싫어했던 과목에 대해 말하고 싫어하는 과목을 극복한 경험에 대해 말해 보시오.
- 변화된 전기 요금 체계에 대해 말해 보시오.
- 수금업무에 대해 설명해 보시오.
- IPO란 무엇인지 설명해 보시오.
- 본인이 한국전력공사를 위해 쌓아온 사무적 역량에 대해 말해 보시오.
- 연결 제무재표의 장단점에 대해 말해 보시오.
- 금리와 환율의 변화가 한국전력공사에 미칠 영향에 대해 말해 보시오.
- 한국전력공사 조직문화의 장단점에 대해 말해 보시오.
  - 단점은 무엇이며, 이를 극복하기 위한 방법에 대해 말해 보시오.
- 악성 민원 고객을 효과적으로 대처한 사례에 대해 말해 보시오.
- 다른 직원과의 갈등을 효과적으로 해결할 수 있는 방법에 대해 말해 보시오.
- 본인의 가치관과 조직생활이 충돌할 경우 어떻게 대처할 것인지 말해 보시오.
- 자신이 한국전력공사에 기여할 수 있는 역량에 대해 말해 보시오.
- 살면서 가장 힘들었던 일과 이를 극복한 방법에 대해 말해 보시오.
- 본인이 팀장을 맡을 경우, 제멋대로인 팀원을 어떻게 다룰 것인지 말해 보시오.
- 다른 사람과 갈등이 있었던 경험에 대해 말하고, 이를 해결한 방법에 대해 말해 보시오.
- 한국전력공사에 지원한 이유에 대해 말하고, 한국전력공사가 지원자를 뽑아야 하는 이유에 대해 말해 보시오.
- 4차산업혁명시대에 맞춰 한국전력공사가 반드시 해야 하는 일에 대해 말해 보시오.
- 효과적으로 전력 손실을 감소시킬 수 있는 방안에 대해 발해 보시오.
- 전기의 발전부터 사용자에게 도달하는 과정에 대해 설명해 보시오.

3. 2020년 기출질문

- 화를 어떻게 다스리는가?
- 변압기의 원리와 종류를 설명해 보시오.
- 차단기와 단로기의 차이에 대해 설명해보시오.
- 현장에서 고객과 마찰이 있을 때 어떻게 풀어나갈 것인가?
- 북한과 통일이 된다면 계통을 어떻게 연계시킬 것인가?
- 많은 자격증을 갖고 있는데 어떤 것의 취득이 가장 어려웠는가?
- 최근 읽은 책 중 가장 기억나는 책은?
- 한전에 왜 지원했는가?

4. 2019년 기출질문

- 당신이 맞는데도 불구하고 상사가 자신의 의견을 고집하면 어떻게 할 것인가?
- 상사와 회의 발표를 하게 되었는데 상사가 USB를 잘못 가져왔다면 어떻게 할 것인가?
- 학교생활에서 가장 보람을 느꼈던 일에 대해 말해 보시오.
- 성실한 사람과 불성실한 사람의 차이를 말해 보시오.
- 설비불평형률의 정의와 높은 불평형률이 끼치는 영향에 대하여 말해 보시오.
- 분산전원의 정의와 분산전원의 단방향성에 대하여 말해 보시오.
- 피뢰기의 정의와 구비조건, 설치개소를 말해 보시오.
- ESS 화재원인에 대하여 알고 있는가?
- 탈원전에 대하여 어떻게 생각하는가?
- 페란티 현상에 대하여 설명해 보시오.
- 코로나 현상에 대하여 설명해 보시오.
- 승압의 장점에 대하여 말해 보시오.
- 표피효과에 대하여 말해 보시오.
- 피뢰기에 대하여 설명해 보시오.
- 제한전압이란 무엇인지 설명해 보시오.
- 속류란 무엇인지 설명해 보시오.
- 전공과목 중 어려웠던 과목은 어느 것인가?
- 독점시장에 대하여 설명해 보시오.
- 블랙아웃 현상에 대하여 설명해 보시오.
- HVDC에 대하여 설명해 보시오.
- 철심의 조건에 대하여 알고 있는가?
- 부하율과 부등률에 대하여 설명해 보시오.
- 지선이 무엇인지 알고 있는가?
- 타인과의 갈등 상황이 발생했을 때, 지원자만의 해결 방안이 있는가?
- 우리 공사와 관련한 최신 기사에 대하여 간략하게 말해 보시오.
- 정확성과 신속성 중 무엇을 더 중요하게 생각하는가?

- 지원자의 좌우명은 무엇인가?
- 지원자의 단점을 말해 보시오.
- 최근 시사이슈를 한 가지 말해보고, 그에 대한 본인의 생각을 말해 보시오.
- 최근에 겪은 변화에 대하여 말해 보시오.
- L지원자의 특별한 장점에 대하여 말해 보시오.
- 우리 공사에 입사한다면, 포부에 대하여 말해 보시오.
- 지원자는 팀 프로젝트에 적극적으로 참여한 것 같은데, 적극성과 신중함 중 어느 쪽에 가깝게 프로젝트를 진행했는가?
- 우리 공사가 추구하는 가치가 무엇인지 알고 있는가?
- 송·배전 중 가고 싶은 부서는 어느 곳인가?
- 인턴을 하면서 가장 힘들었던 부분에 대하여 말해 보시오.
- 개인주의와 이기주의의 차이점에 대하여 설명하고, 이 두 가지를 조직에 어떻게 적용할 수 있는지 설명해 보시오.
- 조직에서 가장 중요하게 생각하는 가치가 무엇일지 말해 보시오.
- 지원자가 즐기는 스포츠는 무엇인가?
- NCS에 관련하여 어느 것이 어렵고, 어느 것이 쉬운가?
- 오늘 본 뉴스에 대하여 말해 보시오.
- 희망하는 직무는 어느 직무인가?
- 우리 공사에 관한 사업 중 지원자가 알고 있는 사업이 있는가?
- 현재 한전의 적자 상황에 대하여 본인의 의견과 해결 방안을 제시해 보시오.
- 팀 활동과 개인 활동 중 어느 활동을 선호하는가?
- 지원자에게 큰 영향을 미친 사건이 있다면 말해 보시오.

5. 2018년 기출질문

- 한전에 왜 지원했는가?
- 자신이 희생해서 한 일에 대해 말해 보시오.
- 도전적으로 무언가를 한 경험에 대해 말해 보시오.
- 다른 사람의 만류에도 불구하고 무언가를 했던 경험에 대해 말해 보시오.
- 어떨 때 스트레스를 받고 어떻게 푸는가?
- 계통에서 발생할 수 있는 가장 큰 사고가 무엇인가?
- 수직공 굴착할 때 주변에 침하가 많이 발생하는데 어떻게 할 것인가?
- 양수발전소를 아는가? 밤에 물을 끌어올리고 낮에 내리면서 발전하는 방식이다. 물이 흐르는 와중에 밸브를 잠그면 무슨 현상이 생기겠는가?
- 응력선도에 대해 설명해 보시오.
- 단항, 군항의 정의를 말해 보시오.
- 숏크리트의 효과에 대해 말해 보시오.
- PCS의 종류와 특징에 대해 말해 보시오.

- 콘크리트 시험 시 시공 전, 시공 중, 시공 후에 각각 어떤 실험을 하는지 말해 보시오.
- 철탑은 풍하중을 많이 받는다. PHC 파일과 강관파일 중에 어떤 것이 더 많이 흔들릴 것 같은가?
- 말뚝 리바운드 시험이 무엇인지 말하고 시험하는 이유를 말해 보시오.
- 측량 오차의 종류와 특징을 말해 보시오.
- 옹벽의 안정조건이 무엇인가?
- 옹벽의 활동을 막으려면 어떻게 해야 하는가?
- 주요 업무를 잘 할 수 있는 이유를 말해 보시오.
- 한국전력공사의 미래는 어떨 것 같은가?
- 변화란 무엇이라고 생각하는가?
- 조직 내에서 많은 변화가 이뤄지고 있다. 조직개편, 근로시간단축에 대해 어떻게 생각하는가?
- 직무기술서에서 팀워크라는 말을 보았는가? 팀워크는 무엇이라고 생각하는가?
- 자신의 전공이나 경험, 지식을 살려서 한전에 기여할 수 있는 바를 말해 보시오.
- 어느 부서에서 일하고 싶은가?
- 한전 창구에 고객이 와서 난동을 부린다면 어떻게 대처할 것인가?

6. 2017년 기출질문

- Wi-Fi 품질 저하에 대한 해결책과 원인을 말해 보시오.
- 범위의 경제가 무엇인지 아는가?
- 수평적 통합과 수직적 통합에 대해 설명해 보시오.
- 소멸시효와 제척기간의 차이가 무엇인가?
- 매슬로의 욕구 5단계 이론이 무엇인가?
- 본인이 주도적으로 팀을 만들어 이끌어 본 경험이 있는가?
- 4차 산업혁명 시대에서 자신이 생각하는 핵심기술은 무엇인가?
  - 그 기술을 한전에 적용한다면?
- 학부과정에서의 경험을 직무에서 어떻게 살릴 수 있을지 이야기해 보시오.
- 하고 싶은 업무를 못하게 된다면 어떻게 할 것인가?
- 자신의 단점을 말해 보시오.
- 중소기업에 종사하는 IT 인력의 가장 큰 문제가 무엇이라 생각하는가?
- 한국전력공사의 신입 초봉을 알고 있는가?
- 친한 친구 사이에 경조사가 생기면 먼저 이야기를 꺼내는 편인가?
- 저소득층이 전기요금을 체납하여 전기를 끊으러 가야한다. 어떻게 할 것인가?
- 견학 다녀온 곳 중 한 곳을 골라서 설명해 보시오.
- 경쟁자들과 비교해서 자신의 확실한 강점을 말해 보시오.

- SW 공학에서 나선형모델을 설명하고 장단점을 비교해 보시오.
- 머신러닝과 딥러닝의 차이점을 설명하고 AI가 주목받는 이유를 설명해 보시오.
- SPT 표준관입시험에 대해 말해 보시오.
- CPT에 대해 들어보았는가? 아는 대로 말해 보시오.
- 콘크리트 타설 방법에 대해 말해 보시오.
- 건설재료시험기사를 땄는데 기억에 남는 실험이 있는가?
- 학창시절 가장 좋아했던 과목이 무엇인가?
- 캡스톤 디자인 때 어떤 것을 했는지 자세히 말해 보시오.
- 변전소를 지을 때 상하수도도 한국전력공사가 관리한다. 상하수도와 관련해서 관거 접합방식에 대해 말해 보시오.
- 워커빌리티, 트래커빌리티에 대해서 이야기해 보시오.
- 토공공사를 해야 한다. A에서 B로 흙을 운반해야 하는데 어떤 식으로 할 것인가?
- 액상화 현상에 대해 설명해 보시오.

7. 2016년 기출질문

- 본인의 장점과 단점은 무엇인가?
- 입사 후, 친구가 전기세가 비싸다고 본인에게 따진다면 어떻게 대처하겠는가?
- 마지막으로 하고 싶은 말을 해 보시오.
- 개폐기와 차단기의 차이점을 말해 보시오.
- 변압기 결선에 대해 말해 보시오.
- COS와 PF의 차이에 대해 설명해 보시오.
- 누진제에 대해 어떻게 생각하는가?
- 전기하면 생각나는 것이 무엇인가?
- 통신과 전기 중 편리한 것은 무엇이며 지금 사용하고 있는 통신요금과 전기요금은 무엇인가?
- 부동산 개발 사업은 부정적으로 바라보기 십상이다. 어떻게 생각하는가?
- 한전은 법적으로 위탁 개발 밖에 하지 못한다. 이에 대해 어떻게 생각하는가?
- 이직이 잦았던 이유를 말해 보시오.
- 본인은 무엇에 대해 스트레스를 받는가?
- 살면서 억울했던 경험을 말해 보시오.
- 최근 영화나 책, 뮤지컬 등과 같은 문화생활을 하면서 느낀 점이 무엇인가?
- 어떤 상사랑 일하고 싶은가?
- 학교에서 큰 잘못을 친구와 둘이 했을 때 둘 중 하나만 용서를 받을 수 있다면 누가 용서를 받겠는가?

우리는 삶의 모든 측면에서 항상 '내가 가치있는 사람일까?',
'내가 무슨 가치가 있을까?'라는 질문을 끊임없이 던지곤 합니다.
하지만 저는 우리가 날 때부터 가치있다 생각합니다.

– 오프라 윈프리 –

한국전력공사 고졸채용 답안카드

성 명	

지원 분야	

문제지 형별기재란	
( )형	Ⓐ Ⓑ

수 험 번 호

⓪	⓪	⓪	⓪	⓪	⓪	⓪
①	①	①	①	①	①	①
②	②	②	②	②	②	②
③	③	③	③	③	③	③
④	④	④	④	④	④	④
⑤	⑤	⑤	⑤	⑤	⑤	⑤
⑥	⑥	⑥	⑥	⑥	⑥	⑥
⑦	⑦	⑦	⑦	⑦	⑦	⑦
⑧	⑧	⑧	⑧	⑧	⑧	⑧
⑨	⑨	⑨	⑨	⑨	⑨	⑨

감독위원 확인

(인)

1	① ② ③ ④ ⑤	21	① ② ③ ④ ⑤	41	① ② ③ ④ ⑤
2	① ② ③ ④ ⑤	22	① ② ③ ④ ⑤	42	① ② ③ ④ ⑤
3	① ② ③ ④ ⑤	23	① ② ③ ④ ⑤	43	① ② ③ ④ ⑤
4	① ② ③ ④ ⑤	24	① ② ③ ④ ⑤	44	① ② ③ ④ ⑤
5	① ② ③ ④ ⑤	25	① ② ③ ④ ⑤	45	① ② ③ ④ ⑤
6	① ② ③ ④ ⑤	26	① ② ③ ④ ⑤	46	① ② ③ ④ ⑤
7	① ② ③ ④ ⑤	27	① ② ③ ④ ⑤	47	① ② ③ ④ ⑤
8	① ② ③ ④ ⑤	28	① ② ③ ④ ⑤	48	① ② ③ ④ ⑤
9	① ② ③ ④ ⑤	29	① ② ③ ④ ⑤	49	① ② ③ ④ ⑤
10	① ② ③ ④ ⑤	30	① ② ③ ④ ⑤	50	① ② ③ ④ ⑤
11	① ② ③ ④ ⑤	31	① ② ③ ④ ⑤		
12	① ② ③ ④ ⑤	32	① ② ③ ④ ⑤		
13	① ② ③ ④ ⑤	33	① ② ③ ④ ⑤		
14	① ② ③ ④ ⑤	34	① ② ③ ④ ⑤		
15	① ② ③ ④ ⑤	35	① ② ③ ④ ⑤		
16	① ② ③ ④ ⑤	36	① ② ③ ④ ⑤		
17	① ② ③ ④ ⑤	37	① ② ③ ④ ⑤		
18	① ② ③ ④ ⑤	38	① ② ③ ④ ⑤		
19	① ② ③ ④ ⑤	39	① ② ③ ④ ⑤		
20	① ② ③ ④ ⑤	40	① ② ③ ④ ⑤		

※ 본 답안지는 마킹연습용 모의 답안지입니다.

한국전력공사 고졸채용 답안카드

성 명		지원 분야		문제지 형별기재란		수 험 번 호		감독위원 확인

번호	1	2	3	4	5	번호	1	2	3	4	5	번호	1	2	3	4	5
1	①	②	③	④	⑤	21	①	②	③	④	⑤	41	①	②	③	④	⑤
2	①	②	③	④	⑤	22	①	②	③	④	⑤	42	①	②	③	④	⑤
3	①	②	③	④	⑤	23	①	②	③	④	⑤	43	①	②	③	④	⑤
4	①	②	③	④	⑤	24	①	②	③	④	⑤	44	①	②	③	④	⑤
5	①	②	③	④	⑤	25	①	②	③	④	⑤	45	①	②	③	④	⑤
6	①	②	③	④	⑤	26	①	②	③	④	⑤	46	①	②	③	④	⑤
7	①	②	③	④	⑤	27	①	②	③	④	⑤	47	①	②	③	④	⑤
8	①	②	③	④	⑤	28	①	②	③	④	⑤	48	①	②	③	④	⑤
9	①	②	③	④	⑤	29	①	②	③	④	⑤	49	①	②	③	④	⑤
10	①	②	③	④	⑤	30	①	②	③	④	⑤	50	①	②	③	④	⑤
11	①	②	③	④	⑤	31	①	②	③	④	⑤						
12	①	②	③	④	⑤	32	①	②	③	④	⑤						
13	①	②	③	④	⑤	33	①	②	③	④	⑤						
14	①	②	③	④	⑤	34	①	②	③	④	⑤						
15	①	②	③	④	⑤	35	①	②	③	④	⑤						
16	①	②	③	④	⑤	36	①	②	③	④	⑤						
17	①	②	③	④	⑤	37	①	②	③	④	⑤						
18	①	②	③	④	⑤	38	①	②	③	④	⑤						
19	①	②	③	④	⑤	39	①	②	③	④	⑤						
20	①	②	③	④	⑤	40	①	②	③	④	⑤						

문제지 형별기재란 Ⓐ Ⓑ ( )형

수 험 번 호: ⓪ ① ② ③ ④ ⑤ ⑥ ⑦ ⑧ ⑨

감독위원 확인 (인)

한국전력공사 고졸채용 답안카드

성 명

지원 분야

문제지 형별기재란

( )형

Ⓐ Ⓑ

수 험 번 호

감독위원 확인

(인)

	①	②	③	④	⑤		①	②	③	④	⑤		①	②	③	④	⑤
1	①	②	③	④	⑤	21	①	②	③	④	⑤	41	①	②	③	④	⑤
2	①	②	③	④	⑤	22	①	②	③	④	⑤	42	①	②	③	④	⑤
3	①	②	③	④	⑤	23	①	②	③	④	⑤	43	①	②	③	④	⑤
4	①	②	③	④	⑤	24	①	②	③	④	⑤	44	①	②	③	④	⑤
5	①	②	③	④	⑤	25	①	②	③	④	⑤	45	①	②	③	④	⑤
6	①	②	③	④	⑤	26	①	②	③	④	⑤	46	①	②	③	④	⑤
7	①	②	③	④	⑤	27	①	②	③	④	⑤	47	①	②	③	④	⑤
8	①	②	③	④	⑤	28	①	②	③	④	⑤	48	①	②	③	④	⑤
9	①	②	③	④	⑤	29	①	②	③	④	⑤	49	①	②	③	④	⑤
10	①	②	③	④	⑤	30	①	②	③	④	⑤	50	①	②	③	④	⑤
11	①	②	③	④	⑤	31	①	②	③	④	⑤						
12	①	②	③	④	⑤	32	①	②	③	④	⑤						
13	①	②	③	④	⑤	33	①	②	③	④	⑤						
14	①	②	③	④	⑤	34	①	②	③	④	⑤						
15	①	②	③	④	⑤	35	①	②	③	④	⑤						
16	①	②	③	④	⑤	36	①	②	③	④	⑤						
17	①	②	③	④	⑤	37	①	②	③	④	⑤						
18	①	②	③	④	⑤	38	①	②	③	④	⑤						
19	①	②	③	④	⑤	39	①	②	③	④	⑤						
20	①	②	③	④	⑤	40	①	②	③	④	⑤						

⓪ ① ② ③ ④ ⑤ ⑥ ⑦ ⑧ ⑨

한국전력공사 고졸채용 답안카드

1	① ② ③ ④ ⑤		21	① ② ③ ④ ⑤		41	① ② ③ ④ ⑤
2	① ② ③ ④ ⑤		22	① ② ③ ④ ⑤		42	① ② ③ ④ ⑤
3	① ② ③ ④ ⑤		23	① ② ③ ④ ⑤		43	① ② ③ ④ ⑤
4	① ② ③ ④ ⑤		24	① ② ③ ④ ⑤		44	① ② ③ ④ ⑤
5	① ② ③ ④ ⑤		25	① ② ③ ④ ⑤		45	① ② ③ ④ ⑤
6	① ② ③ ④ ⑤		26	① ② ③ ④ ⑤		46	① ② ③ ④ ⑤
7	① ② ③ ④ ⑤		27	① ② ③ ④ ⑤		47	① ② ③ ④ ⑤
8	① ② ③ ④ ⑤		28	① ② ③ ④ ⑤		48	① ② ③ ④ ⑤
9	① ② ③ ④ ⑤		29	① ② ③ ④ ⑤		49	① ② ③ ④ ⑤
10	① ② ③ ④ ⑤		30	① ② ③ ④ ⑤		50	① ② ③ ④ ⑤
11	① ② ③ ④ ⑤		31	① ② ③ ④ ⑤			
12	① ② ③ ④ ⑤		32	① ② ③ ④ ⑤			
13	① ② ③ ④ ⑤		33	① ② ③ ④ ⑤			
14	① ② ③ ④ ⑤		34	① ② ③ ④ ⑤			
15	① ② ③ ④ ⑤		35	① ② ③ ④ ⑤			
16	① ② ③ ④ ⑤		36	① ② ③ ④ ⑤			
17	① ② ③ ④ ⑤		37	① ② ③ ④ ⑤			
18	① ② ③ ④ ⑤		38	① ② ③ ④ ⑤			
19	① ② ③ ④ ⑤		39	① ② ③ ④ ⑤			
20	① ② ③ ④ ⑤		40	① ② ③ ④ ⑤			

※ 본 답안지는 마킹연습용 모의 답안지입니다.

성 명

지원분야

문제지 형별기재란

(형)
Ⓐ
Ⓑ

수 험 번 호

| ⓪ ① ② ③ ④ ⑤ ⑥ ⑦ ⑧ ⑨ |
| ⓪ ① ② ③ ④ ⑤ ⑥ ⑦ ⑧ ⑨ |
| ⓪ ① ② ③ ④ ⑤ ⑥ ⑦ ⑧ ⑨ |
| ⓪ ① ② ③ ④ ⑤ ⑥ ⑦ ⑧ ⑨ |
| ⓪ ① ② ③ ④ ⑤ ⑥ ⑦ ⑧ ⑨ |
| ⓪ ① ② ③ ④ ⑤ ⑥ ⑦ ⑧ ⑨ |
| ⓪ ① ② ③ ④ ⑤ ⑥ ⑦ ⑧ ⑨ |

감독위원 확인

(인)

현재 나의 실력을 객관적으로 파악해 보자!

모바일 OMR
답안채점 / 성적분석 서비스

도서에 수록된 모의고사에 대한 객관적인 결과(정답률, 순위)를 종합적으로 분석하여 제공합니다.

OMR 입력

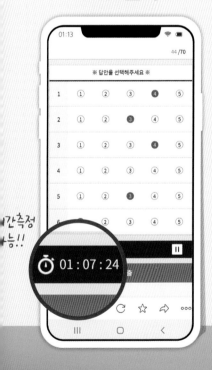

성적분석

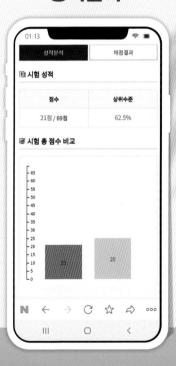

채점결과

※OMR 답안채점 / 성적분석 서비스는 등록 후 30일간 사용 가능합니다.

참여방법

도서 내 모의고사
우측 상단에 위치한
QR코드 찍기

➡

로그인
하기

➡

'시작하기'
클릭

➡

'응시하기'
클릭

➡

나의 답안을
모바일 OMR
카드에 입력

➡

'성적분석 & 채점결과'
클릭

➡

현재 내 실력
확인하기

SD에듀

공기업 취업을 위한 NCS
직업기초능력평가 시리즈

NCS부터 전공까지 완벽 학습 "통합서" 시리즈

공기업 취업의 기초부터 차근차근! 취업의 문을 여는 Master Key!

NCS 영역 및 유형별 체계적 학습 "집중학습" 시리즈

영역별 이론부터 유형별 모의고사까지! 단계별 학습을 통한 Only Way!

SD에듀

2024 최신판

한국전력공사

고졸채용

정답 및 해설

최신 출제경향 완벽 반영

합격의 별을 따자

한국전력공사 3개년 기출복원문제

NCS 대표유형 + 기출예상문제

모의고사 4회

SD에듀
(주)시대고시기획

Add+

2023년 주요 공기업
NCS 기출복원문제

끝까지 책임진다! SD에듀!

QR코드를 통해 도서 출간 이후 발견된 오류나 개정법령, 변경된 시험 정보, 최신기출문제, 도서 업데이트
자료 등이 있는지 확인해 보세요! **시대에듀 합격 스마트 앱**을 통해서도 알려 드리고 있으니 구글 플레이나
앱 스토어에서 다운받아 사용하세요. 또한, 파본 도서인 경우에는 구입하신 곳에서도 교환해 드립니다.

01	02	03	04	05	06	07	08	09	10
⑤	⑤	④	④	②	⑤	④	①	②	④
11	12	13	14	15	16	17	18	19	20
④	①	④	③	③	③	②	②	①	④
21	22	23	24	25	26	27	28	29	30
①	③	②	③	④	①	④	⑤	②	④
31	32	33	34	35	36	37	38	39	40
④	①	⑤	④	②	④	⑤	③	①	③
41	42	43	44	45	46	47	48	49	50
③	③	②	③	④	④	②	⑤	④	④

01

정답 ⑤

제시문의 세 번째 문단에 따르면 스마트 글라스 내부 센서를 통해 충격과 기울기를 감지할 수 있어, 작업자에게 위험한 상황이 발생할 경우 통보 시스템을 통해 바로 파악할 수 있게 되었음을 알 수 있다.

오답분석

① 첫 번째 문단에 따르면 스마트 글라스를 통한 작업자의 음성인식만으로 철도시설물 점검이 가능해졌음을 알 수 있지만, 다섯 번째 문단에 따르면 아직 유지보수 작업은 가능하지 않음을 알 수 있다.
② 첫 번째 문단에 따르면 스마트 글라스의 도입 이후에도 사람의 작업이 필요함을 알 수 있다.
③ 세 번째 문단에 따르면 스마트 글라스의 도입으로 추락 사고나 그 밖의 위험한 상황을 미리 예측할 수 있어 이를 방지할 수 있게 되었음을 알 수 있지만, 실제로 안전사고 발생 횟수가 감소하였는지는 알 수 없다.
④ 두 번째 문단에 따르면 여러 단계를 거치던 기존 작업 방식에서 스마트 글라스의 도입으로 작업을 한 번에 처리할 수 있게 된 것을 통해 작업 시간이 단축되었음을 알 수 있지만, 필요한 작업 인력의 감소 여부는 알 수 없다.

02

정답 ⑤

네 번째 문단에 따르면 인공지능 등의 스마트 기술 도입으로 까치집 검출 정확도는 95%까지 상승하였으므로 까치집 제거율 또한 상승할 것임을 예측할 수 있으나, 근본적인 문제인 까치집 생성의 감소를 기대할 수는 없다.

오답분석

① 세 번째 문단과 네 번째 문단에 따르면 정확도가 65%에 불과했던 인공지능의 까치집 식별 능력이 딥러닝 방식의 도입으로 95%까지 상승했음을 알 수 있다.
② 세 번째 문단에서 시속 150km로 빠르게 달리는 열차에서의 까치집 식별 정확도는 65%에 불과하다는 내용으로 보아, 빠른 속도에서는 인공지능의 사물 식별 정확도가 낮음을 알 수 있다.
③ 네 번째 문단에 따르면 작업자의 접근이 어려운 곳에는 드론을 띄워 까치집을 발견 및 제거하는 기술도 시범 운영하고 있다고 하였다.
④ 세 번째 문단에 따르면 실시간 까치집 자동 검출 시스템 개발로 실시간으로 위험 요인의 위치와 이미지를 작업자에게 전달할 수 있게 되었다.

03

정답 ④

제시문의 두 번째 문단에 따르면 CCTV는 열차 종류에 따라 운전실에서 실시간으로 상황을 파악할 수 있는 네트워크 방식과 각 객실에서의 영상을 저장하는 개별 독립 방식으로 설치된다고 하였다. 따라서 개별 독립 방식으로 설치된 일부 열차에서는 각 객실의 상황을 실시간으로 파악하지 못할 수 있다.

오답분석

① 첫 번째 문단에 따르면 2023년까지 현재 운행하고 있는 열차의 모든 객실에 CCTV를 설치하겠다는 내용으로 보아, 현재 모든 열차의 모든 객실에 CCTV가 설치되지 않았음을 유추할 수 있다.
② 첫 번째 문단에 따르면 2023년까지 모든 열차 승무원에게 바디캠을 지급하겠다고 하였다. 이에 따라 승객이 승무원을 폭행하는 등의 범죄 발생 시 해당 상황을 녹화한 바디캠 영상이 있어 수사의 증거자료로 사용할 수 있게 되었다.
③ 두 번째 문단에 따르면 CCTV는 사각지대 없이 설치되며 일부는 휴대 물품 보관대 주변에도 설치된다고 하였다. 따라서 인적 피해와 물적 피해 모두 예방할 수 있게 되었다.

⑤ 세 번째 문단에 따르면 CCTV 제품 품평회와 시험을 통해 제품의 형태와 색상, 재질, 진동과 충격 등에 대한 적합성을 고려한다고 하였다.

04
정답 ④

작년 K대학교의 재학생 수는 6,800명이고 남학생 수와 여학생 수의 비가 8 : 9이므로, 남학생 수는 $6,800 \times \frac{8}{8+9} =$ 3,200명이고, 여학생 수는 $6,800 \times \frac{9}{8+9} = 3,600$명이다.

올해 줄어든 남학생 수와 여학생 수의 비가 12 : 13이므로 올해 K대학교에 재학 중인 남학생 수와 여학생 수의 비는 $(3,200-12k) : (3,600-13k) = 7 : 8$이다.

$7 \times (3,600-13k) = 8 \times (3,200-12k)$

→ $25,200-91k = 25,600-96k$

→ $5k = 400$

∴ $k = 80$

따라서 올해 K대학교에 재학 중인 남학생 수는 $3,200-12 \times 80 = 2,240$명이고, 여학생 수는 $3,600-13 \times 80 = 2,560$명이므로 올해 K대학교의 전체 재학생 수는 $2,240+2,560 = 4,800$명이다.

05
정답 ②

마일리지 적립 규정에 회원 등급과 관련된 내용은 없으며, 마일리지 적립은 지불한 운임의 액수, 더블적립 열차 탑승 여부, 선불형 교통카드 Rail+ 사용 여부에 따라서만 결정된다.

오답분석
① KTX 마일리지는 KTX 열차 이용 시에만 적립된다.
③ 비즈니스 등급은 기업회원 여부와 관계없이 최근 1년간의 활동내역을 기준으로 부여된다.
④ 반기 동안 추석 및 설 명절 특별수송기간 탑승 건을 제외하고 4만 점을 적립하면 VIP 등급을 부여받는다.
⑤ VVIP 등급과 VIP 등급 고객은 한정된 횟수 내에서 무료 업그레이드 쿠폰으로 KTX 특실을 KTX 일반실 가격에 구매할 수 있다.

06
정답 ⑤

K공사를 통한 예약 접수는 온라인 쇼핑몰 홈페이지를 통해서만 가능하며, 오프라인(방문) 접수는 우리・농협은행의 창구를 통해서만 이루어진다.

오답분석
① 구매자를 대한민국 국적자로 제한한다는 내용은 없다.
② 단품으로 구매 시 1인당 화종별 최대 3장으로 총 9장, 세트로 구매할 때도 1인당 최대 3세트로 총 9장까지 신청이 가능하며, 세트와 단품은 중복신청이 가능하므로 1인당 구매 가능한 최대 개수는 18장이다.

③ 우리・농협은행의 계좌가 없다면, K공사 온라인 쇼핑몰을 이용하거나 우리・농협은행에 직접 방문하여 구입할 수 있다.
④ 총발행량은 예약 주문 이전부터 화종별 10,000장으로 미리 정해져 있다.

07
정답 ④

우리・농협은행 계좌 미보유자인 외국인 A씨가 예약 신청을 할 수 있는 방법은 두 가지이다. 하나는 신분증인 외국인등록증을 지참하고 우리・농협은행의 지점을 방문하여 신청하는 것이고, 다른 하나는 K공사 온라인 쇼핑몰에서 가상계좌 방식으로 신청하는 것이다.

오답분석
① A씨는 외국인이므로 창구 접수 시 지참해야 하는 신분증은 외국인등록증이다.
② K공사 온라인 쇼핑몰에서는 가상계좌 방식을 통해서만 예약 신청이 가능하다.
③ 홈페이지를 통한 신청이 가능한 은행은 우리은행과 농협은행뿐이다.
⑤ 우리・농협은행의 홈페이지를 통해 예약 접수를 하려면 해당 은행에 미리 계좌가 개설되어 있어야 한다.

08
정답 ①

3종 세트는 186,000원, 단품은 각각 63,000원이므로 5명의 구매 금액을 계산하면 다음과 같다.
• A : $(186,000 \times 2)+63,000 = 435,000$원
• B : $63,000 \times 8 = 504,000$원
• C : $(186,000 \times 2)+(63,000 \times 2) = 498,000$원
• D : $186,000 \times 3 = 558,000$원
• E : $186,000+(63,000 \times 4) = 438,000$원

따라서 가장 많은 금액을 지불한 사람은 D이며, 구매 금액은 558,000원이다.

09
정답 ②

허리디스크는 디스크의 수핵이 탈출하여 생긴 질환이므로 허리를 굽히거나 앉아 있을 때 디스크에 가해지는 압력이 높아져 통증이 더 심해진다. 반면 척추관협착증의 경우 서 있을 때 척추관이 더욱 좁아지게 되어 통증이 더욱 심해진다.

오답분석
① 허리디스크는 디스크의 탄력 손실이나 갑작스런 충격으로 인해 균열이 생겨 발생하고, 척추관협착증은 오랜 기간 동안 황색 인대가 두꺼워져 척추관에 변형이 일어나 발생하므로 허리디스크가 더 급작스럽게 증상이 나타난다.

③ 허리디스크는 자연치유가 가능하지만, 척추관협착증은 불가능하다. 따라서 허리디스크는 주로 통증을 줄이고 안정을 취하는 보존치료를 하지만, 척추관협착증은 변형된 부분을 제거하는 외과적 수술을 한다.

④ 허리디스크와 척추관협착증 모두 척추 중앙의 신경 다발(척수)이 압박받을 수 있으며, 심할 경우 하반신 마비 증세를 보일 수 있으므로 빠른 치료를 받는 것이 중요하다.

10　　정답　④

고령인 사람이 서 있을 때 통증이 나타난다면 퇴행성 척추질환인 척추관협착증(요추관협착증)일 가능성이 높다. 반면 허리디스크(추간판탈출증)는 젊은 나이에도 디스크에 급격한 충격이 가해지면 발생할 수 있고, 앉아 있을 때 통증이 심해진다. 따라서 ㉠에는 척추관협착증, ㉡에는 허리디스크가 들어가야 한다.

11　　정답　④

제시문은 장애인 건강주치의 시범사업을 소개하며 3단계 시범사업에서 기존과 달라지는 내용을 위주로 설명하고 있다. 따라서 가장 처음에 와야 할 문단은 3단계 장애인 건강주치의 시범사업을 소개하는 (마) 문단이다. 이어서 장애인 건강주치의 시범사업 세부 서비스를 소개하는 문단이 와야 하는데, 서비스 종류를 소개하는 문장이 있는 (다) 문단이 이어지는 것이 가장 적절하다. 그리고 2번째 서비스인 주장애관리를 소개하는 (가) 문단이 와야 하며, 그 다음으로 3번째 서비스인 통합관리 서비스와 추가적으로 방문 서비스를 소개하는 (라) 문단이 오는 것이 적절하다. 마지막으로 장애인 건강주치의 시범사업에 신청하는 방법을 소개하며 글을 끝내는 것이 적절하므로 (나) 문단이 이어져야 한다. 따라서 글의 순서를 바르게 나열하면 (마) – (다) – (가) – (라) – (나)이다.

12　　정답　①

• 2019년 직장가입자 및 지역가입자 건강보험금 징수율

－ 직장가입자 : $\frac{6,698,187}{6,706,712} \times 100 = 99.87\%$

－ 지역가입자 : $\frac{886,396}{923,663} \times 100 = 95.97\%$

• 2020년 직장가입자 및 지역가입자 건강보험금 징수율

－ 직장가입자 : $\frac{4,898,775}{5,087,163} \times 100 = 96.3\%$

－ 지역가입자 : $\frac{973,681}{1,003,637} \times 100 = 97.02\%$

• 2021년 직장가입자 및 지역가입자 건강보험금 징수율

－ 직장가입자 : $\frac{7,536,187}{7,763,135} \times 100 = 97.08\%$

－ 지역가입자 : $\frac{1,138,763}{1,256,137} \times 100 = 90.66\%$

• 2022년 직장가입자 및 지역가입자 건강보험금 징수율

－ 직장가입자 : $\frac{8,368,972}{8,376,138} \times 100 = 99.91\%$

－ 지역가입자 : $\frac{1,058,943}{1,178,572} \times 100 = 89.85\%$

따라서 직장가입자 건강보험금 징수율이 가장 높은 해는 2022년이고, 지역가입자 건강보험금 징수율이 가장 높은 해는 2020년이다.

13　　정답　④

이뇨제의 1인 투여량은 60mL/일이고 진통제의 1인 투여량은 60mg/일이므로 이뇨제를 투여한 환자 수와 진통제를 투여한 환자 수의 비는 이뇨제 사용량과 진통제 사용량의 비와 같다.

• 2018년 : 3,000×2 < 6,720
• 2019년 : 3,480×2=6,960
• 2020년 : 3,360×2 < 6,840
• 2021년 : 4,200×2 > 7,200
• 2022년 : 3,720×2 > 7,080

따라서 2018년과 2020년에 진통제를 투여한 환자 수는 이뇨제를 투여한 환자 수의 2배보다 많다.

오답분석

① 2022년에 전년 대비 사용량이 감소한 의약품은 이뇨제와 진통제로, 이뇨제의 사용량 감소율은 $\frac{3,720-4,200}{4,200} \times 100 = -11.43\%$이고, 진통제의 사용량 감소율은 $\frac{7,080-7,200}{7,200} \times 100 = -1.67\%$이다. 따라서 전년 대비 2022년 사용량 감소율이 가장 큰 의약품은 이뇨제이다.

② 5년 동안 지사제 사용량의 평균은 $\frac{30+42+48+40+44}{5}$ =40.8정이고, 지사제의 1인 1일 투여량은 2정이다. 따라서 지사제를 투여한 환자 수의 평균은 $\frac{40.8}{2}$=20.4이므로 18명 이상이다.

③ 이뇨제 사용량은 매년 '증가 – 감소 – 증가 – 감소' 추세이다.

14　　정답　③

분기별 사회복지사 인력의 합은 다음과 같다.
• 2022년 3분기 : 391+670+1,887=2,948명
• 2022년 4분기 : 385+695+1,902=2,982명
• 2023년 1분기 : 370+700+1,864=2,934명
• 2023년 2분기 : 375+720+1,862=2,957명

분기별 전체 보건인력 중 사회복지사 인력의 비율은 다음과 같다.

- 2022년 3분기 : $\dfrac{2,948}{80,828} \times 100 ≒ 3.65\%$
- 2022년 4분기 : $\dfrac{2,982}{82,582} \times 100 ≒ 3.61\%$
- 2023년 1분기 : $\dfrac{2,934}{86,236} \times 100 ≒ 3.40\%$
- 2023년 2분기 : $\dfrac{2,957}{86,707} \times 100 ≒ 3.41\%$

따라서 옳지 않은 것은 ③이다.

15 정답 ③

건강생활실천지원금제 신청자 목록에 따라 신청자별로 확인하면 다음과 같다.
- A : 주민등록상 주소지가 시범지역에 속하지 않는다.
- B : 주민등록상 주소지는 관리형에 속하지만, 고혈압 또는 당뇨병 진단을 받지 않았다.
- C : 주민등록상 주소지는 예방형에 속하고, 체질량지수와 혈압이 건강관리가 필요한 사람이므로 예방형이다.
- D : 주민등록상 주소지는 관리형에 속하고, 고혈압 진단을 받았으므로 관리형이다.
- E : 주민등록상 주소지는 예방형에 속하고, 체질량지수와 공복혈당 건강관리가 필요한 사람이므로 예방형이다.
- F : 주민등록상 주소지가 시범지역에 속하지 않는다.
- G : 주민등록상 주소지는 관리형에 속하고, 당뇨병 진단을 받았으므로 관리형이다.
- H : 주민등록상 주소지가 시범지역에 속하지 않는다.
- I : 주민등록상 주소지는 예방형에 속하지만, 필수조건인 체질량지수가 정상이므로 건강관리가 필요한 사람에 해당하지 않는다.

따라서 예방형 신청이 가능한 사람은 C, E이고, 관리형 신청이 가능한 사람은 D, G이다.

16 정답 ③

출산장려금 지급 시기의 가장 우선순위인 임신일이 가장 긴 임산부는 B, C, D임산부이다. 이 중에서 만 19세 미만인 자녀 수가 많은 임산부는 C, D임산부이고, 소득 수준이 더 낮은 임산부는 C임산부이다. 따라서 C임산부가 가장 먼저 출산장려금을 받을 수 있다.

17 정답 ②

제시문은 행위별수가제에 대한 것으로 환자, 의사, 건강보험 재정 등 많은 곳에서 한계점이 있다고 설명하면서 건강보험 고갈을 막기 위해 다양한 지불방식을 도입하는 등 구조적인 개편이 필요함을 설명하고 있다. 따라서 글의 주제로 '행위별수가제의 한계점'이 가장 적절하다.

18 정답 ②

- 구상(求償) : 무역 거래에서 수량·품질·포장 따위에 계약 위반 사항이 있는 경우, 매주(賣主)에게 손해 배상을 청구하거나 이의를 제기하는 일
- 구제(救濟) : 자연적인 재해나 사회적인 피해를 당하여 어려운 처지에 있는 사람을 도와줌

19 정답 ①

- (운동에너지)$= \dfrac{1}{2} \times$(질량)$\times$(속력)$^2 = \dfrac{1}{2} \times 2 \times 4^2 = 16$J
- (위치에너지)$=$(질량)$\times$(중력가속도)$\times$(높이)
  $= 2 \times 10 \times 0.5 = 10$J
- (역학적 에너지)$=$(운동에너지)$+$(위치에너지)
  $= 16 + 10 = 26$J

공의 역학적 에너지는 26J이고, 튀어 오를 때 가장 높은 지점에서 운동에너지가 0이므로 역학적 에너지는 위치에너지와 같다.
따라서 공이 튀어 오를 때 가장 높은 지점에서의 위치에너지는 26J이다.

20 정답 ④

출장지까지 거리는 $200 \times 1.5 = 300$km이므로 시속 60km의 속력으로 달릴 때 걸리는 시간은 5시간이고, 약속시간보다 1시간 늦게 도착하므로 약속시간은 4시간 남았다. 300km를 시속 60km의 속력으로 달리다 도중에 시속 90km의 속력으로 달릴 때 약속시간보다 30분 일찍 도착했으므로, 이때 걸린 시간은 $4 - \dfrac{1}{2} = \dfrac{7}{2}$ 시간이다.

시속 90km의 속력으로 달린 거리를 $x$km라 하면
$$\dfrac{300-x}{60} + \dfrac{x}{90} = \dfrac{7}{2}$$
$\rightarrow 900 - 3x + 2x = 630$
$\therefore x = 270$

따라서 A부장이 시속 90km의 속력으로 달린 거리는 270km이다.

21 정답 ①

상품의 원가를 x원이라 하면 처음 판매가격은 $1.23x$원이다.
여기서 1,300원을 할인하여 판매했을 때 얻은 이익은 원가의 10%이므로
$(1.23x - 1,300) - x = 0.1x$
$\rightarrow 0.13x = 1,300$
$\therefore x = 10,000$

따라서 상품의 원가는 10,000원이다.

22

정답 ③

G와 B의 자리를 먼저 고정하고, 양 끝에 앉을 수 없는 A의 위치를 토대로 경우의 수를 계산하면 다음과 같다.
- G가 가운데에 앉고, B가 G의 바로 왼쪽에 앉는 경우의 수

		A	B	G	
			B	G	A
			B	G		A

$3 \times 4! = 72$가지
- G가 가운데에 앉고, B가 G의 바로 오른쪽에 앉는 경우의 수

		A		G	B	
			A	G	B	
				G	B	A

$3 \times 4! = 72$가지

따라서 조건과 같이 앉을 때 가능한 경우의 수는 $72 + 72 = 144$가지이다.

23

정답 ②

유치원생이 11명일 때 평균 키는 113cm이므로 유치원생 11명의 키의 합은 $113 \times 11 = 1,243$cm이다. 키가 107cm인 유치원생이 나갔으므로 남은 유치원생 10명의 키의 합은 $1,243 - 107 = 1,136$cm이다. 따라서 남은 유치원생 10명의 평균 키는 $\frac{1,136}{10} = 113.6$cm이다.

24

정답 ③

'우회수송'은 사고 등의 이유로 직통이 아닌 다른 경로로 우회하여 수송한다는 뜻이기 때문에 '우측 선로로 변경'은 순화로 적절하지 않다.

오답분석
① '열차시격'에서 '시격'이란 '사이에 뜬 시간'이라는 뜻의 한자어로, 열차와 열차 사이의 간격, 즉 '배차간격'으로 순화할 수 있다.
② '전차선'이란 선로를 의미하고, '단전'은 전기의 공급이 중단됨을 말한다. 따라서 바르게 순화되었다.
④ '핸드레일(Handrail)'은 난간을 뜻하는 영어 단어로, 우리말로는 '안전손잡이'로 순화할 수 있다.
⑤ '키스 앤 라이드(Kiss and Ride)'는 헤어질 때 키스를 하는 영미권 문화에서 비롯된 용어로, '환승정차구역'을 지칭한다.

25

정답 ④

세 번째 문단을 통해 정부가 철도 중심 교통체계 구축을 위해 노력하고 있음을 알 수는 있으나, 구체적으로 시행된 조치는 언급되지 않았다.

오답분석
① 첫 번째 문단을 통해 전 세계적으로 탄소중립이 주목받자 이에 대한 방안으로 등장한 것이 철도 수송임을 알 수 있다.
② 첫 번째 문단과 두 번째 문단을 통해 철도 수송의 확대가 온실가스 배출량의 획기적인 감축을 가져올 것임을 알 수 있다.
③ 네 번째 문단을 통해 '중앙선 안동 ~ 영천 간 궤도' 설계 시 탄소 감축 방안으로 저탄소 자재인 유리섬유 보강근이 철근 대신 사용되었음을 알 수 있다.
⑤ 네 번째 문단을 통해 S철도공단은 철도 중심 교통체계 구축을 위해 건설 단계에서부터 친환경·저탄소 자재를 적용하였고, 탄소 감축을 위해 2025년부터는 모든 철도건축물을 일정한 등급 이상으로 설계하기로 결정하였음을 알 수 있다.

26

정답 ①

제시문을 살펴보면 먼저 첫 번째 문단에서는 이산화탄소로 메탄올을 만드는 곳이 있다며 관심을 유도하고, 두 번째 문단에서 메탄올을 어떻게 만들고 어디에서 사용하는지 구체적으로 설명함으로써 탄소 재활용의 긍정적인 측면을 부각하고 있다. 하지만 세 번째 문단에서는 앞선 내용과 달리 이렇게 만들어진 메탄올의 부정적인 측면을 설명하고, 네 번째 문단에서는 이와 같은 이유로 탄소 재활용에 대한 결론이 나지 않았다며 글이 마무리되고 있다. 따라서 글의 주제로 적절한 것은 탄소 재활용의 이면을 모두 포함하는 내용인 ①이다.

오답분석
② 두 번째 문단에 한정된 내용이므로 제시문 전체를 다루는 주제로 보기에는 적절하지 않다.
③ 지열발전소의 부산물을 통해 메탄올이 만들어진 것은 맞지만, 새롭게 탄생된 연료로 보기는 어려우며, 글의 전체를 다루는 주제로 보기에도 적절하지 않다.
④·⑤ 제시문의 첫 번째 문단과 두 번째 문단에서는 버려진 이산화탄소 및 부산물의 재활용을 통해 '메탄올'을 제조함으로써 미래 원료를 해결할 수 있을 것처럼 보이지만, 이어지는 세 번째 문단과 네 번째 문단에서는 이렇게 만들어진 '메탄올'이 과연 미래 원료로 적합한지 의문점이 제시되고 있다. 따라서 글의 주제로 보기에는 적절하지 않다.

27

정답 ④

A ~ C철도사의 차량 1량당 연간 승차인원 수는 다음과 같다.

• 2020년

– A철도사 : $\dfrac{775,386}{2,751}$ ≒ 281.86천 명/년/1량

– B철도사 : $\dfrac{26,350}{103}$ ≒ 255.83천 명/년/1량

– C철도사 : $\dfrac{35,650}{185}$ ≒ 192.7천 명/년/1량

• 2021년

– A철도사 : $\dfrac{768,776}{2,731}$ ≒ 281.5천 명/년/1량

– B철도사 : $\dfrac{24,746}{111}$ ≒ 222.94천 명/년/1량

– C철도사 : $\dfrac{33,130}{185}$ ≒ 179.08천 명/년/1량

• 2022년

– A철도사 : $\dfrac{755,376}{2,710}$ ≒ 278.74천 명/년/1량

– B철도사 : $\dfrac{23,686}{113}$ ≒ 209.61천 명/년/1량

– C철도사 : $\dfrac{34,179}{185}$ ≒ 184.75천 명/년/1량

따라서 3년간 차량 1량당 연간 평균 승차인원 수는 C철도사가 가장 적다.

오답분석

① 2020 ~ 2022년의 C철도사 차량 수는 185량으로 변동이 없다.

② 2020 ~ 2022년의 연간 승차인원 비율은 모두 A철도사가 가장 높다.

③ A ~ C철도사의 2020년의 전체 연간 승차인원 수는 775,386+26,350+35,650=837,386천 명, 2021년의 전체 연간 승차 인원 수는 768,776+24,746+33,130=826,652천 명, 2022년의 전체 연간 승차인원 수는 755,376+23,686+34,179=813,241천 명으로 매년 감소하였다.

⑤ 2020 ~ 2022년의 C철도사 차량 1량당 연간 승차인원 수는 각각 192.7천 명, 179.08천 명, 184.75천 명이므로 모두 200천 명 미만이다.

28

정답 ⑤

2018년 대비 2022년에 석유 생산량이 감소한 국가는 C, F이며, 석유 생산량 감소율은 다음과 같다.

• C : $\dfrac{4,025,936-4,102,396}{4,102,396} \times 100$ ≒ −1.9%

• F : $\dfrac{2,480,221-2,874,632}{2,874,632} \times 100$ ≒ −13.7%

따라서 석유 생산량 감소율이 가장 큰 국가는 F이다.

오답분석

① 석유 생산량이 매년 증가한 국가는 A, B, E, H로 총 4개국이다.

② 2018년 대비 2022년에 석유 생산량이 증가한 국가의 석유 생산량 증가량은 다음과 같다.

• A : 10,556,259−10,356,185=200,074bbl/day

• B : 8,567,173−8,251,052=316,121bbl/day

• D : 5,422,103−5,321,753=100,350bbl/day

• E : 335,371−258,963=76,408bbl/day

• G : 1,336,597−1,312,561=24,036bbl/day

• H : 104,902−100,731=4,171bbl/day

따라서 석유 생산량 증가량이 가장 많은 국가는 B이다.

③ E국가의 연도별 석유 생산량을 H국가의 연도별 석유 생산량과 비교하면 다음과 같다.

• 2018년 : $\dfrac{258,963}{100,731}$ ≒ 2.6

• 2019년 : $\dfrac{273,819}{101,586}$ ≒ 2.7

• 2020년 : $\dfrac{298,351}{102,856}$ ≒ 2.9

• 2021년 : $\dfrac{303,875}{103,756}$ ≒ 2.9

• 2022년 : $\dfrac{335,371}{104,902}$ ≒ 3.2

따라서 2022년 E국가의 석유 생산량은 H국가의 석유 생산량의 약 3.2배이므로 옳지 않다.

④ 석유 생산량 상위 2개국은 매년 A, B이며, 매년 석유 생산량의 차이는 다음과 같다.

• 2018년 : 10,356,185−8,251,052=2,105,133bbl/day

• 2019년 : 10,387,665−8,297,702=2,089,963bbl/day

• 2020년 : 10,430,235−8,310,856=2,119,379bbl/day

• 2021년 : 10,487,336−8,356,337=2,130,999bbl/day

• 2022년 : 10,556,259−8,567,173=1,989,086bbl/day

따라서 A와 B국가의 석유 생산량의 차이는 '감소−증가−증가−감소' 추세를 보이므로 옳지 않다.

29

제시된 법률에 따라 공무원인 친구가 받을 수 있는 선물의 최대 금액은 1회에 100만 원이다.

$12x < 100 \rightarrow x < \dfrac{100}{12} = \dfrac{25}{3} ≒ 8.33$

따라서 A씨는 수석을 최대 8개 보낼 수 있다.

30

정답 ④

거래처로 가기 위해 C와 G를 거쳐야 하므로, C를 먼저 거치는 최소 이동거리와 G를 먼저 거치는 최소 이동거리를 비교해 본다.

- 본사 – C – D – G – 거래처
  6+3+3+4=16km
- 본사 – E – G – D – C – F – 거래처
  4+1+3+3+3+4=18km

따라서 최소 이동거리는 16km이다.

31

정답 ④

- 볼펜을 30자루 구매하면 개당 200원씩 할인되므로 800×30=24,000원이다.
- 수정테이프를 8개 구매하면 2,500×8=20,000원이지만, 10개를 구매하면 개당 1,000원이 할인되어 1,500×10=15,000원이므로 10개를 구매하는 것이 더 저렴하다.
- 연필을 20자루 구매하면 연필 가격의 25%가 할인되므로 400×20×0.75=6,000원이다.
- 지우개를 5개 구매하면 300×5=1,500원이며 지우개에 대한 할인은 적용되지 않는다.

따라서 총금액은 24,000+15,000+6,000+1,500=46,500원이고 3만 원을 초과했으므로 10% 할인이 적용되어 46,500×0.9=41,850원이다. 또한 할인 적용 전 금액이 5만 원 이하이므로 배송료 5,000원이 추가로 부과되어 41,850+5,000=46,850원이 된다. 그런데 만약 비품을 3,600원어치 추가로 주문하면 46,500+3,600=50,100원이므로 할인 적용 전 금액이 5만 원을 초과하여 배송료가 무료가 되고, 총금액이 3만 원을 초과했으므로 지불할 금액은 10% 할인이 적용된 50,100×0.9=45,090원이 된다.

그러므로 지불 가능한 가장 저렴한 금액은 45,090원이다.

32

정답 ①

A ~ E가 받는 성과급을 구하면 다음과 같다.

직원	직책	매출 순이익	기여도	성과급 비율	성과급
A	팀장	4,000만 원	25%	매출 순이익의 5%	1.2×4,000 ×0.05 =240만 원
B	팀장	2,500만 원	12%	매출 순이익의 2%	1.2×2,500 ×0.02 =60만 원
C	팀원	1억 2,500만 원	3%	매출 순이익의 1%	12,500 ×0.01 =125만 원
D	팀원	7,500만 원	7%	매출 순이익의 3%	7,500 ×0.03 =225만 원
E	팀원	800만 원	6%	–	0원

따라서 가장 많은 성과급을 받는 사람은 A이다.

33

정답 ⑤

2023년 6월의 학교폭력 신고 누계 건수는 7,530+1,183+557+601=9,871건으로, 10,000건 미만이다.

오답분석

① • 2023년 1월의 학교폭력 상담 건수
   : 9,652-9,195=457건
  • 2023년 2월의 학교폭력 상담 건수
   : 10,109-9,652=457건
  따라서 2023년 1월과 2023년 2월의 학교폭력 상담 건수는 같다.
② 학교폭력 상담 건수와 신고 건수 모두 2023년 3월에 가장 많다.
③ 전월 대비 학교폭력 상담 건수가 가장 크게 감소한 때는 2023년 5월이지만, 학교폭력 신고 건수가 가장 크게 감소한 때는 2023년 4월이다.
④ 전월 대비 학교폭력 상담 건수가 증가한 월은 2022년 9월과 2023년 3월이고, 이때 학교폭력 신고 건수 또한 전월 대비 증가하였다.

34

연도별 전체 발전량 대비 유류·양수 자원 발전량은 다음과 같다.

- 2018년 : $\frac{6,605}{553,256} \times 100 ≒ 1.2\%$

- 2019년 : $\frac{6,371}{537,300} \times 100 ≒ 1.2\%$

- 2020년 : $\frac{5,872}{550,826} \times 100 ≒ 1.1\%$

- 2021년 : $\frac{5,568}{553,900} \times 100 ≒ 1\%$

- 2022년 : $\frac{5,232}{593,958} \times 100 ≒ 0.9\%$

따라서 2022년의 유류·양수 자원 발전량은 전체 발전량의 1% 미만이다.

오답분석

① 원자력 자원 발전량과 신재생 자원 발전량은 매년 증가하였다.

② 연도별 석탄 자원 발전량의 전년 대비 감소폭은 다음과 같다.
- 2019년 : 226,571−247,670＝−21,099GWh
- 2020년 : 221,730−226,571＝−4,841GWh
- 2021년 : 200,165−221,730＝−21,565GWh
- 2022년 : 198,367−200,165＝−1,798GWh

따라서 석탄 자원 발전량의 전년 대비 감소폭이 가장 큰 해는 2021년이다.

③ 연도별 신재생 자원 발전량 대비 가스 자원 발전량은 다음과 같다.

- 2018년 : $\frac{135,072}{36,905} \times 100 ≒ 366\%$

- 2019년 : $\frac{126,789}{38,774} \times 100 ≒ 327\%$

- 2020년 : $\frac{138,387}{44,031} \times 100 ≒ 314\%$

- 2021년 : $\frac{144,976}{47,831} \times 100 ≒ 303\%$

- 2022년 : $\frac{160,787}{50,356} \times 100 ≒ 319\%$

따라서 연도별 신재생 자원 발전량 대비 가스 자원 발전량이 가장 큰 해는 2018년이다.

⑤ 전체 발전량이 증가한 해는 2020 ~ 2022년이며, 그 증가폭은 다음과 같다.
- 2020년 : 550,826−537,300＝13,526GWh
- 2021년 : 553,900−550,826＝3,074GWh
- 2022년 : 593,958−553,900＝40,058GWh

따라서 전체 발전량의 전년 대비 증가폭이 가장 큰 해는 2022년이다.

35

㉠ 퍼실리테이션(Facilitation)이란 '촉진'을 의미하며, 어떤 그룹이나 집단이 의사결정을 잘하도록 도와주는 일을 가리킨다. 최근 많은 조직에서는 보다 생산적인 결과를 가져올 수 있도록 그룹이 나아갈 방향을 알려 주고, 주제에 대한 공감을 이룰 수 있도록 능숙하게 도와주는 퍼실리테이터를 활용하고 있다. 퍼실리테이션에 의한 문제해결 방법은 깊이 있는 커뮤니케이션을 통해 서로의 문제점을 이해하고 공감함으로써 창조적인 문제해결을 도모한다. 소프트 어프로치나 하드 어프로치 방법은 타협점의 단순 조정에 그치지만, 퍼실리테이션에 의한 방법은 초기에 생각하지 못했던 창조적인 해결 방법을 도출한다. 동시에 구성원의 동기가 강화되고 팀워크도 한층 강화된다는 특징을 보인다. 이 방법을 이용한 문제해결은 구성원이 자율적으로 실행하는 것이며, 제3자가 합의점이나 줄거리를 준비해 놓고 예정대로 결론이 도출되어 가도록 해서는 안 된다.

㉡ 하드 어프로치에 의한 문제해결방법은 상이한 문화적 토양을 가지고 있는 구성원을 가정하여 서로의 생각을 직설적으로 주장하고 논쟁이나 협상을 통해 의견을 조정해 가는 방법이다. 이때 중심적 역할을 하는 것이 논리, 즉 사실과 원칙에 근거한 토론이다. 제3자는 이것을 기반으로 구성원에게 지도와 설득을 하고 전원이 합의하는 일치점을 찾아내려고 한다. 이러한 방법은 합리적이긴 하지만 잘못하면 단순한 이해관계의 조정에 그치고 말아서 그것만으로는 창조적인 아이디어나 높은 만족감을 이끌어내기 어렵다.

㉢ 소프트 어프로치에 의한 문제해결방법은 대부분의 기업에서 볼 수 있는 전형적인 스타일로 조직구성원들은 같은 문화적 토양을 가지고 이심전심으로 서로를 이해하는 상황을 가정한다. 코디네이터 역할을 하는 제3자는 결론으로 끌고 갈 지점을 미리 머릿속에 그려가면서 권위나 공감에 의지하여 의견을 중재하고, 타협과 조정을 통하여 해결을 도모한다. 결론이 애매하게 끝나는 경우가 적지 않으나, 그것은 그것대로 이심전심을 유도하여 파악하면 된다. 소프트 어프로치에서는 문제해결을 위해서 직접 표현하는 것이 바람직하지 않다고 여기며, 무언가를 시사하거나 암시를 통하여 의사를 전달하고 기분을 서로 통하게 함으로써 문제해결을 도모하려고 한다.

36
정답 ④

네 번째 조건을 제외한 모든 조건과 그 대우를 논리식으로 표현하면 다음과 같다.

- $\sim(D \lor G) \rightarrow F / \sim F \rightarrow (D \land G)$
- $F \rightarrow \sim E / E \rightarrow \sim F$
- $\sim(B \lor E) \rightarrow \sim A / A \rightarrow (B \land E)$

네 번째 조건에 따라 A가 투표를 하였으므로, 세 번째 조건의 대우에 의해 B와 E 모두 투표를 하였다. 또한 E가 투표를 하였으므로, 두 번째 조건의 대우에 따라 F는 투표하지 않았으며, F가 투표하지 않았으므로 첫 번째 조건의 대우에 따라 D와 G는 모두 투표하였다. A, B, D, E, G 5명이 모두 투표하였으므로 네 번째 조건에 따라 C는 투표하지 않았다. 따라서 투표를 하지 않은 사람은 C와 F이다.

37
정답 ⑤

VLOOKUP 함수는 열의 첫 열에서 수직으로 검색하여 원하는 값을 출력하는 함수이다. 함수의 형식은 「=VLOOKUP(찾을 값, 범위, 열 번호, 찾기 옵션)」이며 이 중 근삿값을 찾기 위해서는 찾기 옵션에 1을 입력해야 하고, 정확히 일치하는 값을 찾기 위해서는 0을 입력해야 한다. 상품코드 S3310897의 값을 일정한 범위에서 찾아야 하는 것이므로 범위는 절대참조로 지정해야 하며, 크기 '중'은 범위 중 3번째 열에 위치하고, 정확히 일치하는 값을 찾아야 하므로 입력해야 하는 함수식은 「=VLOOKUP("S3310897",$B$2:$E$8,3,0)」이다.

오답분석

①·② HLOOKUP 함수를 사용하려면 찾고자 하는 값은 '중'이고, [B2:E8] 범위에서 찾고자 하는 행 'S3310897'은 6번째 행이므로 「=HLOOKUP("중",$B$2:$E$8,6,0)」을 입력해야 한다.

③·④ '중'은 테이블 범위에서 3번째 열이다.

38
정답 ③

Windows Game Bar로 녹화한 영상의 저장 위치는 파일 탐색기를 사용하여 [내 PC] - [동영상] - [캡처] 폴더를 원하는 위치로 옮겨 변경할 수 있다.

39
정답 ①

RPS 제도 이행을 위해 공급의무자는 일정 비율 이상(의무공급비율)을 신재생에너지로 발전해야 한다. 하지만 의무공급비율은 매년 확대되고 있고, 여기에 맞춰 신재생에너지 발전설비를 계속 추가하는 것은 시간적, 물리적으로 어려우므로 공급의무자는 신재생에너지 공급자로부터 REC를 구매하여 의무공급비율을 달성한다.

오답분석

② 신재생에너지 공급자가 공급의무자에게 REC를 판매하기 위해서는 에너지관리공단 신재생에너지센터, 한국전력거래소 등 공급인증기관으로부터 공급 사실을 증명하는 공급인증서를 신청해 발급받아야 한다.

③ 2021년 8월 이후 에너지관리공단에서 운영하는 REC 거래시장을 통해 일반기업도 REC를 구매하여 온실가스 감축실적으로 인정받을 수 있게 되었다.

④ REC에 명시된 공급량은 발전방식에 따라 가중치를 곱해 표기하므로 실제 공급량과 다를 수 있다.

40
정답 ③

빈칸 ㉠의 앞 문장은 공급의무자가 신재생에너지 발전설비 확대를 통한 RPS 달성에는 한계점이 있음을 설명하고, 뒷 문장은 이에 대한 대안으로서 REC 거래를 설명하고 있다. 따라서 빈칸에 들어갈 접속부사는 '그러므로'가 가장 적절하다.

41
정답 ③

오답분석

① 인증서의 유효기간은 발급일로부터 3년이다. 2020년 10월 6일에 발급받은 REC의 만료일은 2023년 10월 6일이므로 이미 만료되어 거래할 수 없다.

② 천연가스는 화석연료이므로 REC를 발급받을 수 없다.

④ 기업에 판매하는 REC는 에너지관리공단에서 거래시장을 운영한다.

42
정답 ③

수소는 연소 시 탄소를 배출하지 않는 친환경에너지이지만, 수소혼소 발전은 수소와 함께 액화천연가스(LNG)를 혼합하여 발전하므로 기존 LNG 발전에 비해 탄소 배출량은 줄어들지만, 여전히 탄소를 배출한다.

오답분석

① 수소혼소 발전은 기존의 LNG 발전설비를 활용할 수 있기 때문에 화석연료 발전에서 친환경에너지 발전으로 전환하는 데 발생하는 사회적·경제적 충격을 완화할 수 있다.

② 높은 온도로 연소되는 수소는 공기 중의 질소와 반응하여 질소산화물(NOx)을 발생시키며, 이는 미세먼지와 함께 대기오염의 주요 원인으로 작용한다.

④ 수소혼소 발전에서 수소를 혼입하는 양이 많아질수록 발전에 사용하는 LNG를 많이 대체하므로 탄소 배출량은 줄어든다.

43

정답 ②

보기에 주어진 문장은 접속부사 '따라서'로 시작하므로 수소가 2050 탄소중립 실현을 위한 최적의 에너지원이 되는 이유 뒤에 와야 한다. 따라서 보기는 수소 에너지의 장점과 이어지는 (나)에 들어가는 것이 가장 적절하다.

44

정답 ③

- 총무팀 : 연필, 지우개, 볼펜, 수정액의 수량이 기준 수량보다 적다.
  - 최소 주문 수량 : 연필 15자루, 지우개 15개, 볼펜 40자루, 수정액 15개
  - 최대 주문 수량 : 연필 60자루, 지우개 90개, 볼펜 120자루, 수정액 60개
- 연구개발팀 : 볼펜, 수정액의 수량이 기준 수량보다 적다.
  - 최소 주문 수량 : 볼펜 10자루, 수정액 10개
  - 최대 주문 수량 : 볼펜 120자루, 수정액 60개
- 마케팅홍보팀 : 지우개, 볼펜, 수정액, 테이프의 수량이 기준 수량보다 적다.
  - 최소 주문 수량 : 지우개 5개, 볼펜 45자루, 수정액 25개, 테이프 10개
  - 최대 주문 수량 : 지우개 90개, 볼펜 120자루, 수정액 60개, 테이프 40개
- 인사팀 : 연필, 테이프의 수량이 기준 수량보다 적다.
  - 최소 주문 수량 : 연필 5자루, 테이프 15개
  - 최대 주문 수량 : 연필 60자루, 테이프 40개

따라서 비품 신청 수량이 바르지 않은 팀은 마케팅홍보팀이다.

45

정답 ②

N사에서 A지점으로 가려면 1호선으로 역 2개를 지난 후 2호선으로 환승하여 역 5개를 더 가야 한다.

따라서 편도로 이동하는 데 걸리는 시간은 $(2 \times 2) + 3 + (2 \times 5) = 17$분이므로 왕복하는 데 걸리는 시간은 $17 \times 2 = 34$분이다.

46

정답 ④

- A지점 : $(900 \times 2) + (950 \times 5) = 6,550$m
- B지점 : $900 \times 8 = 7,200$m
- C지점 : $(900 \times 2) + (1,300 \times 4) = 7,000$m 또는 $(900 \times 5) + 1,000 + 1,300 = 6,800$m
- D지점 : $(900 \times 5) + (1,000 \times 2) = 6,500$m 또는 $(900 \times 2) + (1,300 \times 3) + 1,000 = 6,700$m

따라서 이동거리가 가장 짧은 지점은 D지점이다.

47

정답 ②

- A지점 : 이동거리는 6,550m이고 기본요금 및 거리비례 추가비용은 2호선 기준이 적용되므로 $1,500 + 100 = 1,600$원이다.
- B지점 : 이동거리는 7,200m이고 기본요금 및 거리비례 추가비용은 1호선 기준이 적용되므로 $1,200 + 50 \times 4 = 1,400$원이다.
- C지점 : 이동거리는 7,000m이고 기본요금 및 거리비례 추가비용은 4호선 기준이 적용되므로 $2,000 + 150 = 2,150$원이다. 또는 이동거리가 6,800m일 때, 기본요금 및 거리비례 추가비용은 4호선 기준이 적용되므로 $2,000 + 150 = 2,150$원이다.
- D지점 : 이동거리는 6,500m이고 기본요금 및 거리비례 추가비용은 3호선 기준이 적용되므로 $1,800 + 100 \times 3 = 2,100$원이다. 또는 이동거리가 6,700m일 때, 기본요금 및 거리비례 추가비용은 4호선 기준이 적용되므로 $2,000 + 150 = 2,150$원이다.

따라서 이동하는 데 드는 비용이 가장 적은 지점은 B지점이다.

48

정답 ⑤

미국 컬럼비아 대학교에서 만들어낸 치즈케이크는 7겹으로, 7가지의 반죽형 식용 카트리지로 만들어졌다. 따라서 페이스트를 층층이 쌓아서 만드는 FDM 방식을 사용하여 제작하였음을 알 수 있다.

오답분석

① PBF / SLS 방식 3D 푸드 프린터는 설탕 같은 분말 형태의 재료를 접착제나 레이저로 굳혀 제작하는 것이므로 설탕케이크 장식을 제작하기에 적절한 방식이다.
② 3D 푸드 프린터는 질감을 조정하거나, 맛을 조정하여 음식을 제작할 수 있으므로 식감 등으로 발생하는 편식을 줄일 수 있다.
③ 3D 푸드 프린터는 음식을 제작할 때 개인별로 필요한 영양소를 첨가하는 등 사용자 맞춤 식단을 제공할 수 있다는 장점이 있다.
④ 네 번째 문단에서 현재 3D 푸드 프린터의 한계점을 보면 디자인적·심리적 요소로 인해 3D 푸드 프린터로 제작된 음식에 거부감이 들 수 있다고 하였다.

49

정답 ④

(라) 문장이 포함된 문단은 3D 푸드 프린터의 장점에 대해 설명하는 문단이며, 특히 대체육 프린팅의 장점에 대해 소개하고 있다. 그러나 (라) 문장은 대체육의 단점에 대해 서술하고 있으므로 네 번째 문단에 추가로 서술하거나 삭제하는 것이 적절하다.

오답분석

① (가) 문장은 컬럼비아 대학교에서 3D 푸드 프린터로 만들어 낸 치즈케이크의 특징을 설명하는 문장이므로 적절하다.
② (나) 문장은 현재 주로 사용되는 3D 푸드 프린터의 작동 방식을 설명하는 문장이므로 적절하다.
③ (다) 문장은 3D 푸드 프린터의 장점을 소개하는 세 번째 문단의 중심내용이므로 적절하다.
⑤ (마) 문장은 3D 푸드 프린터의 한계점인 '디자인으로 인한 심리적 거부감'을 서술하고 있으므로 적절하다.

50

정답 ④

네 번째 문단은 3D 푸드 프린터의 한계 및 개선점을 설명한 문단으로, 3D 푸드 프린터의 장점을 설명한 세 번째 문단과 역접관계에 있다. 따라서 '그러나'가 적절한 접속부사이다.

오답분석

① ㉠ 앞에서 서술된 치즈케이크의 특징이 대체육과 같은 다른 관련 산업에서 주목하게 된 이유가 되므로 '그래서'는 적절한 접속부사이다.
② ㉡ 앞의 문장은 3D 푸드 프린터의 장점을 소개하는 세 번째 문단의 중심내용이고 뒤의 문장은 이에 대한 예시를 설명하고 있으므로 '예를 들어'는 적절한 접속부사이다.
③ ㉢의 앞과 뒤는 다른 내용이지만 모두 3D 푸드 프린터의 장점을 나열한 것이므로 '또한'은 적절한 접속부사이다.
⑤ ㉤의 앞과 뒤는 다른 내용이지만 모두 3D 푸드 프린터의 단점을 나열한 것이므로 '게다가'는 적절한 접속부사이다.

PART 1

한국전력공사 3개년 기출복원문제

01

기출복원문제

01	02	03	04	05	06	07	08	09	10	11	12	13	14	15	16	17	18	19	20
④	③	④	④	①	①	①	③	④	③	④	①	②	③	④	③	⑤	①	④	③

21	22	23	24	25	26														
⑤	④	③	③	③	④														

01

정답 ④

두 번째 문단에서 단기간 내 사업 추진이 용이한 '폐기물 및 바이오매스 혼소 발전' 등의 에너지원에 대한 편중성이 나타나고 있다고 하였으므로 ④는 적절하지 않다.

오답분석
① 공급의무자는 신·재생에너지 공급인증서(REC)를 구매하는 방법으로 할당받은 공급의무량을 충당할 수 있다.
② 공급의무자에게 할당되는 공급의무량이 단계적으로 증가하여 최종 전력소비자인 국민들에게 전가되는 비용 부담이 지속적으로 증가할 가능성이 있다.
③ 세 번째 개선방안으로 민간 기업들이 직접 REC 구매를 가능하게 하는 등의 제도 보완이 필요하다고 하였으므로 적절한 설명이다.
⑤ RPS 제도로 인해 신·재생에너지를 이용한 발전량과 발전설비 용량이 지속적으로 증가하였다.

02

정답 ③

(나) 보빙사절단의 전등 주문과 고종의 허가 → (라) 1887년 3월 경복궁 내 건천궁에 100촉 전구 두 개가 점등 → (가) 전등 설치에 대한 반대와 우여곡절 → (다) 궁궐의 항시적 조명 설비가 된 전등

03

정답 ④

제시문의 두 번째 문단에서 인공지능 기술, 블록체인 기술, 빅데이터 기술, 가상현실 기술 등 부동산 산업과 융합한 다양한 기술들을 예시를 통해 소개하고 있다.

04

정답 ④

전체 일의 양을 1이라고 하면, 하루에 할 수 있는 일의 양은 A는 7일이 걸리므로 $\frac{1}{7}$, B는 10일이 걸리므로 $\frac{1}{10}$ 이다. 그러므로 A와 B가 같이 일을 할 때, x일이 걸린다면 다음 식과 같이 나타낼 수 있다.

$$\frac{1}{7} + \frac{1}{10} = \frac{1}{x} \rightarrow \frac{17}{70} = \frac{1}{x}$$

$\therefore x = 4.1$

따라서 A와 B가 같이 준비한다면 최소 5일이 걸린다.

05

정답 ①

4,000원의 물건을 1,000개 팔았으므로 한 달 매출액은 4,000,000원이다. 그러므로 인상한 가격과 변동된 판매량에 대한 식을 세우면 다음과 같다.

$(4,000+x)\times(1,000-0.2x)=4,000,000$

$4,000,000-800x+1,000x-0.2x^2=4,000,000$

$200x-0.2x^2=0 \rightarrow x(200-0.2x)=0 \rightarrow x(x-1,000)=0$

$\therefore x=1,000 \ (\because x\neq 0)$

따라서 인상한 가격은 1,000원이다.

06

정답 ①

원가를 x원이라고 하면, 원가에 50%의 이익을 붙일 경우는 $1.5x$이다. 여기에 다시 20%를 할인한 최종 판매 가격은 $1.5x\times0.8=$ $1.2x$이다. 물건 1개당 1,000원의 이익을 얻었으므로 다음의 식이 성립한다.

$1.2x-x=1,000 \rightarrow 0.2x=1,000$

$\therefore x=5,000$

따라서 물건의 원가는 5,000원이다.

07

정답 ①

D대리는 B과장보다 근속연수가 높지만 기본급은 더 적음으로 옳지 않다.

[오답분석]

② S팀의 자녀는 모두 7명으로 총 자녀수당은 70만 원이다. 반면 근속수당은 30만+10만+30만+20만+10만=100만 원이므로 자녀수당의 합보다 근속수당의 합이 더 높다.

③ A부장의 월급은 4,260,000+(100,000×2)+300,000+100,000+100,000=4,960,000원이므로 E사원의 기본급인 2,420,000원의 2배 이상이다.

④ 제시된 사원 정보를 통해 가장 많은 기본급 외 임금수당을 받는 직원은 전기기사 자격증을 보유하고 있어 총 500,000+100,000 +100,000+100,000+100,000=900,000원을 받는 B과장인데, C과장이 전기기능사에 합격하여 자격증수당 15만 원이 추가 되면 총 150,000+100,000+100,000+300,000+300,000=950,000원이 되어 S팀 직원 중 가장 많은 기본급 외 임금수당 을 받게 된다.

⑤ 자녀의 수가 가장 많은 직원은 C과장으로 총 80만 원의 기본급 외 임금수당을 받고, 근속연수가 가장 높은 직원은 A부장으로 총 70만 원의 기본급 외 임금수당을 받고 있음으로 옳은 설명이다.

08

정답 ③

K공사의 월급은 (기본급)+(기본급 외 임금 수당)이므로 직원별 총 지급액은 다음과 같다.

• A부장 : 4,260,000+100,000+100,000+300,000+200,000+0=4,960,000원
• B과장 : 3,280,000+100,000+100,000+100,000+100,000+500,000=4,180,000원
• C과장 : 3,520,000+100,000+100,000+300,000+300,000+0=4,320,000원
• D대리 : 2,910,000+100,000+100,000+200,000+100,000+150,000=3,560,000원
• E사원 : 2,420,000+100,000+100,000+100,000+0+250,000=2,970,000원

따라서 월급이 높은 순서대로 나열하면 A부장 → C과장 → B과장 → D대리 → E사원이다.

09

정답 ④

하나의 셀에서 〈Ctrl〉키를 누른 채로 채우기 핸들 기능을 사용하면 데이터는 다음과 같이 입력된다.

• 숫자 : 1씩 증가한 값이 입력된다.
• 날짜 : 원본과 똑같은 데이터가 입력된다.
• 숫자+문자 : 원본과 똑같은 데이터가 입력된다.

- 문자 : 원본과 똑같은 데이터가 입력된다.
- 통화 : 1씩 증가한 값이 입력된다.

따라서 제시된 스프레드시트에서 순서와 금액의 값이 1씩 증가하고 나머지 데이터는 원본과 똑같이 입력된다.

10

정답 ③

- 개인별 합산 기록을 구하려면 주어진 값을 모두 더하는 SUM 함수를 사용해야 한다. [B7] 셀은 A의 5일간의 기록을 더해야 하므로 「=SUM(B2:B6)」을 입력해야 한다.
- 개인별 최대 기록을 구하려면 주어진 값에서 가장 큰 수를 찾는 MAX 함수를 사용해야 한다. [B8] 셀은 A의 기록 중 가장 큰 수를 찾아야 하므로 「=MAX(B2:B6)」을 입력해야 한다.

오답분석
- LARGE 함수는 지정된 범위 내에서 n번째로 큰 값을 찾는 함수이다.
- COUNT 함수는 지정된 범위 내에서 숫자가 들어있는 셀의 개수를 구하는 함수이다.

11

정답 ④

도서 분류번호 순으로 제시된 내용을 정리하면 다음과 같다.
- 프랑스 소설 : F04F
- 2022년 출판 : e
- 시리즈 있음 : 1
- 오프라인 단독판매 결정 : 10

따라서 해당 도서의 K도서관 분류번호는 F04Fe110이다.

12

정답 ①

도서 분류번호 구성 순으로 갑의 대여 도서정보를 정리하면 다음과 같다.
- 도서 구분 : 국내도서(N)
- 작가 국적 : 한국(01)
- 도서 분류 : 육아(H)
- 출판연도 : 2010년대(d)
- 시리즈 유무 : 없음(0)
- 판매처 : 온·오프라인(11)

따라서 갑이 대여한 도서의 분류번호는 'N01Hd011'이다.

13

정답 ②

유도형 발전기는 동기 발전기와 달리 여자기가 없어 단독 발전이 불가능하다.

유도형 발전기의 특징
- 유도형 발전기는 외부로부터 상용전원을 공급받아야 하는 특성 때문에 독립전원으로 사용하기에는 부적합하며 상용전원과 연계 운전하는 풍력발전설비에 적합하다.
- 유도형 발전기는 회전자의 구조에 따라서 권선형 유도발전기와 농형 유도발전기 2종류가 있다.
- 유도형 발전기는 고정자에 상용전원이 공급된 상태에서 회전자의 회전속도가 동기속도 이상이 되어야 발전이 가능하다.

14

상선(L3)의 경우 선색은 회색이다.

전선의 식별
- 상선(L1) : 갈색
- 상선(L2) : 흑색
- 상선(L3) : 회색
- 중성선(N) : 청색
- 보호도체(PE) : 녹색 – 노란색

15

KEC 112(용어 정의)

접근상태란 제1차 접근상태 및 제2차 접근상태를 말한다.

1. 제1차 접근상태란 가공 전선이 다른 시설물과 접근(병행하는 경우를 포함하며 교차하는 경우 및 동일 지지물에 시설하는 경우를 제외한다. 이하 같다)하는 경우에 가공 전선이 다른 시설물의 위쪽 또는 옆쪽에서 수평거리로 가공 전선로의 지지물의 지표상의 높이에 상당하는 거리 안에 시설(수평 거리로 3m 미만인 곳에 시설되는 것을 제외한다)됨으로써 가공 전선로의 전선의 절단, 지지물의 도괴 등의 경우에 그 전선이 다른 시설물에 접촉할 우려가 있는 상태를 말한다.

2. 제2차 접근상태란 가공 전선이 다른 시설물과 접근하는 경우에 그 가공 전선이 다른 시설물의 위쪽 또는 옆쪽에서 수평 거리로 3m 미만인 곳에 시설되는 상태를 말한다.

16

나트륨의 원자량은 23이다.

나트륨의 물성
- 나트륨은 물에 넣으면 격렬하게 반응한다.
- 나트륨의 불꽃 색상은 노란색이다.
- 나트륨의 원자량은 23이다.
- 나트륨의 원자번호는 11번이다.
- 나트륨의 밀도는 0.968g/cm^3이다.
- 나트륨의 전기음성도는 0.93이다.

17

제시된 기호는 단선도용 영상 변류기(ZCT)이다.

구분	단선도용	복선도용
영상 변류기		

18

단락비가 크면 계자 기자력이 크고 전기자 반작용이 작다.

> **단락비가 큰 기계(철기계)의 특징**
> 단락비란 동기 발전기의 용량을 나타내는데 중요한 정수이며 무부하 포화특성곡선과 단락곡선의 특성을 이용하여 산정한다.
> - 안정도가 높다.
> - 선로의 충전용량이 크다.
> - 공극이 크고 극수가 많다.
> - 돌극형 철기계이다(수차 발전기).
> - 철손이 커져서 효율이 떨어진다.
> - 기계중량이 무겁고 가격이 비싸다.
> - 계자 기자력이 크고 전기자 반작용이 작다.
> - 단락비가 커서 동기 임피던스가 작고 전압 변동률이 작다.

19

T형 회로에서 4단자 정수값 B와 D는 각각 $Z\left(1+\dfrac{ZY}{4}\right)$, $1+\dfrac{ZY}{2}$ 이다.

- 4단자 정수

$$\begin{bmatrix} E_s \\ I_s \end{bmatrix} = \begin{bmatrix} A\ B \\ C\ D \end{bmatrix} \begin{bmatrix} E_r \\ I_r \end{bmatrix} = \begin{matrix} AE_r + BI_r \\ CE_r + DI_r \end{matrix}$$

- T형 회로와 π형 회로의 4단자 정수값

구분	T형	π형
A	$1+\dfrac{ZY}{2}$	$1+\dfrac{ZY}{2}$
B	$Z\left(1+\dfrac{ZY}{4}\right)$	Z
C	Y	$Y\left(1+\dfrac{ZY}{4}\right)$
D	$1+\dfrac{ZY}{2}$	$1+\dfrac{ZY}{2}$

20

자화의 세기 $J=\dfrac{M[\text{Wb}\cdot\text{m}]}{v[\text{m}^3]}=B-\mu_0 H=\mu_0(\mu_s-1)H=B\left(1-\dfrac{1}{\mu_s}\right)=xH[\text{Wb/m}^2]$ 이므로

$J=\mu_0(\mu_s-1)H=4\pi\times10^{-7}\times(400-1)\times2,000=1.0\text{Wb/m}^2$ 이다.

21

정답 ⑤

EMS는 초기 설치비용이 크다.

> **에너지관리시스템(EMS; Energy Management System)**
> 에너지관리시스템(EMS)은 정보통신(ICT) 기술과 제어 기술을 활용하여 상업용 빌딩, 공장, 주택, 사회 인프라(전력망, 교통망 등) 등을 대상으로 에너지 흐름과 사용의 시각화 및 최적화를 위한 통합 에너지관리 솔루션으로 정의된다.
> EMS를 통해 전력 등 에너지 사용량과 생산량을 모니터링하고, 에너지의 합리적 사용을 위해 설비 및 기기의 제어, 태양광발전 등 신재생에너지나 에너지저장시스템(ESS)을 제어할 수 있다. 에너지관리시스템(EMS)은 적용 대상에 따라 빌딩 전용 BEMS(Building EMS), 공장 전용 FEMS(Factory EMS), 주택 전용 HEMS(Home EMS) 등으로 구분된다. 각각 적용 대상은 다르지만, 전력 등 에너지의 흐름에 대한 모니터링 기능과 설비·기기 등에 대한 제어 기능을 가지고 있다는 점은 모든 시스템의 공통사항이며, 에너지관리시스템(EMS)은 일반적으로 에너지정보시스템, 에너지제어시스템, 에너지관리 공통기반시스템 등 3종류의 서브시스템으로 구성된다.

22

정답 ④

$$\text{grad } V = \left(\frac{\sigma}{\sigma x} i + \frac{\sigma}{\sigma y} j + \frac{\sigma}{\sigma z} k \right) V = -\frac{20}{(2^2+1^2)^2} \times (2i+j) = -\frac{4}{5}(2i+j)\text{V/m}$$

23

정답 ③

$$\text{div } E = \frac{\rho}{\epsilon_0} \text{ 에서 } \rho = \epsilon LSUB0$$

$$\text{div } E = \epsilon LSUB0 \left(\frac{\sigma E_x}{\sigma x} + \frac{\sigma E_y}{\sigma y} + \frac{\sigma E_z}{\sigma z} \right) = \epsilon LSUB0 \left(\frac{\sigma}{\sigma x} \sin x \cdot e^{-y} + \frac{\sigma}{\sigma y} \cos x \cdot e^{-y} \right) = 0$$

24

정답 ③

(전파의 주파수)=(전파의 속도)÷(파장)이므로, 먼저 단위를 미터(m)로 통일하면 $3\times10^8 \div 1\times10^{-1}$ 이므로 주파수는 $3\times10^9 =$ 3GHz이다.

25

정답 ③

802.11ac 규격의 경우 점유 주파수 대역폭이 최대 160MHz에 이른다.

26

정답 ④

유선 네트워크는 프레임 충돌 검출을 전송매체 상의 전위 변화로 쉽게 알아 낼 수 있으나 무선 네트워크는 공기 중 전송매체이어서 충돌 감지가 거의 불가능하다는 단점을 가지고 있다. 따라서 단점을 보완하기 위해 다른 호스트가 데이터 송신 유·무를 판단한 후 단말기가 사용 중이라면 사용이 종료될 때까지 무작위 시간으로 대기하여 충돌을 회피하는 CSMA / CA 방식을 사용한다.

02 | 2021년 시행 기출복원문제

01	02	03	04	05	06	07	08	09	10	11	12	13	14	15	16	17	18	19	20
⑤	⑤	⑤	④	①	③	②	⑤	②	②	⑤	①	①	①	⑤	⑤	③	②	②	③

01

정답 ⑤

제3조 제6항에 따르면 당직 근무자는 근무 전 당직 근무 시작을 기록하는 것이 아니라 당직 근무가 끝난 후 총무부에 있는 당직 근무일지에 당직 근무 종료를 기록한 후 퇴근한다.

오답분석

① 제6조 제1항
③ 제3조 제5장
② 제4조 제1항
④ 제3조 제3항

02

정답 ⑤

A씨가 근무한 날은 토요일이고 당직 근무를 하면 다음 날인 일요일에 근무를 마치게 된다. 제3조 제7항에 따르면 일요일은 공휴일이기 때문에 물품을 총무부에 반납하는 것이 아니라 다음 당직자에게 직접 전해주어야 한다.

오답분석

① 제3조 제9항
③ 제3조 제2항
② 제3조 제7항
④ 제3조 제4항

03

정답 ⑤

• A는 위치 점수가 하인 지역 5와 인지도 점수가 35점 미만인 지역 2를 제외한 지역 1, 3, 4 중 코인 세탁소 입지를 고를 것이다.
• B는 접근성 점수가 40점 미만인 지역 1, 3, 4를 제외한 지역 2, 5 중 코인 세탁소 입지를 고를 것이다.
• 지역별로 점수를 계산해보면 다음과 같다.

구분	지역 1	지역 2	지역 3	지역 4	지역 5
접근성	★★★=30점	★★★★=40점	★★★=30점	★★★☆=35점	★★★★☆=45점
인지도	★★★★=40점	★★★=30점	★★★☆=35점	★★★★☆=45점	★★☆=25점
위치	상=95점	중=90점	중=90점	최상=100점	하=85점
유동인구(일)	4,000명=20점	5,200명=40점	6,200명=50점	5,500명=40점	4,500명=30점

 − 지역 1 : 30+40+95+20=185점
 − 지역 2 : 40+30+90+40=200점
 − 지역 3 : 30+35+90+50=205점
 − 지역 4 : 35+45+100+40=220점
 − 지역 5 : 45+25+85+30=185점

따라서 A는 지역 1, 3, 4 중 가장 높은 점수인 지역 4를, B는 지역 2, 5 중 가장 높은 점수인 지역 2를 선택할 것이다.

04

정답 ④

점검 주기에 맞춰 30일까지 표시하면 다음과 같다.

항목	점검 일자									
	21	22	23	24	25	26	27	28	29	30
케이블 점검										
변압기 유량 상태										
변압기 동작 상태										
고압기기 이상 유무										
발전기 기동 상태										
비상용 발전장치 이상 유무										
보호장치 변색 유무										
모션 접속부 이상 상태										
개폐기 균열 상태										

따라서 케이블 점검, 변압기 유량 상태, 고압기기 이상 유무, 보호장치 변색 유무, 개폐기 균열 상태는 9월 30일에 점검하지 않는다.

05

정답 ①

1인당 1일 폐기물 배출량을 정리하면 다음과 같다.

구분	1일 폐기물 배출량(톤)	인구수(명)	1인당 폐기물 배출량
용산구	305.2	132,259	2.31kg/일
중구	413.7	394,679	1.05kg/일
종로구	339.9	240,665	1.41kg/일
서대문구	240.1	155,106	1.55kg/일
마포구	477.5	295,767	1.61kg/일

따라서 1인당 1일 폐기물 배출량이 가장 큰 구인 용산구(2.31kg/일)에 폐기물 처리장을 설치해야 한다.

06

정답 ③

폐기물 처리장이 설치되는 용산구에서 출발하여 1인당 1일 폐기물 배출량이 많은 지역을 순서대로 이동하면 용산구 → 마포구 → 서대문구 → 종로구 → 중구 → 용산구 순서이다. 따라서 폐기물 수집에 걸리는 최소시간은 $100+80+50+60+50=340=5$시간 40분이다.

07

정답 ②

- 예상 수입 : $40,000×50=2,000,000$원
- 공연 준비비 : 500,000원
- 공연장 대여비 : $6×200,000×0.9=1,080,000$원
- 소품 대여비 : $50,000×3×0.96=144,000$원
- 보조진행요원 고용비 : $50,000×4×0.88=176,000$원
- 총비용 : $500,000+1,080,000+144,000+176,000=1,900,000$원

총비용이 150만 원 이상이므로 공연 준비비의 10%인 50,000원이 할인된다. 따라서 할인이 적용된 총비용은 $1,900,000-50,000=1,850,000$원이다.

08

구분	월요일	화요일	수요일	목요일	금요일	토요일	일요일
낮	가, 나, 마	나, 다	다, 마	아, 자	바, 자	라, 사, 차	바
야간	라	마, 바, 아, 자	가, 나, 라, 바, 사	가, 사, 차	나, 다, 아	마, 자	다, 차

일정표를 보면 일요일 낮에 한 명이, 월요일 야간에 한 명이 필요하고, 수요일 야간에 한 명이 빠져야 한다. 따라서 '가, 나, 라, 바, 사' 중 한 명이 일정을 옮겨야 한다. 이때 세 번째 당직 근무 규칙에 따라 같은 날에 낮과 야간 당직 근무는 함께 설 수 없으므로 월요일에 근무하는 '가, 나, 라, 마'와 일요일에 근무하는 '다, 바, 차'는 제외된다. 따라서 '사'의 당직 근무 일정을 변경하여 일요일 낮과 월요일 야간에 당직 근무를 서게 해야 한다.

09

무지에 호소하는 오류는 어떤 주장에 대해 증명할 수 없거나 결코 알 수 없음을 들어 거짓이라고 반박하는 오류로 귀신이 없다는 것을 증명할 수 없으니 귀신이 있다는 주장은 무지에 호소하는 오류이다.

> 오답분석
① 성급한 일반화의 오류 : 제한된 정보, 부적합한 증거, 대표성을 결여한 사례를 근거로 일반화하는 오류이다.
③ 거짓 딜레마의 오류 : 어떠한 문제 상황에서 제3의 선택지가 있음에도 두 가지 선택지가 있는 것처럼 상대에게 둘 중 하나를 강요하는 오류이다.
④ 대중에 호소하는 오류 : 많은 사람이 그렇게 행동하거나 생각한다는 것을 내세워 군중심리를 자극하는 오류이다.
⑤ 인신공격의 오류 : 주장을 제시한 자의 비일관성이나 도덕성의 문제를 이유로 제시된 주장을 잘못이라고 판단하는 오류이다.

10

가대리와 마대리의 진술이 서로 모순이므로, 둘 중 한 사람은 거짓을 말하고 있다.
ⅰ) 가대리의 진술이 거짓인 경우
　　가대리의 말이 거짓이라면 나사원의 말도 거짓이 되고, 라사원의 말도 거짓이 되므로 모순이 된다.
ⅱ) 가대리의 진술이 참인 경우
　　가대리, 나사원, 라사원의 말이 참이 되고, 다사원과 마대리의 말이 거짓이 된다.

참
• 가대리 : 가대리・마대리 출근, 결근자와 결근 사유 모름
• 나사원 : 다사원 출근, 가대리의 진술은 진실
• 라사원 : 나사원의 진술은 진실

거짓
• 다사원 : 라사원 결근 → 라사원 출근
• 마대리 : 라사원 결근, 라사원이 가대리에게 결근 사유 전함 → 라사원 출근, 가대리는 결근 사유 듣지 못함
따라서 나사원이 출근하지 않았다.

11

구분	A	B	C	D	E
가	○	○	×	?	?
나	?	?	○	○	?
다	○	○	?	?	×
라	×	○	?	×	?
마	○	×	?	○	×

먼저 '나'는 병이 치료되지 않았기 때문에 C와 D는 성공한 신약이 아니므로 제외하고 나머지를 확인한다.

• A가 성공한 신약인 경우

구분	A(성공)	B	C	D	E
가	○	○	×	?	?
나	×	?	○	○	×
다	○	○	?	?	×
라	×	○	?	×	?
마	○	×	?	○	×

세 명이 치료되므로 성공한 신약이 될 수 없다.

• B가 성공한 신약인 경우

구분	A	B(성공)	C	D	E
가	○	○	×	?	?
나	?	×	○	○	×
다	○	○	?	?	×
라	×	○	?	×	?
마	○	×	?	○	×

세 명이 치료되므로 성공한 신약이 될 수 없다.

• E가 성공한 신약인 경우

구분	A	B	C	D	E(성공)
가	○	○	×	?	?
나	?	?	○	○	×
다	○	○	?	?	×
라	×	○	?	×	?
마	○	×	?	○	×

'가'와 '라' 두 명만 병이 치료될 수 있으므로 E가 성공한 신약이다.

12

정답 ①

[E2:E7]은 평균점수를 소수 둘째 자리에서 반올림한 값이다. 따라서 [E2]에 =ROUND(D2,1)을 넣고 채우기 핸들을 사용하면 그림과 같은 값을 구할 수 있다.

오답분석

② INT는 정수부분을 제외한 소수부분을 모두 버림하는 함수이다.
③ TRUNC는 원하는 자리 수에서 버림하는 함수이다.
④ COUNTIF는 조건에 맞는 셀의 개수를 구하는 함수이다.
⑤ ABS는 절댓값을 구하는 함수이다.

13

정답 ①

보기는 파이썬의 꼬꼬마 형태소 분석기를 사용하여 문장을 최소 의미 단위인 형태소로 분절한 것이다.

오답분석

② 구문 분석은 문장구조를 문법적으로 분석한 과정이다.
③ 의미 분석은 문법을 넘어 문장이 내포하는 의미를 해석하는 과정이다.
④ 특성 추출은 자연어처리 과정에 해당되지 않는다.
⑤ 단어 분석은 자연어처리 과정에 해당되지 않는다.

14

정답 ①

kks.insert(1,'다')는 리스트 kks의 첫 번째 요소 위치에 '다'를 삽입하라는 뜻이다.

['두', '다', '바', '퀴', '로', '가', '는', '자', '동', '차']

del kks[3]는 리스트 kks의 세 번째 요소를 제거하라는 뜻이다.

['두', '다', '바', '로', '가', '는', '자', '동', '차']

print(kks[4], kks[6]) 리스트 kks의 네 번째, 여섯 번째 요소를 출력하라는 뜻이다.

따라서 실행 결과는 '가 자'이다.

15

정답 ⑤

⑤는 그리드 컴퓨팅에 대한 설명이다. 클라우드 컴퓨팅은 웹, 애플리케이션 등 범용적인 용도로 사용된다.

클라우드 컴퓨팅의 특징
- 인터넷을 통해서 IT 리소스를 임대하고 사용한 만큼 비용을 지불
- 가상화와 분산처리 기술 기반
- 컨테이너(Container) 방식으로 서버 가상화
- 서비스 유형에 따라 IaaS, PaaS, SaaS로 분류
- 공개 범위에 따라 퍼블릭 클라우드, 프라이빗 클라우드, 하이브리드 클라우드로 분류

16

정답 ⑤

C : 내연기관차는 무게가 무겁기 때문에 가벼운 경차보다 연비가 떨어지는 모습을 보인다.

E : 충·방전을 많이 하면 전지 용량이 감소하기 때문에 이를 개선하려는 연구가 이뤄지고 있다.

[오답분석]

A : 가볍다는 특성이 리튬의 장점은 맞지만 양이온 중에서 가장 이동속도가 빠른 물질은 리튬이 아닌 수소이다.

B : 리튬이온은 충전 과정을 통해 전지의 음극에 모이게 된다. 음극에서 양극으로 이동하는 것은 방전을 통해 발생한다.

D : 1kWh당 약 6.1km를 주행할 수 있으므로, 20을 곱하게 되면 약 122km를 주행할 수 있다.

17

정답 ③

리튬과 리튬이온전지를 예시와 함께 설명하고, 테슬라 모델3 스탠더드 버전을 통해 전기 에너지 개념을 설명하고 있다.

18

정답 ②

분류코드에서 알 수 있는 정보를 앞에서부터 순서대로 나열하면 다음과 같다.
- 발송코드 : c4 : 충청지역에서 발송
- 배송코드 : 304 : 경북지역으로 배송
- 보관코드 : HP : 고가품
- 운송코드 : 115 : 15톤 트럭으로 배송
- 서비스코드 : 01 : 당일 배송 서비스 상품

19

제품 A의 분류코드는 앞에서부터 순서대로, 수도권인 경기도에서 발송되었으므로 a1, 울산지역으로 배송되므로 062, 냉동보관이
필요하므로 FZ, 5톤 트럭으로 운송되므로 105, 배송일을 7월 7일로 지정하였으므로 02가 연속되는 a1062FZ105020이다.

20

ㄱ. 유통 중인 농·수·축산물도 수거검사 대상임을 알 수 있다.
ㄴ. 수산물의 경우에도 총수은, 납 등과 함께 항생물질을 검사하고 있다.
ㄹ. 식품수거검사 결과 적발한 위해정보는 식품의약안전청 홈페이지에서 확인할 수 있다.

오답분석

ㄷ. 월별 정기검사와 수시 수거검사가 있다.

03 | 2020년 시행 기출복원문제

01	02	03	04	05	06	07	08	09	10	11	12	13	14	15	16	17	18	19	20
③	②	⑤	⑤	④	③	④	①	②	⑤	③	⑤	①	④	②	①	④	①	②	⑤

01　정답 ③

'주차 공간에 차가 있는지 여부를 감지하는 센서를 설치한 스마트 주차'라고 했으므로 주차를 해 주는 것이 아니라 주차공간이 있는지의 여부를 확인해 주는 것이다.

오답분석

① '각국 경제 및 발전 수준, 도시 상황과 여건에 따라 매우 다양하게 정의 및 활용되고, 접근 전략에도 차이가 있다.'라고 하였으므로 적절하다.
② 두 번째 문단에서 '이 스마트 가로등은 … 인구 밀집도까지 파악할 수 있다.'라고 하였으므로 적절하다.
④ 세 번째 문단에서 항저우를 비롯한 중국의 여러 도시들은 알리바바의 알리페이를 통해 항저우 택시의 98%, 편의점의 95% 정도에서 모바일 결제가 가능하고, 정부 업무, 차량, 의료 등 60여 종에 달하는 서비스 이용이 가능하다고 하였으므로 지갑을 가지고 다니지 않아도 일부 서비스를 이용할 수 있다.
⑤ 마지막 문단에서 '세종에서는 … 개인 맞춤형 의료 서비스 등을 받을 수 있다.'라고 하였으므로 적절하다.

02　정답 ②

'전기사고를 방지하기 위한 안전장치가 필요한데 그중에 하나가 접지이다.'라는 내용에서 접지 이외에도 다른 방법이 있음을 알 수 있다.

오답분석

① '위험성이 높을수록 이러한 안전장치의 필요성이 높아진다.'라고 하였으므로 위험성이 낮다고 안전장치가 필요치 않다는 설명은 적절하지 않다.
③ '전류는 전위차가 있을 때에만 흐르므로'라고 하였으므로 전위차가 없으면 전류가 흐르지 않는다.
④ '정전기 발생을 사전에 예방하기 위해 접지를 해둬야 한다.'에서 알 수 있듯이 접지를 하게 되면 정전기 발생을 막을 순 있지만, 접지를 하지 않는다고 정전기가 무조건 발생하는 것은 아니다.
⑤ 저항 또는 임피던스의 크기가 작으면 통신선에 유도장애가 커지고, 크면 평상시 대지 전압이 높아지는 등의 결과가 나타나지만, 저항 크기와 임피던스의 크기에 대한 상관관계는 글에서 확인할 수 없다.

03　정답 ⑤

먼저 하나의 사례를 제시하면서 글의 서두가 전개되고 있으므로 이와 비슷한 사례를 제시하고 있는 (다)가 이어지는 것이 적절하다. 이어서 (다) 사례의 내용이 비현실적이라고 언급하고 있는 (나)가 오는 것이 적절하며, 다음으로 (나)에서 언급한 사물인터넷과 관련된 설명의 (라)가 이어지는 것이 적절하다. 마지막으로 (가)는 (라)에서 언급한 지능형 전력망을 활용함으로써 얻게 되는 효과를 설명하는 내용이므로, 문단의 순서는 (다) – (나) – (라) – (가)의 순서가 적절하다.

04

카드 결제 시스템에 특수 장치를 설치하여 불법으로 카드 정보를 복사하는 방식은 스키밍(Skimming)이다. 폼재킹이란 사용자의 결제 정보 양식을 중간에서 납치한다는 의미의 합성어로, 해커들이 온라인 쇼핑몰 등의 웹 사이트를 악성코드로 미리 감염시키고, 구매자가 물건을 구입할 때 신용카드 등의 금융정보를 입력하면 이를 탈취한다.

05

전분작물인 보리, 옥수수 등은 당화와 알콜발효의 공정을 거쳐 에탄올(바이오알콜)로 변환된다. 메탄올 연료는 섬유소식물체(나무, 볏짚 등)에서 얻을 수 있다.

[오답분석]
① 바이오에너지는 에너지를 이용하여 자연환경을 깨끗하게 유지할 수 있다.
② 바이오에너지 원리 및 구조에서 과열증기(열에너지)로 터빈 발전기를 가동(운동에너지)시켜 전력을 생산(전기에너지)하는 과정을 확인할 수 있다.
③ 바이오에너지 변환 시스템에서 섬유소식물체인 나무, 볏짚 등을 이용하여 '바이오알콜(에탄올), 메탄올, 열, 전기'를 얻을 수 있다.
⑤ 바이오에너지 원리 및 구조의 '잔열의 재사용'을 보면 터빈과 발전기 가동 시 증기의 일부가 급수의 가열에 재사용함을 알 수 있다.

06

나무(섬유소식물체) – 가스화(8점) – 합성가스 – 보일러(2점) – 열 : $(8 \times 5) + (2 \times 3) = 46$만 원

[오답분석]
① 옥수수(전분작물) – 당화(9점) – 당분 – 알콜발효(3점) – 바이오알콜(에탄올) : $(9 \times 5) + (3 \times 3) = 54$만 원
② 유채(유지작물) – 추출(4점) – 채종유 – 에스테르화(5점) – 바이오디젤(에스테르) : $(4 \times 4) + (5 \times 4) = 36$만 원
④ 음식물쓰레기(유기성폐기물) – 혐기발효(6점) – 메탄가스 – 가스: $6 \times 4 = 24$만 원
⑤ 볏짚(섬유소식물체) – 효소당화(7점) – 당분 – 알콜발효(3점) – 바이오알콜(에탄올) : $(7 \times 4) + (3 \times 3) = 37$만 원

07

㉠ 제로 트러스트 모델이란 아무도 신뢰하지 않는다는 뜻으로 내·외부를 막론하고 적절한 인증 절차 없이는 그 누구도 신뢰하지 않는다.
㉢ 기업 내부에서 IT 인프라 시스템에 대한 접근 권한이 있는 내부인에 의해 보안 사고가 발생함에 따라 만들어진 IT 보안 모델이다.
㉣ MFA란 사용자 다중 인증을 말하며, 패스워드 강화 및 추가적인 인증 절차를 통해 접근 권한을 부여하는 것이다. IAM은 식별과 접근 관리를 말하며, ID와 패스워드를 종합적으로 관리해 주는 역할 기반의 사용자 계정 관리 솔루션이다.

[오답분석]
㉡ 네트워크 설계의 방향은 내부에서 외부로 설정한다.

08

먼저 첫 번째 조건과 세 번째 조건에 따라 하경이의 바로 오른쪽 자리에는 성준, 민준, 민지가 앉을 수 없으므로 하경이의 오른쪽 자리에는 슬기 또는 경서만 앉을 수 있다. 하경이의 자리를 1번으로 가정하여 이를 기준으로 바로 오른쪽 6번 자리에 슬기가 앉은 경우와 경서가 앉은 경우를 나누어 보면 다음과 같다.

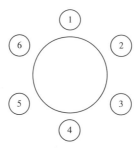

1) 6번 자리에 슬기가 앉은 경우

네 번째 조건에 따라 민준이는 4번 또는 2번에 앉을 수 있지만, 첫 번째 조건에 따라 하경이의 바로 옆 자리인 2번에는 앉을 수 없으므로 결국 4번에 앉은 것을 알 수 있다. 또한 두 번째 조건에 따라 5번 자리에는 경서 또는 성준이가 앉을 수 있지만, 세 번째 조건에 따라 경서는 반드시 민지의 왼쪽에 앉아야 하므로 5번 자리에는 성준이가 앉고 나머지 2번과 3번 자리에 민지와 경서가 나란히 앉은 것을 알 수 있다.

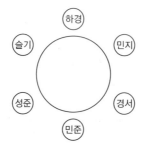

2) 6번 자리에 경서가 앉은 경우

세 번째 조건에 따라 5번 자리에는 민지가 앉으므로 첫 번째 조건에 따라 2번 자리에는 슬기만 앉을 수 있다. 이때, 두 번째 조건에 따라 슬기는 성준이 옆 자리에 앉아야 하므로 3번에는 성준이가 앉고, 나머지 4번에 민준이가 앉은 것을 알 수 있다.

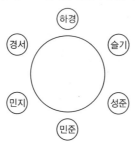

따라서 항상 참이 되는 것은 '하경이와 민준이가 서로 마주 보고 앉아 있다.'이다.

09

pH 수치가 가장 높은 구역은 8.2인 D구역이며, BOD농도는 0.9mg/L, DO농도는 7.9mg/L이므로 수질 등급 기준표에서 D구역이 해당하는 등급은 '매우 좋음'인 1a등급이다.
상수도 구역별 각 농도 및 pH에 맞는 등급을 정리하면 다음 표와 같다.

구분	A구역	B구역	C구역	D구역	E구역	F구역
DO(mg/L)	4.2	5.2	1.1	7.9	3.3	2.4
BOD(mg/L)	8.0	4.8	12	0.9	6.5	9.2
pH	5.0	6.0	6.3	8.2	7.6	8.1
등급	pH 수치 부적합	약간 나쁨	매우 나쁨	매우 좋음	약간 나쁨	나쁨
		4	6	1a	4	5

오답분석

① BOD농도가 5mg/L 이하인 상수도 구역은 B구역과 D구역이며, 3등급은 없다.

③ 상수도 구역에서 등급이 '약간 나쁨(4등급)' 또는 '나쁨(5등급)'인 구역은 B, E, F구역으로 세 곳이다.

④ 수질 등급 기준을 보면 DO농도는 높을수록, BOD농도는 낮을수록 좋은 등급을 받는다.

⑤ 수소이온농도가 높을수록 pH의 수치는 0에 가까워지고, '매우 좋음' 등급의 pH 수치 범위는 $6.5 \sim 8.5$이기 때문에 옳지 않은 내용이다.

10

정답 ⑤

살인 신고건수에서 여성피해자가 남성피해자의 2배일 때, 남성피해자의 살인 신고건수는 $1.32 \div 3 = 0.44$백 건이다. 따라서 남성피해자 전체 신고건수인 $132 \times 0.088 = 11.616$백 건에서 살인 신고건수가 차지하는 비율은 $\frac{0.44}{11.616} \times 100 ≒ 3.8\%$로 3% 이상이다.

오답분석

① 2019년 데이트 폭력 신고건수는 피해유형별 신고건수를 모두 합하면 총 $81.84 + 22.44 + 1.32 + 6.6 + 19.8 = 132$백 건이다. 신고유형별 신고건수에서도 $5.28 + 14.52 + 10.56 + 101.64 = 132$백 건임을 알 수 있다.

② 112신고로 접수된 건수는 체포감금, 협박 피해자로 신고한 건수의 $\frac{101.64}{22.44} ≒ 4.5$배이다.

③ 남성 피해자의 50%가 폭행, 상해 피해자로 신고건수는 $132 \times 0.088 \times 0.5 = 5.808$백 건이며, 폭행, 상해의 전체 신고건수 중 $\frac{5.808}{81.84} \times 100 ≒ 7.1\%$이다.

④ 방문신고 건수의 25%($14.52 \times 0.25 = 3.63$백 건)가 성폭행 피해자일 때, 전체 신고건수에서 차지하는 비율은 $\frac{3.63}{132} \times 100 ≒ 2.8\%$이다.

11

정답 ③

A는 2019년 매출원가의 전년 대비 증감률이고, B는 당기순이익 전년 대비 증감률로 각각을 구하면 다음과 같다.

• A : $\frac{4,959.4 - 5,108.1}{5,108.1} \times 100 ≒ -2.9\%$

• B : $\frac{2,067.6 - 1,810.4}{1,810.4} \times 100 ≒ 14.2\%$

따라서 A, B에 들어갈 알맞은 수치는 각각 '-2.9, 14.2'이다.

오답분석

① 매출액은 매출원가와 매출총이익의 합과 같다.
  • 2018년 : (매출원가)+(매출총이익)=(매출액)
      → $5,108.1 + 4,622.4 = 9,730.5$억 원
  • 2019년 : (매출원가)+(매출총이익)=(매출액)
      → $4,959.4 + 5,365.2 = 10,324.6$억 원

② 매출총이익에서 판매비와 관리비를 제외한 값은 영업이익이다.
- 2018년 : (매출총이익)−(판매비와 관리비)=(영업이익)
  - → 4,622.4−2,174.7=2,447.7억 원
- 2019년 : (매출총이익)−(판매비와 관리비)=(영업이익)
  - → 5,365.2−2,891.6=2,473.6억 원
④ 영업이익과 영업외수익 합에서 영업외비용을 뺀 값은 당기순이익과 법인세비용을 합이다.
  - → (영업이익)+(영업외수익)−(영업외비용)=(당기순이익)+(법인세비용)
- 2018년 : 2,447.7+482.6−542.3=1,810.4+577.6=2,388억 원
- 2019년 : 2,473.6+485.1−380.2=2,067.6+510.9=2,578.5억 원
⑤ 2018 ~ 2019년 동안 연도별 매출액 대비 당기순이익 비율은 다음과 같고, 비율은 2018년도보다 2019년도가 더 높다.
- 2018년 : $\dfrac{1,810.4}{9,730.5} \times 100 ≒ 18.6\%$
- 2019년 : $\dfrac{2,067.6}{10,324.6} \times 100 ≒ 20\%$

손익계산서 구성항목의 관계식
- (매출총이익)=(매출액)−(매출원가)
- (영업이익)=(매출총이익)−(판매비와 관리비)
- (법인세비용 차감 전 순손익)=(영업이익)+(영업외수익)−(영업외비용)
- (당기순이익)=(법인세비용 차감 전 순손익)−(법인세비용)

12
정답 ⑤

홍보팀장의 요청에 따라 인지도가 높으면서도 자사와 연관될 수 있는 캐릭터를 활용하여 홍보 전략을 세워야 하므로 대중적으로 저금통의 이미지를 상징하는 돼지 캐릭터와 자사의 마스코트인 소를 캐릭터로 함께 사용하는 홍보 방안이 가장 적절하다.

13
정답 ①

회색 티셔츠를 추가로 50벌을 서울 공장에서 2020년 1월 24일에 생산하였다. → OTGR − 200124 − 475ccc
의류 종류 코드에서 'OP'를 'OT'로 수정해야 한다.

오답분석
ㄷ. 흰색 청바지를 전주 공장에서 265벌을 납품일(2020년 7월 23일) 전날에 생산하였다. 납품일 전날에 생산하였으므로 생산날짜는 2020년 7월 22일이다. → OJWH − 200722 − 935baa
ㄱ. 2019년 12월 4일에 붉은색 스커트를 창원 공장에서 120장 생산하였다. → OHRD − 191204 − 753aaa
ㄹ. 티셔츠와 스커트를 노란색으로 178벌씩 수원 공장에서 2020년 4월 30일에 생산했다. → 티셔츠 : OTYL − 200430 − 869aab, 스커트 : OHYL − 200430 − 869aab
ㅁ. 생산날짜가 2019년 7월 5일인 푸른색 원피스는 창원 공장에서 227벌 생산되었다. → OPBL − 190705 − 753aba

14
정답 ④

청구범위를 넓게 설정할 경우 선행기술들과 저촉되어 특허가 거절될 가능성이 높아지므로 특허 등록의 가능성이 줄어들게 되지만, 청구범위를 좁게 설정할 경우에는 특허등록 가능성이 높아지게 된다.

오답분석
① 변리사를 통해 특허출원 명세서를 기재할 수 있다.
② 특허출원은 주로 경쟁자로부터 자신의 제품을 지키기 위해 이루어지나, 기술적 우위를 표시하기 위해 이루어지기도 한다.
③ 특허출원서에는 출원인이나 발명자 정보 등을 기재한다. 발명의 명칭, 발명의 효과, 청구범위 등은 특허명세서에 작성한다.
⑤ 청구범위가 좁을 경우 보호 범위가 좁아져 제3자가 특허 범위를 회피할 가능성이 높아지게 된다.

15

정답 ②

제시문에 따르면 의료기관 외 생활치료센터에 입소한 환자에게서 발생하는 모든 폐기물 역시 격리의료폐기물로 처리한다. 따라서 코로나19 확진 판정을 받고 생활치료센터에서 생활 중인 B씨의 폐기물은 격리의료폐기물에 해당하므로 합성수지의 전용 용기에 담아 밀폐 처리해야 한다. 골판지 전용 용기는 일반의료폐기물에 사용한다.

16

정답 ①

보행 동선의 분기점에 설치하는 것은 점형 블록이며, 선형 블록은 보행 동선의 분기점에 설치된 점형 블록과 연계하여 목적 방향으로 설치한다.

17

정답 ④

a라는 변수에 0을 저장한다. range 함수는 'range(start, stop, step)'로 표시되기 때문에 'range(1, 11, 2)'를 입력하면 1부터 10까지의 생성된 수를 2씩 증가시켜 합을 출력한다(range 함수의 2번째 파라미터는 출력되지 않는 값이다).
따라서 누적된 a의 값인 25가 출력된다.

18

정답 ①

스틱형 커피는 최근 다양한 유형으로 출시되고 있으며, 인스턴트 커피는 로스팅 커피에 비해 저렴한 가격을 무기로 성장세를 이어가고 있다. 따라서 차별화된 프리미엄 상품을 스틱형으로 출시한다는 마케팅 전략은 적절하지 않다.

19

정답 ②

학생과 성인의 연령별 독서형태를 보면, 종이책은 2018년에 비해 2019년의 독서량 비율이 전부 줄어들고, 전자책 사용비율은 모두 늘어났다.

오답분석

① 성인 중 오디오북을 본 사람은 $6,000 \times 0.035 = 210$명, 학생 중 오디오북을 본 사람은 $3,126 \times 0.187 ≒ 584$명으로 학생이 더 많다.

③ 오디오북 독서량은 중년기인 40대는 $1,158 \times 0.042 ≒ 48$명, 50대는 $1,192 \times 0.016 ≒ 19$명이며, 성년기에 속하는 20대는 $1,057 \times 0.065 ≒ 68$명, 30대는 $1,022 \times 0.062 ≒ 63$명이다.
  따라서 중년기 오디오북 독서량은 $48 + 19 = 67$명이므로 성년기의 독서량 $68 + 63 = 131$명보다 적다.

④ 노년기(60세 이상)의 전자책 독서량은 1.3%에서 2.0%로 늘어났다.

⑤ 2018년 아동기(초등학생)의 종이책을 본 학생은 $1,005 \times 0.968 ≒ 972$명이고, 청소년기에 속하는 중학생은 $985 \times 0.925 ≒ 911$명, 고등학생은 $1,136 \times 0.872 ≒ 990$명이므로 청소년기 학생 수가 더 많다.

20

정답 ⑤

상품이 '하모니카'인 매출액의 평균을 구해야 하므로 AVERAGEIF 함수를 사용해야 한다. '=AVERAGEIF(계산할 셀의 범위, 평균을 구할 셀의 정의, 평균을 구하는 셀)'로 표시되기 때문에 '=AVERAGEIF(B2:B9, "하모니카", E2:E9)'가 옳다.

무언가를 위해 목숨을 버릴 각오가 되어 있지 않는 한
그것이 삶의 목표라는 어떤 확신도 가질 수 없다.

– 체 게바라 –

PART 2

합격의 공식 SD에듀 www.sdedu.co.kr

직무능력검사

01 | 의사소통능력
기출예상문제

01	02	03	04	05	06	07	08	09	10
⑤	①	③	①	④	⑤	①	②	③	③
11	12	13	14	15	16	17	18	19	20
④	①	④	⑤	③	④	①	④	④	⑤

01   정답 ⑤

저맥락 문화는 멤버 간에 공유하고 있는 맥락의 비율이 낮고 개인주의와 다양성이 발달했다. 미국은 이러한 저맥락 문화의 대표국가로 선악의 확실한 구분, 수많은 말풍선을 사용한 스토리 전개 등이 특징이다. 다채로운 성격의 캐릭터 등장은 일본만화의 특징이다.

02   정답 ①

제시된 논증의 결론은 '커피(카페인) 섭취 → 수면장애'이다. 그렇기 때문에 김사원의 의견대로 수면장애로 내원한 사람들 중에 커피를 마시지 않는 사람이 있다는 사실은 제시된 논증의 결론과 상반된 사례이기 때문에 이 논증의 결론은 약화된다.

오답분석
• 이대리 : 무(無)카페인과 관련된 근거는 논증에 아무런 영향을 미치지 않는다.
• 안사원 : 발작 현상이 공포감과 무관하다는 사실은 카페인으로 인해 발작이 나타날 수 있다는 논증의 결론에 아무런 영향을 미치지 않는다.

03   정답 ③

제시문은 오브제의 정의와 변화 과정에 대한 글이다. 네 번째 문단의 빈칸 앞에서는 예술가의 선택에 의해 기성품 그 본연의 모습으로 예술작품이 되는 오브제를, 빈칸 이후에는 나아가 진정성과 상징성이 제거된 팝아트에서의 오브제 기법에 대하여 서술하고 있다. 즉, 빈칸에는 예술가의 선택에 의해 기성품 본연의 모습으로 오브제가 되는 ③의 사례가 오는 것이 가장 적절하다.

04   정답 ①

정관헌의 바깥 기둥은 전형적인 서양식 기둥의 모습을 하고 있으나, 서양과 달리 철이 아닌 목재를 바깥 기둥의 재료로 사용하였다. 이는 당시 정부가 철을 자유롭게 사용할 수 있을 정도의 재정적 여력을 갖지 못했기 때문이다.

오답분석
② 정관헌 난간의 소나무와 사슴은 장수를, 박쥐는 복을 상징하며, 정관헌 바깥 기둥에 보이는 오얏꽃 장식은 대한제국을 상징한다.
③ 정관헌은 건축적 가치가 큰 건물이었지만 규모도 크지 않고 가벼운 용도로 지어졌기 때문에 그동안 소홀히 취급되어 왔다.
④ 정관헌에 사용된 서양식 기둥과 붉은 벽돌, 화려한 색채를 띠는 난간, 인조석으로 만든 로마네스크풍 기둥 등은 정관헌을 이국적으로 보이게 한다.
⑤ 정관헌은 대한제국 정부가 경운궁에 지은 대표적인 양관으로 서양식 건축물임에도 불구하고 팔각지붕과 전통 문양 등에서 우리의 문화와 정서를 느낄 수 있다.

05   정답 ④

메흐메드 2세는 성당을 파괴하지 않고 이슬람 사원으로 개조하였고, 학식이 풍부한 그리스 정교회 수사에게 총대주교직을 수여하고자 하였다. 또한 역대 비잔틴 황제들이 제정한 법을 그가 주도하고 있던 법제화의 모델로 이용하였다고 하였다. 이는 메흐메드 2세가 '단절'이 아닌 '연속성'을 추구하는 것으로 보는 것이 타당하다.

오답분석
① '비잔틴 제국의 수도 콘스탄티노플이 이슬람교를 신봉하는 오스만인들에 의해 함락되었다.'는 소식에 대해 유럽 교회의 수도원 서기가 '영광스러운 사건'으로 기록하는 것은 적절하지 않다.
② 이슬람교를 신봉하는 오스만인들이 기독교 제국인 비잔틴의 수도 콘스탄티노플을 함락하여 콘스탄티노스 11세를 제거한 것이므로 이를 '이슬람 황제'로 수정하는 것은 적절하지 않다.
③ 바로 뒷문장에 '역대 비잔틴 황제들이 제정한 법'을 모델로 삼았다는 내용을 통해 제단 이상의 것들도 활용했다는 점을 알 수 있다.

⑤ 메흐메드 2세는 자신이야말로 로마 제국의 진정한 계승자임을 선언하고 싶었다고 하였으므로 오스만 제국이 '아시아'로 확대될 것이라는 확신을 보여주었다는 내용으로 수정하는 것은 적절하지 않다.

06
정답 ⑤

충청도 특유의 언어 요소만을 가리키는 것이 아니라 충청도 토박이들이 전래적으로 써온 한국어 전부를 뜻한다고 하였으므로 한국어란 표준어와 지역 방언이 모두 하나로 모여진 개념이라고 할 수 있다. 따라서 ⑤는 (마)에 들어갈 내용으로 적절하지 않다.

[오답분석]
① 방언을 비표준어로서 낮잡아 보는 인식이 담겨 있다고 하였으므로 적절하다.
② 방언이 표준어보다 열등하다는 오해와 편견이 포함되어 있다고 하였으므로 방언을 낮추어 부른다는 의미가 들어가는 것이 적절하다.
③ 그 지역의 말 가운데 표준어에는 없는, 그 지역 특유의 언어 요소만을 지칭한다고 하였으므로 다른 지역과의 이질성을 강조하는 내용이 들어가야 한다.
④ 한국어를 이루고 있는 각 지역의 말 하나하나 즉, 그 지역의 언어 체계를 방언이라 하였으므로 각 지역의 방언들은 한국어라는 언어의 하위 구성요소라고 볼 수 있다.

07
정답 ①

문맥의 흐름상 '겉에 나타나 있거나 눈에 띄다.'의 의미를 지닌 '드러나다'의 쓰임은 적절하다. 한편, '들어나다'는 사전에 등록되어 있지 않은 단어로 '드러나다'의 잘못된 표현이다.

08
정답 ②

㉠에 의하면 음란한 표현은 수정헌법 제1조의 보호 대상이 아니다. 따라서 음란물 유포를 금하는 법령은 ㉠의 입장과 상충되지 않는다.

[오답분석]
① ㉠에서는 추잡하고 음란한 말 등은 수정헌법 제1조의 보호 대상이 아니라고 하였는데 이를 위해서는 추잡하고 음란한 말 등에 대한 기준이 정해져야 할 것이다. 따라서 시민을 보호하기 위해 제한해야 할 만큼 저속한 표현의 기준을 정부가 정하는 것은 ㉠의 입장과 상충되지 않는다.

③·④ ㉡에 의하면 정부가 어떤 경우에도 표현되는 내용에 대한 평가에 근거하여 표현을 제한해서는 안 된다. 따라서 어떤 영화의 주제가 나치즘을 찬미한다는 이유, 경쟁 기업을 비방하는 내용의 광고라는 이유로 상영 내지는 방영을 금하게 하는 법령이 존재한다면 이는 ㉡의 입장과 대치된다.
⑤ TV방송의 내용이 특정 정치인을 인신공격하는 내용인 경우 ㉠의 입장에서는 그것이 수정헌법이 보호하지 않는 표현이라는 이유로 해당 방송을 제재할 것을 주장할 것이고, ㉡의 입장에서는 어떤 경우에도 표현되는 내용에 대한 평가에 근거하여 표현을 제한해서는 안 된다는 이유로 해당 방송을 제재하는 것은 잘못이라고 주장할 것이다.

09
정답 ③

의미가 단순한 언어를 사용하면 메시지의 전달이 분명해진다.

[오답분석]
① 정보의 양이 너무 많으면 핵심이 가려지기 쉽다.
② 필요 이상으로 진지한 분위기는 의사소통에 부정적인 영향을 준다.
④ 대화 구성원의 사이가 어떤가에 따라 둘 사이의 대화, 즉 의사소통도 달라진다.
⑤ 시·공간 등 물리적인 제약이 있으면 그 속에서 이루어지는 의사소통도 원활히 이루어지기 어렵다.

10
정답 ③

ㄱ. 윤리적으로 허용되는 행위는 윤리적으로 그르지 않으면서 정당화 가능한 행위로, 신호 위반 행위가 맥락에 따라 윤리적으로 정당화 가능한 행위로 판단될 수도 있다.
ㄷ. 윤리적으로 권장되는 행위나 윤리적으로 허용되는 행위에 대해 윤리적 가치 속성을 부여한다면, 윤리적으로 옳음이라는 속성이 부여될 것이다.

[오답분석]
ㄴ. '윤리적으로 옳은 행위가 무엇인가'라는 질문에 답할 때는 적극적인 윤리적 의무뿐만 아니라, 윤리적으로 해야 하는 행위, 권장되는 행위, 허용되는 행위 모두에 적용되는 '윤리적으로 옳음'의 포괄성을 염두에 두어야 한다.

11
정답 ④

말의 속도와 리듬에 있어서 매우 빠르거나 짧게 얘기하면 공포나 노여움을 나타낸다.

12

공법에서의 1결당 세액은 모든 농지에서 동일했지만, 결의 면적은 비옥도 등급에 따라 달랐다. 절대 면적을 기준으로 비교할 때, 6등전 1결의 절대 면적이 1이라면 1등전 1결은 0.4였으므로 6등전 1결의 면적은 1등전 2.5결의 면적과 동일하였다. 즉, 농지 절대 면적의 총합이 동일하더라도 비옥도 등급이 더 높은 농지라면 등급이 낮은 농지보다 결의 수가 더 많아져 납부할 세액도 더 많아진다. 따라서 공법에 따르면 같은 군현 내 농지 절대 면적의 총합이 동일한 마을들 중 1등전만 있는 마을의 조세 총액이 2등전만 있는 마을의 조세 총액보다 더 많아진다.

오답분석

② 같은 등급에 속한 농지들의 1결당 크기는 같아지지만, 해마다 작황을 고려하여 군현별로 결당 세액을 조정하였으므로 같은 등급의 농지라도 지역에 따라 납부해야 할 조세는 해마다 달라질 수 있었다.

③ 절대 면적이 동일한 경우라도 1등전만 있는 마을이 2등전만 있는 마을보다 결의 수가 더 많아진다.

④ 공법에 따르면 관할 도 안에 있는 모든 농지의 작황은 도관찰사가 매년 조사하여야 한다.

⑤ 세종의 초안에서는 기존의 방식대로 결당 세액을 고정하였고, 이에 따라 생산성이 낮은 농지가 많은 함경도의 농민들이 반대가 나타났다. 그러나 함경도 주민들의 조세 총액이 전라도 주민들의 조세 총액보다 많아지는지는 제시문을 통해 알 수 없다.

13

근대 중국 지식인들은 유교의 행위규범인 예교의 명교와 삼강에는 평등과 민주의 이념에 어긋나는 신분질서 옹호의 의미가 내포되어 있다고 보았다.

오답분석

① 유교와 예교를 분리시켰던 캉유웨이는 공자 정신이 아닌 공자의 원래 정신에 어긋나는 예교를 비판하였다.

② 신분과 성별에 따른 우열을 규정한 삼강은 예교에 포함되는 개념으로, 예교는 자발적이고 내면적인 규율이다.

③ 유교 신봉자들은 예교를 통해 유교적 가치를 실현할 수 있다고 보았으며, 법이 아닌 예교를 준수하는 생활 속에서 유교적 가치를 체험했다.

⑤ 근대의 예교 해체 과정에서 명교가 핵심적 가치로 재발견되었다는 내용은 제시문에서 찾을 수 없다.

14

마지막 문단에 따르면 인위적 배출원인 점오염원은 높은 굴뚝에서 오염물질을 배출하여 배출구가 낮은 면오염원과 선오염원보다 그 영향 범위가 넓다. 따라서 오염원은 배출구가 높을수록 더 멀리까지 영향을 미치는 것을 알 수 있다.

오답분석

① 비생물 배출원에서는 번개에 의한 질소산화물이 생성된다. 연료의 연소 생성물은 인위적 배출원에서 배출된다.

② 생물 배출원에서 배출된 오염물질들이 산성비의 원인이 되기도 하지만, 산성비가 인위적 배출원보다 자연적 배출원에서 배출된 오염물질에서 더 많이 생성되는지는 제시문을 통해 알 수 없다.

③ 자연적 배출원은 지구 또는 대륙과 같이 큰 규모의 오염지역을 대상으로 할 경우 대기 환경에 미치는 영향이 매우 크다.

④ 토양 미생물이나 식생의 활동으로 인해 반응성이 큰 오염물질이 배출된다.

15

'말미'는 일정한 직업이나 일 따위에 매인 사람이 다른 일로 말미암아 얻는 겨를을 의미하므로 비슷한 의미의 ①·②·④·⑤와 바꾸어 쓸 수 있다.

• 알음 : 1. 사람끼리 서로 아는 일
　　　　2. 지식이나 지혜가 있음
　　　　3. 신의 보호나 신이 보호하여 준 보람

오답분석

① 휴가(休暇) : 직장·학교·군대 따위의 단체에서, 일정한 기간 동안 쉬는 일. 또는 그런 겨를

② 여유(餘裕) : 물질적·공간적·시간적으로 넉넉하여 남음이 있는 상태

④ 겨를 : 어떤 일을 하다가 생각 따위를 다른 데로 돌릴 수 있는 시간적인 여유

⑤ 여가(餘暇) : 일이 없어 남는 시간

16

제시된 글은 우리나라의 순수 전투용 함선인 판옥선의 해전술에 대해 이야기하고 있다. 판옥선은 접전을 막고 우리의 장기인 궁시에 의한 공격 효율을 높이기 위해 만들어졌으며, 2층 구조로 되어 있어서 유리한 위치에서 적군을 공격할 수 있었다.

17 정답 ①

세 번째 문단에서 전통적인 궁술이 포격으로 발전하였을 뿐만 아니라 사거리도 월등히 길다고 하였으므로 제시문의 내용으로 적절하지 않다.

18 정답 ④

바로 다음 문장의 저임금 구조의 고착화로 농장주와 농장 노동자 간의 소득 격차가 갈수록 벌어졌다는 내용을 통해 '중간 계급으로의 수렴'이 아닌 '계급의 양극화'가 들어가야 함을 알 수 있다. 따라서 ④와 같이 수정하는 것이 적절하다.

[오답분석]
① 전통적인 자급자족 형태의 농업과 대비되는 상업적 농업의 특징을 설명하고 있으므로 수정할 필요가 없다.
② 앞의 문장에서 언급한 지주와 소작인 간의 인간적이었던 관계와 의미상 통하는 내용이 들어와야 하므로 수정할 필요가 없다.
③ 대량 판매 시장을 위해 변화되는 양상을 설명하고 있으므로 수정할 필요가 없다.
⑤ 수익을 얻기 위해 토지 매매가 본격화되었다는 것을 통해 재산이 공유화되지 않고 개별화되었다는 의미의 문장이 필요하므로 수정할 필요가 없다.

19 정답 ④

ㄴ. 암석에서 발견된 산소가 지구의 암석에 있는 것과 동위원소 조성이 다르다는 것을 통해 이 암석이 다른 행성에서 유래한 것이라는 것을 추론해내기 위해서는 산소의 동위원소 조성이 행성마다 모두 다르게 나타난다는 것이 전제되어야 하므로 적절한 내용이다.
ㄷ. A종류의 박테리아가 생성하는 자철석의 결정형과 순도가 유지되는 것을 통해 이 암석이 있었던 화성에도 생명체가 있었음을 추론하고 있으므로, A종류의 박테리아가 아니면 해당 자철석이 나타나지 않음이 전제되어야 다른 원인이 아닌 A종류의 박테리아의 영향임을 알 수 있다.

[오답분석]
ㄱ. 크기가 100나노미터 이하의 구조는 생명체로 볼 수 없다는 것이 전제가 되면, 암석에서 발견된 구조를 가지고 생명체의 존재 여부를 논할 수 없다.

20 정답 ⑤

빈칸 바로 다음 문장의 '세셸리아초파리의 Ir75a 유전자도 후각수용체 단백질을 만든다는 것인데'라는 내용을 살펴보면, 첫 단락과 이 문장의 내용을 종합하여 빈칸에는 노랑초파리의 어떠한 성질을 설명하는 내용이 들어가야 하고, 그 성질에서 결론을 유추할 수 있어야 한다. 그런데 그 성질이라는 것은 빈칸 바로 앞 문장에서 알 수 있듯이 프로피온산 냄새를 맡을 수 있다는 것이며, 이것이 빈칸 뒤 문장에서 언급한 Ir75a 유전자와 관련이 있어야 한다. 따라서 이러한 내용을 적절하게 포함한 것은 ⑤이다.

02 | 수리능력
기출예상문제

01	02	03	04	05	06	07	08	09	10	11	12	13	14	15	16	17	18	19	20
④	②	③	④	③	④	④	②	①	③	②	④	③	②	③	④	④	②	②	①

01
정답 ④

임대보증금 전환은 연 1회 가능하므로 다음 해에 전환할 수 있다.
1년 동안 A회사원이 내는 월 임대료는 650,000×12=7,800,000원이고, 이 금액에서 최대 58%까지 보증금으로 전환 가능하므로 7,800,000×0.58=4,524,000원을 보증금으로 전환할 수 있다. 보증금에 전환이율 6.24%를 적용하여 환산한 환산보증금은 4,524,000÷0.0624=72,500,000원이 된다. 즉, 월세를 최대로 낮췄을 때의 월세는 650,000×(1-0.58)=273,000원이며, 보증금은 환산보증금 70,000,000+72,500,000=1억 4,250만 원이 된다.

02
정답 ②

변동률을 적용한 재료별 올해 예상 가격은 다음과 같다.

재료	올해 예상 가격
마늘 2.5kg	16,500×1.1=18,150원
대파 5단	14,000×1.05=14,700원
절임배추 10kg	52,000×1.2=62,400원
새우젓 500g	14,000×0.9=12,600원
무 1개	5,000×0.9=4,500원
고춧가루 250g	7,500×1.08=8,100원
굴 1kg	13,000×1.02=13,260원

따라서 올해 김장에 필요한 예상 총 재료비는 18,150+14,700+62,400+12,600+4,500+8,100+13,260=133,710원이다.

03
정답 ③

2020년도에 이동한 총 인구수를 x천 명이라 하자.
$$\frac{628}{x}\times100=14.4 \rightarrow x=\frac{62,800}{14.4} \rightarrow x≒4,361$$
따라서 총 인구수는 4,361천 명이다.

04
정답 ④

8월 이동률이 16% 이상인 연도는 2012년과 2014년이다.

오답분석

① 2020 ~ 2022년 동안 8월 이동자 평균 인원은 $\frac{628+592+566}{3}=\frac{1,786}{3}≒595$명이다.

② 8월 이동자가 700천 명 이상인 연도는 704천 명인 2014년이다.
③ 2022년 8월 이동률은 13%이다.

05

ⓒ 여름방학 때 봉사활동을 하고자 하는 학생의 50% 이상이 1학년인 것은 맞으나, 아르바이트를 하고자 하는 학생의 37.5%만이 1학년이다. 따라서 옳지 않은 내용이다.

ⓒ 1학년과 2학년은 '봉사 – 외국어 학습 – 음악·미술 – 기타 – 주식투자'의 순서로 관심을 보였으나, 3학년은 '외국어 학습 – 봉사 – 음악·미술 – 주식투자 – 기타', 4학년은 '외국어 학습 – 주식투자 – 음악·미술 – 봉사 – 기타'의 순서이므로 옳지 않은 내용이다.

[오답분석]

ⓐ 표 1에서 여름방학에 자격증 취득을 계획하고 있는 학생 수가 각 학년의 학생 수에서 차지하는 비율은 1학년(31.6%), 2학년 (42.4%), 3학년(51.5%), 4학년(56.7%)으로 학년이 높을수록 증가하였다. 그리고 기타를 제외할 경우, 여름방학에 봉사활동을 계획하고 있는 학생 수가 각 학년의 학생 수에서 차지하는 비율은 1학년(8.8%), 2학년(2.9%), 3학년(4.6%), 4학년(4.0%)로 모든 학년에서 가장 낮으므로 옳은 내용이다.

ⓔ 주식투자 동아리에 관심 있는 학생 중 3학년이 차지하는 비중은 $24\%\left(=\dfrac{12}{50}\times100\right)$, 외국어 학습 동아리에 관심 있는 학생 중 1학년이 차지하는 비중은 약 $23.9\%\left(≒\dfrac{72}{301}\times100\right)$이므로 옳은 내용이다.

06

각 유치원에 1단계에 있는 조건에 충족하는 최대 원아 수 및 여유면적을 정리하면 다음과 같다.

(단위 : 명)

유치원	원아 수	교실조건	교사조건	차량조건	여유면적(m^2)
A	132	25×5=125	15×12=180	100×3=300	3,800−450−2,400=950
B	160	25×7=175	15×5=75	100×2=200	1,300−420−200=680
C	120	25×5=125	15×7=105	100×1=100	1,000−420−440=140
D	170	25×7=175	15×12=180	100×2=200	1,500−550−300=650
E	135	25×6=150	15×9=135	100×2=200	2,500−550−1,000=950

ㄱ. A유치원은 1단계 조건에서 교실조건을 제외한 모든 조건을 충족한다.

ㄴ. 1단계 조건에서 A유치원은 교실조건, B유치원은 교사조건을 충족시키지 못하고, C유치원은 교실조건만 충족시키며, D, E유치원은 모든 조건을 충족한다. 따라서 2단계 조건에 따라 D와 E유치원 중 교사 평균 경력이 4년으로 더 긴 D유치원이 갑 사업에 선정된다.

ㄹ. B유치원은 교사조건만 충족을 시키지 못하였으므로 4년 이상인 경력의 준교사 6명을 증원하면 1단계를 통과한다. 그리고 D유치원의 교사 평균 경력보다 B유치원 교사 평균 경력이 길어지므로 갑 사업에 B유치원이 선정된다.

[오답분석]

ㄷ. C유치원의 원아 수를 15% 줄여도 120×0.85=102명으로 차량조건인 100명보다 많아 차량조건은 충족되지 않는다.

07

보고서의 '1998년 이래 역대 최고치를 기록하였다.'는 부분을 보충하기 위해서는 ㄱ의 자료가 필요하며, '2022년 상반기도 역대 동기간 대비 최고치를 기록하고 있다.'는 부분을 보충하기 위해서는 ㄴ의 자료가 추가로 필요하다. 또한 '2021년 K국의 전체 수출액이 2019년 대비 5.9% 감소하였다.'는 부분을 보충하기 위해서는 ㄹ의 자료가 추가로 필요하다.

08

ⅰ) 네 번째 조건에 따르면 업체 수가 2배의 관계를 가지는 것은 D와 E, F의 관계뿐이다. 따라서 D를 철강과 연결시킬 수 있으며 E 또는 F가 지식서비스임을 알 수 있다.

ⅱ) 하나가 첫 번째 조건에 따르면 종사자 수의 관계가 3배의 관계를 가지는 것은 A와 B, 그리고 E와 F인데 위 ⅰ)에서 E와 F 중 하나가 지식서비스라고 하였으므로 결국 A가 IT, B가 의료임을 알 수 있다.

ⅲ) 두 번째 조건에 따르면 10대 미래산업 전체 부가가치액의 50% 이상은 약 12,000억 원인데 B(의료)와 합해서 이 수치를 만들 수 있는 산업은 C뿐이다. 따라서 C가 석유화학임을 알 수 있다.

ⅳ) 항공우주는 E와 F 중 하나가 되어야 하는데 ⅰ)에서 E 또는 F가 지식서비스라고 하였으므로 세 번째 조건과 연결지어 생각해 보면 매출액 $= \dfrac{(부가가치액)}{(부가가치율)} \times 100$으로 나타낼 수 있다. 이때, E의 매출액은 300을 넘는데 반해, F는 200에도 미치지 못하고 있어 F가 더 작다는 것을 알 수 있다. 따라서 F가 항공우주, E가 지식서비스이다.

따라서 B는 의료, C는 석유화학, E는 지식서비스이다.

09

전체 전투 대비 일본 측 공격 비율은 임진왜란 전기가 약 33%$\left(= \dfrac{29}{87} \times 100 \right)$이고 임진왜란 후기가 약 44%$\left(= \dfrac{8}{18} \times 100 \right)$이므로 옳지 않은 내용이다.

오답분석

② 조선 측 공격이 일본 측 공격보다 많았던 해는 1592년, 1593년, 1598년이며 해당 시기에는 항상 조선 측 승리가 일본 측 승리보다 많았으므로 옳은 내용이다.

③ 전체 전투 대비 관군 단독전 비율은 1598년이 75%$\left(= \dfrac{6}{8} \times 100 \right)$이고, 1592년이 약 27%$\left(= \dfrac{19}{70} \times 100 \right)$이므로 1598년이 1592년의 2배 이상이다.

④ 1592년 조선 측이 승리한 횟수가 40회이고, 관군·의병 연합전의 횟수가 42회이므로 둘이 서로 중복되지 않기 위해서는 전체 전투 횟수가 최소 82회가 되어야 하지만 실제 전체 전투 횟수는 70회에 불과하므로 최소 12회는 관군·의병 연합전이면서 조선 측이 승리한 것이라는 것을 알 수 있다. 이는 그해 조선 측 승리 횟수(40회)의 30%에 해당하는 수치이므로 옳은 내용이다.

⑤ 1598년 조선 측이 승리한 횟수는 6회, 관군 단독전의 횟수는 6회이므로 둘이 서로 중복되지 않기 위해서는 전체 전투 횟수가 최소 12회가 되어야 하지만 실제 전체 전투 횟수는 8회에 불과하므로 최소 4회는 관군 단독전이면서 조선 측이 승리한 것이라는 것을 알 수 있다.

10

각 상품의 주문금액 대비 신용카드 결제금액 비율을 구하면 다음 표와 같다.

요가용품세트	가을스웨터	샴푸	보온병
$\dfrac{32,700}{45,400} \times 100 ≒ 72\%$	$\dfrac{48,370}{57,200} \times 100 ≒ 85\%$	$\dfrac{34,300}{38,800} \times 100 ≒ 88\%$	$\dfrac{7,290}{9,200} \times 100 ≒ 79\%$

따라서 요가용품세트의 비율이 가장 낮다.

오답분석

① 전체 할인율은 $\dfrac{22,810}{150,600} \times 100 ≒ 15.1\%$이다.

② 보온병의 할인율은 $\dfrac{1,840}{9,200} \times 100 ≒ 20\%$로, 요가용품세트 할인율인 $\dfrac{4,540 + 4,860}{45,400} \times 100 ≒ 20.7\%$보다 낮다.

④ 10월 주문금액의 3%는 150,600×0.03=4,518포인트로, 결제금액에서 포인트 사용액은 3,300+260+1,500+70=5,130포인트보다 적다.

⑤ 결제금액 중 포인트로 결제한 금액이 차지하는 비율이 두 번째로 낮은 상품은 보온병으로 $\dfrac{70}{7,360} \times 100 ≒ 0.95\%$이며, 가을스웨터는 $\dfrac{260}{48,630} \times 100 ≒ 0.5\%$로 그 비율이 가장 낮다.

40 · NCS 한국전력공사 고졸채용

11

ㄴ. 2021년 대형 자동차 판매량의 전년 대비 감소율은 $\frac{185.0-186.1}{186.1}\times100\fallingdotseq-0.6\%$이다.

ㄷ. SUV 자동차의 3년 동안 총 판매량은 452.2+455.7+450.8=1,358.7천 대이고, 대형 자동차 총 판매량은 186.1+185+177.6=548.7천 대이다. 이때, 대형 자동차 총 판매량의 2.5배는 548.7×2.5=1,371.75이므로 SUV 자동차의 3년 동안 총 판매량의 2.5배 이하이다.

오답분석

ㄱ. 2020 ~ 2022년 동안 판매량이 지속적으로 감소하는 차종은 '대형' 1종류이다.

ㄹ. 2022년 판매량이 2021년 대비 증가한 차종은 '준중형'과 '중형'이다. 두 차종의 증가율을 비교하면 준중형은 $\frac{180.4-179.2}{179.2}\times100\fallingdotseq0.7\%$, 중형은 $\frac{205.7-202.5}{202.5}\times100\fallingdotseq1.6\%$로 중형이 가장 높은 증가율을 나타낸다.

12

정답 ④

주어진 정보를 토대로 자료를 정리하면 다음과 같다.

구분	상반기	하반기	합계
일반상담가	48	72	120
전문상담가	6	54	60
합계	54	126	180

따라서 2022년 하반기 전문상담가에 의한 가족상담 건수는 54건이다.

13

정답 ③

D국의 여성 대학진학률이 4%p 상승하면 여성 대학진학률이 15%가 되며 이는 남성 대학진학률과 같은 값이 되어 대학진학률 격차지수는 1.00으로 계산된다. 이를 이용하여 D국의 간이 성평등지수를 구하면 $\frac{(0.70+1.00)}{2}=0.85$로 계산되므로 옳은 내용이다.

오답분석

ㄱ. A국의 여성 평균소득과 남성 평균소득이 각각 1,000달러씩 증가하면 평균소득 격차지수는 $\frac{9,000}{17,000}$이 되어서 간이 성평등지수는 $\frac{\{(9\div17)+1\}}{2}=\frac{13}{17}$로 계산된다. 그런데 이는 0.8에 미치지 못하므로 옳지 않은 내용이다.

ㄴ. B국의 여성 대학진학률이 85%라면 대학진학률 격차지수는 $\frac{85}{80}$로 계산되는데, 이 값이 1을 넘으면 1로 한다고 하였으므로 이를 이용하여 B국의 간이 성평등지수를 구하면 $\frac{(0.6+1)}{2}=0.8$로 계산된다. 따라서 C국의 간이 성평등지수(0.82)보다 낮으므로 옳지 않다.

14

정답 ②

$\frac{(대학졸업자\ 중\ 취업자)}{(전체\ 대학졸업자)}\times100=(대학졸업자\ 취업률)\times(대학졸업자의\ 경제활동인구\ 비중)\times\frac{1}{100}$

따라서 OECD 평균은 $40\times50\times\frac{1}{100}=20\%$이고, 이보다 높은 국가는 B, C, E, F, G, H이다.

15

전체소득은 (전체 월평균소득)×(조사 참여 인원수)로 구할 수 있다. 따라서 40대의 통계조사 참여 인원은 총 1,000명으로 그 중 절반이 500명이고, 수도권의 40대 전체소득은 360×500=180,000만 원, 수도권 외 40대 전체소득은 350×500=175,000만 원이다. 따라서 수도권의 40대 전체소득이 5,000만 원 더 많다.

[오답분석]

① 수도권의 경우 전체 월평균소득은 50대까지 증가하다가 그 이후 감소했지만, 수도권 외의 경우는 40대까지 증가하다가 그 이후 감소하고 있다.

② 수도권 20대의 하위 30% 월평균소득은 180만 원으로 200만 원 미만이다.

④ 통계조사에 참여한 전체 인원은 7,000명으로, 그중 1,400명인 50대가 차지한 비율은 $\frac{1,400}{7,000} \times 100 = 20\%$이다.

⑤ 수도권 60대의 하위 30% 월평균소득 금액은 119만 원으로, 이는 상위 30% 금액인 340만 원의 $\frac{119}{340} \times 100 = 35\%$이다. 70대의 하위 30% 월평균소득 금액은 48만 원으로, 이는 상위 30% 금액인 150만 원의 $\frac{48}{150} \times 100 = 32\%$이므로 35−32=3%p 더 높다.

16

㉠ 수도권과 수도권 외 지역의 하위 30%의 월평균소득 금액을 비교하면 다음과 같다.

연령대	수도권 하위 30% 월평균소득	수도권 외 하위 30% 월평균소득
20대	180	200
30대	210	220
40대	280	290
50대	300	207
60대	119	120
70대	48	50

따라서 50대에서만 수도권이 수도권 외 지역보다 높은 것을 알 수 있다.

㉡ 50대에서 전체 월평균소득 금액 대비 하위 30% 월평균소득금액은 수도권이 $\frac{300}{480} \times 100 = 62.5\%$, 수도권 외가 $\frac{207}{345} \times 100 = 60\%$로 65% 미만이다.

㉢ 수도권과 수도권 외의 전체 월평균소득 차를 구하면 다음과 같다.
- 20대 : 240−230=10만 원
- 30대 : 280−270=10만 원
- 40대 : 360−350=10만 원
- 50대 : 480−345=135만 원
- 60대 : 160−150=10만 원
- 70대 : 120−80=40만 원

따라서 차가 가장 큰 연령대는 50대이다.

[오답분석]

㉣ 통계조사에 참여한 전체 인원은 7,000명이고, 이 중 20·30대와 50대, 70대가 차지하는 비중은 다음과 같다.
- 20·30대 : $\frac{1,500+1,300}{7,000} \times 100 = 40\%$
- 50대 : $\frac{1,400}{7,000} \times 100 = 20\%$
- 70대 : $\frac{700}{7,000} \times 100 = 10\%$

따라서 20·30대가 차지하는 비율은 50대의 2배, 70대의 4배이다.

17

정답 ④

8시 이전에 톨게이트를 통과한 차량 50,000대이고 8시 이후부터는 30분당 15,200대씩 지나가며 오후 4시까지는 총 8시간이다.
즉, 오전 8시에서 오후 4시까지 총 통과 대수는 15,200×(8×2)=243,200대가 된다.
따라서 50,000+243,200=293,200대이다.

18

정답 ②

ㄱ. 습도가 70%일 때 연간소비전력량이 가장 적은 제습기는 A(790kwh)임을 알 수 있으므로 옳은 내용이다.
ㄷ. 습도가 40%일 때 제습기 E의 연간소비전력량은 660kwh이고, 습도가 50%일 때 제습기 B의 연간소비전력량은 640kwh이므로 옳은 내용이다.

오답분석

ㄴ. 제습기 D와 E를 비교하면, 60%일 때 D(810kwh)가 E(800kwh)보다 소비전력량이 더 많은 반면, 70%일 때에는 E(920kwh)가 D(880kwh)보다 더 많아 순서가 다르게 되므로 옳지 않은 내용이다.
ㄹ. 제습기 E의 경우 습도가 40%일 때의 연간전력소비량은 660kwh이어서 이의 1.5배는 990kwh로 계산되는 반면 습도가 80%일 때의 연간전력소비량은 970kwh이므로 전자가 후자보다 크다. 따라서 옳지 않은 내용이다.

19

정답 ②

ㄱ. 각주의 산식을 분석해보면, 가격 괴리율이 0% 이상인 점은 '해당 월 시장가격>해당 월 이론가격'의 관계를 갖는 점을 의미함을 알 수 있는데, 이는 그래프상에서 원점을 통과하는 45°선의 상단에 위치하는 점을 나타낸다. 따라서 가격 괴리율이 0% 이상인 달은 2월, 3월, 5월, 7월 총 4개임을 알 수 있다.
ㄷ. 가격 괴리율을 직접 구해야 하는 것이 아닌 대소비교만 하면 되는 상황이다. 따라서 주어진 산식을 변형해보면 괴리율은 $\frac{(시장가격)}{(이론가격)}-1$로 나타낼 수 있으며 이를 통해 괴리율의 대소는 $\frac{(시장가격)}{(이론가격)}$, 즉 원점에서 해당 월의 점을 연결한 직선의 기울기로 비교할 수 있다. 이에 따르면 가격 괴리율이 전월 대비 증가한 달은 2월, 5월, 7월의 세 달임을 알 수 있다.

오답분석

ㄴ. 이론가격이 전월 대비 증가한 달은 3월과 4월뿐이며 7월은 이론가격이 전월 대비 감소하였다.
ㄹ. 시장가격이 전월 대비 가장 큰 폭으로 증가한 달은 5월(약 1,400원 증가)이며 6월은 전월 대비 가장 큰 폭(약 1,600원 감소)으로 감소하였으므로 옳지 않은 내용이다.

20

정답 ①

미국산 자동차의 평균 연비는 휘발유 1갤런당 20마일이고, 이를 환산하면 4L당 32km이다.
즉, 미국산 자동차의 평균 연비는 1리터당 8km이다.
미국산 자동차보다 한국산 자동차의 평균 연비가 20% 높다고 했으므로, 한국산 자동차의 평균 연비는 8×1.2=9.6km/L이다.

03 | 문제해결능력
기출예상문제

01	02	03	04	05	06	07	08	09	10
④	①	④	③	④	③	⑤	⑤	③	③
11	12	13	14	15	16	17	18	19	20
③	①	②	②	②	④	①	⑤	③	④

01
정답 ④

선결업무와 묶어서 생각해야 한다. D업무는 A업무와 B업무를 끝마친 후 실시해야 하므로 A(3일)+B(1일)+D(7일)=11일이 걸리고, E업무는 A업무 다음으로 실시해야 하므로 A(3일)+E(5일)=8일이 걸린다. F업무는 B, C업무를 끝낸 후 시작해야 하지만 B, C업무는 묶어진 업무가 아니므로 두 업무 중 기간이 더 걸리는 C업무가 끝난 후 시작하면 C(6일)+F(3일)=9일이 걸린다. 가장 오래 걸리는 업무기간이 모든 업무를 완료하는 최소 소요기간이므로 최소 소요기간은 11일이 된다. 다음은 일정 순서를 표로 나타낸 것이다.

1일	2일	3일	4일	5일	6일	7일	8일	9일	10일	11일
A	A	A	B		D	D	D	D	D	D
			E	E	E	E	E			
C	C	C	C	C	C	F	F	F		

02
정답 ①

㉠ B업무의 소요기간이 4일로 연장된다면 3일이 늘어난 것이므로 D업무를 마칠 때까지 3+4+7=14일이 소요된다.
㉡ D업무의 선결업무가 없다면 가장 마지막에 마치는 업무는 F가 되고 모든 업무를 마치는데 최소 9일이 소요된다.

오답분석
㉢ E업무의 선결업무에 C업무가 추가된다면 최소 소요기간은 6+5=11일이 된다(A, C는 동시에 진행해도 된다).
㉣ C업무의 소요기간이 2일 연장되면 C(8일)+F(3일)=11일로 최소 소요기간은 변하지 않는다.

03
정답 ④

주어진 조건을 표로 정리하면 다음과 같다.

구분	중국	러시아	일본
봄		홍보팀 D차장	
여름	영업팀 C대리 (디자인팀 E사원)		
가을			재무팀 A과장 개발팀 B부장
겨울	디자인팀 E사원 (영업팀 C대리)		

조건에 따르면 중국에는 총 2명이 출장을 갈 수 있고, 각각 여름 혹은 겨울에 간다. 따라서 중국에 갈 수 있는 C대리와 E사원 두 사람은 한 사람이 여름에 가면 한 사람이 겨울에 가게 된다. 따라서 주어진 조건에 따라 항상 옳은 결과는 '④ 영업팀 C대리가 여름에 중국 출장을 가면, 디자인 팀 E사원은 겨울에 중국 출장을 간다.'이다.

오답분석
①·⑤ 홍보팀 D차장은 혼자서 러시아로 출장을 간다.
②·③ 함께 일본으로 출장을 가는 두 사람은 재무팀 A과장과 개발팀 B부장이다.

04
정답 ③

(나) 양도논법에 해당하며 이는 선언문들 사이에 모순이 없는 한 결론은 항상 참이 된다.
(다) 선언지 부정이란 선언지 가운데 하나가 거짓이라면 나머지 하나는 참이 되어야 한다는 것에 해당하므로 결론은 반드시 참이 된다.

오답분석
(가) 후건긍정의 오류에 해당하므로 결론이 반드시 참이라고 할 수 없다. 즉, 결과인 어린이대공원에 간 것은 삼촌이 데리고 갔을 수도 있지만 다른 가족과 함께 갔을 수도 있고, 학교에서 단체로 놀러갔을 수도 있기 때문이다.

(라) 전건부정의 오류이므로 반드시 참이 되는 것이 아니다.

(마) 제시된 논증에서 결론과 연관된 부분은 '군대에 갈 수 없다면 그녀와 헤어지게 될 것이다'이며 이의 대우명제는 '그녀와 헤어지지 않기 위해서는 군대에 가야 한다'가 된다. 그런데 선택지의 결론 명제는 결론이 이와 반대이므로 반드시 참이 된다고 할 수는 없다.

05 　　정답 ④

제시된 상황에서는 전자문서가 아닌 서면으로 제출하였으므로 특허출원료 산정 시 '나'와 '라' 조항이 적용된다.

1) 국어로 작성한 경우
   • 특허출원료 : 66,000+(7×1,000)=73,000원
   • 특허심사청구료 : 143,000+(44,000×3)=275,000원
   • 수수료 총액 : 73,000+275,000=348,000원

2) 외국어로 작성한 경우
   • 특허출원료 : 93,000+(7×1,000)=100,000원
   • 특허심사청구료 : 275,000원
   • 수수료 총액 : 100,000+275,000=375,000원

06 　　정답 ③

• (가) : 외부의 기회를 활용하면서 내부의 강점을 더욱 강화시키는 SO전략
• (나) : 외부의 기회를 활용하여 내부의 약점을 보완하는 WO전략
• (다) : 외부의 위협을 회피하며 내부의 강점을 적극 활용하는 ST전략
• (라) : 외부의 위협을 회피하고 내부의 약점을 보완하는 WT전략

따라서 ③이 바르게 나열되어 있다.

07 　　정답 ⑤

E는 교양 수업을 신청한 A보다 나중에 수강한다고 하였으므로 목요일 또는 금요일에 강의를 들을 수 있다. 이때, 목요일과 금요일에는 교양 수업이 진행되므로 'E는 반드시 교양 수업을 듣는다.'의 ⑤는 항상 참이 된다.

오답분석

① A가 수요일에 강의를 듣는다면 E는 교양2 또는 교양3 강의를 들을 수 있다.
② B가 수강하는 전공 수업의 정확한 요일을 알 수 없으므로 C는 전공1 또는 전공2 강의를 들을 수 있다.
③ C가 화요일에 강의를 듣는다면 D는 교양 강의를 듣는다. 이때, 교양 수업을 듣는 A는 E보다 앞선 요일에 수강하므로 E는 교양2 또는 교양3 강의를 들을 수 있다.

구분	월 (전공1)	화 (전공2)	수 (교양1)	목 (교양2)	금 (교양3)
경우1	B	C	D	A	E
경우2	B	C	A	D	E
경우3	B	C	A	E	D

④ D는 전공 수업을 신청한 C보다 나중에 수강하므로 전공 또는 교양 수업을 들을 수 있다.

08 　　정답 ⑤

먼저, 총 5명의 위원을 선정한다고 하였고, 두 번째 조건에서 신진 학자는 4명 이상 선정될 수 없다는 조건과 세 번째 조건에서 중견 학자 3명이 함께 선정될 수 없다는 조건을 고려하면 가능한 조합은 신진 학자 3명, 중견 학자 2명뿐임을 알 수 있다. 그리고 네 번째 조건을 반영하여 경우의 수를 나누어보면 다음의 두 가지만 가능하게 된다.

ⅰ) 신진 윤리학자가 선정되는 경우 : 신진 윤리학자 1명, 신진 경영학자 2명, 중견 경영학자 2명으로 구성하는 경우가 가능하다.
ⅱ) 신진 윤리학자가 선정되지 않는 경우 : 중견 윤리학자 1명, 신진 경영학자 3명, 중견 경영학자 1명으로 구성하는 경우가 가능하다.

따라서 중견 윤리학자가 선정되지 않는 경우는 위의 ⅰ)에 해당하여 이 경우 신진 경영학자가 2명이 선정되므로 옳은 내용이다.

오답분석

①·③ 어느 경우이든 윤리학자는 1명만 선정되므로 옳지 않은 내용이다.
② ⅰ)의 경우는 신진 경영학자가 2명만 선정되므로 옳지 않은 내용이다.
④ 신진 경영학자 2명이 선정되는 경우는 ⅰ)인데 이 경우는 신진 윤리학자가 1명만 선정되므로 옳지 않은 내용이다.

09 　　정답 ③

문제해결을 위한 방법으로 소프트 어프로치, 하드 어프로치, 퍼실리테이션(Facilitation)이 있다. 그중 마케팅 부장은 연구소 소장과 기획팀 부장 사이에서 의사결정에 서로 공감할 수 있도록 도와주는 일을 하고 있다. 또한, 상대의 입장에서 공감을 해주며, 서로 타협점을 좁혀 생산적인 결과를 도출할 수 있도록 대화를 하고 있다. 따라서 마케팅 부장이 취하는 문제해결 방법은 ③이다.

① 소프트 어프로치 : 대부분의 기업에서 볼 수 있는 전형적인 스타일로 조직 구성원들은 같은 문화적 토양으로 가지고 이심전심으로 서로를 이해하려 하며, 직접적인 표현보다 무언가를 시사하거나 암시를 통한 의사전달로 문제를 해결하는 방법이다.
② 하드 어프로치 : 다른 문화적 토양을 가지고 있는 구성원을 가정하고, 서로의 생각을 직설적으로 주장하며 논쟁이나 협상을 하는 방법으로 사실과 원칙에 근거한 토론이다.
④ 비판적 사고 : 어떤 주제나 주장 등에 대해 적극적으로 분석하고 종합하며 평가하는 능동적인 사고로 어떤 논증, 추론, 증거, 가치를 표현한 사례를 타당한 것으로 받아들일 것인지 결정을 내릴 때 요구되는 사고력이다.
⑤ 창의적 사고 : 당면한 문제를 해결하기 위해 이미 알고 있는 경험과 지식을 해체하여 다시 새로운 정보로 결합함으로써 가치 있고 참신한 아이디어를 산출하는 사고이다.

10 정답 ③

기존 커피믹스가 잘 팔리고 있어 새로운 것에 도전하지 않는 것으로 보인다. 또한, 기존에 가지고 있는 커피를 기준으로 틀에 갇혀 블랙커피 커피믹스는 만들기 어렵다는 부정적인 시선으로 보고 있기 때문에 '발상의 전환'이 필요하다.

① 전략적 사고 : 지금 당면하고 있는 문제와 해결 방법에만 국한되어 있지 말고, 상위 시스템 및 다른 문제와 관련이 있는지 생각해 봐야 한다.
② 분석적 사고 : 전체를 각각의 요소로 나누어 그 요소의 의미를 도출한 다음 우선순위를 부여하고 구체적인 문제해결 방법을 실행하는 것이다.
④ 내·외부자원의 효과적 활용 : 문제해결 시 기술·재료·방법·사람 등 필요한 자원 확보 계획을 수립하고, 내·외부자원을 활용하는 것을 말한다.
⑤ 성과지향 사고 : 분석적 사고의 하나로 기대하는 결과를 명시하고, 효과적으로 달성하는 방법을 사전에 구상하고 실행에 옮기는 것이다.

11 정답 ③

비판적 사고를 발휘하는 데에는 개방성, 융통성 등이 필요하다. 개방성은 다양한 여러 신념들이 진실일 수 있다는 것을 받아들이는 태도로, 편견이나 선입견에 의하여 결정을 내려서는 안 된다. 융통성은 개인의 신념이나 탐구 방법을 변경할 수 있는 태도로, 비판적 사고를 위해서는 특정한 신념의 지배를 받는 고정성, 독단적 태도 등을 배격해야 한다. 따라서 비판적 평가에서 가장 낮은 평가를 받게 될 지원자는 본인의 신념을 갖고 상대를 끝까지 설득하겠다는 C지원자이다.

12 정답 ①

조건을 충족하는 경우를 표로 나타내보면 다음과 같다.

구분	첫 번째	두 번째	세 번째	네 번째	다섯 번째	여섯 번째
경우 1	교육	보건	농림	행정	국방	외교
경우 2	교육	보건	농림	국방	행정	외교
경우 3	보건	교육	농림	행정	국방	외교
경우 4	보건	교육	농림	국방	행정	외교

13 정답 ②

제시된 내용을 기호로 정리하면 다음과 같다.
• ~A → B
• A → ~C
• B → ~D
• ~D → E

E가 행사에 참여하지 않는 경우, 네 번째 조건의 대우인 ~E → D에 따라 D가 행사에 참여한다. D가 행사에 참여하면 세 번째 조건의 대우인 D → ~B에 따라 B는 행사에 참여하지 않는다. 또한 B가 행사에 참여하지 않으면 첫 번째 조건의 대우에 따라 A가 행사에 참여하고, A가 행사에 참여하면 두 번째 조건에 따라 C는 행사에 참여하지 않는다. 따라서 E가 행사에 참여하지 않을 경우 행사에 참여 가능한 사람은 A와 D 2명이다.

14 정답 ②

ⓑ 화장품은 할인 혜택에 포함되지 않는다.
ⓒ 침구류는 가구가 아니므로 할인 혜택에 포함되지 않는다.

15 정답 ②

S - 4532와 S - 8653의 운동량은 같지만 피로도는 가격이 더 높은 S - 4532가 더 낮으므로 운동량과 피로도를 동일하게 중요시하는 직원에게는 S - 8653 모델보다는 S - 4532 모델이 더 적합하다.

① 피로도는 가격이 높을수록 낮으므로 피로도를 가장 중요시한다면 연습용 자전거보다 외발용 자전거가 더 적합하다.
③ 피로도는 상관없다고 하였으므로 가격이 더 저렴한 S - dae66 모델이 더 경제적이다.
④ 연습용 자전거인 S - HWS와 S - WTJ는 보조바퀴가 달려있으므로 자전거를 처음 배우는 사람에게 적합하다.
⑤ '자전거 타기' 캠페인에 책정된 예산은 한계가 있을 것이므로, 옳은 의견이다.

16

일반 자전거의 운동량을 1이라고 하면, 연습용 자전거는 0.8, 외발 자전거는 1.5의 운동량을 갖는다.

주어진 자료를 토대로 후보 5명의 운동량을 계산하면 다음과 같다.

- 갑 : $1.4 \times 2 = 2.8$
- 을 : $1.2 \times 2 \times 0.8 = 1.92$
- 병 : $2 \times 1.5 = 3$
- 정 : $(2 \times 0.8) + (1 \times 1.5) = 3.1$
- 무 : $(0.8 \times 2 \times 0.8) + 1.2 = 2.48$

따라서 '정 – 병 – 갑 – 무 – 을'의 순서로 운동량이 많다.

17

조사 내용에서 언급된 주된 주제는 '해외 근거리 당일 왕복항공'에 대한 것으로 전반적인 항공 시장 동향과 더불어 이용 실적, 잠재 수요, 개선 사항 등을 조사할 계획임을 확인할 수 있다. 따라서 단기 해외여행의 수요 증가 현황과 관련 항공 시장 파악이라는 목적은 적절하지 않다.

18

주어진 조건을 표로 정리하면 다음과 같으므로, 김치찌개는 총 9그릇이 필요하다.

구분	A	B	C	D	E	F
아침	된장찌개	된장찌개	된장찌개	김치찌개	김치찌개	김치찌개
점심	김치찌개	김치찌개	된장찌개	된장찌개	된장찌개	김치찌개
저녁	김치찌개	김치찌개	김치찌개	된장찌개	된장찌개	된장찌개

19

모든 유통과정에서 최소 이윤만을 반영한다면, $10,000 \times 1.2 \times 1.2 \times 1.1 \times 1.1 = 17,424$원의 가격으로 구매할 수 있다.

이 가격은 권장 소비자가격인 25,000원보다 $\frac{25,000 - 17,424}{25,000} \times 100 = 30\%$ 정도 할인된 가격이다.

오답분석

① 도매상은 제조업체로부터 제품을 구매하는 것이므로 $10,000 \times 1.2 = 12,000$원의 판매가격을 지불한다.
② 중간도매상이 얻을 수 있는 최대 이윤은 도매가격의 20%이다. 또한 중간도매상이 최대 이윤을 얻기 위해서는 도매가격도 최대이어야 한다.
- 도매상 판매가 : $12,000 \times 1.3 = 15,600$원
- 중간도매상 판매가 : $15,600 \times 1.2 = 18,720$원

∴ 중간도매상이 얻을 수 있는 최대 이윤 : $18,720 - 15,600 = 3,120$원
④ 소비자가 가장 비싸게 구매하는 경우는 각 유통과정에서 최대 이윤을 매겼을 때이다.
- 소비자 구매가 :
$10,000 \times 1.2 \times 1.3 \times 1.2 \times 1.2 = 22,464$원
∴ $22,464 \div 12,000 = 1.9$
⑤ 중간도매상을 거치지 않았을 때 소비자의 최소 구매가는 $12,000 \times 1.2 \times 1.1 = 15,840$원이고, 최대 구매가를 구하면 $12,000 \times 1.3 \times 1.2 = 18,720$원이다.

20

ㄴ. 사슴의 남은 수명이 20년인 경우, 사슴으로 계속 살아갈 경우의 총효용은 $20 \times 40 = 800$인 반면, 독수리로 살 경우의 효용은 $(20 - 5) \times 50 = 750$이다. 사슴은 총효용이 줄어드는 선택은 하지 않는다고 하였으므로 독수리를 선택하지는 않을 것이다.
ㄷ. 사슴의 남은 수명을 x라 할 때, 사자를 선택했을 때의 총효용은 $250 \times (x - 14)$이며, 호랑이를 선택했을 때의 총효용은 $200 \times (x - 13)$이다. 이 둘을 연립하면 x, 즉 사슴의 남은 수명이 18년일 때 둘의 총효용이 같게 되므로 옳은 내용이다.

오답분석

ㄱ. 사슴의 남은 수명이 13년인 경우, 사슴으로 계속 살아갈 경우의 총효용은 $13 \times 40 = 520$인 반면, 곰으로 살 경우의 효용은 $(13 - 11) \times 170 = 340$이다. 사슴은 총효용이 줄어드는 선택은 하지 않는다고 하였으므로 곰을 선택하지는 않을 것이다.

01	02	03	04	05	06	07	08	09	10	11	12	13	14	15	16	17	18	19	20
②	④	②	①	②	①	①	②	④	①	④	②	③	②	④	②	④	②	③	④

01
정답 ②

우유 한 궤짝에 40개가 들어가므로 우유 한 궤짝당 28,000원(=700×40)이고, (가로) 3m×(세로) 2m×(높이) 2m인 냉동 창고에 채울 수 있는 궤짝의 수를 계산하면 다음과 같다.
- 가로 : 궤짝의 가로 길이가 40cm이므로 300÷40=7.5개 → 7개(소수점 첫째 자리에서 내림)
- 세로 : 궤짝의 세로 길이가 40cm이므로 200÷40=5개
- 높이 : 궤짝의 높이가 50cm이므로 200÷50=4개

따라서 냉동 창고에 총 140궤짝(=7×5×4)이 들어가므로 약 400만 원(≒140×28,000=3,920,000)이 든다.

02
정답 ④

제품군별 지급해야 할 보관료는 다음과 같다.
- A제품군 : 300×0.01=3억 원
- B제품군 : 2,000×20,000=4천만 원
- C제품군 : 500×80,000=4천만 원

따라서 K기업이 보관료로 지급해야 할 총금액은 3억 8천만 원(=3억+4천만+4천만)이다.

03
정답 ②

자원관리과정
1. 필요한 자원의 종류와 양 확인
2. 이용 가능한 자원 수집하기
3. 자원 활용 계획 세우기
4. 계획대로 수행하기

04
정답 ①

- 치과 진료 : 수요일 3주 연속 받는다고 하였으므로 13일, 20일은 무조건 치과 진료가 있다.
- 신혼여행 : 8박 9일간 신혼여행을 가고 휴가는 5일 사용할 수 있으므로 주말 4일을 포함해야 한다.

이 사실과 두 번째 조건을 종합하면, 2일(토요일)부터 10일(일요일)까지 주말 4일을 포함하여 9일 동안 신혼여행을 다녀오게 되고, 치과는 6일이 아닌 27일에 예약되어 있다. 신혼여행은 결혼식 다음 날 간다고 하였으므로 주어진 일정을 달력에 표시하면 다음과 같다.

일요일	월요일	화요일	수요일	목요일	금요일	토요일
					1 결혼식	2 신혼여행
3 신혼여행	4 신혼여행 / 휴가	5 신혼여행 / 휴가	6 신혼여행 / 휴가	7 신혼여행 / 휴가	8 신혼여행 / 휴가	9 신혼여행
10 신혼여행	11	12	13 치과	14	15	16
17	18	19	20 치과	21	22	23
24	25	26	27 치과	28 회의	29	30 추석연휴

따라서 A대리의 결혼날짜는 9월 1일이다.

05

정답 ②

- 본부에서 36개월 동안 연구원으로 근무 → $0.03 \times 36 = 1.08$점
- 지역 본부에서 24개월 근무 → $0.015 \times 24 = 0.36$점
- 특수지에서 12개월 동안 파견근무(지역본부 근무경력과 중복되어 절반만 인정) → $0.02 \times 12 \div 2 = 0.12$점
- 본부로 복귀 후 현재까지 총 23개월 근무 → $0.03 \times 23 = 0.69$점
- 현재 팀장(과장) 업무 수행 중
  - 내부평가결과 최상위 10% 총 12회 → $0.012 \times 12 = 0.144$점
  - 내부평가결과 차상위 10% 총 6회 → $0.01 \times 6 = 0.06$점
  - 금상 2회, 은상 1회, 동상 1회 수상
    → $(0.25 \times 2) + (0.15 \times 1) + (0.1 \times 1) = 0.75$점 → 0.5(∵ 인정범위)
  - 시행결과평가 탁월 2회, 우수 1회
    → $(0.25 \times 2) + (0.15 \times 1) = 0.65$점 → 0.5(∵ 인정범위)

따라서 K과장의 가점은 $1.08 + 0.36 + 0.12 + 0.69 + 0.144 + 0.06 + 0.5 + 0.5 = 3.454$점이다.

06

정답 ①

두 번째 조건에서 경유지는 서울보다 +1시간, 출장지는 경유지보다 -2시간이므로 서울과 -1시간 차이다.
김대리가 서울에서 경유지를 거쳐 출장지까지 가는 과정을 서울시간 기준으로 정리하면
서울 5일 오후 1시 35분 출발 → 오후 1시 35분+3시간 45분=오후 5시 20분 경유지 도착 → 오후 5시 20분+3시간 50분(대기시간)=오후 9시 10분 경유지에서 출발 → 오후 9시 10분+9시간 25분=6일 오전 6시 35분 출장지 도착
따라서 출장지에 도착했을 때 현지 시각은 서울보다 1시간 느리므로 오전 5시 35분이다.

07

정답 ①

부패방지교육은 넷째 주 월요일인 20일 이전에 모두 끝나고, 성희롱방지교육은 마지막 주 금요일에 실시되므로 5월 넷째 주에는 금연교육만 실시된다.

오답분석
② 마지막 주 금요일에는 성희롱방지교육이 실시되므로 금연교육은 금요일에 실시될 수 없다.
③ 부패방지교육은 수요일과 목요일(8, 16) 또는 목요일과 수요일(9, 15)에도 실시될 수 있다.
④ 성희롱방지교육은 5월 31일 금요일에 실시된다.
⑤ 5월 첫째 주는 공사의 주요 행사 기간이므로 어떠한 교육도 실시할 수 없다.

08

정답 ②

㉠ 뉴욕행 비행기는 한국에서 6월 6일 22시 20분에 출발하고, 13시간 40분 동안 비행하기 때문에 현지에 도착하는 시간은 6월 7일 12시이다. 한국 시간은 뉴욕보다 16시간 빠른 시차가 나기 때문에 현지 도착 시간은 6월 6일 20시이다.

㉡ 런던행 비행기는 한국에서 6월 13일 18시 15분에 출발하고, 12시간 15분 동안 비행하기 때문에 현지에 6월 14일 6시 30분에 도착한다. 한국 시간이 런던보다 8시간이 빠르므로, 현지에 도착하는 시간은 6월 13일 22시 30분이 된다.

09

정답 ④

승진시험 성적은 100점 만점이므로 제시된 점수를 그대로 반영하고 영어 성적은 5를 나누어서 반영한다. 성과평가의 경우는 2를 나누어서 합산해 그 합산점수가 가장 큰 사람을 선발하며, 합산점수는 다음과 같다.

구분	A	B	C	D	E	F	G	H	I	J	K
합산점수	220	225	225	200	277.5	235	245	220	260	225	230

이때, 합산점수가 높은 E와 I는 동료평가에서 하를 받았으므로 승진대상에서 제외된다. 따라서 다음 순위자인 F, G가 승진대상자가 된다.

10

정답 ①

업체들의 항목별 가중치 미반영 점수를 도출한 후, 가중치를 적용하여 선정 점수를 도출하면 아래 표와 같다.

(단위 : 점)

구분	납품 품질 점수	가격경쟁력 점수	직원 규모 점수	가중치 반영한 선정 점수
A업체	90	90	90	$(90 \times 0.4) + (90 \times 0.3) + (90 \times 0.3) = 90$
B업체	80	100	90	$(80 \times 0.4) + (100 \times 0.3) + (90 \times 0.3) = 89$
C업체	70	100	80	$(70 \times 0.4) + (100 \times 0.3) + (80 \times 0.3) = 82$
D업체	100	70	80	$(100 \times 0.4) + (70 \times 0.3) + (80 \times 0.3) = 85$
E업체	90	80	100	$(90 \times 0.4) + (80 \times 0.3) + (100 \times 0.3) = 90$

선정 점수가 가장 높은 업체는 90점을 받은 A업체와 E업체이며, 이 중 가격경쟁력 점수가 더 높은 A업체가 선정된다.

11

정답 ④

$20 \times 10 = 200$부이며, $200 \times 30 = 6,000$페이지이다. 이를 활용하여 업체당 인쇄비용을 구하면 다음 표와 같다.

구분	페이지 인쇄비용	유광표지 비용	제본 비용	할인을 적용한 총비용
A	$6,000 \times 50 = 30$만 원	$200 \times 500 = 10$만 원	$200 \times 1,500 = 30$만 원	$30 + 10 + 30 = 70$만 원
B	$6,000 \times 70 = 42$만 원	$200 \times 300 = 6$만 원	$200 \times 1,300 = 26$만 원	$42 + 6 + 26 = 74$만 원
C	$6,000 \times 70 = 42$만 원	$200 \times 500 = 10$만 원	$200 \times 1,000 = 20$만 원	$42 + 10 + 20 = 72$만 원 → 200부 중 100부 5% 할인 → (할인 안한 100부 비용) + (할인한 100부 비용) $= 36 + (36 \times 0.95) = 70$만 2천 원
D	$6,000 \times 60 = 36$만 원	$200 \times 300 = 6$만 원	$200 \times 1,000 = 20$만 원	$36 + 6 + 20 = 62$만 원
E	$6,000 \times 100 = 60$만 원	$200 \times 200 = 4$만 원	$200 \times 1,000 = 20$만 원	$60 + 4 + 20 = 84$만 원 → 총비용 20% 할인 $84 \times 0.8 = 67$만 2천 원

따라서 가장 저렴한 비용으로 인쇄할 수 있는 업체는 D인쇄소이다.

12

정답 ②

먼저 공급지 Y에서 수요지 A로 수송비 5만 원에 100톤을 공급한다(500만 원).
다음은 X→D로 5만 원에 20톤을 공급하고(100만 원), X→C로 6만 원에 50톤을 공급한다(300만 원).
마지막으로 공급지 Z에서 수요지 B로 수송비 7만 원에 80톤을 공급한다(560만 원).
따라서 최소 총 수송비는 500+100+300+560=1,460만 원이다.

13

정답 ③

전체 비용은 (구입 가격)+(운송 비용)이다. 단위를 '천 원'으로 맞추어 계산하면 다음과 같다.
• A사 : 890+(15×90)=2,240
• B사 : 1,490+(12×60)=2,210
• C사 : 1,150+(14×75)=2,200
• D사 : 1,860+(11×35)=2,245
• E사 : 1,630+12×50=2,230
따라서 C사가 가장 적은 비용이 든다.

14

정답 ②

팀장과 과장의 휴가일정과 세미나가 포함된 주를 제외하면 A대리가 연수에 참석할 수 있는 날짜는 첫째 주 금요일부터 둘째 주 화요일까지로 정해진다. 4월은 30일까지 있으므로 주어진 일정을 달력에 표시를 하면 다음과 같다.

일	월	화	수	목	금	토
	1	2 팀장 휴가	3 팀장 휴가	4 팀장 휴가	5 A대리 연수	6 A대리 연수
7 A대리 연수	8 A대리 연수	9 A대리 연수	10 과장 B 휴가	11 과장 B 휴가	12 과장 B 휴가	13
14	15 과장 B 휴가	16 과장 B 휴가	17 과장 C 휴가	18 과장 C 휴가	19	20
21	22	23	24	25	26 세미나	27
28	29	30				

따라서 5일 동안 연속으로 참석할 수 있는 날은 4월 5일부터 9일까지이므로 A대리의 연수 마지막 날짜는 9일이다.

15

정답 ④

• 한국시각 기준 비행기 탑승 시각 : 21일 8시 30분+13시간=21일 21시 30분
• 비행기 도착 시각 : 21일 21시 30분+17시간=22일 14시 30분
∴ 김사원의 출발 시각 : 22일 14시 30분−1시간 30분−30분=22일 12시 30분

16

선행작업이 완료되어야 이후 작업을 진행할 수 있기 때문에 가장 오래 걸리는 경로가 끝난 후에 프로젝트가 완료된다. 즉, 가장 오래 걸리는 경로인 'B-D-G-J'가 끝난 후에 프로젝트가 완료되므로 최단작업기간은 21주(=5+6+6+4)가 소요된다.

오답분석

① 가장 오래 걸리는 경로에 작업 A와 C가 포함되어 있지 않으므로 전체 프로젝트 기간에는 영향을 주지 못한다.
③ 작업 D는 가장 오래 걸리는 경로에 포함되어 있으므로 전체 프로젝트 기간이 일주일 줄어든다.
④ 전체 프로젝트 기간에 영향을 주는 작업 B, D, G, J 중에서 단축비용이 가장 적게 드는 것을 선택해야 합리적이다.

17

1일 평균임금을 x 원이라 놓고 퇴직금 산정공식을 이용하여 계산하면,
1,900만 원={30x×(5×365)}÷365
→ 1,900만 원=150x
→ x ≒13만 원(∵ 천의 자리에서 반올림)
1일 평균임금이 13만 원이므로 甲의 평균연봉은 13만 원×365=4,745만 원이다.

18

성과급 지급 기준에 따라 영업팀의 성과를 평가하면 다음과 같다.

구분	성과평가 점수	성과평가 등급	성과급 지급액
1/4분기	(8×0.4)+(8×0.4)+(6×0.2)=7.6	C	80만 원
2/4분기	(8×0.4)+(6×0.4)+(6×0.2)=7.6	C	80만 원
3/4분기	(10×0.4)+(8×0.4)+(10×0.2)=9.2	A	100+10=110만 원
4/4분기	(8×0.4)+(8×0.4)+(8×0.2)=8.0	B	90만 원

따라서 영업팀에게 1년간 지급된 성과급의 총액은 80+80+110+90=360만 원이다.

19

먼저 모든 면접위원의 입사 후 경력은 3년 이상이어야 한다는 조건에 따라 A, E, F, H, I, L직원은 면접위원으로 선정될 수 없다. 이사 이상의 직급으로 6명 중 50% 이상 구성되어야 하므로 자격이 있는 C, G, N은 반드시 면접위원으로 포함한다. 다음으로 인사팀을 제외한 부서는 두 명 이상 구성할 수 없으므로 이미 N이사가 선출된 개발팀은 더 선출할 수 없고, 인사팀은 반드시 2명을 포함해야 하므로 D과장은 반드시 선출된다. 이를 정리하면 다음과 같다.

구분	1	2	3	4	5	6
경우 1	C이사	D과장	G이사	N이사	B과장	J과장
경우 2	C이사	D과장	G이사	N이사	B과장	K대리
경우 3	C이사	D과장	G이사	N이사	J과장	K대리

따라서 B과장이 면접위원으로 선출됐더라도 K대리가 선출되지 않는 경우도 있다.

20

B동에 사는 변학도 씨는 매주 월, 화 오전 8시부터 오후 3시까지 하는 카페 아르바이트로 화~금 오전 9시 30분부터 오후 12시까지 진행되는 '그래픽 편집 달인되기'를 수강할 수 없다.

01	02	03	04	05	06	07	08	09	10
①	②	④	②	①	①	⑤	④	⑤	①
11	12	13	14	15	16	17	18	19	20
③	④	②	④	④	③	②	⑤	③	④

01 　　　정답 ①

데이터베이스(DB; Data Base)란 어느 한 조직의 여러 응용 프로그램들이 공유하는 관련 데이터들의 모임이다. 대학 내 서로 관련 있는 데이터들을 하나로 통합하여 데이터베이스로 구축하게 되면, 학생 관리 프로그램, 교수 관리 프로그램, 성적 관리 프로그램은 이 데이터베이스를 공유하며 사용하게 된다. 이처럼 데이터베이스는 여러 사람에 의해 공유되어 사용될 목적으로 통합하여 관리되는 데이터의 집합을 말하며, 자료항목의 중복을 없애고 자료를 구조화하여 저장함으로써 자료 검색과 갱신의 효율을 높인다.

오답분석

② 유비쿼터스 : 사용자가 네트워크나 컴퓨터를 의식하지 않고 장소에 상관없이 자유롭게 네트워크에 접속할 수 있는 정보통신 환경을 의미한다.
③ RFID : 극소형 칩에 상품정보를 저장하고 안테나를 달아 무선으로 데이터를 송신하는 장치를 말한다.
④ NFC : NFC는 전자태그(RFID)의 하나로 13.56Mhz 주파수 대역을 사용하는 비접촉식 근거리 무선통신 모듈이며, 10cm의 가까운 거리에서 단말기 간 데이터를 전송하는 기술을 말한다.
⑤ 와이파이 : 무선접속장치(AP; Access Point)가 설치된 곳에서 전파를 이용하여 일정 거리 안에서 무선인터넷을 할 수 있는 근거리 통신망을 칭하는 기술이다.

02 　　　정답 ②

오답분석

① 자료 : 정보 작성을 위하여 필요한 자료를 말하는 것으로, 이는 '아직 특정 목적에 대하여 평가되지 않은 상태의 숫자나 문자들의 단순한 나열'을 뜻한다.
③ 지식 : '어떤 특정의 목적을 달성하기 위해 과학적 또는 이론적으로 추상화되거나 정립되어 있는 일반화된 정보'를 뜻하는 것으로, 어떤 대상에 대하여 원리적·통일적으로 조직되어 객관적 타당성을 요구할 수 있는 판단의 체계를 제시한다.

03 　　　정답 ④

LAN카드 정보는 네트워크 어댑터에서 확인할 수 있다.

04 　　　정답 ②

Why(왜)는 목적을 의미한다. ②는 강연 목적으로 적절하다.

오답분석

① Why(왜)에 해당한다.
③ When(언제)에 해당한다.
④ Who(누가)에 해당한다.
⑤ Where(어디서)에 해당한다.

05 　　　정답 ①

①은 예산(금액, 인력, 시간, 시설자원 등)을 나타내는 내용이다. 따라서 How Much(얼마나)에 적합한 내용으로 볼 수 있다.

06 　　　정답 ①

SUMPRODUCT 함수는 배열 또는 범위의 대응되는 값끼리 곱해서 그 합을 구하는 함수이다.
그러므로 「=SUMPRODUCT(B4:B10,C4:C10,D4:D10)」은 (B4×C4×D4)+(B5×C5×D5)+ …… +(B10×C10×D10)의 값으로 나타난다.
따라서 (가) 셀에 나타나는 값은 2,610이다.

07

정답 ⑤

인터넷의 역기능
불건전 정보의 유통, 개인 정보 유출, 사이버 성폭력, 사이버 언어폭력, 언어 훼손, 인터넷 중독, 불건전한 교제, 저작권 침해 등

08

정답 ④

World Wide Web(www)에 대한 설명으로, 웹은 3차 산업혁명에 큰 영향을 미쳤다.

오답분석

① 스마트 팜
② 3D프린팅
③ 클라우드 컴퓨팅
⑤ 사물인터넷

09

정답 ⑤

개인정보는 다양한 분야에서 사용할 수 있다. 개인정보는 일반정보, 가족정보, 교육 및 훈련정보, 병역정보, 부동산 및 동산 정보, 소득정보 등 다양하게 분류된다. ㄱ은 가족정보, ㄴ은 교육정보, ㄷ은 기타 수익정보, ㄹ은 법적정보에 속한다.

10

정답 ①

기호	연산자	검색조건
*, &	AND	두 단어가 모두 포함된 문서를 검색 예 인공위성 and 자동차, 인공위성 * 자동차
l	OR	두 단어가 모두 포함되거나, 두 단어 중에서 하나만 포함된 문서를 검색 예 인공위성 or 자동차, 인공위성 l 자동차
-, !	NOT	'-' 기호나 '!' 기호 다음에 오는 단어는 포함하지 않는 문서를 검색 예 인공위성 not 자동차, 인공위성 ! 자동차
~, near	인접검색	앞, 뒤의 단어가 가깝게 인접해 있는 문서를 검색 예 인공위성 near 자동차

11

정답 ③

핀테크(Fintech)는 금융(Financial)과 기술(Technology)의 합성어로, 금융과 IT의 융합을 통한 금융서비스 및 산업의 변화를 말한다.

오답분석

① P2P : 'Peer to Peer network'의 약자로 기존의 서버와 클라이언트 개념이나 공급자와 소비자 개념에서 벗어나 개인 컴퓨터끼리 직접 연결하고 검색함으로써 모든 참여자가 공급자인 동시에 수요자가 되는 형태이다.
② O2O : 'Online to Offline'의 약자로 정보 유통 비용이 저렴한 온라인과 실제 소비가 일어나는 오프라인의 장점을 접목해 새로운 시장을 만들어 보자는 데서 나온 말이다.
④ IoT : 'Internet of Things' 또는 사물인터넷이라고 하며, 사물에 센서를 부착해 실시간으로 데이터를 인터넷으로 주고받는 기술이나 환경을 일컫는다.
⑤ 클라우드 : 사용하려고 하는 자료와 소프트웨어를 인터넷 상의 서버에 저장하고, 인터넷에 접속하기만 하면 언제 어디서든 자료를 사용할 수 있는 컴퓨터 환경을 말한다.

12

정답 ④

ㄴ. Windows 로고 키+〈Ctrl〉+〈D〉 : 가상 데스크탑을 추가한다.
ㄹ. Windows 로고 키+〈Ctrl〉+〈F4〉 : 사용 중인 가상 데스크탑을 닫는다.

13

정답 ②

퓨즈(Fuse)는 과전류를 차단 및 관리하는 장치이다.

14

정답 ④

오답분석

(가) : 자간에 대한 설명이다.
(다) : 스크롤바를 이용하여 화면을 상·하·좌·우 모두 이동할 수 있다.

15

정답 ④

데이터 파일은 엑셀이나 액세스 파일 외에도 dBase, 한셀, 넥셀파일, 한글파일, 윈도우 주소록, Outlook 주소록 등으로도 작성 가능하다.

16

정답 ③

낱장 용지는 같은 번호일 때 B판이 A판보다 더 크다(예 B4 > A4).

17

프로세스란 컴퓨터 내부에서 실행 중인 프로그램을 말하며, 프로세서란 마이크로 프로세서를 줄인 표현으로 제어장치와 연산장치를 통칭한다.

18

정답 ⑤

Windows 로고 키+왼쪽/오른쪽 화살표 : 앱이나 바탕화면 창을 화면의 왼쪽/오른쪽 방향으로 최대화한다.

19

정답 ③

시분할 시스템(Time Sharing System)은 여러 명의 사용자가 사용하는 시스템에서 컴퓨터가 사용자들의 프로그램을 번갈아가며 처리해줌으로써 각 사용자에게 독립된 컴퓨터를 사용할 수 있게 한다.

오답분석

① 오프라인 시스템 : 컴퓨터가 통신 회선 없이 사람을 통하여 자료를 처리하는 시스템이다.
② 일괄 처리 시스템 : 데이터를 일정량 또는 일정 기간 모아서 한꺼번에 처리하는 시스템이다.
④ 분산 시스템 : 여러 대의 컴퓨터를 통신망으로 연결하여 작업과 자원을 분산시켜 처리하는 시스템이다.
⑤ 실시간 시스템 : 실시간장치를 시스템을 계속 감시하여 장치의 상태가 바뀔 때 그와 동시에 제어동작을 구동시키는 시스템이다.

20

정답 ④

'원형 차트'에 대한 설명이다.

오답분석

① 영역형 차트 : 시간에 따른 변화를 보여 주며 합계값을 추세와 함께 볼 수 있고, 각 값의 합계를 표시하여 전체에 대한 부분의 관계도 보여준다.
② 분산형 차트 : 가로 · 세로값 축이 있으며, 각 축의 값이 단일 데이터 요소로 결합되어 일정하지 않은 간격이나 그룹으로 표시된다. 과학, 통계 및 공학 데이터에 많이 이용된다.
③ 꺾은선형 차트 : 항목 데이터는 가로축을 따라 일정 간격으로 표시되고 모든 값 데이터는 세로축을 따라 표시된다. 월, 분기, 회계 연도 등과 같은 일정 간격에 따라 데이터의 추세를 표시하는 데 유용하다.
⑤ 표면형 차트 : 두 데이터 집합 간의 최적 조합을 찾을 때 유용하며, 지형도에서 색과 무늬는 같은 값 범위에 있는 지역을 나타낸다. 또한 항목과 데이터 계열이 숫자 값일 때 이용할 수 있다.

06 | 기술능력
기출예상문제

01	02	03	04	05	06	07	08	09	10
③	④	①	②	②	①	④	①	③	⑤
11	12	13	14	15	16	17	18	19	20
④	③	⑤	③	⑤	⑤	②	①	③	⑤

01 정답 ③

가정에 있을 경우 전력수급 비상단계를 신속하게 극복하기 위해 전력기기 등의 전원을 차단하거나 사용을 중지하는 것이 필요하나, 4번 항목에 따르면 안전, 보안 등을 위한 최소한의 조명까지 소등할 필요는 없다.

오답분석
① 가정에 있을 경우, TV, 라디오 등을 통해 재난상황을 파악하여 대처하라고 하였으므로, 전력수급 비상단계 발생 시 대중매체를 통해 재난상황에 대한 정보를 파악할 수 있다는 것을 알 수 있다.
② 사무실에 있을 경우 즉시 사용이 필요하지 않은 사무기기의 전원을 차단하여야 한다.
④ 공장에서는 비상발전기의 가동을 점검하여 가동을 준비해야 한다.
⑤ 전력수급 비상단계가 발생할 경우, 컴퓨터, 프린터 등 긴급하지 않은 모든 사무기기의 전원을 차단하여야 하므로 한동안 사무실의 업무가 중단될 수 있다.

02 정답 ④

ⓒ 사무실에서의 행동요령에 따르면 본사의 중앙보안시스템은 긴급한 설비로 볼 수 있다. 따라서 3번 항목의 예외에 해당하므로 중앙보안시스템의 전원을 차단해버린 이 주임의 행동은 적절하지 않다고 볼 수 있다.
ⓔ 상가에서의 행동요령에 따르면 식재료의 부패와 관련 없는 가전제품의 가동을 중지하거나 조정하도록 설명되어 있다. 하지만 최 사장은 횟감을 포함한 식재료를 보관 중인 모든 냉동고의 전원을 차단하였으므로 적절하지 못하다.

오답분석
㉠ 가정에 있던 중 세탁기 사용을 중지하고 실내조명을 최소화한 것은 행동요령에 따른 것으로 적절한 행동이다.
ⓒ 공장에 있던 중 공장 내부 조명 밝기를 최소화한 박주임의 행동은 적절하다.

03 정답 ①

기술시스템의 발전단계
1. 발명, 개발, 혁신의 단계
2. 기술 이전의 단계
3. 기술 경쟁의 단계
4. 기술 공고화 단계

04 정답 ②

기술선택을 위한 우선순위 결정요인
• 제품의 성능이나 원가에 미치는 영향력이 큰 기술
• 기술을 활용한 제품의 매출과 이익 창출 잠재력이 큰 기술
• 쉽게 구할 수 없는 기술
• 기업 간에 모방이 어려운 기술
• 기업이 생산하는 제품 및 서비스에 보다 광범위하게 활용할 수 있는 기술
• 최신 기술로 진부화 될 가능성이 적은 기술

05 정답 ②

제품설명서 중 A/S 신청 전 확인 사항을 살펴보면, 비데 기능이 작동하지 않을 경우 수도필터가 막혔거나 착좌센서 오류가 원인이라고 제시되어 있다. 따라서 P사원으로부터 접수받은 현상(문제점)의 원인을 파악하려면 수도필터의 청결 상태를 확인하거나 비데의 착좌센서의 오류 여부를 확인해야 한다. 따라서 ②가 가장 적절하다.

06 정답 ①

05번에서 확인한 사항(원인)은 '수도필터의 청결 상태'이다. 즉, 수도필터의 청결 상태가 원인이 되는 또 다른 현상(문제점)으로는 수압이 약해지는 것이다. 따라서 ①이 가장 적절한 행동이다.

07
정답 ④

기술경영자의 능력
- 기술을 기업의 전반적인 전략 목표에 통합시키는 능력
- 빠르고 효과적으로 새로운 기술을 습득하고 기존의 기술에서 탈피하는 능력
- 기술을 효과적으로 평가할 수 있는 능력
- 기술 이전을 효과적으로 할 수 있는 능력
- 새로운 제품개발 시간을 단축할 수 있는 능력
- 크고 복잡하고 서로 다른 분야에 걸쳐 있는 프로젝트를 수행할 수 있는 능력
- 조직 내의 기술 이용을 수행할 수 있는 능력
- 기술 전문 인력을 운용할 수 있는 능력

08
정답 ①

패턴 A, 패턴 B 모두 1인 경우에만 결괏값이 1이 되므로 AND 연산자가 사용되었다.

09
정답 ③

OJT(On the Job Training)는 조직 안에서 피교육자인 종업원이 직무에 종사하면서 받게 되는 교육 훈련 방법이다. 집합교육으로는 기본적·일반적 사항 밖에 훈련시킬 수 없다는 것을 바꾸기 위해 나온 방법으로 피교육자인 종업원이 '업무수행이 중단되는 일 없이 업무수행에 필요한 지식·기술·능력·태도를 교육훈련 받는 것'을 말하며, 직장훈련·직장지도·직무상 지도 등이라고도 한다.

10
정답 ⑤

에디슨이 전등회사, 전구 생산 회사 등을 설립하고 통합하여 다양한 회사들을 소유·통제한 것은 기술시스템 발전단계 1단계 중 혁신의 단계에 속한다.

11
정답 ④

벽걸이형 난방기구를 설치하기 위해서는 거치대를 먼저 벽에 고정시킨 뒤, 평행을 맞춰 제품을 거치대에 고정시키고, 거치대의 고정 나사를 단단히 조여 흔들리지 않도록 한다.

오답분석
① 벽걸이용 거치대의 상단에 대한 내용은 설명서에 나타나 있지 않다.
② 스탠드는 벽걸이형이 아닌 스탠드형 설치에 필요한 제품이다.
③ 벽이 단단한 콘크리트나 타일일 경우 전동드릴로 구멍을 내어 거치대를 고정시킨다.
⑤ 스탠드가 아닌 거치대의 고정 나사를 조여 흔들리지 않도록 고정시킨다.

12
정답 ③

실내온도가 설정온도보다 약 2 ~ 3℃ 내려가면 히터가 다시 작동한다. 따라서 실내온도가 20℃라면 설정온도를 20℃보다 2 ~ 3℃ 이상으로 조절해야 히터가 작동한다.

13
정답 ⑤

작동되고 있는 히터를 손으로 만지는 것은 화상을 입을 수 있는 등의 위험한 행동이지만, 난방기 고장의 원인으로 보기에는 거리가 멀다.

14
정답 ③

두께가 100 ~ 160micron 사이의 코팅지를 사용할 수 있으므로 120micron 코팅지는 사용할 수 있다.

오답분석
① 스위치를 'ON'으로 놓고 3 ~ 5분 정도 예열을 해야 하며, 예열표시등이 파란불에서 빨간불로 바뀌고 코팅을 할 수 있다.
② 코팅지는 봉합된 부분부터 코팅 투입구에 넣어야 한다.
④ 코팅지는 코팅기를 통과하며 기기 뒷면 코팅 배출구에서 나오고, 임의로 코팅지를 잡아당기면 안 된다.
⑤ 사용 완료 후 1 ~ 2시간 정도 열을 충분히 식힌 후에 이동 및 보관을 해야 한다.

15
정답 ⑤

코팅지가 기기에 걸렸을 경우 앞면의 스위치를 'OFF'로 돌려 전원을 차단시킨 다음 기기 뒷면에 있는 'REMOVE' 스위치를 화살표 방향으로 밀면서 코팅 서류를 조심스럽게 당겨 뽑아야 한다.

16

정답 ⑤

접착액이 다량으로 붙어있는 경우는 기기에 코팅 필름이 들어가지 않을 때의 원인에 해당한다.

17

정답 ②

Micro Grid란 소규모 지역 내에서 분산자원의 최적조합을 통해 전력을 생산, 저장, 소비하는 On-site형 전력공급 시스템이다. 선택지의 설명은 한국전력의 10대 핵심전략기술 중 전력신소재에 대한 설명이다.

18

정답 ①

W6/L2은 가로축으로 6까지, 세로축이 2까지 있음을 나타낸다. 그러나 산출된 그래프에서는 가로축이 5까지만 나타나 있다.

19

정답 ③

• 가로축이 4까지, 세로축이 3까지 있다. → W4/L3
• 원은 가로축 2와 세로축 3이 만나는 위치에 있고, 도형의 색상은 흰색이다. 크기는 가장 작은 형태이다. → C(2, 3):E1
• 마름모는 가로축 4와 세로축 1이 만나는 위치에 있고, 도형의 색상은 흰색이다. 크기는 가장 큰 형태이다. → D(4, 1):E3
• 사다리꼴은 가로축 1과 세로축 2가 만나는 위치에 있고, 도형의 색상은 파랑색이다. 크기는 중간 형태이다. → R(1, 2):F2

20

정답 ⑤

기술교양을 지닌 사람들의 특징

• 기술학의 특성과 역할을 이해한다.
• 기술체계가 설계되고, 사용되고, 통제되어지는 방법을 이해한다.
• 기술과 관련된 이익을 가치화하고 위험을 평가할 수 있다.
• 기술에 의한 윤리적 딜레마에 대해 합리적으로 반응할 수 있다.

PART 3

최종점검 모의고사

01 공통영역(사무/전기/ICT)

01	02	03	04	05	06	07	08	09	10	11	12	13	14	15	16	17	18	19	20
③	②	④	①	④	⑤	②	③	④	④	②	④	④	③	①	⑤	④	⑤	⑤	③

21	22	23	24	25	26	27	28	29	30
①	④	③	④	⑤	②	②	②	①	④

01

정답 ③

제시된 글은 철학에서의 '부조리'에 대한 개념을 설명하는 글이다. 부조리의 개념을 소개하는 (나) 문단이 나오고, 부조리라는 개념을 도입하고 설명한 알베르 카뮈에 대해 설명하고 있는 (라) 문단이 나오는 것이 적절하다. 다음으로 앞 문단의 연극의 비유에 관해 설명하고 있는 (가) 문단이 오고, 이에 대한 결론을 제시하는 (다) 문단 순서로 나오는 것이 적절하다.

02

정답 ②

문서의 내용을 둘 이상의 항목으로 구분할 필요가 있으면 다음 구분에 따라 그 항목을 순서대로 표시한다.

구분	항목기호
첫째 항목	1., 2., 3., 4., …
둘째 항목	가., 나., 다., 라., …
셋째 항목	1), 2), 3), 4), …
넷째 항목	가), 나), 다), 라), …
다섯째 항목	(1), (2), (3), (4), …
여섯째 항목	(가), (나), (다), (라), …
일곱째 항목	①, ②, ③, ④, …
여덟째 항목	㉮, ㉯, ㉰, ㉱, …

따라서 '1. → 가. → 1) → 가) → (1)'의 순서로 표시해야 한다.

오답분석

① 간결하고 명확하게 표현하고 일반화되지 않은 약어와 전문 용어 등의 사용을 지향하여 이해하기 쉽게 작성한다.
③ 첨부물이 있으면 붙임 표시문 다음에 한 글자 띄우고 표시한다.
　예 붙임　○○계획서 1부.　끝.
④ 문서는 어문규범에 맞게 한글로 작성하되, 뜻을 정확하게 전달하기 위하여 필요한 경우에는 괄호 안에 한자나 그 밖의 외국어를 함께 적을 수 있다.
⑤ 문장 부호의 띄어쓰기에 따르면 쌍점(:)은 앞말에 붙여 쓰고 뒷말과는 띄어 쓴다.
　예 원장: 홍길동

03

정답 ④

제시문에서는 토지사유제를 주장하는 학자가 토지가 일반 재화나 자본에 비해 지닌 근본적인 차이를 무시하고 있다고 비판한다. 따라서 토지사유제에서는 토지자원의 성격과 일반 재화의 성격을 서로 다른 것이 아닌 같은 것으로 인정하고 있음을 알 수 있다.

[오답분석]
① 제시문에서는 싱가포르, 홍콩, 대만, 핀란드 등의 사례를 바탕으로 자본주의 경제가 토지사유제 없이 성립할 수 있다고 주장한다. 따라서 토지사유제는 자본주의 성립에 반드시 필요한 필수조건이 아니다.
② 제시문에서는 민간이 토지 위 시설물에 대한 소유권과 토지에 대한 배타적 사용권만 가져도 토지사용의 안정성을 이룰 수 있다고 주장한다.
③ 토지사유제에서는 사용권, 처분권, 수익권을 모두 민간이 갖고, 토지가치세제에서는 수익권을 제외하고 사용권, 처분권을 민간이 갖는다. 따라서 토지사유제와 토지가치세제에서는 토지 사용권을 모두 민간이 갖는다.
⑤ 토지 소유권을 구성하는 세 가지 권리를 민간과 공공이 적당히 나누어 갖는 경우가 많으므로 실제 토지제도는 훨씬 다양하다.

04

정답 ①

S는 자신의 연구 결과를 토대로 가족 구성원이 많은 집에 사는 아이들은 가족 구성원들이 집안으로 끌고 들어오는 병균들에 의한 잦은 감염 덕분에 장기적으로 알레르기 예방에 유리하다고 주장하고 있다. 결국 이는 알레르기에 걸릴 확률은 병균들에 얼마나 많이 노출되었는지에 달려 있으므로 이와 의미가 가장 유사한 ①이 빈칸에 적절하다고 볼 수 있다.

05

정답 ④

최근 대두되고 있는 '초연결사회'에 대해 언급하는 (나) 문단이 가장 먼저 오는 것이 적절하며, 그다음으로는 초연결사회에 대해 설명하는 (가) 문단이 적절하다. 그 뒤를 이어 초연결 네트워크를 통해 긴밀히 연결되는 초연결사회의 (라) 문단이, 마지막으로는 이러한 초연결사회가 가져올 변화에 대한 전망의 (다) 문단이 적절하다.

06

정답 ⑤

세 번째 문단에 따르면 봉수대에서는 조선군이 외적과 전투를 시작할 때 봉수 5개를 올렸다. 따라서 조선군이 외적과 싸우기 시작할 때 연변봉수대는 봉수 5개를 올려 이를 내지봉수대에 전해야 했다.

[오답분석]
① 마지막 문단에 따르면 선조는 선왕 때 을묘왜변에서의 봉수와 관련된 문제를 인지하고, 봉수가 원활하게 전달되지 않을 때를 대비하여 파발 제도를 운영하였다. 즉, 을묘왜변은 선조의 선왕 때 발생한 사건이며, 선조가 봉수 제도를 폐지했다는 내용 역시 제시문에서 찾아볼 수 없다.
② 세 번째 문단에 따르면 날씨 때문에 봉수의 개수를 분간하기 어려울 때는 봉수군이 직접 봉수대까지 달려가서 확인해야 했을 뿐, 봉수를 올리지 않고 직접 다음 봉수대로 달려가 소식을 전했다는 내용은 제시문에서 찾아볼 수 없다.
③ 첫 번째 문단에 따르면 봉수란 밤에는 횃불, 낮에는 연기를 사용해 릴레이식으로 신호를 보내는 것이다.
④ 세 번째 문단에 따르면 평상시에는 봉수를 1개만 올렸고, 외적이 국경을 침범하면 봉수 4개를 올렸다.

07

정답 ②

마지막 문단에서 '미래의 어느 시점에 그 진술을 입증 또는 반증하는 증거가 나타날 여지가 있다면 그 진술은 유의미하다.'는 문장을 통해 반증할 수 있는 인과 진술 역시 유의미한 진술임을 알 수 있다.

[오답분석]
① 네 번째 문단에 따르면 관련 법칙과 자료를 모르거나 틀린 법칙을 썼다고 해서 인과 진술이 무의미하다고 주장해서는 안 된다.
③ 첫 번째 문단에 따르면 '사건 X는 사건 Y의 원인이다.'라는 진술은 '사건 X는 사건 Y보다 먼저 일어났고, X로부터 Y를 예측할 수 있다.'를 뜻한다. 즉, 먼저 일어난 사건이 항상 원인이 된다.
④ 마지막 문단에 따르면 미래의 어느 시점에 그 진술을 입증 또는 반증하는 증거가 나타날 여지가 있다면 그 진술은 유의미하다.
⑤ 네 번째 문단에 따르면 관련 법칙과 자료를 지금 모두 알 수 없다 하더라도 우리는 여전히 유의미하게 인과 관계를 주장할 수 있다.

08

ㄱ. 'C는 D의 원인이다.'는 C로부터 D를 논리적으로 도출하기 위해 사용한 자료와 법칙이 모두 참이므로 유의미한 진술이다. 'A는 B의 원인이다.'의 경우 거짓 법칙과 자료를 사용하였지만, 거짓 법칙을 써서라도 A로부터 B를 논리적으로 도출할 수 있다면 이는 유의미한 진술이다.

ㄷ. 참인 법칙과 자료로부터 논리적으로 도출한 진술이므로 참된 진술로 입증될 수 있다.

오답분석

ㄴ. 진술이 참된 진술로 입증되려면 참인 법칙과 자료로부터 논리적으로 도출할 수 있어야 한다. 그러나 병호가 A로부터 B를 논리적으로 도출하기 위해 사용한 법칙과 자료는 거짓이므로 병호의 진술이 참인지 거짓인지는 현재 판단할 수 없다.

09

글쓴이는 인간의 표정을 통해 감정을 읽는 것은 비과학적이므로 감정인식 기술을 채용이나 법 집행 등의 민감한 상황에서 사용하는 것을 금지해야 한다고 주장한다. 따라서 AI가 제공하는 데이터를 통해 지원자의 감정을 자세하게 파악할 수 있다는 내용의 ④는 글쓴이의 주장과 반대되는 입장이므로 근거로 적절하지 않다.

10

㉠의 앞에서는 많은 AI 기업들이 얼굴 인식 프로그램을 개발하고 있는 현황에 관해 이야기하고 있으나, ㉠의 뒤에서는 인간의 얼굴 표정으로 감정을 읽는 것은 비과학적이라고 주장한다. 따라서 ㉠의 빈칸에는 역접의 의미인 '그러나'가 적절하다.

㉡의 앞에서는 인간의 얼굴 표정으로 감정을 읽는 것이 비과학적인 이유를 이야기하며, ㉡의 뒤에서는 민감한 상황에서 감정인식 기술의 사용을 금지해야 한다고 주장한다. 즉, ㉡의 앞부분은 뒷부분의 근거가 되는 내용이므로 ㉡의 빈칸에는 앞에서 말한 일이 뒤에서 말할 일의 원인, 이유가 됨을 나타내는 '따라서'가 적절하다.

11

도표의 작성절차
1. 어떠한 도표로 작성할 것인지 결정
2. 가로축과 세로축에 나타낼 것을 결정
3. 가로축과 세로축의 눈금의 크기를 결정
4. 자료를 가로축과 세로축이 만나는 곳에 표시
5. 표시된 점에 따라 도표 작성
6. 도표의 제목 및 단위 표시

12

퍼낸 소금물의 양을 xg, 2% 소금물의 양을 yg이라고 하자.

$400-x+x+y=520 \rightarrow y=120$

$\dfrac{8}{100}(400-x)+\dfrac{2}{100}\times120=\dfrac{6}{100}\times520 \rightarrow 3,200-8x+240=3,120 \rightarrow 8x=320$

$\therefore x=40$

13

주차 시간(분)을 x라 하면(단, $x>30$)

$3,000+60(x-30)\leq18,000 \rightarrow 50+x-30\leq300 \rightarrow x\leq300-50+30$

$\therefore x\leq280$

따라서 A사원은 최대 280분까지 주차할 수 있다.

14

문제와 같이 괄호의 수가 많지 않고 보기도 적은 경우는 거의 대부분 괄호를 채워놓고 시작하는 것이 편한 경우가 많으며, 꼭 편리성의 측면을 떠나더라도 결국에는 다 채워야 정답을 판단할 수 있게 구성되는 경우가 많다. 따라서 표의 빈칸을 채우면 다음과 같다.

면접관 \ 응시자	갑	을	병	정	범위
A	7	8	8	6	2
B	4	6	8	10	(6)
C	5	9	8	8	(4)
D	6	10	9	7	4
E	9	7	6	5	4
중앙값	(6)	(8)	8	(7)	–
교정점수	(6)	8	(8)	7	–

ㄱ. 위 표에 의하면 면접관 중 범위가 가장 큰 면접관은 B(6)이므로 옳은 내용이다.
ㄷ. '병'의 교정점수는 8점이며 '갑'은 6점이므로 옳은 내용이다.

[오답분석]
ㄴ. 응시자 중 중앙값이 가장 작은 응시자는 갑(6)이므로 옳지 않은 내용이다.

15

구급차를 타고 이동하는 시간은 $\frac{225}{100}=2.25$시간, 즉 $\left(2+\frac{15}{60}\right)$시간=2시간 15분이 걸린다. 응급헬기를 타고 갈 경우 $\frac{70}{280}=0.25$ 시간=15분 만에 응급실에 도착할 수 있다. 따라서 K씨가 쓰러진 지점부터 들것에 실려 구급차를 타고 응급실에 가는 데 이동시간은 총 2시간 35분이므로 응급헬기 이용 시 구급차보다 2시간 35분−15분=2시간 20분 더 빨리 응급실에 도착한다.

16

조건에서 세 사람이 가지고 있는 물품들의 가격에 대한 총합은 다음과 같다.
- 갑 : (가)+(나)+(다)
- 을 : 24,000+(나)
- 병 : (가)+(다)+16,000=44,000원

병의 물품 가격에 대한 방정식을 통해 (가)와 (다)의 합이 28,000원이며, 이에 해당되는 선택지는 ①을 제외한 나머지이다. 또한 세 사람의 물품 가격의 합에 대한 대소관계를 통해 (나)의 가격을 유추해 보면 을 > 병 → 24,000+(나) > 44,000원 → (나) > 20,000원이다. 따라서 (나)의 가격이 20,000원이 넘는 것은 ⑤임을 알 수 있다.

17

컴퓨터 정보지수(500) 중 컴퓨터 활용지수(20%)의 정보수집률(20%)의 점수를 구해야 한다.

(정보수집률)$=500\times\frac{20}{100}\times\frac{20}{100}=500\times0.04=20$

따라서 정보수집률은 20점이다.

18

ⓒ 표 1에 따르면 '만화 / 캐릭터'와 '컴퓨터 프로그램'을 제외한 나머지 항목에서는 모두 고등학생이 중학생이나 초등학생에 비하여 구입 경험의 비율이 높으므로 옳은 내용이다.
ⓔ 표 2에 따르면 모두 정품으로 구입했다고 응답한 학생의 비율은 중학교(55.9%)에서 가장 높으므로 옳은 내용이다.
ⓜ 10회 중 3회 이상 정품을 구입하였다고 응답한 학생의 비율이 가장 높은 학교급은 고등학교(86명)이며, 가장 낮은 학교급은 중학교(38명)이어서 둘의 차이는 48명이다. 따라서 옳은 내용이다.

㉠ 표 1에 따르면 전반적으로 '만화 / 캐릭터'의 구입 경험 비율이 초등학생(73.2%)이 중학생(53.3%)이나 고등학생(62.6%)보다 높은 것으로 나타났다. '컴퓨터 프로그램'의 경우 학교급 간의 차이는 2%p 미만인 반면, '게임'은 초등학교와 고등학교 간의 차이는 2.1%p이므로 옳지 않은 내용이다.

㉢ 표 2에 따르면 초등학교의 경우 정품만을 구입했다고 응답한 학생의 비율은 35.3%로 절반에 미치지 못하므로 옳지 않은 내용이다.

19
정답 ⑤

㉡ 2022년 공공기관 전체 대형공사의 2020년 대비 발주건수는 13건 감소하였으나, 소형공사의 발주건수는 2020년 32,198건에서 2022년 37,323건으로 증가하였으므로 옳은 내용이다.

㉣ 2022년 정부기관 발주공사 중에서 대형공사가 차지하는 발주건수의 비율은 약 1%이고, 공사금액의 비율은 약 24%이므로 옳은 내용이다.

㉤ 2022년 지방자치단체의 공사 발주규모는 소형공사가 대형공사보다 건수(61건 VS 28,939건), 금액(1,137십억 원 VS 10,289십억 원) 모두 크므로 옳은 내용이다.

㉠ 2021년 대형공사 발주금액은 3,172십억 원으로 2020년 3,362십억 원에서 감소하였으므로 옳지 않은 내용이다.

㉢ 매년 공공기관 전체에서 대형공사와 소형공사를 비교해보면 발주건수, 발주금액 모두 소형공사가 크므로 옳지 않은 내용이다.

20
정답 ③

두 사람이 x시간 후에 만난다고 하면 $3x+5x=24$이다. 따라서 $x=3$이다.

21
정답 ①

SWOT 분석은 내부 환경요인과 외부 환경요인의 2개의 축으로 구성되어 있다. 내부 환경요인은 자사 내부의 환경을 분석하는 것으로, 자사의 강점과 약점으로 분석된다. 외부 환경요인은 자사 외부의 환경을 분석하는 것으로, 기회와 위협으로 구분된다.

22
정답 ④

문제는 일반적으로 창의적 문제, 분석적 문제로 구분된다.

23
정답 ③

ⅰ) 먼저 두 번째 조건을 통해 D~F가 모두 20대임을 알 수 있어 A~G 중 나이가 가장 많은 사람은 G라는 것을 확인할 수 있다. 따라서 세 번째 조건에 의해 G는 왕자의 부하가 아니다.

ⅱ) 다음으로 네 번째 조건을 살펴보면, 이미 C, D, G의 3명이 여자인 상황에서 남자가 여자보다 많다고 하였으므로 A, B, E, F의 4명이 모두 남자임을 알 수 있다. 여기까지의 내용을 정리하면 다음과 같다.

친구	나이	성별	국적
A	37살	남자	한국
B	28살	남자	한국
C	22살	여자	중국
D	20대	여자	일본
E	20대	남자	중국
F	20대	남자	한국
G	38살	여자	중국

iii) 마지막 조건을 살펴보면, 일단은 국적이 동일한 2명이 왕자의 부하이므로 단 한 명인 일본인 D는 부하가 될 수 없으며, 왕자의 두 부하는 성별이 서로 다르다고 하였는데 한국인 A, B, F는 모두 남자이므로 역시 부하가 될 수 없다. 마지막으로 남은 C와 E가 중국 국적이면서 성별이 다른 상황이므로 이들이 왕자의 부하임을 알 수 있다.

24

정답 ④

수호는 주스를 좋아하므로, 디자인 담당이 아니다. 또한 편집 담당과 이웃해 있으므로 기획 담당이다. 편집 담당은 검은색 책상에 앉아 있다. 그런데 종대는 갈색 책상에 앉아 있으므로 종대는 디자인 담당이며, 민석이는 검은색 책상에 앉아 있다. 그러므로 수호는 흰색 책상에 앉아 있다.

수호	민석	종대
흰색 책상	검은색 책상	갈색 책상
기획	편집	디자인
주스	콜라	커피

오답분석

ㄷ. 수호가 편집을 하지 않는 것은 맞지만, 민석이는 콜라를 좋아한다.
ㄹ. 민석이는 편집 담당이므로 검은색 책상에 앉아 있다.

25

정답 ⑤

제시된 조건에 따라 직원별로 앉을 수 있는 자리를 도식화하면 다음과 같다.

	가 석	나 석		다 석	라 석	
1열		B대리	통로		✕	앞 ↕ 뒤
2열	✕				D주임	

좌 ↔ 우

두 번째 조건에서 A팀장은 1열 다 석, 2열 나 석, 다 석에 앉을 수 있으며, 네 번째 조건에서는 C주임은 B대리와 이웃하여 1열 가 석, 2열 나 석에 앉을 수 있다. 또한 마지막 조건에 E사원은 D주임보다 앞에 앉아야 하므로 1열 가 석, 다 석에 앉을 수 있다.
ㄷ. C주임이 2열 나 석에 앉는 경우, E사원은 1열 가 석에 앉을 수 있다.
ㄹ. E사원은 1열에만 앉아야 하고, C주임은 1열과 2열 모두 앉을 수 있으므로 옳은 설명이다.

오답분석

ㄱ. C주임은 1열 가 석 또는 2열 나 석에 앉을 수 있다.
ㄴ. A팀장이 2열 다 석에 앉는 경우가 가능하므로, 틀린 설명이다.

26

정답 ②

	가 석	나 석		다 석	라 석	
1열		B대리	통로	E사원	✕	앞 ↕ 뒤
2열	✕			A팀장	D주임	

좌 ↔ 우

문제에 제시된 내용에 따라 E사원은 A팀장과 이웃하여 앉아야 하므로, A팀장은 2열 나 석에는 앉을 수 없다.
또한 E사원은 D주임보다 앞에 앉아야 하므로, A팀장은 2열 다 석, E사원은 1열 다 석에 이웃하여 앉게 되고, C주임은 1열 가 석 혹은 2열 나 석에 앉을 수 있다.
따라서 반드시 2열에 앉는 직원은 A팀장과 D주임이다.

27

세 번째 정보는 대우명제를 통해 판단하여야 하며, 이를 두 번째와 네 번째 정보와 함께 보면 병이 헌법가치와 건전한 국가관 자질을 가지고 있는 것을 알 수 있다. 주어진 정보들을 정리하면 다음 표와 같다.

자질 지원자	자유민주주의	건전한 국가관	헌법가치	나라사랑
갑	○	×	×	○
을		×	×	
병	○	○	○	
정	○	×	×	○

여기서 빈칸은 주어진 정보로는 확정지을 수 없는 것인데, 이 빈칸들이 모두 채워지더라도 병을 제외한 나머지 지원자들은 세 가지의 자질을 지니고 있지 않은 상태가 된다. 따라서 채용이 가능한 지원자는 병 한 명뿐이다.

28

주어진 조건을 정리해 보면 왼쪽에서부터 E, A, (B, C, D)이다. 괄호 안의 B, C, D는 왼쪽에서 3 ~ 5번째에 서 있다는 것을 알 수 있을 뿐, 순서는 알 수 없다.

29

ㄱ. 장악원의 정기적인 연습은 특별한 사정이 없는 경우 매달 2자와 6자가 들어가는 날인 2일, 6일, 12일, 16일, 22일, 26일의 여섯 차례에 걸쳐 이루어졌으므로 연간 최소 72회(12개월×6회)의 습악이 있었을 것이다.

ㄴ. 서명응이 정한 규칙에 따라 장악원의 시험에서 상금을 받는 악공과 악생의 수를 정리하면 다음과 같다.

구분	우수	1등	2등	3등	합계
악생	1명	2명	3명	9명	15명
악공	1명	3명	5명	21명	30명

따라서 상금을 받는 악공의 수는 30명으로 15명인 악생 수의 2배이다.

[오답분석]

ㄷ. 『경국대전』에 의하면 2명의 당상관과 정3품의 정 1명, 종4품의 첨정 1명, 종6품의 주부 1명, 종7품의 직장 1명이 장악원의 관리로 소속되어 음악교육과 관련된 행정업무를 담당하였다. 따라서 4명이 아닌 총 6명의 관리들이 장악원에서 음악행정 업무를 담당하였다.

ㄹ. 장악원의 시험에서 서명응이 정한 규칙에 따라 악공과 악생이 받은 상금을 정리하면 다음과 같다.

구분	악공	악생	합계	상금
우수	1명	1명	2명	2냥×2명=4냥
1등	3명	2명	5명	1.5냥×5명=7.5냥
2등	5명	3명	8명	1냥×8명=8냥
3등	21명	9명	30명	0.5냥×30명=15냥
합계	-	-	-	34.5냥

악공과 악생들이 받은 총 상금액은 34냥 5전으로 40냥 이하이다.

30

제시된 상황의 소는 2,000만 원을 구하는 것이므로 소액사건에 해당한다. 이에 따라 심급별 송달료를 계산하면 다음과 같다.
- 민사 제1심 소액사건 : 2명×3,200원×10회=64,000원
- 민사 항소사건 : 2명×3,200원×12회=76,800원

따라서 갑이 납부하는 송달료의 합계는 140,800원이다.

01	02	03	04	05	06	07	08	09	10										
③	④	③	①	④	③	①	②	③	①										

01

정답 ③

과업세부도는 세부 과업을 체계적으로 구분해 놓은 그래프를 말한다. 과업세부도를 활용함으로써 과제에 필요한 활동이나 과업을 구체적으로 파악할 수 있고, 이에 따라 정확한 예산 배분이 가능하다.

02

정답 ④

제시문에서 설명하는 인력채용방식은 '사내추천제도'이다. 사내추천제도는 검증된 인재를 채용할 수 있고, 각종 비용을 줄일 수 있어 기업들이 선호하는 제도이다. 사내추천제도로 채용된 직원들의 이직률이 낮다는 점에서 인력 이동이 잦은 IT업계나 외국계 기업에서 두드러지게 활용된다.

[오답분석]

① 공개채용제도 : 자격을 갖춘 모든 사람에게 지원할 기회를 제공하고 공정한 경쟁과정을 통해 적합한 인재를 채용하는 방식이다.
② 수시채용제도 : 기업이 신규 사업 진출이나 인력 수요가 생겼을 때 채용공고를 통해 충원하는 채용방식이다.
③ 학교추천제도 : 기업들이 대학의 교수진으로부터 인재를 추천받아 채용하는 방식이다.
⑤ 헤드헌팅을 통한 채용 : 전문 인력채용 업체에서 제공하는 고급·전문 인력의 재취업이나 스카우트 중개를 통해 인력을 채용하는 방식이다.

03

정답 ③

상별로 수상 인원을 고려하여, 상패 및 물품별 총수량과 비용을 계산하면 다음과 같다.

상패 혹은 물품	총수량(개)	개당 비용(원)	총비용(원)
금도금 상패	7	49,500원(10% 할인)	$7 \times 49,500 = 346,500$
은도금 상패	5	42,000	$42,000 \times 4(1개 무료) = 168,000$
동 상패	2	35,000	$35,000 \times 2 = 70,000$
식기 세트	5	450,000	$5 \times 450,000 = 2,250,000$
신형 노트북	1	1,500,000	$1 \times 1,500,000 = 1,500,000$
태블릿 PC	6	600,000	$6 \times 600,000 = 3,600,000$
만년필	8	100,000	$8 \times 100,000 = 800,000$
안마의자	4	1,700,000	$4 \times 1,700,000 = 6,800,000$
계	−	−	15,534,500

따라서 총비용은 15,534,500원이다.

04

정답 ①

과목별 의무 교육이수 시간은 다음과 같다.

구분	글로벌 경영	해외사무영어	국제회계
의무 교육 시간	$\dfrac{15점}{1점/h} = 15시간$	$\dfrac{60점}{1점/h} = 60시간$	$\dfrac{20점}{2점/h} = 10시간$

이제까지 B과장이 이수한 시간을 계산해 보면, 글로벌 경영과 국제회계의 초과 이수 시간은 2+14=16시간이며, 해외사무영어의 부족한 시간은 10시간이다. 초과 이수 시간을 점수로 환산하면 3.2점이고, 이 점수를 부족한 해외사무영어 점수 10점에서 제외하면 6.8점이 부족하다. 따라서 미달인 과목은 해외사무영어이며, 부족한 점수는 6.8점임을 알 수 있다.

05 정답 ④

추가근무 계획표를 정리하면 다음과 같다.

월요일	화요일	수요일	목요일	금요일	토요일	일요일
김혜정 정해리 정지원	이지호 이승기 최명진	김재건 신혜선	박주환 신혜선 정지원 김우석 이상엽	김혜정 김유미 차지수	이설희 임유진 김유미	임유진 한예리 이상엽

위와 같이 목요일 추가 근무자가 5명임을 알 수 있다. 또한 목요일 추가근무자 중 단 1명만 추가근무 일정을 바꿔야 한다면 목요일 6시간과 일요일 3시간 일정으로 6+(3×1.5)=10.5시간을 근무하는 이상엽 직원의 일정을 바꿔야 한다. 따라서 목요일에 추가근무 예정인 이상엽 직원의 요일과 시간을 수정해야 한다.

06 정답 ③

B사원의 대화내용을 살펴보면, 16:00부터 사내 정기 강연으로 2시간 정도 소요된다는 것을 알 수 있다. 또한 B사원은 강연 준비로 30분 정도 더 일찍 나서야 하므로, 15:30부터는 가용할 시간이 없다. 그리고 기획안 작성업무는 두 시간 정도 걸릴 것으로 보고 있는데, A팀장이 먼저 기획안부터 마무리 짓자고 하였으므로, 11:00부터 업무를 시작하는 것으로 볼 수 있다. 그런데 중간에 점심 시간이 껴 있으므로, 기획안 업무는 14:00에 완료될 것으로 볼 수 있다. 따라서 A팀장과 B사원 모두 여유가 되는 시간은 14:00 ~15:30이므로 보기에서 가장 적절한 시간대는 ③이다.

07 정답 ①

우선 월 사용량 600kWh의 기본요금은 7,300원이다(∵ 400kWh 초과 사용).
주택용 요금 누진제를 적용하여 전력량요금을 계산하면
$(200×93.3)+(200×187.9)+(200×280.6)=18,660+37,580+56,120=112,360$원
- 부가세 : (기본요금+전력량요금)×0.1 → 7,300+(112,360×0.1)=11,966원
- 전력기반기금 : (기본요금+전력량요금)×0.037 → 7,300+(112,360×0.037)≒4,420(10원 미만 절사)
따라서 청구요금은 7,300+112,360+11,966+4,420=136,046 → 136,040원이다(∵ 10원 미만 절사).

08 정답 ②

자료3의 9월 전력량계 지침 3,863kWh에서 8월 지침인 3,543kWh를 빼면 320kWh가 9월의 사용량이다.
9월 전력량은 인하된 전기요금표를 적용해서 계산하면
- 기본요금 : 1,600원
- 전력량요금(10원 미만 절사) : 6,070원(처음 100kWh×60.7원)+12,590(다음 100kWh×125.9원)+18,790(100kWh×187.9원)+3,758(20kWh×187.9원)=41,200원
- 기본요금+전력량요금 : 1,600+41,200=42,800원
- 부가가치세(10원 미만 절사) : 42,800×0.1=4,280원
- 전력산업기반금(10원 미만 절사) : 42,800×0.037=1,580원
따라서 청구금액은 42,800+4,280+1,580=48,660원이다.

자료3의 10월 전력량계 지침 4,183kWh에서 9월 지침인 3,863kWh를 빼면 320kWh가 10월의 사용량이다.
10월 전력량은 정상 전기요금표를 적용해서 계산하면
• 기본요금 : 3,850원
• 전력량요금(10원 미만 절사) : 6,070(처음 100kWh×60.7원)+12,590(다음 100kWh×125.9원)+18,790(100kWh×187.9원)+5,612(20kWh×280.6원)=43,060원
 기본요금+전력량요금 : 3,850+43,060=46,910원
• 부가가치세(10원 미만 절사) : 46,910×0.1=4,690원
• 전력산업기반금(10원 미만 절사) : 46,910×0.037=1,730원
따라서 청구금액(10원 미만 절사)은 46,910+4,690+1,730=53,330원이다.
그러므로 10월과 9월의 전기요금 차이는 53,330−48,660=4,670원이다.

09 정답 ③

면접에 참여하는 직원들의 휴가 일정은 다음과 같다.
• 마케팅팀 차장 : 6월 29일 ~ 7월 3일
• 인사팀 차장 : 7월 6 ~ 10일
• 인사팀 부장 : 7월 6 ~ 10일
• 인사팀 과장 : 7월 6 ~ 9일
• 총무팀 주임 : 7월 1 ~ 3일
선택지에 제시된 날짜 중에서 직원들의 휴가 일정이 잡히지 않은 유일한 날짜가 면접 가능 날짜가 되므로 정답은 7월 5일이다.

10 정답 ①

기본급은 180만 원이며, 시간외근무는 10시간이므로 $1,800,000 \times \frac{10}{200} \times 1.5 = 135,000$원이다.

03 정보능력(사무/ICT)

01	02	03	04	05	06	07	08	09	10										
②	③	①	②	①	③	④	②	⑤	③										

01 정답 ②

전자우편을 사용할 때는 가능한 짧게 요점만 작성하는 것이 네티켓에 해당한다.

오답분석
① 네티켓((Netiquette)은 네트워크(Network)와 에티켓(Etiquette)의 합성어이다.
③ 온라인 채팅은 용도에 맞게 대화 목적으로 사용하여야 한다.
④ 네티켓은 법제화된 규율은 아니며, 사이버 공간상의 비공식적 규약이다.
⑤ 게시판의 잘못된 정보는 빠르게 수정하거나 삭제하는 것이 인터넷 이용 예절이다.

02 정답 ③

ㄴ. Windows 키+⟨K⟩ : 연결 바로가기를 연다.
ㄷ. ⟨Ctrl⟩+⟨A⟩ : 문서나 창에 있는 모든 항목을 선택한다.

오답분석

ㄱ. Windows 키+〈E〉 : 파일 탐색기를 연다.
ㄹ. 〈Ctrl〉+〈Y〉 : 작업을 다시 실행한다.

03
정답 ①

피벗테이블 결과 표시 장소는 다른 시트도 가능하다.

04
정답 ②

ㄱ에 해당하는 것은 소득 정보가 아닌 신용 정보이며, 소득 정보는 직장, 수입원 등을 가리킨다.
ㄷ에 해당하는 것은 조직 정보가 아닌 고용 정보이며, 조직 정보는 가입 정당, 가입 협회 등 사적으로 가입된 조직을 가리킨다.

05
정답 ①

[수식] 탭 - [수식 분석] 그룹 - [수식 표시]를 클릭하면 함수의 결괏값이 아닌 수식 자체가 표시된다.

06
정답 ③

ㄴ. 제3자에 대한 정보 제공이 이루어지더라도, 해당 내용이 조항에 명시되어 있고, 이용자가 동의한다면 개인정보를 제공하여도 된다. 번거롭지 않게 서비스를 제공 받기 위해 정보제공이 필요한 제3자에게 정보를 제공하는 것이 유용할 수도 있다. 따라서 단언적으로 개인정보를 제공하지 않아야 한다는 설명은 잘못된 설명이다.
ㄹ. 비밀번호는 주기적으로 변경하여야 하며, 관리의 수월성보다도 보안을 더 고려하여 동일하지 않은 비밀번호를 사용하는 것이 좋다.

오답분석

ㄱ. 개인정보제공 전 관련 조항을 상세히 읽는 것은 필수적 요소이다.
ㄷ. 제공 정보와 이용목적의 적합성 여부는 꼭 확인하여야 한다.
ㅁ. 정보파기 여부와 시점도 확인하여야 한다.

07
정답 ④

오답분석

① 셀들의 합계를 구할 때 사용하는 함수이다.
② 숫자가 들어 있는 셀의 개수를 구할 때 사용하는 함수이다.
③ 수치가 아닌 셀을 포함하는 인수의 평균값을 구할 때 사용하는 함수이다.
⑤ 지정된 범위에서 조건에 맞는 셀의 개수를 구할 때 사용하는 함수이다.

08
정답 ②

오답분석

① 풀 노드(Full Node) : 블록체인의 모든 내역을 저장하는 노드
③ 라이트 노드(Light Node) : 핵심본만 저장하는 노드
④ 마스터 노드(Master Node) : 일정 지분의 코인을 가지고 해당 코인을 채굴하는 방식을 가지는 노드
⑤ 슈퍼 노드(Super Node) : 노드 사이에 전압이 있으면, 그 두 개를 묶어서 노달 회로분석(Nodal Analysis)을 적용하는 회로

09

디스크 정리는 메모리(RAM) 용량 부족이 아닌 하드디스크 용량 부족의 해결방법이다.

10

Ctrl+I는 텍스트를 기울임꼴로 만든다. 텍스트에 밑줄을 긋는 단축키는 Ctrl+U이다.

04 기술능력(전기/ICT)

01	02	03	04	05	06	07	08	09	10										
⑤	③	①	④	③	⑤	②	⑤	③	①										

01

러시아는 AN 13D 제품이 적절하다. 이는 AN 20E 제품의 정격전류가 러시아 표준 규격의 정격전류 범위보다 높기 때문이다.

02

연구개발에 참가한 연구원과 엔지니어들이 그 기업을 떠나는 경우 기술과 지식의 손실이 크게 발생하는 점을 볼 때, 기술혁신은 새로운 지식과 경험의 축적으로 나타나는 지식 집약적인 활동으로 볼 수 있다.

기술혁신의 특성
- 기술혁신은 그 과정 자체가 매우 불확실하고 장기간의 시간을 필요로 한다.
- 기술혁신은 지식 집약적인 활동이다.
- 기술혁신 과정의 불확실성과 모호함은 기업 내에서 많은 논쟁과 갈등을 유발할 수 있다.
- 기술혁신은 조직의 경계를 넘나든다.

03

A : 보일러를 고온으로 계속 작동시켜 난방수 온도가 너무 높아져 과열안전장치가 작동하였음을 유추할 수 있으므로 96번이다.
B : 보일러 내 물이 부족할 경우 표시되는 기능으로, 자동으로 급수가 되며 보충완료 시 보일러가 정상 가동되지만, 사례에서는 자동으로 급수되지도 않고 번호가 해제되지도 않고 있으므로 93 / 94 / 95번에 해당한다. 이때는 지역 대리점이나 A/S센터에 연락한다.
C : 불꽃 감지에 이상이 생겨 점화되지 않거나 점화가 되었다가 바로 안전차단이 일어나는 경우이므로 01 / 02 / 03이다. 보일러 고장보다는 외부적인 조건에 의하여 일시적으로 일어나는 경우일 수 있으므로 실내온도 조절기의 전원 / 재가동 버튼을 눌러 재가동시켜 본다.

04

본 제품에는 배터리 보호를 위하여 과충전 보호회로가 내장되어 있어 적정 충전시간을 초과하여도 큰 손상이 없으므로 고장의 원인으로 적절하지 않다.

05

청소기 전원을 끄고 이물질 제거 후 전원을 켜면 파워브러쉬가 재작동하며 평상시에도 파워브러쉬가 멈추었을 때는 전원 스위치를 껐다 켜면 재작동한다.

06

사용 중 갑자기 흡입력이 떨어지는 이유는 흡입구를 커다란 이물질이 막고 있거나, 먼지 필터가 막혀 있거나, 먼지통 내에 오물이 가득 차 있을 경우이다.

07

디지털 카메라를 개발하였지만 주력 업종을 스스로 잡아먹는 신제품을 낼 이유가 없다는 안일한 판단이 코닥을 몰락으로 이어가게 한 것이다. 즉 변화하는 시대에 발맞춰 나아가지 못한 것이다.

08

스마트 그리드 스테이션의 발전 설비인 풍력 및 태양광발전을 통해 발전 설비의 분산 효과를 기대할 수 있으므로 '⑤ 발전 설비의 중앙 집중화'는 거리가 멀다.

오답분석

신재생에너지인 풍력 및 태양광발전을 통해 화석연료 발전을 줄일 수 있으므로 온실가스 감축 효과를, EV충전 장치를 통해서 전기차 충전 인프라 확대를, 그리고 냉난방설비(BAS)와 양방향 원격검침(AMI) 등을 통해 에너지의 효율적 관리와 고객의 자발적인 전력 수요반응을 유도하는 효과를 기대할 수 있다.

09

기사는 공공연해진 야근 문화와 이로 인한 과로사에 대한 내용으로 산업재해의 기본적 원인 중 작업 관리상 원인에 속한다. 작업 관리상 원인에는 안전 관리 조직의 결함, 안전 수칙 미지정, 작업 준비 불충분, 인원 배치 및 작업 지시 부적당 등이 있다.

오답분석

① 충분하지 못한 OJT는 산업재해의 기본적 원인 중 교육적인 원인이지만, 위 기사의 산업재해 원인으로는 적절하지 않다.
② 노후화된 기기의 오작동으로 인한 작업 속도 저하는 산업재해의 기본적 원인 중 기술적 원인에 속하고, 기기의 문제로 작업 속도가 저하되면 야근을 초래할 수 있지만, 위 기사의 산업재해 원인으로는 적절하지 않다.
④ 작업 내용 미저장, 하드웨어 미점검 등은 산업재해의 직접적 원인 중 불안전한 행동에 속하며, 야근을 초래할 수 있지만, 위 기사의 산업재해 원인으로는 적절하지 않다.
⑤ 시설물 자체 결함, 복장·보호구의 결함은 산업재해의 직접적 원인 중 불안전한 상태에 속하며, 위 기사의 산업재해 원인으로는 적절하지 않다.

10

기술시스템(Technological System)은 개별 기술이 네트워크로 결합하는 것을 말한다. 인공물의 집합체만이 아니라 투자회사, 법적 제도, 정치, 과학, 자연자원을 모두 포함하는 것으로 사회기술시스템이라고도 한다.

01 공통영역(사무/전기/ICT)

01	02	03	04	05	06	07	08	09	10	11	12	13	14	15	16	17	18	19	20
②	②	③	③	⑤	③	②	①	③	①	②	②	①	⑤	①	④	②	④	④	③
21	22	23	24	25	26	27	28	29	30										
②	④	⑤	②	①	③	②	④	③	④										

01

정답 ②

김팀장의 업무지시에 따르면 근로자들에게 신직업자격을 알리기 위한 홍보 자료를 제작해야 한다. 즉, 홍보 자료의 대상은 근로자이므로 기능을 기업과 근로자 두 측면으로 나누어 설명하는 것이 적절하지 않다.

02

정답 ②

가옥(家屋)은 집을 의미하는 한자어이므로 ⑦과 ⑥의 관계는 동일한 의미를 지니는 한자어와 고유어의 관계이다. ②의 수확(收穫)은 익은 농작물을 거두어들이는 것 또는 거두어들인 농작물의 의미를 가지므로 벼는 수확의 대상이 될 뿐 수확과 동일한 의미를 지니지 않는다.

03

정답 ③

경청이란 다른 사람의 말을 주의 깊게 들으며, 공감하는 능력이다. 경청은 대화의 과정에서 당신에 대한 신뢰를 쌓을 수 있는 최고의 방법이다. 우리가 경청하면 상대는 본능적으로 안도감을 느끼고, 우리가 말을 할 경우 자신도 모르게 더 집중하게 된다.

04

정답 ③

공식적 말하기는 대중을 상대로 사전에 준비된 내용을 말하는 것이므로 ⑦ 토론, ⑥ 연설, ⑥ 토의가 이에 해당한다.

오답분석
②·⑩ : 의례적 말하기
⑥ : 친교적 말하기

05

정답 ⑤

문서작성 원칙의 제7항 제1호에 따르면 본문에 붙임이 있는 경우에는 붙임의 마지막 글자에서 한 글자 띄우고 "끝" 표시를 한다. 따라서 ⑩은 문서작성 원칙에 따라 적절하게 사용되었으므로 수정이 필요하지 않다.

오답분석
① 제5항에 따르면 문서에 쓰는 날짜는 숫자로 표기하되, 연·월·일의 글자는 생략하고 그 자리에 온점을 찍어 표시해야 한다. 따라서 ⑦은 '2023. 08. 29.'로 수정해야 한다.

② 제5항에 따르면 시·분은 24시각제에 따라 숫자로 표기하되, 시·분의 글자는 생략하고 그 사이에 쌍점(:)을 찍어 구분해야 한다. 따라서 ⓒ은 '09:30부터 18:30까지'로 수정해야 한다.

③ 제2항에 따르면 문서의 내용은 일반화되지 않은 약어와 전문용어 등의 사용을 피하여 이해하기 쉽게 작성하여야 한다. 따라서 공적인 문서에서 ⓒ과 같은 줄임말의 사용은 부적절하다.

④ 제7항 제1호에 따르면 본문의 내용의 마지막 글자에서 한 글자 띄우고 "끝" 표시를 해야 하지만 본문에 붙임이 있는 경우에는 붙임 다음에 한 글자 띄우고 "끝" 표시를 한다.

06

정답 ③

보고서는 업무 진행과정에서 쓰는 경우가 대부분이므로 무엇을 도출하고자 했는지 핵심내용을 구체적으로 제시해야 한다. 내용의 중복을 피하고 산뜻하고 간결하게 작성하며, 복잡한 내용일 때에는 도표나 그림을 활용한다. 또한 보고서는 개인의 능력을 평가하는 기본요인이므로 제출하기 전에 최종 점검을 해야 한다. 따라서 P사원이 작성해야 할 문서는 보고서이다.

07

정답 ②

설명서의 서술은 가능한 한 단순하고 간결해야 하며, 비전문가도 쉽게 이해할 수 있어야 한다. 따라서 전문용어의 사용을 삼가야 한다.

[오답분석]
① 추상적 명사보다는 행위 동사를 사용한다.
③ 의미전달을 명확하게 하기 위해서는 수동태보다 능동태의 동사를 사용한다.
④ 한 문장에는 통상적으로 하나의 명령 또는 밀접하게 관련된 명령만을 포함해야 한다.
⑤ 제품설명서는 제품 사용 중 해야 할 일과 하지 말아야 할 일까지 함께 정의해야 한다.

08

정답 ①

[오답분석]
② 아프리카, 중동, 호주, 중국을 말하고 있다.
③ 지구 온난화, 과도한 경작, 무분별한 벌목으로 인한 삼림 파괴 등에 의해 일어날 수 있다고 말하고 있다.
④ 사막화란 건조 지대에서 일어나는 토지 황폐화 현상이다.
⑤ 사막화가 계속 진행된다면 결국 식량 생산의 감소와 식수 부족으로 이어진다는 내용을 말하고 있다.

09

정답 ③

'선연하다'는 실제로 보는 것같이 생생하다는 의미이다. 따라서 유의 관계에 있는 것은 '엉클어지거나 흐리지 않고 아주 분명하다.'는 의미를 가진 '뚜렷하다'가 적절하다.

10

정답 ①

제시된 논증은 사람들은 고난과 좌절이 실제로 사라지기를 원하며, 그것들이 그저 사라졌다고 믿기를 원하지 않는 것을 전제하고 있다. 즉, 사람들은 행복 기계에 들어가 거짓 믿음 속에 사는 것을 원하지 않는다는 것인데, 만약 선택지와 같이 대부분의 사람이 행복 기계에 들어가는 것을 선호한다면 이 같은 논지를 약화시키는 결과를 가져오게 된다.

[오답분석]
② 행복 기계는 논지를 입증하기 위해 가정한 사례이므로 행복 기계의 실존 유무는 논지의 약화 또는 강화에 아무런 영향을 끼치지 않는다.
③ 치료를 위해 신체의 고통을 견딘다는 것은 그 고통보다 더 심한 질병을 치료하기 위한 것이다. 결국 사람들은 치료가 신체의 고통을 동반함에도 불구하고 질병이 실제로 사라지기를 원하는 참인 믿음을 위해 기초 선호의 대상이 아닌 고통을 기꺼이 견디는 것이다. 따라서 손해를 가져오는 경우에도 거짓인 믿음보다 참인 믿음을 선호한다는 견해를 뒷받침하므로 논지는 약화되지 않는다.

④ 글의 논지에 따르면 인간이 행복 기계에 들어가지 않는 것은 인간이 거짓 믿음보다 고통스럽지만 참인 믿음을 선호하기 때문이다. 그러므로 행복 기계를 선택하지 않는 이유가 참과 무관한 실용적 목적 때문이라면 논지는 약화된다.

⑤ 실용적 목적이 없지만 참인 수학적 정리를 믿는 것은 인간이 실용적 손익과 관계없이 거짓보다 참을 선호한다는 논지를 강화하는 사례이다.

11

정답 ②

10마리가 200개의 달걀을 낳고, 1마리당 달걀 10개씩의 사료 값, 달걀 20개의 닭 1마리, 닭 3마리의 수레 등 따져야 하는 조건이 많아 수열과 그 규칙을 찾기보다는 순서대로 정리를 하며 접근하는 방식이 더욱 적합하다.

개월	마리 수	산란	낳은 달걀	사료값 지불	남은 달걀	닭과 교환	구매량	농장에 추가	수레 대여	남은 닭 수
0	10	×20	200	−100	100	÷20	5	+5	−3	12
1	12	×20	240	−120	120	÷20	6	+6	−3	15
2	15	×20	300	−150	150	÷20	7	+7	−3	19
3	19	×20	380	−190	190	÷20	9	+9	−3	25
4	25	×20	500	−250	250	÷20	12	+12	−3	34
5	34	×20	680	−340	340	÷20	17	+17	−3	48
6	48	×20	960	−480	480	÷20	24	+24	−3	69
…	…	…	…	…	…	…	…	…	…	…

따라서 닭이 50마리가 넘는 시기는 6개월째 시점인 것을 알 수 있다.

12

정답 ②

영희는 세 종류의 과일을 주문한다 하였으며, 그중 감, 귤, 포도, 딸기에 대해서는 최대 두 종류의 과일을 주문한다고 하였다. 감, 귤, 포도, 딸기 중에서 과일이 0개, 1개, 2개 선택된다고 하였을 때, 영희는 나머지 과일에서 3개, 2개, 1개를 선택한다. 따라서 영희의 주문에 대한 경우의 수는 $_4C_3+(_4C_2\times_4C_1)+(_4C_1\times_4C_2)=52$가지이다.

13

정답 ①

지난달에는 $\dfrac{3,750,000}{12,500}=300$포대의 쌀을 구매하였으므로 이번 달에 쌀을 구매하는 데 사용한 금액은 $14,000\times300=4,200,000$원이다. 따라서 이번 달의 쌀 구매비용은 지난달보다 $4,200,000-3,750,000=450,000$원 더 증가하였다.

14

정답 ⑤

L씨는 휴일 오후 3시에 택시를 타고 서울에서 경기도 맛집으로 이동 중이다. 택시요금 계산표에 따라 경기도 진입 전까지 기본요금으로 2km까지 3,800원이며, $4.64-2=2.64$km는 주간 거리요금으로 계산하면 $\dfrac{2,640}{132}\times100=2,000$원이 나온다. 경기도에 진입 후 맛집에 도착까지 거리는 $12.56-4.64=7.92$km로 시계외 할증이 적용되어 심야 거리요금으로 계산하면 $\dfrac{7,920}{132}\times120=7,200$원이고, 경기도 진입 후 8분의 시간요금은 $\dfrac{8\times60}{30}\times120=1,920$원이다.

따라서 L씨가 가족과 맛집에 도착하여 지불하는 택시요금은 $3,800+2,000+7,200+1,920=14,920$원이다.

15

퍼낸 소금물의 양을 xg이라고 하면

$$\left(\frac{6}{100}\times 700\right)-\frac{6}{100}x+\frac{13}{100}x=\frac{9}{100}\times 700 \rightarrow 4,200-6x+13x=6,300 \rightarrow 7x=2,100$$

$$\therefore \ x=300$$

16

A ~ D의 청년층 정부신뢰율을 구하면

A : 14−6.4=7.6%

B : 35−(−14.1)=49.1%

C : 48.0−(−9.1)=57.1%

D : 82.0−2.0=80.0%

• 첫 번째 조건

7.6×10<80이므로 A는 그리스, D는 스위스이다.

• 두 번째 조건

B, C의 청년층 정부신뢰율은 전체 국민 정부 신뢰도보다 높다.

따라서 B와 C는 영국과 미국(또는 미국과 영국)이다.

• 세 번째 조건

80.0%−30%=50.0%이므로 미국의 청년층 정부신뢰율은 50% 이하여야 한다.

따라서 B는 미국, C는 영국이다.

17

• 가 − A : 시험체 강도의 평균은 $\frac{22.8+29+20.8}{3}=24.2$MPa로 기준강도 24MPa보다 높고, 기준강도가 35MPa 이하이므로 각

시험체 강도가 모두 24−3.5=20.5MPa보다 커야 한다. 세 시험체 강도는 모두 20.5MPa 이상이므로 강도 판정결과는 '합격'이다.

• 나 − C : A와 같은 판정기준에 따라 시험체 강도의 평균은 $\frac{36.9+36.8+31.6}{3}=35.1$MPa로 기준강도 35MPa 이상이며, 세

시험체 강도가 모두 35−3.5=31.5MPa 이상으로 '합격'이다.

• 다 − E : 기준강도가 35 MPa 초과인 경우에는 각 시험체가 모두 45×0.9=40.5MPa 이상이어야 하지만 '시험체 1'이 40.3MPa이므

로 '불합격'이다.

18

2022년에 세 번째로 많은 생산을 했던 분야는 일반기계 분야이므로, 일반기계 분야의 2020년에서 2021년까지의 변화율은

$\frac{4,020-4,370}{4,370}\times 100=-8$이므로 8% 감소하였다.

19

ㄱ. 무궁화호의 속력은 10분에 10km를 이동하므로 1km/분이며, 분자와 분모에 60을 곱해주면 60km/시간임을 알 수 있다. 새마

을호는 무궁화호보다 2배 빠르고, 고속열차는 4배가 빠르다. 역 사이 거리는 10km이기 때문에 다음 역에 도착하는 데 걸리는

시간은 무궁화는 10분, 새마을호는 5분, 고속열차는 2.5분이다.

첫 무궁화호가 C역에 도착하는 시각은 6시+10분×2+1분=6시 21분이고, 첫 고속열차가 D역에 도착하는 시각은 6시 5분+

(2.5분×3)+(1분×2)=6시 14.5분이다. 따라서 첫 무궁화호가 C역에 도착하기 6분 전인 6시 15분에는 첫 고속열차는 D역에

정차해 있다.

ㄷ. 고속열차가 C역을 출발하여 E역에 도착하는 데 (2.5분×2)+1분=6분이 소요된다.

ㄴ. 첫 새마을호 D역 출발 시각은 6시 5분+(5분×3)+(1분×3)=6시 23분이고, 6시 10분에 A역을 출발한 무궁화호의 C역 도착
시각은 첫 무궁화호가 C역에 도착하는 시각보다 10분 느린 6시 21분+10분=6시 31분이다.

20

ㄱ. 서울특별시의 실내 라돈 농도 평균값은 66.5Bq/m^3이고, 평균값의 1.1배는 $66.5×1.1=73.15\text{Bq/m}^3$이다. 경기도의 평균값
은 74.3Bq/m^3로 서울특별시 평균값의 1.1배보다 높다.

ㄷ. 조사대상 공동주택 중 실내 라돈 농도가 실내 라돈 권고 기준치 200Bq/m^3를 초과하는 공동주택의 비율이 5% 이상인 행정구역
은 대전광역시, 경기도, 강원도, 충청북도, 충청남도, 전라북도, 전라남도, 경상북도, 제주특별자치도로 9곳이다. 여기서 5%의

값을 빨리 계산하기 위해서는 먼저 조사대상 공동주택수에 $\frac{1}{10}$을 곱하고 2로 나눠주면 0.05를 곱하는 것보다 눈으로 수월하게

비교할 수 있다.

ㄴ. 세종특별자치시와 충청북도의 실내 라돈 농도를 평균값과 중앙값을 비교하면, 세종특별자치시의 평균값은 충청북도보다 낮지
만 중앙값은 높으므로 옳지 않은 설명이다.

21

먼저 주어진 정보를 정리하면 다음과 같다.
ⅰ) 두 번째와 네 번째 조건을 결합하면 대한민국은 B국과 조약을 갱신하며, A국과는 갱신할 수 없다.
ⅱ) 첫 번째와 세 번째 조건, ⅰ)의 내용을 결합하면 대한민국은 유엔에 동북아 안보 관련 안건을 상정할 수 없다.
ⅲ) 마지막 조건과 ⅱ)의 내용을 결합하면 대한민국은 6자 회담을 올해 내로 성사시켜야 한다.
따라서 ⅲ)에서 6자 회담을 올해 내로 성사시켜야 한다고 하였으므로 옳은 내용이다.

① ⅰ)에서 A국과 상호방위조약을 갱신하지 않는다고 하였으므로 옳지 않은 내용이다.
③ ⅱ)에서 유엔에 동북아 안보 관련 안건을 상정할 수 없다고 하였으므로 옳지 않은 내용이다.
④ ⅱ)에서 유엔에 동북아 안보 관련 안건을 상정할 수 없다고 하였고 ⅲ)에서 6자 회담을 올해 내로 성사시켜야 한다고 하였으
므로 옳지 않은 내용이다.
⑤ ⅰ)에서 A국과 상호방위 조약을 갱신하지 않는다고 하였고 ⅱ)에서 유엔에 동북아 안보 관련 안건을 상정할 수 없다고 하였으므
로 옳지 않은 내용이다.

22

문제해결에 필요한 기본적 사고
전략적 사고, 분석적 사고, 발상의 전환, 내·외부자원의 활용

23

세 명의 사무관 모두가 한 명씩의 성명을 올바르게 기억하고 있는 것이므로 옳은 내용이다.

① 이 경우는 혜민과 서현이 모든 사람의 성명을 올바르게 기억하지 못한 것이 되므로 옳지 않다.
② 이 경우는 혜민과 민준이 모든 사람의 성명을 올바르게 기억하지 못한 것이 되므로 옳지 않다.
③ 이 경우는 민준이 두 명의 성명을 올바르게 기억하고 있는 것이 되므로 옳지 않다.
④ 이 경우는 민준이 모든 사람의 성명을 올바르게 기억하지 못한 것이 되므로 옳지 않다.

24

정답 ②

주어진 상황에 따라 각 후보자가 갖춘 직무역량을 정리하면 다음과 같다.

구분	의사소통역량	대인관계역량	문제해결역량	정보수집역량	자원관리역량
갑	○	○	×	×	○
을	×	×	○	○	○
병	○	×	○	○	×
정	×	○	○	×	○

이를 바탕으로 각 후보자가 수행 가능한 업무는 다음과 같다.
- 갑 : 심리상담, 지역안전망구축
- 을 : 진학지도
- 병 : 위기청소년지원, 진학지도
- 정 : 지역안전망구축

따라서 서로 다른 업무를 맡으면서 4가지 업무를 분담할 수 있는 후보자는 갑과 병뿐이므로 K복지관에 채용될 후보자는 갑, 병이다.

25

정답 ①

제시문의 내용을 조건식으로 정리하면 다음과 같다.
ⅰ) (젊다 ∧ 섬세하다 ∧ 유연하다) → 아름답다
ⅱ) 덕을 가졌다 → 훌륭하다
ⅲ) (아름답다 ∧ 훌륭하다) → 행복하다
이때, '아름다운 자가 모두 훌륭한 것은 아니다.'라는 조건은 기호화하기가 복잡하므로 일단 체크만 해두고 넘어간다. 이 조건식에서 '행복하다.'가 결론으로 주어지는 ⅲ)을 바탕으로 아테나가 행복하다는 결론을 도출하기 위해서는 아테나가 아름답고 훌륭해야 한다는 조건을 끌어내면 된다. 일단 제시문에서 아테나는 덕을 가졌다고 했으므로 ⅱ)를 통해 아테나는 훌륭하다는 것을 알 수 있다. 다음으로, 아테나가 아름답다는 조건을 끌어내기 위해서는 ⅰ)을 살펴보아야 한다. ⅰ)에서는 젊고 섬세하고 유연하면 아름답다고 하였는데, 제시문에서 아테나는 섬세하고 유연하다고 하였으므로 '아테나가 젊다.'는 조건만 추가되면 아테나가 아름답다는 결론을 이끌어낼 수 있다.

26

정답 ③

상준이는 토요일과 일요일에 운동하지 못하고, 금요일 오후에 운동을 했다. 또한 이틀 연속으로 할 수 없으므로 목요일에는 운동을 할 수 없다. 금요일을 제외한 나머지 요일에는 오후에 운동을 하지 못했고 마지막 조건에 따라 월요일에는 이틀 연속 운동이 불가능하므로 화요일(오전), 수요일(오전), 금요일(오후)이 옳은 답이다.

27

정답 ②

[오답분석]
① 깊이 있는 커뮤니케이션을 통해 서로의 문제점을 이해하고 공감하게 한다.
③ 초기에 생각하지 못했던 창조적인 해결 방법을 도출한다.
④ 구성원이 자율적으로 실행하는 것으로 제3자가 합의점이나 줄거리를 준비해놓고 예정대로 결론이 도출되는 것이 아니다.
⑤ 구성원의 동기가 강화되고 팀워크도 한층 강화된다는 특징을 보인다.

28

제시문의 내용을 기호화하면 다음과 같다.

 ⅰ) A(○) → B(○)

 ⅱ) A(×) → [D(×)∧ E(×)]

 ⅲ) B(○) → [C(○) ∨ A(×)]

 ⅳ) D(×) → [A(○) ∧ C(×)]

식 ⅱ)와 ⅳ)를 통해 A가 채택되지 않으면 D와의 관계에서 모순이 발생하므로 A는 반드시 채택된다는 것을 알 수 있으며 이를 ⅰ)과 결합하면 B역시 채택된다는 것을 알 수 있다. 또한 B가 채택된다는 사실을 ⅲ)과 결합하면 C도 채택된다는 것을 알 수 있고, 이를 ⅳ)의 대우와 연결하면 D가 채택된다는 것을 알 수 있다. 그런데 마지막으로 남은 E는 ⅱ)를 통하더라도 반드시 채택되어야 하는 것은 아니므로 결과적으로 A, B, C, D 4개의 업체가 반드시 채택됨을 알 수 있다.

29

참나무류, 칠엽수류는 난저장성 종자로, 참나무류, 칠엽수류 등과 같이 수분이 많은 종자는 부패되지 않도록 보호저장법으로 저장해야 한다.

오답분석

① 모든 열대수종은 난저장성 종자에 속하며, 저온저장법의 경우 난저장성 종자는 −3℃ 이하에 저장해서는 안 된다고 하였으므로 적절하지 않다.

② 유전자 보존에 적합한 함수율은 4 ~ 6%로, 보통 5년 이상의 장기저장을 한다고 하였으므로 적절하지 않다.

④ 참나무류 등과 같이 수분이 많은 종자들은 함수율을 약 30% 이상으로 유지시켜 주어야 한다고 하였으므로 적절하지 않다.

⑤ 일반적으로 온도와 수분은 종자의 저장기간과 역의 상관관계를 갖는다고 하였으므로 종자보관장소의 온도를 높이면 종자의 저장기간은 줄어들 것이다.

30

정답 ④

원종자의 무게는 10g이며 일반적으로 종자저장에 가장 적합한 함수율을 5 ~ 10%이므로 건조 종자의 무게를 x라고 할 때, 이를 함수율을 구하는 식에 대입하면 다음과 같다.

$$5 \sim 10\% = \frac{10\text{g} - x\text{g}}{10\text{g}} \times 100$$

즉, $10 - x$는 0.5와 1.0 사이의 값이어야 한다.

따라서 건조 종자의 무게는 $9 \sim 9.5$g이다.

01	02	03	04	05	06	07	08	09	10										
③	④	④	⑤	④	③	④	④	③	③										

01

정답 ③

인적자원의 특성은 크게 능동성, 개발가능성, 전략적 중요성으로 나눌 수 있다.

- 능동성 : 인적자원으로부터의 성과는 인적자원의 욕구와 동기, 태도와 행동 그리고 만족감 여하에 따라 결정되므로 인적자원은 능동적이고 반응적인 성격을 지닌다.
- 개발가능성 : 인적자원은 자연적인 성장과 성숙은 물론, 오랜 기간 동안에 걸쳐서 개발될 수 있는 많은 잠재능력과 자질을 보유하고 있다.
- 전략적 중요성 : 조직의 성과는 인적자원, 물적자원 등을 효과적이고 능률적으로 활용하는 데 달려있다. 이러한 자원을 활용하는 것이 바로 사람, 즉 인적자원이므로 다른 어느 자원보다도 전략적 중요성이 강조된다.

02

정답 ④

회전 대응 보관의 원칙이란 입·출하의 빈도가 높은 품목을 출입구 가까운 곳에 보관하는 것을 말한다.

[오답분석]

① 통로 대면의 원칙 : 물품의 창고 내 입고와 출고를 용이하게 하고, 창고 내의 원활한 흐름과 활성화를 위하여 물품을 통로에 면하여 보관한다.
② 중량 특성의 원칙 : 물품의 중량에 대응하여 보관 장소나 고저를 결정하는 것으로, 무거운 물품일수록 출구와 가까운 하층부에 보관한다.
③ 선입선출의 원칙 : 먼저 보관한 물품을 먼저 출고하는 원칙으로, 일반적으로 상품의 수명 주기가 짧은 경우 적용한다.
⑤ 네트워크 보관의 원칙 : 물품 정리 및 이동 거리의 최소화를 지원하는 방식으로 출하 품목의 연대적 출고가 예상되는 제품을 한데 모아 정리하고 보관한다.

03

정답 ④

프랑스와 한국의 시차는 7시간이다. 프랑스가 2일 9시 30분이라면, 한국은 2일 16시 30분이다.
비행시간이 13시간 걸린다고 하였으므로 인천에 3일 5시 30분에 도착한다.

04

정답 ⑤

3분기 경유는 리터당 2,000원이므로 10만 원의 예산으로 사용할 수 있는 연료량은 50L이다. 연비가 가장 좋은 차종은 006이므로 주행 가능한 거리는 50×25=1,250km가 된다.

05

정답 ④

모스크바에서의 체류시간을 구하기 위해서는 모스크바에 도착하는 시각과 모스크바에서 런던으로 출발하는 시각을 알아야 한다. 우선 각국의 시차를 알아보면, 러시아는 한국보다 6시간이 느리고(GMT+9−GMT+3), 영국보다는 3시간이 빠르다(GMT+0−GMT+3). 이를 참고하여 모스크바의 도착 및 출발시각을 구하면 다음과 같다.

- 모스크바 도착시간 : 7/14 09:00(대한민국 기준)+09:30(비행시간)−06:00(시차)=7/14 12:30(러시아 기준)
- 모스크바 출발시간(런던행) : 7/14 18:30(영국 기준)−04:00(비행시간)+03:00(시차)=7/14 17:30(러시아 기준)
∴ 모스크바에서는 총 5시간(12:30 ~ 17:30)을 체류한다.

06

밴쿠버 지사에 메일이 도착한 시각은 4월 22일 오전 12시 15분이지만, 업무 시간이 아니므로 메일을 읽을 수 없다. 따라서 밴쿠버 지사에서 가장 빠르게 읽을 수 있는 시각은 전력 점검이 끝난 4월 22일 오전 10시 15분이다. 모스크바는 밴쿠버와 10시간의 시차가 있으므로 이때의 모스크바 현지 시각은 4월 22일 오후 8시 15분이다.

07

- ○○문구 : 비품가격은 $32,000+31,900+2,500=66,400$원이다. 20%를 할인받을 수 있는 쿠폰을 사용하면 총 주문금액은 $66,400 \times 0.8=53,120$원이다. 배송료를 더하면 $53,120+4,000=57,120$원이므로 견적금액은 $57,100$원이다($\because$ 백 원 미만 절사).
- △△문구 : 비품가격은 $25,000+22,800+1,800=49,600$원이다. 회원가 구매 시 판매가의 7%를 할인받으므로 총 주문금액은 $49,600 \times 0.93=46,128$원이다. 배송료를 더하면 $46,128+2,500=48,628$원이므로 견적금액은 $48,600$원이다($\because$ 백 원 미만 절사).
- ㅁㅁ문구 : 문서파일을 제외한 비품가격은 $24,100+28,000=52,100$원이다. $45,000$원 이상 구매 시 문서 파일 1개를 무료 증정하기 때문에 문서 파일은 따로 살 필요가 없다. 즉, 견적금액은 $52,100-4,000$($\because$ 첫 구매 적립금)$=48,100$원이다. 배송료를 더하면 $48,100+4,500=52,600$원이다.

따라서 $48,600$원으로 가장 저렴한 △△문구와 거래한다.

08

C안마의자는 가격이 최대 예산을 초과하였을 뿐만 아니라 온열기능이 없으므로 제외하고, B안마의자는 색상이 블랙이 아니므로 고려 대상에서 제외한다. 남은 A안마의자와 D안마의자 중 프로그램 개수가 많으면 많을수록 좋다고 하였으므로 K사는 D안마의자를 구매할 것이다.

09

2월 8일의 날씨 예측 점수를 x점, 2월 16일의 날씨 예측 점수를 y점이라고 하자(단, $x \geq 0$, $y \geq 0$).
2월 1일부터 2월 19일까지의 날씨 예측 점수를 달력에 나타내면 다음과 같다.

구분	월요일	화요일	수요일	목요일	금요일	토요일	일요일
날짜			1	2	3	4	5
점수			10점	6점	4점	6점	6점
날짜	6	7	8	9	10	11	12
점수	4점	10점	x점	10점	4점	2점	10점
날짜	13	14	15	16	17	18	19
점수	0점	0점	10점	y점	10점	10점	2점

두 번째 조건에 제시된 한 주의 주중 날씨 예측 점수의 평균을 이용해 x와 y의 범위를 구하면 다음과 같다.

- 2월 둘째 주 날씨 예측 점수의 평균

$$\frac{4+10+x+10+4}{5} \geq 5 \rightarrow x+28 \geq 25 \rightarrow x \geq -3$$

$$\therefore x \geq 0 (\because x \geq 0)$$

- 2월 셋째 주 날씨 예측 점수의 평균

$$\frac{0+0+10+y+10}{5} \geq 5 \rightarrow y+20 \geq 25$$

$$\therefore y \geq 5$$

세 번째 조건의 요일별 날씨 평균을 이용하여 x와 y의 범위를 구하면 다음과 같다.

- 수요일 날씨 예측 점수의 평균

$$\frac{10+x+10}{3} \leq 7 \rightarrow x+20 \leq 21$$

$$\therefore x \leq 1$$

- 목요일 날씨 예측 점수의 평균

$$\frac{6+10+y}{3} \geq 5 \rightarrow y+16 \geq 15 \rightarrow y \geq -1$$

$$\therefore \ y \geq 0 \ (\because \ y \geq 0)$$

따라서 x의 범위는 $0 \leq x \leq 1$이고, y의 범위는 $y \geq 5$이다.

2월 8일의 예측 날씨는 맑음이고, 예측 점수의 범위는 $0 \leq x \leq 1$이므로 2월 8일의 실제 날씨는 눈·비이다. 그리고 2월 16일의 예측 날씨는 눈·비이고 예측 점수의 범위는 $y \geq 5$이므로 2월 16일의 실제 날씨는 흐림 또는 눈·비이다. 따라서 실제 날씨로 바르게 짝지은 것은 ③이다.

10

첫 번째 조건에 의하면 내구연한이 8년 이상인 소화기는 폐기처분하여야 한다. 2023년 1월 1일을 기준으로 하였을 때, 제조연도가 2014년, 2015년인 소화기는 처분대상이 되므로 총 39개이며, 폐기처분비용은 $10,000 \times 39 = 39$만 원이 발생된다.

두 번째 조건에 의하면 지시압력계가 노란색이거나 빨간색이면 신형 소화기로 교체처분을 하여야 한다. 2016~2018년까지 노란색으로 표시된 소화기는 총 5개이며, 빨간색으로 표시된 소화기는 3개이다. 따라서 교체비용은 $50,000 \times (5+3) = 40$만 원이 발생된다.

세 번째 조건에 의하면 소화기는 최소한 60개 이상 보유하여야 한다. 2016~2018년의 소화기 총계가 51개이므로 9개의 신형 소화기를 새로 구매하여야 한다. 그래서 구매비용은 $50,000 \times 9 = 45$만 원이 발생된다. 따라서 최종적으로 발생된 전체비용은 39만 원+40만 원+45만 원=124만 원이다.

03 정보능력(사무/ICT)

01	02	03	04	05	06	07	08	09	10										
②	③	②	②	④	①	⑤	④	④	⑤										

01
정답 ②

오답분석

① RFID : 무선인식이라고도 하며, 반도체 칩이 내장된 태그, 라벨, 카드 등의 저장된 데이터를 무선주파수를 이용하여 비접촉으로 읽어내는 인식시스템이다.

③ 이더넷(Ethernet) : 가장 대표적인 버스 구조 방식의 근거리통신망(LAN) 중 하나이다.

④ 유비쿼터스 센서 네트워크(USN; Ubiquitous Sensor Network) : 첨단 유비쿼터스 환경을 구현하기 위한 근간으로, 각종 센서에서 수집한 정보를 무선으로 수집할 수 있도록 구성한 네트워크를 가리킨다.

⑤ M2M : Machine-to-Machine으로 모든 사물에 센서와 통신 기능을 달아 정보를 수집하고 원격 제어하는 통신체계를 말한다.

02
정답 ③

연번	기호	연산자	검색조건
ㄱ	*, &	AND	두 단어가 모두 포함된 문서를 검색
ㄴ	|	OR	두 단어가 모두 포함되거나, 두 단어 중 하나만 포함된 문서를 검색
ㄷ	-, !	NOT	'-' 기호나 '!' 기호 다음에 오는 단어는 포함하지 않는 문서를 검색
ㄹ	~, near	인접검색	앞/뒤의 단어가 가깝게 인접해 있는 문서를 검색

82 • NCS 한국전력공사 고졸채용

03

- 김대리 : 일반적인 검색 이외에 특정한 데이터(논문, 특허 등)는 나름대로의 검색 방법이 따로 존재하므로 적절한 검색 엔진의 선택이 중요하다. 한 검색 엔진을 이용하여 원하는 검색 결과가 나오지 않았을 경우에는 다른 검색 엔진을 이용하여 검색한다.
- 최과장 : 웹 검색 결과로 검색 엔진이 제시하는 결과물의 가중치를 너무 신뢰해서는 안 된다. 검색 엔진 나름대로 정확성이 높다고 판단되는 데이터를 화면의 상단에 표시하지만 실제 그렇지 않은 경우가 많이 발생하므로 사용자 자신이 직접 보면서 검색한 자료가 자신이 원하는 자료인지 판단해야 한다.

오답분석

- 정사원 : 키워드가 너무 짧으면 필요 이상의 넓은 범위에서 정보를 가져오게 되어 원하는 결과를 쉽게 찾을 수 없는 경우가 많다. 따라서 키워드는 구체적이고 자세하게 만드는 것이 좋은 방법이다.
- 박주임 : 웹 검색이 정보 검색의 최선은 아니다. 웹 검색 이외에도 각종 BBS, 뉴스 그룹, 메일링 리스트도 이용하고, 도서관 자료와 정보를 가지고 있는 사람에게 직접 전자우편으로 부탁하는 등의 다른 방법도 적극 활용하여야 한다.

04

[A1] 셀에 1을 쓰고 그냥 드래그하면 1이 복사되어 나타나며 [A1] 셀에 1을 쓰고 〈Ctrl〉 키를 누르고 드래그하면 숫자가 1씩 증가하여 나타나게 된다.

05

㉠에 들어갈 내용으로 옳은 것은 '여러 개의 연관된 파일'이며, ㉡에 들어갈 내용으로 옳은 것은 '한 번에 한 개의 파일'이다.

06

시나리오 관리자에 대한 설명이다.

오답분석

② 목표값 찾기 : 수식의 결괏값은 알고 있지만 그 결괏값을 계산하기 위한 입력값을 모를 때, 입력값을 찾기 위해 사용한다.
③ 부분합 : 전체 데이터를 부분(그룹)으로 분류하여 분석한다.
④ 통합 : 동일시트나 다른 여러 시트에 입력된 데이터들을 일정한 기준에 의해 합쳐서 계산한다.
⑤ 데이터 표 : 특정 값의 변화에 따른 결괏값의 변화 과정을 표로 표시한다.

07

ㄷ. 워드프로세서의 주요 기능으로는 입력기능, 표시기능, 저장기능, 편집기능, 인쇄기능을 꼽을 수 있다.
ㄹ. 스프레드시트의 구성단위는 셀, 열, 행, 영역 4가지이다. 셀은 정보를 저장하는 단위이며, 처리하고자 하는 숫자와 데이터를 셀에 기입하고 이 셀들을 수학방정식에 연결하면 셀 내용이 바뀌면서 그와 연결된 셀 내용들이 바뀌게 된다.

오답분석

ㄱ. 여러 형태의 문서를 작성, 편집, 저장, 인쇄할 수 있는 프로그램을 워드프로세서라고 한다. 스프레드시트는 수치계산, 통계, 도표와 같은 작업을 효율적으로 할 수 있는 응용프로그램이다.
ㄴ. 사용자가 컴퓨터를 더 쉽게 사용할 수 있도록 도와주는 소프트웨어(프로그램)를 '유틸리티 프로그램'이라고 하고 줄여서 '유틸리티'라고 한다. 유틸리티 프로그램은 본격적인 응용 소프트웨어라고 하기에는 크기가 작고 기능이 단순하다는 특징을 가지고 있다.

08

워드프로세서의 머리말은 한 페이지의 맨 위에 한두 줄의 내용이 고정적으로 반복되게 하는 기능이다.

09

정답 ④

⊞(플러스) 버튼을 누를 경우 슬라이드가 확대된다. 모든 슬라이드를 보기 위해서는 ⊟(하이픈, 마이너스) 버튼을 눌러야 한다.

10

정답 ⑤

ㄱ, ㄴ, ㄷ 모두 바르게 연결되었다.

04 기술능력(전기/ICT)

01	02	03	04	05	06	07	08	09	10										
②	③	①	④	③	④	②	⑤	②	③										

01

정답 ②

임펠러 날개깃이 피로 현상으로 인해 결함을 일으킬 수 있다고 하였기 때문에 기술적 원인에 해당된다. 기술적 원인에는 기계 설계 불량, 재료의 부적합, 생산 공정의 부적당, 정비·보존 불량 등이 해당한다.

오답분석

① 작업 관리상 원인 : 안전관리조직의 결함, 안전수칙 미제정, 작업 준비 불충분, 인원 배치 및 작업 지시 부적당 등
③ 교육적 원인 : 안전 지식의 불충분, 안전 수칙의 오해, 경험이나 훈련의 불충분과 작업관리자의 작업 방법의 교육 불충분, 유해 위험 작업 교육 불충분 등

02

정답 ③

기술 발전에 있어 환경보호를 추구하는 점을 볼 때, 지속가능한 개발의 사례로 볼 수 있다. 지속가능한 개발은 경제 발전과 환경보전의 양립을 위하여 새롭게 등장한 개념으로 볼 수 있으며, 미래세대가 그들의 필요를 충족시킬 수 있는 가능성을 손상시키지 않는 범위에서 현재 세대의 필요를 충족시키는 개발인 것이다.

오답분석

① 개발독재 : 개발도상국에서 개발이라는 이름으로 행해지는 정치적 독재를 말한다.
② 연구개발 : 자연과학기술에 대한 새로운 지식이나 원리를 탐색하고 해명해서 그 성과를 실용화하는 일을 말한다.
④ 개발수입 : 기술이나 자금을 제3국에 제공하여 미개발자원 등을 개발하거나 제품화하여 수입하는 것을 말한다.
⑤ 조직개발 : 기업이 생산능률을 높이기 위하여 기업조직을 개혁하는 일을 말한다.

03

정답 ①

제품 매뉴얼은 제품의 설계상 결함이나 위험 요소를 대변해서는 안 된다.

04

정답 ④

송전은 발전소에서 발생된 전력을 수요지 근처의 변전소로 보내는 일이며, 넓은 의미로는 최종소비자에게 전력을 보내는 것을 일컫는다.

변전은 전력의 집중, 분배, 변성 등을 하는 일이며, 외부에서 전송되어 온 전력을 구내에 시설한 변압기, 회전기, 정류기 등에 의해 변성하고 이것을 다시 외부로 전송한다.

배전은 부하의 밀집지역에 설치되는 배전용 변전소에서 부하단까지의 근거리에 전력을 공급하는 일이다. 대전력을 장거리에 공급하는 송전과는 구분되며, 사용 전압도 낮다. 즉, 원거리 대전력을 수송하는 송전에 비해 어떤 지역에 선로당 전력이 적은 전기공급 형태를 말한다.

05 정답 ③

배터리의 방전 유무를 확인한 후 충전하는 조치는 트랙터 시동모터가 회전하지 않을 경우 점검해야 하는 사항이다.

06 정답 ④

상부링크, 체크체인 확인, 링크볼의 일치여부 점검은 작업기 연결 전에 확인해야 할 사항들이다. 시동 전에 점검해야 할 사항은 윤활유, 연료, 냉각수량이다.

07 정답 ②

제품사양에 따르면 '에듀프랜드'는 내장 500GB, 외장 500GB 총 1TB의 메모리를 지원하고 있다. 1TB까지 저장이 가능하므로 500GB를 초과하더라도 추가로 저장할 수 있다.

오답분석
① 학습자 관리 기능으로 인적사항을 등록할 수 있다.
③ 교사 스케줄링 기능으로 일정을 등록할 수 있고, 중요한 일정은 알람을 설정할 수 있다.
④ GPS를 지원하여 학습자 방문지와의 거리 및 시간 정보와 경로를 탐색할 수 있다.
⑤ 커뮤니티에 접속해 공지사항을 확인할 수 있다.

08 정답 ⑤

주의사항에 따르면 기기에 색을 칠하거나 도료를 입히면 안 되며, 이를 위반하였을 경우 제품손상이 발생할 수 있다. 그러나 ⑤와 같이 기기가 아닌 보호 커버 위에 매직펜으로 이름을 쓰는 것은 제품손상과 관계없다.

오답분석
① 출력 커넥터에 허용되는 헤드셋 또는 이어폰을 사용해야 한다.
② 자성을 이용한 제품을 가까이 두어서는 안 된다.
③ 물 또는 빗물에 던지거나 담그는 것은 고장의 원인이 될 수 있다.
④ 기기를 떨어뜨리는 것은 고장의 원인이 될 수 있다.

09 정답 ②

기술은 '노하우(Know-how)'를 포함한다. 즉, 기술을 설계하고, 생산하고, 사용하기 위해 필요한 정보, 기술, 절차를 갖는 데 노하우(Know-how)가 필요한 것이다.

10 정답 ③

하인리히의 법칙은 큰 사고로 인해 산업재해가 일어나기 전에 작은 사고나 징후인 '불안전한 행동 및 상태'가 보인다는 것이다.

남에게 이기는 방법의 하나는 예의범절로 이기는 것이다.

– 조쉬 빌링스 –

2024 최신판 SD에듀 한국전력공사 고졸채용
최신기출 + NCS + 모의고사 4회 + 무료한전특강

개정12판1쇄 발행	2024년 05월 20일 (인쇄 2024년 04월 05일)
초 판 발 행	2013년 03월 05일 (인쇄 2013년 02월 20일)
발 행 인	박영일
책 임 편 집	이해욱
편 저	SDC(Sidae Data Center)
편 집 진 행	김재희 · 김주연
표지디자인	조혜령
편집디자인	전하연 · 채현주
발 행 처	(주)시대고시기획
출 판 등 록	제10-1521호
주 소	서울시 마포구 큰우물로 75 [도화동 538 성지 B/D] 9F
전 화	1600-3600
팩 스	02-701-8823
홈 페 이 지	www.sdedu.co.kr
I S B N	979-11-383-7070-7 (13320)
정 가	24,000원

한국전력
공사
고졸채용
정답 및 해설

기업별 맞춤 학습 "기본서" 시리즈

공기업 취업의 기초부터 심화까지! 합격의 문을 여는 Hidden Key!

기업별 시험 직전 마무리 "모의고사" 시리즈

실제 시험과 동일하게 마무리! 합격을 향한 Last Spurt!

※**기업별 시리즈** : HUG 주택도시보증공사/LH 한국토지주택공사/강원랜드/건강보험심사평가원/국가철도공단/국민건강
보험공단/국민연금공단/근로복지공단/발전회사/부산교통공사/서울교통공사/인천국제공항공사/코레일 한국철도공사/
한국농어촌공사/한국도로공사/한국산업인력공단/한국수력원자력/한국수자원공사/한국전력공사/한전KPS/항만공사 등

SD에듀가 합격을 준비하는 당신에게 제안합니다.

성공의 기회! SD에듀를 잡으십시오.
성공의 Next Step!

결심하셨다면 지금 당장 실행하십시오.
SD에듀와 함께라면 문제없습니다.

기회란 포착되어 활용되기 전에는
기회인지조차 알 수 없는 것이다.

– 마크 트웨인 –